Oberstufe

Geographie

Handreichungen für den Unterricht

mit Kopiervorlagen

Cornelsen
VOLK UND WISSEN

Autoren:
Peter Fischer, Dr. Manfred Koch

Mit Beiträgen von
Prof. Dr. Javier Revilla Diez, Prof. Dr. Martina Flath,
Dr. Reinhard Kleßen, Jürgen Neumann,
Dr. Dieter Richter, Prof. Dr. Gabriele Saupe

Redaktion: Elisabeth Grunert
Graphik und Kartographie: Dr. Volkhard Binder
Technische Umsetzung: sign.Berlin
Umschlaggestaltung: Klein & Halm Grafikdesign, Berlin

www.cornelsen.de
www.vwv.de

1. Auflage, 1. Druck 2007

Druck: CS-Druck CornelsenStürtz, Berlin

ISBN Geographie Oberstufe GEOS 978-3-06-064480-3
Geographie Oberstufe Mensch und Raum 978-3-06-064488-9

Inhalt gedruckt auf säurefreiem Papier aus nachhaltiger Forstwirtschaft.

Inhaltsverzeichnis

Digitale Materialien für den Unterricht:
Bilder, Karten, Grafiken, Animationen, interaktive Weltkarten „Geographie interaktiv“
ISBN 978-3-06-064631-9

Lehrbuchkapitel „Geoökosysteme der Erde“

Geodynamische und geomorphologische Grundlagen — Seiten 10–31

Erdgeschichtliche Entwicklung und Aufbau des Erdkörpers — Seiten 10/11

Zu den Aufgaben

Aufgabe 1: Entstehung der Erde
Bildung des Universums vor ca. 13,7 Mrd. Jahren, Materienausdehnung des Ursterns, Bildung weiterer Supernovas, Bildung der Sonne aus Materiewolken vor ca. 4,6 Mrd. Jahren, Bildung von Planetesimalen und damit der Erde

Aufgabe 2: Erdzeitalter
Kambrium: vor 570 Mio. Jahren Entfaltung des Lebens auf der Erde, Entwicklung von Flora und Fauna im Meer
Silur: kaledonische Gebirgsbildung, erste Landtiere, Algen, Pilze, Flechten führen zu grünem Antlitz der Erde
Devon: Fauna und Flora erobern das Festland
Karbon: Entstehungszeit der Steinkohle, erste Reptilien und geflügelte Insekten
Trias: erstes Auftreten von Säugetieren
Jura: Beginn der Bildung von Indik und Pazifik, Farne und Nacktsamer dominant, reiche marine Fauna
Kreide: alpidische Gebirgsbildung, erste Blütenpflanzen, Aussterben der Saurier und Ammoniten
Tertiär: Gebirgsbildung, Entstehung von Braunkohlenlagerstätten, Entwicklung der höheren Säugetiere
Quartär: Auftreten des Menschen, Bildung der heutigen Landoberfläche

Aufgabe 3: Aufbau des Erdkörpers
Erdkörper ist in Schalen aufgebaut.
Erdkruste: unter Ozeanen 6 km, unter Kontinenten bis zu 33 km mächtig; obere Kruste besteht im Wesentlichen aus Silicium und Magnesium, untere Kruste aus Silicium und Aluminium
Erdmantel: äußerer Mantel ist bis in rd. 900 km Tiefe fest – ultrabasische Gesteine, innerer Mantel ist bis in rd. 2900 km Tiefe flüssig – Schwermetallsulfide und -oxide
Erdkern: ca. 2000 °C bis 4000 °C, außen flüssig, innen fest – Nickel und Eisen

Aufgabe 4: Chemische Zusammensetzung des Erdkörpers
Silicium, Aluminium, Eisen, Calcium, Natrium, Kalium, Magnesium = Elemente der Urmaterie; z. T. in Steinmeteoriten, Eisen und Nickel als schwere Elemente im Erdkern, leichtere Silikate steigen auf, erstarren zur Erdkruste

Aufgabe 5: Erdbebenwellen (Referat)
P-Wellen (Primärwellen) – sind schnell, das durchdrungene Material wird gedrückt und gedehnt; S-Wellen (Sekundärwellen) – sind langsamer, stehen senkrecht zur Fortpflanzungsrichtung (schaukelnde Bewegung), plötzliche Änderung der Wellengeschwindigkeit zeigt Änderung der Materialeigenschaften an

Plattentektonische Prozesse und Gebirgsbildung — Seiten 12/13

Zu den Aufgaben

Aufgabe 1: Theorien zur Entstehung
Kontraktionstheorie: Erde schrumpft als Folge von Wärme- und Volumenverlust
Expansionstheorie: Abnahme der Schwerkraft im Kosmos bewirkt Ausdehnung und Aufplatzen der Erde
Beide Theorien erklären unzureichend Dehnungs- und Pressungserscheinungen, letztere kann die Gebirgsbildung nur unzureichend erklären.
Unterströmungstheorie: Wärmeunterschied zwischen Kruste und Kern bewirkt Konvektionsströme

Aufgabe 2: Kontinentalverschiebungstheorie
Entstehung der heutigen Aufteilung von Land/Meer als Ergebnis der Drift von Kontinenten. Ausgangspunkt: Urkontinent Pangäa, Tethysmeer; Gebirgsbildung als Staueffekt an der Vordergrenze von driftenden Platten

Aufgabe 3: Schema der plattentektonischen Prozesse
Drift von Kontinentalplatten aufgrund von aufsteigenden und absinkenden Strömungen im Mantel. Aufsteigen am Mittelatlantischen Rücken (divergierende Plattengrenze), Absinken an Subduktionszonen (konvergierende Plattengrenze, Tiefseegräben). Bei Aneinandergleiten von Platten Entstehen von Querbrüchen (konservierende Plattenränder)

Aufgabe 4: Größe und Bewegungsrichtung der Platten
Sechs Großplatten: Nordamerikanische, Eurasische, Pazifische, Südamerikanische, Afrikanische, Indisch-Australische Platte
Sie bewegen sich i. d. R. voneinander weg aufgrund von Divergenz mit im Mittel 3–6 cm/Jahr; daneben zahlreiche kleinere Platten, deren Grenzen allerdings eine große Bedeutung für endogene Prozesse aufweisen.

Aufgabe 5: Prozesse an den Plattenrändern
divergierend: Platten driften auseinander
Beispiel: Mittelatlantischer Rücken (seafloor spreading);
konvergierend, Subduktion: ozeanische Kruste schiebt sich unter kontinentale Kruste
Beispiel: Westküste Südamerika
konvergierend, kollidierend: zwei kontinentale Krusten stoßen aufeinander
Beispiel: Himalaya
konservierend: Aneinandervorbeigleiten von ozeanischer Kruste
Beispiel: Nordatlantik
Transversalverwerfung-Scherung: Aneinandervorbeigleiten von kontinentaler Kruste
Beispiel: Türkei

Plattentektonische Prozesse und Gebirgsbildung — Seiten 14/15

Zu den Aufgaben

Aufgabe 1: Gebirgsbildungsphasen

Vorkambrische Gebirgsbildung, vor 1–2 Mrd. Jahren, Erdfrüh-/Erdurzeit
Kaledonische Gebirgsbildung, vor rd. 500 Mio Jahren, Erdaltzeit
Variskische Gebirgsbildung, vor rd. 400 Mio. Jahren, Erdaltzeit
Alpidische Gebirgsbildung, vor rd. 100 Mio. Jahren, Erdmittelzeit, Erdneuzeit

Aufgabe 2: Land-Meer-Verteilung

Ruhestadium = Hot-Spot-Stadium: Ausgangsstadium
Grabenstadium: Bildung von Rissen in der Erdkruste
Rotes-Meer-Stadium: Entwicklung eines Meeres, Submarin aufsteigende Lava entwickelt eine neue ozeanische Platte
Atlantik-Stadium: Vergrößerung des Ozeans durch Ausweitung des Mittelatlantischen Rückens
Pazifik-Stadium: Divergierende Plattenbewegungen führen an anderer Stelle zu konvergierenden Bewegungen; Verkleinerung des Ozeans aufstrebendes Magma
Mittelmeer-Stadium: Zeitdauer der Phase der Subduktion bestimmt die Höhe der Aufwölbung
Himalaya-Stadium: Verschwinden des Meeres, Verschmelzen von Kontinentalplatten, starke Gebirgsbildung

Aufgabe 3: Wilson-Zyklus

Ruhestadium: Eifel
Grabenstadium: Ostafrikanischer Graben
Rotes-Meer-Stadium: Rotes Meer
Atlantik-Stadium: Island
Pazifik-Stadium: Marianengraben
Mittelmeer-Stadium: Alpen

Aufgabe 4: Entstehung Anden, Himalaya, Japanischer Archipel

Anden: Die ozeanische Nazca-Platte schiebt sich unter die kontinentale südamerikanische Platte; Kontinentalrand um 200 km gegenüber dem eigentlichen Kontinent vorverschoben; über 70 km mächtig (aktiver Kontinentalrand); Vulkanismus
Weitere Beispiele: Alaska, westlicher Sundabogen
Himalaya: Die Kollision zweier Kontinentalplatten ist Ursache für die Entstehung des Gebirges. Durch Verkeilung der Platten und Auftrieb kommt die Subduktion unter dem Gebirge zum Stillstand – Plattenabriss.
Weiteres Beispiel: Alpen
Japan: Der Inselbogen bildete sich auf kontinentaler Kruste (ensialisch). Beim Abtauchen der ozeanischen Platte entsteht durch Abschürfung ein Anwachskeil. Der Inselbogen ist durch ein Meeresbecken mit ozeanischer Kruste abgetrennt.
Weiteres Beispiel: östlicher Sundabogen

Vulkanismus und Erdbeben — Seiten 16/17

Zu den Aufgaben

Aufgabe 1: Weltweite Verbreitung von Vulkanen

An Plattengrenzen gebunden, v. a. nord-/südamerikanische Westküste, westlicher Pazifik (zirkumpazifischer Feuergürtel), auch im Mittelmeerraum; Auftreten an Grabenbrüchen

Aufgabe 2: Vulkanausbruch

Geruch von Schwefel, Dampfwolken, Ascheregen, Erdstöße, Auffüllung des Kraters mit Wasser, Wolken- und Gewitterbildung aufgrund lokaler Wasseranreicherung

Aufgabe 3: Entstehung vulkanischen Gesteins

Beim Schildvulkan tritt dünnflüssige Lava aus, sodass durch den Abfluss flache Abhänge entstehen. Zähflüssige Lava ist für steile Vulkanabhänge verantwortlich. Gemeinsam: Trennung von schwer- und leichtflüchtigen Bestandteilen des Magmas beim Austritt aus dem Vulkanschlot

Aufgabe 4: Unterschiedliches Alter der Hawaii-Inseln

Die Hawaii-Inseln liegen über einem Hot Spot. Bei einer Bewegungsrichtung der Pazifischen Platte nach Nordwesten ist der Hot Spot in unterschiedlichen Zeitabständen aktiv gewesen und hat die einzelnen Inseln gebildet. Damit lässt sich die Bewegungsgeschwindigkeit der Pazifischen Platte berechnen (mehr als 5 cm pro Jahr).

Vulkanismus und Erdbeben — Seiten 18/19

Zu den Aufgaben

Aufgabe 1: Wirtschaftliche Bedeutung vulkanischen Gesteins

Baumaterial (Bimsstein, Basalt); Mineralreichtum des vulkanischen Gesteins: fruchtbare Böden; hohe Wasserspeicherkapazität; Mineralien; können leicht ausgelöst werden

Aufgabe 2: Gewinnung geothermischer Energie

Bei einem geothermischen System wird ein Magmareservoir angezapft, um mit heißem Wasser elektrische Energie zu erzeugen.
hohe Entstehungskosten, die Watt-Leistung eher durchschnittlich; Klimaneutrale und ressourcenschonende Form der Energiegewinnung (z. B. Neustadt-Glewe, Landau/Oberpfalz)

Aufgabe 3: Verbreitung globaler Erdbebengebiete

Erdbeben sind an Plattengrenzen gebunden, sehr verbreitet an allen Konvergenz-, Divergenz- und konservierenden Zonen; besondere Schwerpunkte „zirkumpazifischer Feuergürtel", Mittelmeerraum bis zum Hochland von Iran, Indonesien

Aufgabe 4: Primär- und Sekundärwellen

P-Wellen pflanzen sich bei einem Erdbeben horizontal fort, S-Wellen sind Schwingungen, die senkrecht zur Ausbreitungsrichtung auftreten. Da man die Laufgeschwindigkeit der P- und S-Wellen kennt, lässt sich aus der Zeitdifferenz ihres Eintreffens an einer Messstation die Entfernung des Epizentrums bestimmen. Mithilfe von mindestens drei Stationen lässt sich der genaue Ort des Erdbebens bestimmen.

Aufgabe 5: Erdbeben in Kalifornien

In Kalifornien schrammen Pazifische und Nordamerikanische Platte gegenläufig aneinander vorbei, die Trennungslinie heißt San-Andreas-Linie; in nahen zeitlichen Abständen immer wieder Verhakungen der beiden Platten, die sich in Erdbeben entspannen. Da die Geschwindigkeit der beiden Platten zueinander hoch ist (560 km/140 Mio. Jahre), können starke Erdbeben auftreten.

Ressourcen und ihre Bindung an geologische Strukturen — Seiten 20/21

Zu den Aufgaben

Aufgabe 1: Weltweite Vorkommen wichtiger Bodenschätze

Energierohstoffe: Steinkohle: Nordamerika, Europa, Südafrika, Australien, China
Braunkohle: Nordamerika, Europa, Australien
Erdöl: Nord-/Mittelamerika, Europa, Nordafrika, Naher Osten
Erdgas: Nordamerika, Europa, Russland
Metallische Rohstoffe
Eisen und Stahlveredler: auf allen Kontinenten

Buntmetalle: Nord-/Südamerika, Russland, China, Australien
Edelmetalle: Nord-/Südamerika, Südafrika, Russland, China, Australien
Leichtmetalle: auf allen Kontinenten

Aufgabe 2: Lagerstätten mineralischer und organischer Rohstoffe
Die Entstehung primärer, mineralischer Lagerstätten reicht in die Zeit der Verfestigung der Erdkruste zurück. Dabei wurden Mineralien eingeschlossen. Im Bereich von vulkanischer Tätigkeit werden ebenfalls Mineralien konzentriert. Sekundäre, organische Lagerstätten sind verfestigte Sedimente, überwiegend im Inneren von Kontinenten, an Becken und Gräben.

Aufgabe 3: Schonender Umgang mit Ressourcen
Trotz unentdeckter oder nicht abbauwürdiger Rohstoffreserven sind die Vorräte wahrscheinlich in absehbarer Zeit erschöpft – Schonung der vorhandenen Reserven: Recycling, Produkt- und Rohstoffsubstitution, Verzicht auf nicht notwendige Güter

Aufgabe 4: Braunkohlenförderung in Deutschland
Tagebaubetrieb; Eingriff in den Grundwasserhaushalt; Lärm, Flugstaub; Schädigung des Mutterbodens (im Rheinland z. B. Lössauflage); Landschaftsschäden

Aufgabe 5: Lokale Agenda 21
Individuelle Bearbeitung. Zu berücksichtigen sind ökonomische Interessen und daraus resultierende ökologische Folgen vor dem Hintergrund sozialer Anforderungen.

Gesteinskreislauf als Prozess des Stoff- und Energiehaushaltes — Seiten 22/23

Zu den Aufgaben

Aufgabe 1: Einteilung der Gesteine
Magmatite entstehen durch Abkühlen von Gesteinsschmelze. Man unterscheidet Tiefen-, Erguss- und Ganggesteine. Sedimentite entstehen durch Ablagerungen. Man unterscheidet mechanische, chemische und biogene Sedimente. Metamorphite entstehen aus Magmatiten und Sedimentiten beim Abtauchen in den Erdmantel.

Aufgabe 2: Gesteinstypen und ihre Verwendung
Granit: Bau- und Werkstein, *Basalt:* Schotterstein
Pegmatit: industrielle Verwendung, *Kies:* Baustein
Sandstein: Architekturstein, *Kalktuff:* Leichtbaustein
Kalkstein: Bauwirtschaft, *Steinsalz:* Kochsalz
Kohle: Energieerzeugung, *Gneis:* Straßenbau

Aufgabe 3: Kreislauf der Gesteine
Hebung des Tiefengesteins an die Erdoberfläche z. B. durch Konvektionsströmungen, Transport, Ablagerung der Sedimente (z. B. Flussdelta); Druck durch die Mächtigkeit der Ablagerungen; chemische und mineralogische Veränderungen (Diagenese); erneute Zuführung zum Kreislauf (Metamorphose)

Aufgabe 4: Gesteinvorkommen in Europa
Sedimentgesteine (weite Teile Mittel-, West-, Süd- und Osteuropas) überwiegend aus der Erdmittelzeit/Erdneuzeit (Trias, Jura, Kreide, Tertiär), Ablagerungen z. T. in der Phase der Diagenese
Metamorphe Gesteine (weite Teile Skandinaviens) überwiegend aus der Erdaltzeit, Baltischer Schild am Ende der Phase der Metamorphose
Magmatische Gesteine (verstreut, z. B. Deutschland, Frankreich), in der Erdneuzeit an die Erdoberfläche gelangt (Erguss-/Tiefengestein)

Das Wirken exogener Kräfte — Seiten 26/27

Zu den Aufgaben

Aufgabe 1: Übersicht über unterschiedliche exogene Prozesse
Verwitterung: Man unterscheidet physikalische, chemische und biologische Verwitterung. Bei der Oberflächenverwitterung wirken Insolation, Hydrolyse, Salzsprengung, Säureverwitterung, Sprengkraft der Wurzeln u. a. zusammen. Beispiele: Frostsprengung, Temperaturverwitterung
Verkarstung: Lösungs- und Kohlensäureverwitterung, wo lösliches Gestein (z. B. Kalk) und fließendes Wasser vorhanden sind. Beispiele: Karst
Äolische Kräfte: Erosion (Deflation), Verfrachtung und Akkumulation von Lockermaterial. Beispiele: Pilzfelsen, Dünenbildung
Küstenformung: Zusammenwirken von Wasser und Land an Flach- und Steilküsten bringt verschiedene Küstenformen hervor. Beispiele: Kliffküste, Nehrungsküste
Glaziale Prozesse: Entscheidend für Landschaftsbildung z. B. in Nordeuropa/Nordamerika. Ab rd. 100 m Mächtigkeit verhält sich Eis wie plastisches Material. Beispiele: Moränen, Urstromtäler
Massenbewegungen: Fließen von Lockermaterial bzw. Abstürzen von Gestein. Beispiele: Erdrutsche, Felsstürze

Aufgabe 2: Verwitterungsarten
Verwitterung – Folge der Einwirkung atmosphärischer Prozesse auf Gestein, Anpassung der Gesteine an Umweltbedingungen; Aufbereitung des Gesteinsmaterials für die Abtragung.
Physikalische Verwitterung: mechanische Gesteinszertrümmerung durch Frost und Temperaturschwankungen aufgrund der Sonneneinstrahlung; Chemische Verwitterung: Zersetzung des Gesteins, vorwiegend in humiden Gebieten (z. B. durch Luftverschmutzung). Karste sind eine Sonderform in Gebieten mit wasserlöslichem Gestein (Kalk, Dolomit, Gips). Biologische Verwitterung: durch Pflanzen und Tiere hervorgerufen (Kraft der Wurzeln sowie Stoffwechselausscheidungen von Tieren)

Aufgabe 3: Voraussetzung, Entstehung, Erscheinungsformen
Individuelle Lösung

Der Rhein – Formenbildung durch exogene Kräfte — Seiten 28/29

Zu den Aufgaben

Aufgabe 1: Landschaftsbild des Rheins
Alpenrhein: Abschnitt bis zum Ausfluss aus dem Bodensee; Landschaftsbild des Hochgebirges als Folge von Vergletscherungen (Talbildung durch Gletschertätigkeit, starke Erosion mit Ablagerungen im Bodensee)
Hochrhein: mäandrierender Verlauf als Folge der letzten Eiszeit, formengebend sind Schmelzwasserzufluss und Tiefenerosion; bei Schaffhausen Rückkehr in altes präglaziales Flussbett
Oberrhein: Aufschotterungsebene im abgesunkenen Teil des Grabenbruches, bei abnehmender Fließgeschwindigkeit Sedimentation und Mäanderbildung mit Gleit-/Prallhang sowie vielen Altwasserarmen; weitere Erosionsbasis bei Bingen
Mittelrhein: Durchbruch durch das Rheinische Schiefergebirge: antezedentes Durchbruchstal, d. h. Hebung des Gebirges bewirkt Einschneiden des Flusses
Niederrhein: bei Bonn Austritt aus Rheinischem Schiefergebirge, Bildung eines Schwemmfächers zusammen mit der Maas, der Teile des Niederrheins und der Niederlande umfasst; Mäanderformen und ehemals Pendeln des Rheinverlaufs, Bildung eines Mündungsdeltas

Aufgabe 2: Beeinflussung des Reliefs durch Alpen- und Hochrhein
Am Oberlauf starkes Gefälle bei hoher Strömungsgeschwindigkeit, trotz geringer Abflussmenge werden Felsen und große Gesteine mitgeführt, abtauende Gletscher fördern Talbildung (glaziale Serie).

Aufgabe 3: Entstehung des Mittelrheintals
Hebung des Gebirges bewirkte, dass vorhandener Fluss sich in das Gestein eingräbt; erkennbar an den verschiedenen Terrassen und Talböden oberhalb des heutigen Flussniveaus. Einschneidungsprozesse durch zufließende Gewässer sind deutlich erkennbar.

Aufgabe 4: Deltabildung des Rhein-Unterlaufes
flussabwärts ab Emmerich Teilung in Mündungsarme Waal und Lek, Vermengung mit dem Wasser der Maas, mehrere Mündungen in die Nordsee, Abfluss aber auch über IJsselmeer

Aufgabe 5: Gestalt der Rheinlandschaft
Exogene Kräfte: abtragende und aufbauende Kraft des Wasser, Eis und Gletscher (Alpen-/Hochrhein, Küstenformen (Niederrhein), Schwerkraft, Verwitterung
Endogene Kräfte: Gebirgsbildungsprozesse (Mittelrhein)

Die Eifel – endogene Kräfte formen eine Landschaft — Seiten 30/31

Zu den Aufgaben
Aufgabe 1: erdgeschichtliche Entwicklung
Aufgabe 2: geologischer Aufbau

Zeit	*Entwicklungen in der Eifel*
Oberfläche der Eifel ist zusätzlich durch drei tertiäre und quartäre Vulkangebiete gestaltet.	
Quartär	Hebung des Schiefergebirges
	Erneute Vulkantätigkeit im Pleistozän
	Verbreitungsgebiete: vulkanische Westeifel, vulkanische Osteifel, Zeitraum 500 000–7000 Jahre v. d. Gegenwart
Känozoikum	vor 28–22 Mio. Jahren Ausbreitung des Vulkanismus nach N und später nach O
Tertiär	Langsames Aufsteigen des Eifelgebietes, weitere Zergliederung in Schollen mit ungleichförmigen Bewegungen, z. B. Bildung Niederrheinische Bucht; tektonische Unruhe im Nordwest-Teil des Rheinischen Schiefergebirges
	Heraushebung des paläozoischen Schildes um mehr als 300 m
	Bruchtektonik, Vulkanismus (Beginn vor 45 Mio. Jahren)
	Völlige Umgestaltung der Einebnungsfläche ca. 300 Vulkane mit Zentrum im Umkreis von Nürburg, Hohe Acht, Hochkelberg (vulkanische Hocheifel)
	Mehrzahl der älteren Vulkane entlang der Linie Ulmen-Adenau
Mesozoikum	Sedimente aus Trias/Jura/Kreide
	Einbruchgraben in Nord-Süd-Richtung (Trierer Mulde, Mechernicher Mulde)
	Schwache Gebirgsbewegungen, Bruchtektonik
	Sedimentschichten in Mulden und Gräben nicht abgetragen, damit inselartige sedimentärer Reste
	Paläozoischer Faltenrumpf mehrere Male überflutet
Grundgebirge der Eifel ist also ein variskischer Faltenrumpf mit mächtigen Ablagerungen des Devon.	
Karbon	Devonisches Grundgebirge gehoben und gefaltet, danach weitgehende Einebnung durch Erosion; in der Zentraleifel fossilienreiche Kalkmulde (riffbildende Korallen des Devon)
	Variskische Gebirgsfaltung
Devon	Devonmeer überflutet Rheinische Geosynklinale
	Ablagerung von Sedimenten und Bildung von Sedimentgestein (z. B. Grauwacken, Tonschiefer)
	Nur Venn-Massiv (kambrisch) ragt heraus
Silur	Kaledonische Gebirgsbildungsphase
Paläozoikum	Absenkung eines Teils der Eifel
	Trogbildung (Rheinische Geosysnklinale)

Aufgabe 3: Vulkangebiete Deutschlands
Tertiärer Vulkanismus: Rheinische Masse: Siebengebirge, Westerwald, Hocheifel; südöstliche Umrahmung der Rheinischen Masse: Vogelsberg, Knüll, Rhön; Süddeutschland: Schwäbische Alb, Hegau, Kaiserstuhl
Quartärer Vulkanismus: Westeifel, Osteifel

Aufgabe 4: Lagerstätten vulkanischen Ursprungs in der Osteifel
Drei Schwerpunkte: a) in SO-NW-Richtung streichend zwischen Bad Bertrich und Ormont, die vulkanische Westeifel, b) im Großbereich des Laacher Sees, wobei auch hier ein Strang nach SO bis in die Nähe von Koblenz reicht, c) mit nur wenigen sichtbaren vulkanischen Erscheinungsformen südlich von Adenau. Die Vulkane sind landschaftsprägend; sie sind aus Basalt oder verwandten Ergussgesteinen aufgebaut.
Entstehung der Maare durch heftige Gasexplosionen, dabei Herausschleudern von Magma und Gesteinstrümmern, die als Tuff niedergingen; Vulkanausbruch am Laacher See mit Bimsablagerungen bis zu einer Mächtigkeit von 8 m in hauptsächlich nordöstlicher Richtung (M 31.1); Auswurf von insgesamt ca. 16 km^3 Bims; Ausbruch im Jahr 9080 v. Chr., heftige Dampfexplosion, Auswurf devonischer Bruchstücke („Grauer Laacher Bims"); wassergefüllte Caldera heute maximale Tiefe von 51 m; Ascheablagerungen an exponierten Stellen des Ostseeraumes bis nach Bornholm, Mitteldeutschland, und, in südlicher Richtung, bis zum Westalpenbogen nachzuweisen

Aufgabe 5: Verwendung vulkanischen Gesteins
Basalt = häufigstes Ergussgestein, Verwendung als festes Gestein: Straßenbau (Schotter, Splitt, Pflastersteine), in Mühlsteinen; gemahlen: für Fußbodenplatten; geschmolzen: feuerfeste Fasern zur Wärme- und Schallisolierung. Bims ist leichter als Wasser und schwimmt auf der Wasseroberfläche, da es bis zu 85 % luftgefüllten Hohlraum enthält. Bimsstein wird in Baustoffen verwendet (Hohlblocksteine, Bimsbetondielen), in Form von Bimsmehl als Schleif- und Poliermittel sowie als Bimskies zur Füllung von Gasflaschen genutzt.
Transportkosten schränken Absatzgebiet von Bims deutlich ein. Bimsindustrie hatte ihre Anfänge beiderseits des Rheins, wenn auch noch zusätzlich die hier gute Bimsqualität eine Rolle spielte. Hauptabsatzgebiet beschränkt auf einen Radius von ca. 150 km um das Mittelrheinische Becken, jenseits dieser Grenze Ziegel- und Kalksteine billiger. Nach der Wende Verkauf von Bimsprodukten bis in das westliche Thüringen; untergeordnete Rolle Transport von unverarbeitetem Rohbims. Entsprechende Baustoffbetriebe sind bis nach Braunschweig, Trier und in die Niederlande vorhanden.
Seit 1950 Zahl der Beschäftigten (bis auf 1955) rückläufig, 1998 weniger als 10 % der ursprünglichen Beschäftigtenzahl. Ähnlich die Produktion: 1960 mit ca. 6 Mio. t höchster Wert, nach der Wende zu Beginn der 1990er-Jahre nochmals eine Steigerung der Produktion, zum Ende des Jahrzehnts wieder auf dem Wert von Mitte der 1980er-Jahre (nur noch ein Drittel der maximalen Produktion); kontinuierliche Zunahme der Produktivität einer Arbeitskraft bis 1985, heute das Siebenfache im Vergleich zu 1950; insgesamt Bedeutungsverlust von Bims, durch andere Baustoffe substituiert; damit einhergehend Arbeitsplatzverlust, durch fortschreitende Technisierung und Automatisierung noch verstärkt; ca. 200 weitere Personen in den Verwaltungen der Bimssteinfabriken sowie ca. 2000 Personen in Zulieferer- und Transportindustrie; Bimsabbau und Bimsstoffindustrie im Mittelrheinischen Becken mit großer wirtschaftlicher Bedeutung

Aufgabe 6:
siehe Abb. unten

Aufgabe 7: Endogene Kräfte (Referat)
Individuelle Lösung

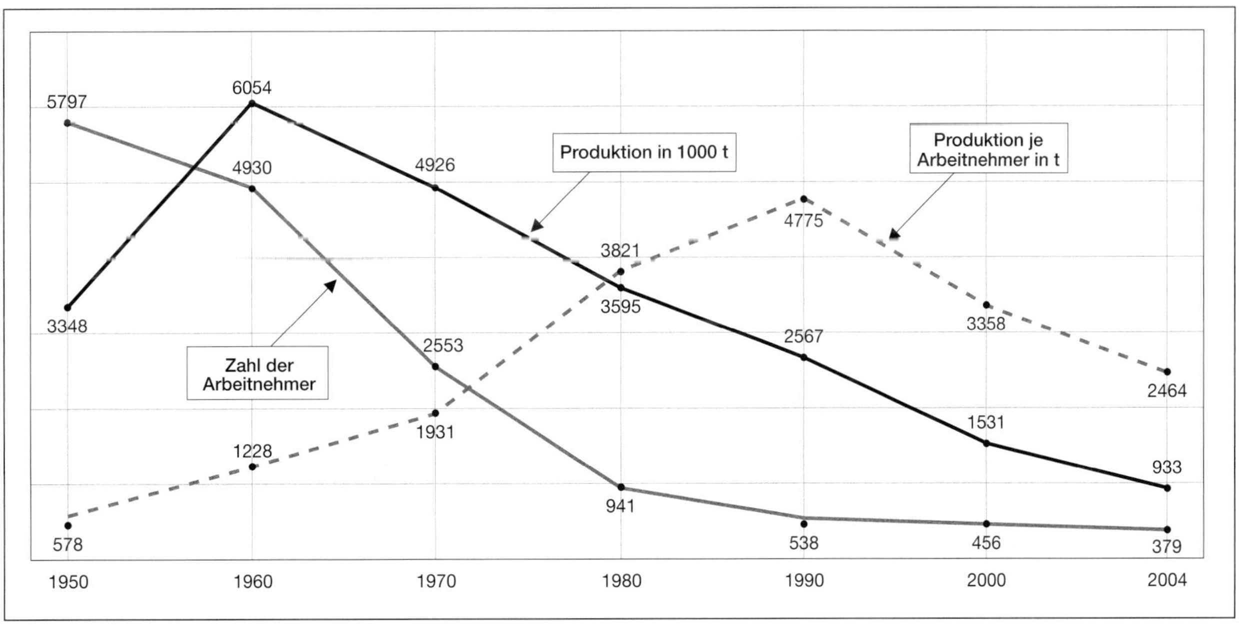

Produktionsentwicklung der Bimsindustrie

A R B E I T S B L A T T

Plattentektonische Prozesse

M 1 Kontinentalverschiebung im Erdmittelalter (Quelle: Atlas Unsere Welt, S. 177)

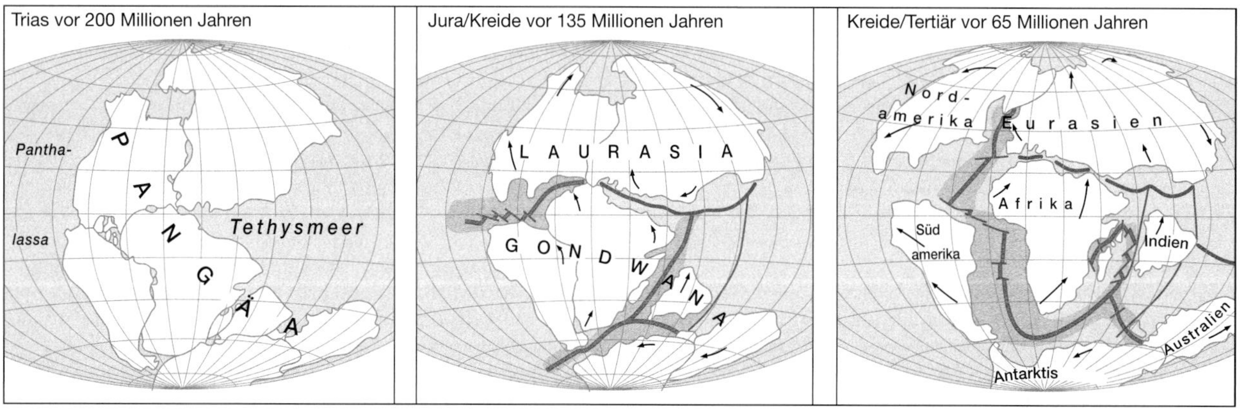

M 2 Das Plattenmosaik der Lithosphäre (Quelle: Cornelsen Oberstufe, S. 12)

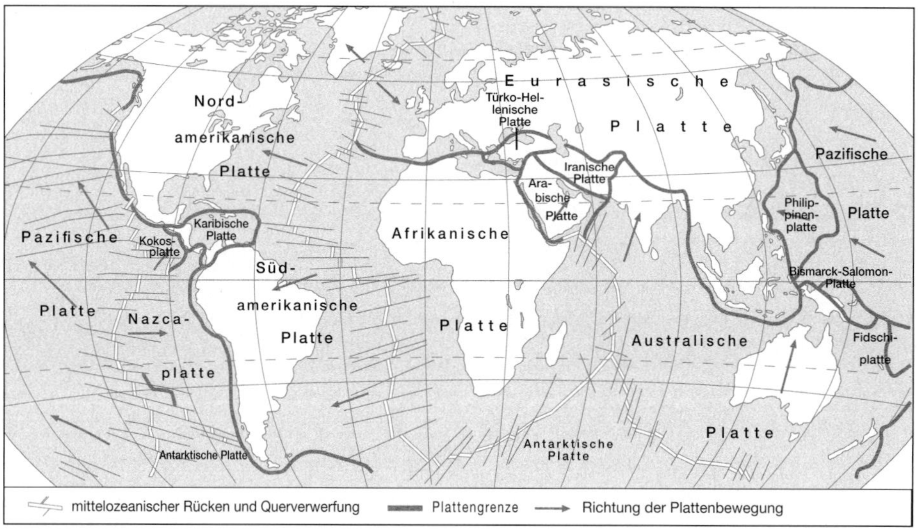

M 3 Schema der plattentektonischen Prozesse (Quelle: Cornelsen Oberstufe, S. 13)

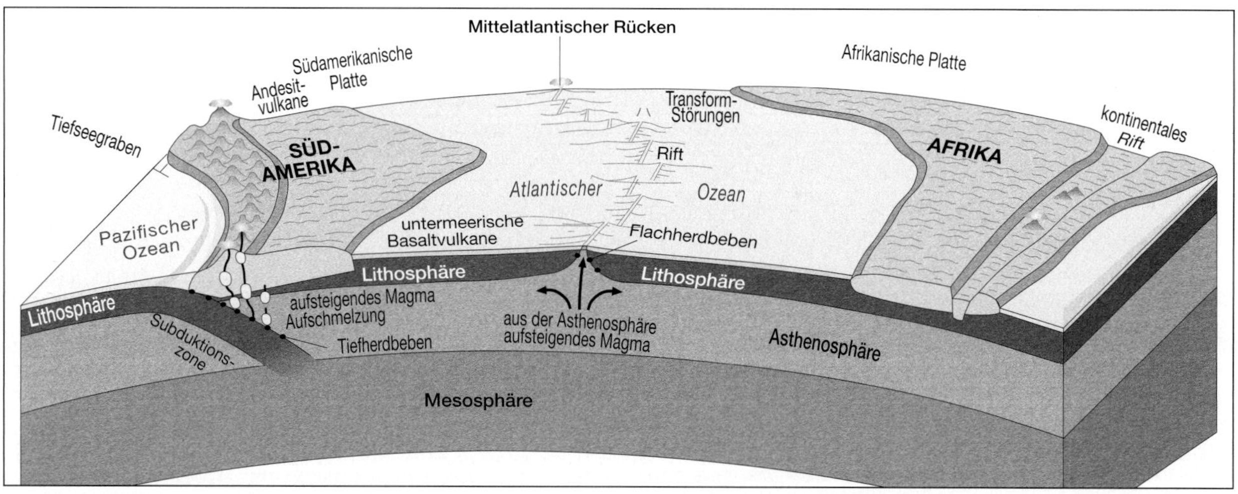

① Erläutern Sie die Vorgänge bei der Kontinentalverschiebung im Erdmittelalter (M 1). Ergänzen Sie in einem Text weitere Wanderungen: Gegenwart – in 250 Mio. Jahren.

② Beschreiben Sie Größe und Bewegungsrichtungen der Platten (M 2).

③ Erklären Sie das Schema der plattentektonischen Prozesse. Erläutern Sie die Vorgänge in der ozeanischen und in der kontinentalen Kruste (M 3).

Erdbeben

M1 Verbreitung der Erdbeben und anderer plattentektonisch wichtiger geologischer Erscheinungen (Quelle: GEOS Landschaften und Ressourcen, S. 174)

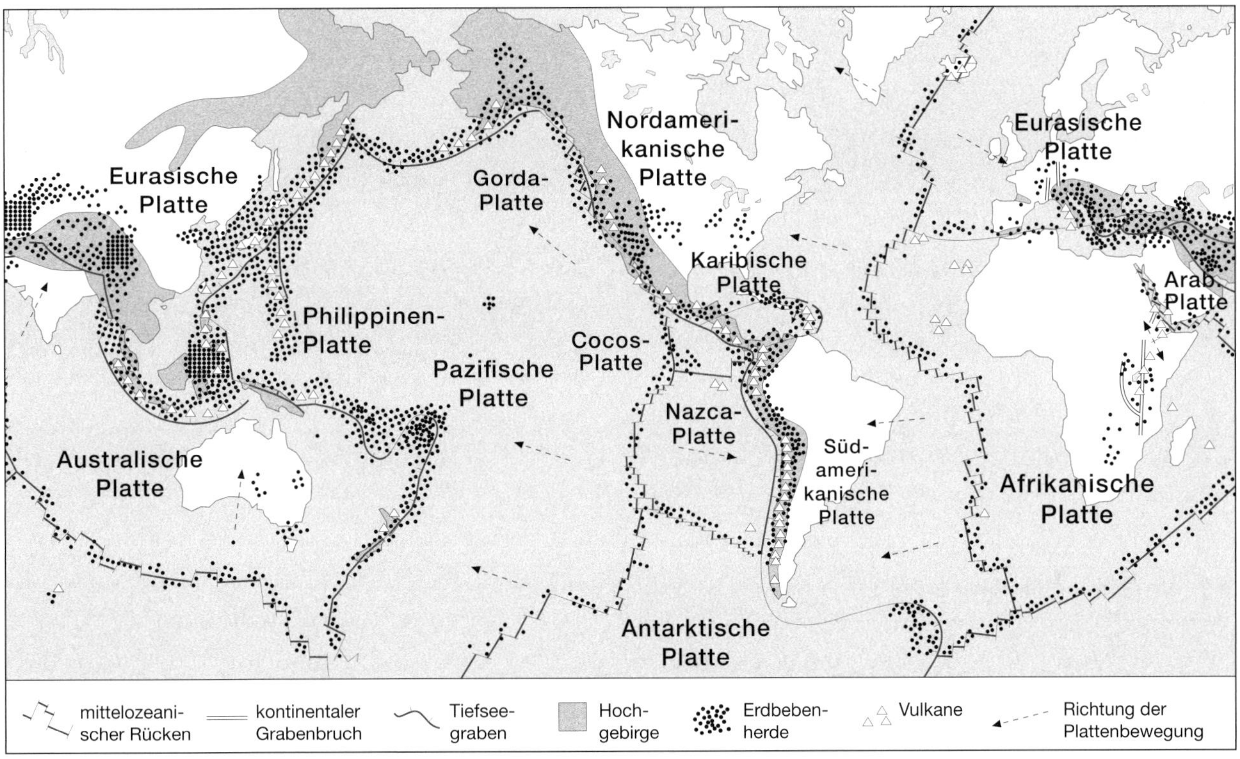

M2 Typen von Plattengrenzen

divergierende Plattenränder (= Dehnung)	Auseinanderdriften neu gebildeter ozeanischer Kruste 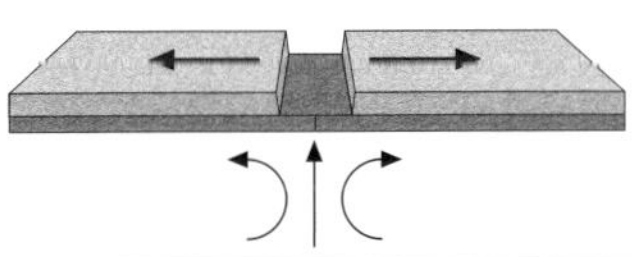
konvergierende Plattenränder (= Subduktion) (oder Kollision)	Ozeanische Kruste taucht unter kontinentaler Kruste ab (Subduktion) 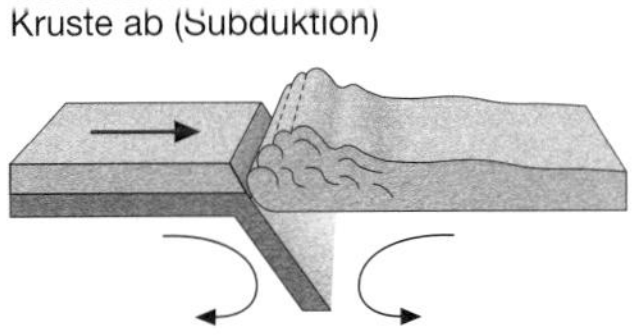 Zwei kontinentale Krusten treffen aufeinander (Kollision) 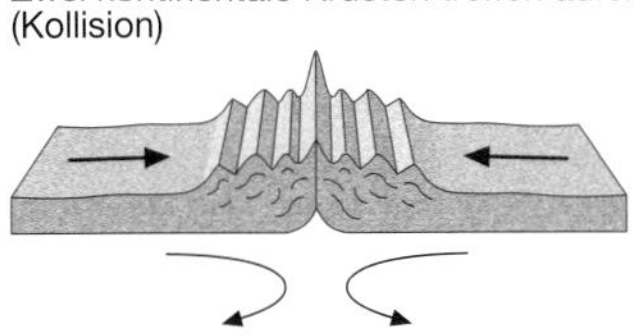
konservierende Plattenränder und Transversalverwerfungen im Bereich von Plattenrändern (= Scherung)	Transversalverwerfung in kontinentaler Kruste 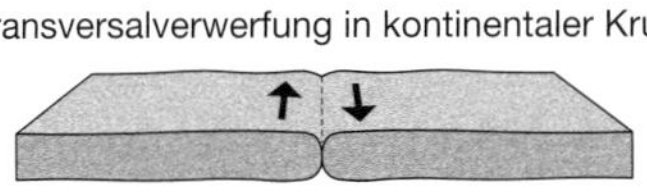 Transversalverwerfung in ozeanischer Kruste 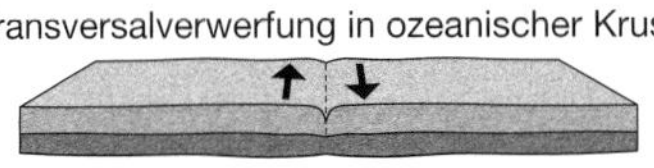

M 3 Erdbebengebiet Kalifornien

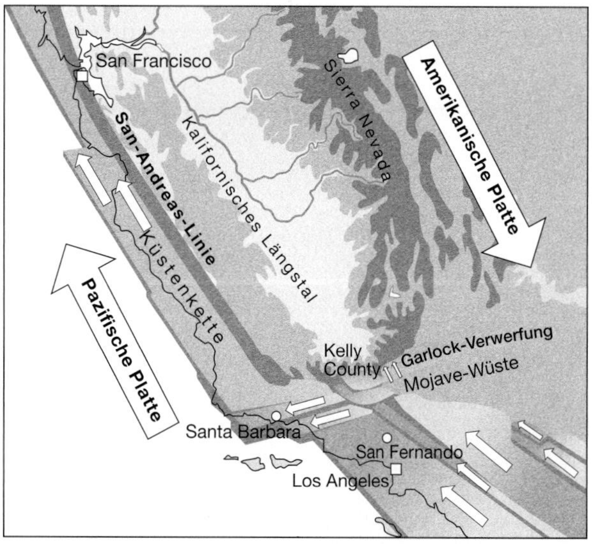

M 4 Bob Wallace Creek in Kalifornien – die Talabschnitte sind in etwa 3000 Jahren um 130 m versetzt worden

M 5 Index Map of Recent Earthquakes in California-Nevada (Stand 28. 5. 2007)

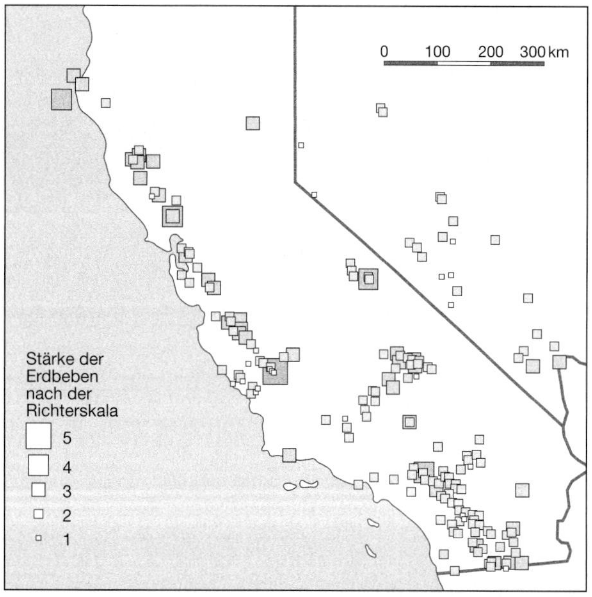

① Erklären Sie den Zusammenhang zwischen dem Vorkommen von Erdbeben und plattentektonischen Vorgängen (M 1).

② An den Plattenrändern laufen verschiedene Prozesse ab (M 2). Stellen Sie tabellarisch zusammen:
a) Typ der Plattengrenze,
b) Vorgänge an den Plattengrenzen,
c) Tiefe der Erdbebenherde.

③ Erläutern Sie die Vorgänge entlang der San-Andreas-Linie in Kalifornien (M 3, M 4).
Nennen Sie mögliche Folgen für San Francisco.

④ Vergleichen Sie die Karte des Erdbebengebietes von Kalifornien (M 3) mit der Karte M 5.

Erzlagerstätten

M 1 Erzlagerstätten und Plattengrenzen

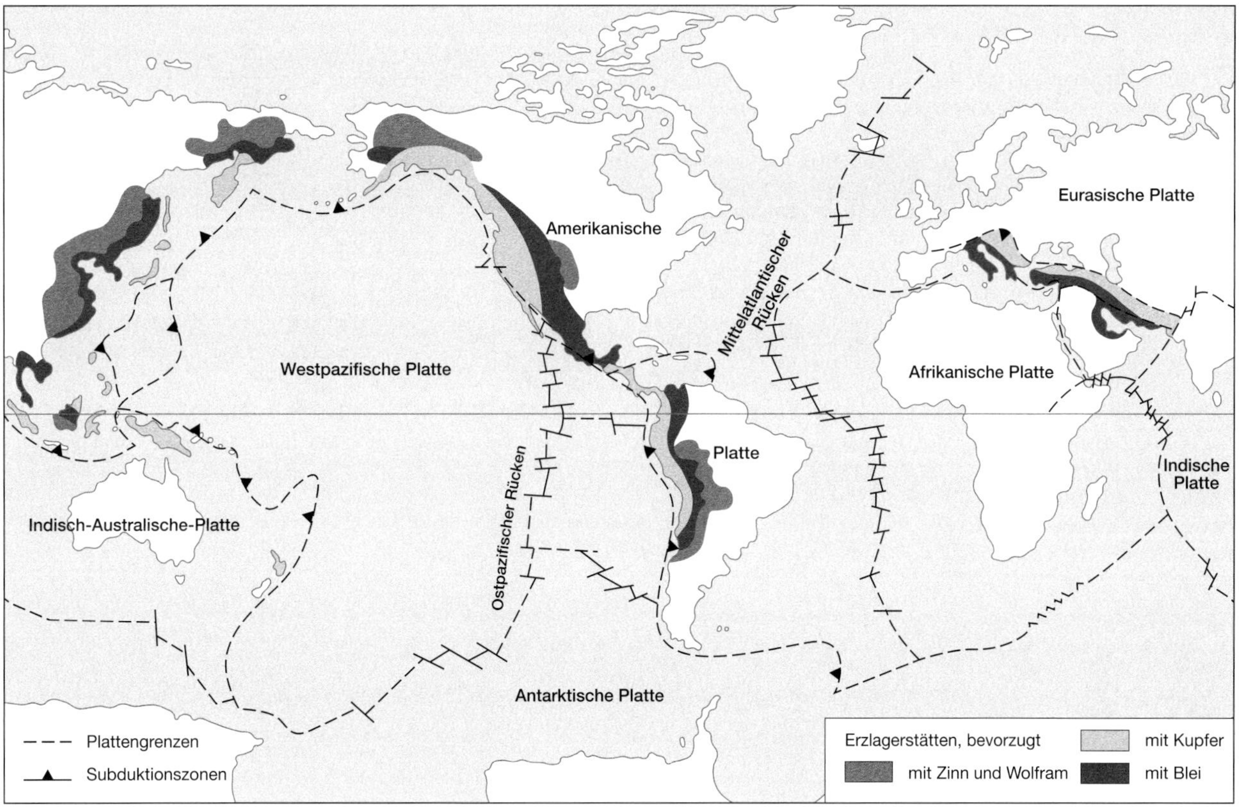

M 2 Lagerstättenverteilung und Plattengrenzen

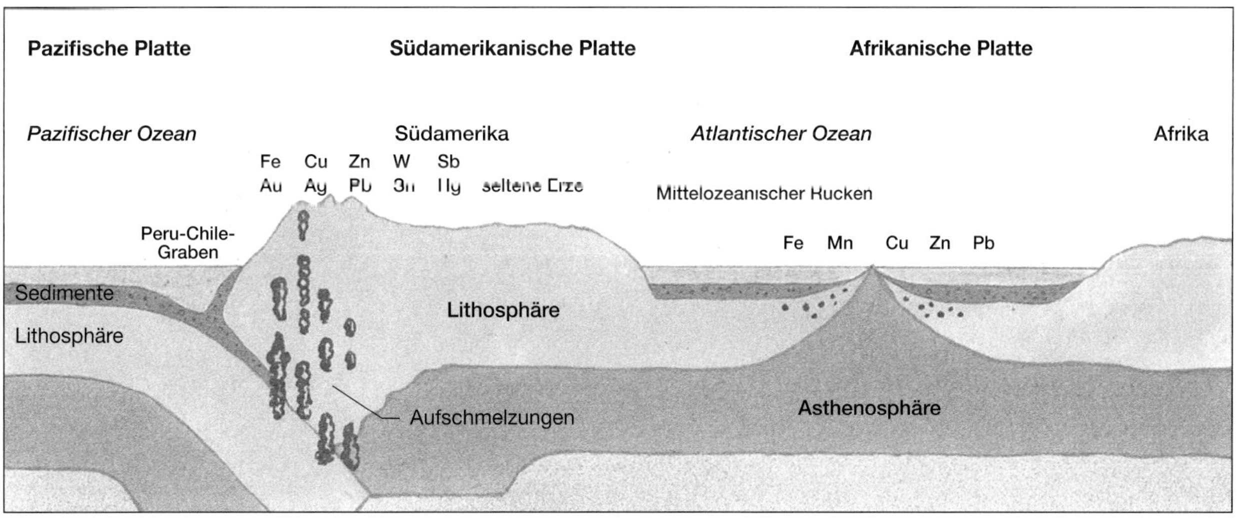

① Erläutern Sie die Häufung und regelhafte Anordnung verschiedener Erze (M 1).

② Begründen Sie die Lagerstättenverteilung der Erze (M 2).

Atmosphärische und bodenökologische Grundlagen Seiten 32–57

Strahlungshaushalt der Erdoberfläche Seiten 32/33

Zu den Aufgaben

Aufgabe 1: spezifischer Absorptionsvorgang unterschiedlich reflektierender Materialien

Oberflächentypen mit extremen Reflexionswerten Schneedecke: 0,70; Meeresfläche 0,06, Vernachlässigung des geringen spezifischen Emissionsvermögens; äquatoriale Meeresgebiete z. B. nehmen 94% der ankommenden Globalstrahlung auf und erfahren dadurch auch neben dem Faktor hohe Mittagssonnenhöhe eine thermische Begünstigung; breitenkreisparalleler tropischer Regenwald reflektiert 12% der ankommenden Globalstrahlung und nimmt demzufolge nur 88% der Strahlung auf, ein Savannengebiet zur Trockenzeit nur 76%. Weiße Schneedecken absorbieren immerhin noch 30% der auftreffenden Globalstrahlung, sodass tagsüber Schmelzprozesse auftreten.

Aufgabe 2: Berechnung der Mittagssonnenhöhen ausgewählter Städte

Stadt	Geogr. Breite φ	(90° – φ) + δ = h* (°)	h* (°)
Stockholm	59°N	(90 – 59) + 23,5	h* (21.06.) = 54,5
		(90 – 59)	h* (21.03.) = 31,0
		(90 – 59) – 23,5	h* (21.12.) = 07,5
Rom	42°N	(90 – 42) + 23,5	h* (21.06.) = 71,5
		(90 – 42)	h* (21.03.) = 48,0
		(90 – 42) – 23,5	h* (21.12.) = 24,5
Lagos	06°N	(90 – 06) + 23,5	h* (21.06.) = 107,5
		(90 – 06)	h* (21.03.) = 84,0
		(90 – 06) – 23,5	h* (21.12.) = 60,5

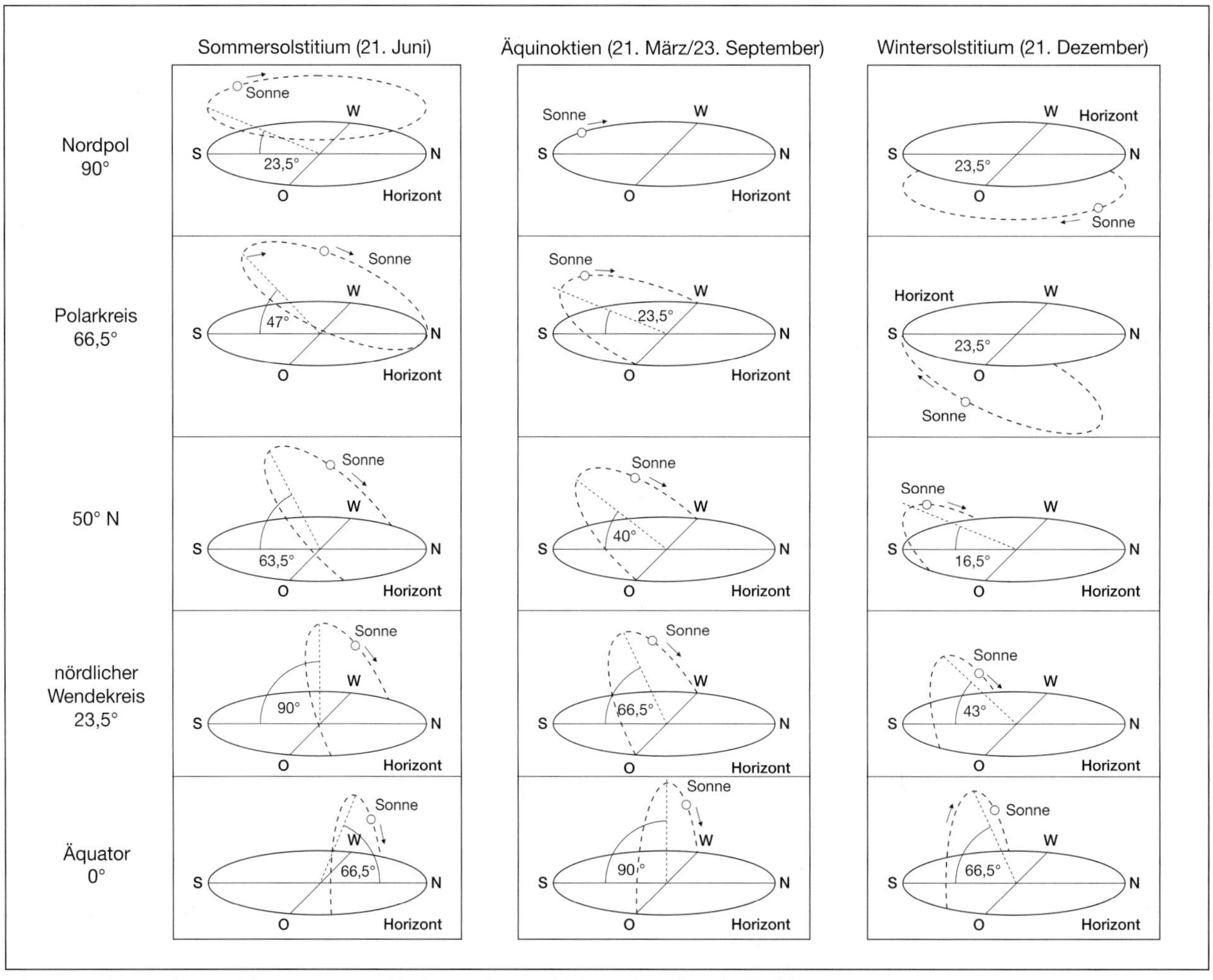

Die Sonnenbahnen in verschiedenen geographischen Breiten und Jahreszeiten der Nordhalbkugel

Wärmehaushalt der Erdoberfläche Seiten 34/35

Zu den Aufgaben

Aufgabe 1: Strahlungsbilanz an der Erdoberfläche

Obwohl nach Sonnenaufgang kurzwellige Globalstrahlung zu einem Energieinput auf die Erdoberfläche führt, reicht diese Energie infolge des noch geringen Sonnenstandes von wenigen Grad über der örtlichen Horizontebene noch nicht aus, um den Betrag der langwelligen effektiven Ausstrahlung auszugleichen. Des Weiteren wird ein Teil der ankommenden Globalstrahlung infolge des flachen Einfallwinkels stark reflektiert bzw. zur Verdunstung von Tautropfen verbraucht bzw. ein anderer Teil fließt vorerst in den Bodenwärmestrom. Der verbleibende Energieteil aus der Globalstrahlung führt bei ansteigendem Sonnenstand zur langsamen Erwärmung der bodennahen Luft.

Aufgabe 2: Verspätung des Maximums der Lufttemperatur
Um 12.00 Uhr kulminiert die Sonne über Frankfurt a. Main (50°08') mit ca. h* = 45 °. Die Luft in 2 m Messhöhe erreicht erst mit ca. 2 Stunden Verspätung an diesem Strahlungstag den Höchstwert, weil der fühlbare und latente Wärmestrom von der EO her die Luft nach und nach anheizen, wofür diese Zeit verbraucht wird.

Aufgabe 3: Ozeanität/Kontinentalität – Wärmehaushalt
Ozeanisch geprägte Klimastation Valentia: geringe Temperaturamplitude übers Jahr (ca. 8 K), zweimonatige Verspätung der Extremwerte in Bezug zu den Solstitien. Beide Merkmale lassen sich mit dem trägen thermischen Verhalten des Meereswassers begründen. Infolge der 4-mal höheren spezifischen Wärmekapazität pro Volumeneinheit von Wasser gegenüber Luft erwärmt sich die Luft im Sommer über einer Wasseroberfläche langsamer als über einer Landoberfläche; Sommertemperaturen im ozeanisch geprägten Klima nicht so hoch wie im breitengleichen Festlandsbereich; großer Energieverbrauch aus der Nettostrahlung für Verdunstungsprozesse (vgl. M 35.3), deshalb sommerliche Lufttemperaturwerte nicht höher ausfallend und sich mit dem Maximum 2 Monate gegenüber dem 21.6. verspätend; im Winterhalbjahr Temperaturwerte über den ozeanisch geprägten Gebieten vergleichsweise hoch, da die im Laufe des Sommers im Meerwasserkörper gespeicherte Wärme dann die darüber liegende Luft anheizt.
Kontinentale Klimastation Samara: hohe Jahresschwankung von ca. 35 K und zeitliche Lage der Extremwerte von nur einem Monat zu den Solstitien; geringe spezifische Wärmekapazität von Festlandssubstanzen, der im Vergleich zum Meer geringe Verdunstungsbetrag sowie der geringe Betrag des Bodenwärmestroms führen zu einer relativ schnellen thermischen Reaktion bzw. Erwärmung der festländischen Luft.

Aufgabe 4: Funktion einer Schneedecke im Winter
Infolge der schlechten Wärmeleitfähigkeit von Schnee (hoher Luftanteil zwischen den Kristallen) wirkt die Schneedecke wärmeisolierend, d. h., die Bodentemperaturen bleiben positiv, weil nachts der Bodenwärmestrom von unten zur Schneedeckenunterkante gerichtet ist und die Wärme dort angestaut wird. Am Tage (Februar) reguliert die Schneedecke die kurzwellige Ein- und langwellige Ausstrahlung.

Luftdruck- und Windgürtel der Erde — Seite 36/37

Zu den Aufgaben

Aufgabe 1: Entstehung eines thermischen Hochs
Thermisches Bodenhoch durch überwiegende effektive Ausstrahlung z. B. an den Polen oder im Winter über den zentralen Kontinenten; es entsteht durch die anhaltende Energieabstrahlung und folgende Auskühlung der darüber liegenden Luft. Da kalte Luft eine hohe Luftdichte aufweist, entsteht so das Bodenhochdruckgebiet.

Aufgabe 2: Entstehung eines Hitzetiefs
Ein bodennahes Hitzetief entsteht durch Nettostrahlungsgewinn eines Erdoberfläche-Abschnittes im Vergleich zur Umgebung. In der Initialphase steigt die erwärmte Luft infolge ihrer geringeren Luftdichte auf. Diese aufsteigende Luftmasse führt in größerer Höhe zu einem Luftmassenüberschuss im Vergleich zur Umgebung in dieser Höhe (Höhenhochdruck). In der zweiten Phase bildet sich am Boden ein Tiefdruckgebiet, da hier ständig Luftmasse nach oben weggeführt wird.

Aufgabe 3: Änderung des durchschnittlichen Isobarenwinkels
M 36.3 Kräfteverteilung eines bodennahen Windes (ageostrophischer Wind) über dem Festland mit einem durchschnittlichen Winkel zu den Isobaren von 30 °; die zum tiefen Luftdruck hin gerichtete Gradientkraft steht im Gleichgewicht mit der Vektorsumme von Coriolis- und Reibungskraft. Verringert sich die Reibungskraft R über einer glatten Meeresoberfläche, dann verringert sich auch der Schnittwinkel des Luftströmungsvektors v mit den Isobaren.

Atmosphärische Zirkulation — Seiten 38/39

Zu den Aufgaben

Aufgabe 1: Lage der Hadley-Zelle (Skizze)
Hadley-Zelle (George Hadley; 1685–1768; engl. Meteorologe): meridionaler, kreislaufähnlicher Luftmassenaustausch zwischen ITC und subtropischem Hochdruckgürtel
Ferrel-Zelle (William Ferrel; 1817–1891; US-amerik. Meteorologe): Tief- und Hochdruckgebiete der mittleren Breiten, Entstehung in der unteren Troposphäre

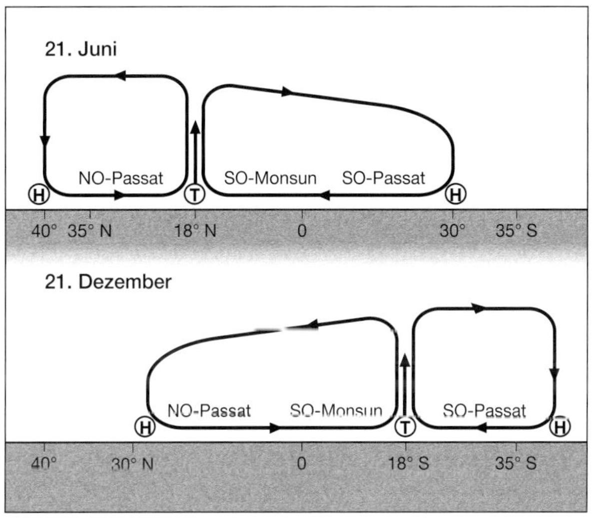

Aufgabe 2: Entstehung des regenreichen Sommermonsuns über Indien
(rechte Seite von M 39.1) Der vom Meer kommende Sommermonsun ist durch die starke Verdunstung dort in der Grundschicht mit Wasserdampf aufgeladen und die Passatinversionschicht ist weitgehend aufgelöst, sodass hoch reichende Konvektionswolken (Cb) entstehen, die den intensiven Schauerniederschlag des Sommermonsuns verursachen.

Aufgabe 3: Bodenwinde in den mittleren Breiten
Die im rechten Teil von M 39.1 sichtbaren Luftwirbel (Zyklonen und Antizyklonen) ziehen mit der durchschnittlichen Westwinddrift (entsprechend dem nordwärts gerichteten Luftdruckgefälle) auf stark veränderlichen Bahnen ostwärts. Dabei können für einen einzelnen Ort in unseren Breiten je nach Lage des Kerns dieser Druckgebilde zum Bezugsort Winde aus allen möglichen Quadranten auftreten. Tiefdruckgebiete saugen die bodennahe Umgebungsluft an und innerhalb der zyklonalen Wirbel steigt sie auf. In Hochdruckgebieten steigt die Luft ab und strömt bodennah in die Umgebung entsprechend dem Luftdruckgefälle aus.

Effektive und genetische Klimaklassifikation Seiten 40/41

Zu den Aufgaben

Aufgabe 1: Thermische Abgrenzungskriterien der Köppen-Klassifikation und Bezug zur Vegetation

In Verbindung von Textaussagen auf S. 40 und der Information aus der Legende von M 40.2 kann z. B. das thermische Abgrenzungskriterium für die tropischen Klimate, alle Mitteltemperaturen müssen über 18 °C liegen, mit den thermischen Wachstumsansprüchen bzw. der Kälteempfindlichkeit tropischer Pflanzen verknüpft werden.

Aufgabe 2: Klassifikation von Neef

a) von Nord nach Süd (ganzjährige und halbjährliche Winde): polare Ostwinde, Westwindzone, Passatzone bzw. Sommermonsun, äquatoriale Westwinde bzw. Windstillen und Mallungen
b) stetige Klimazonen: Äquatorialklima, Passatklima, Gemäßigte Klimazone, Polare Klimazone
c) Tropisches Wechselklima, Subtropisches Wechselklima, Subpolares Wechselklima
Durch die sonnenstandsbedingte Verlagerung der ITC zur jeweiligen Sommerhalbkugel (die Zone höchsten Sonnenstandes bedingt eine Zone höchster Nettostrahlung und Aufheizung der Luft und dies wiederum die Zone tiefsten Luftdruckes, ITC) verschieben sich alle anderen Druckgebilde mit, sodass sich zwischen den Zonen mit stetigen Klimaten ein halbjährlicher Wechsel der Zirkulationsverhältnisse ergibt. Zum Beispiel wirkt in den mediterranen Subtropen im Sommer der Trockenheit verursachende NO-Passat bzw. die Etesien, im Winter herrscht die Westwindzirkulation mit den Zyklonen, die Frontalniederschläge verursachen.
d) Aufgrund der Höhenlage, die eine Temperaturabnahme bedingt, und der Stau- bzw. Abschirmungswirkung von Gebirgshindernissen, die eine Niederschlagszu- bzw. -abnahme bedingen, weisen Gebirge und Hochplateaus besondere Klimaverhältnisse innerhalb einer Klimazone auf.

Aufgabe 3: Tropisches Afrika mit Cw-Klimaten

Die in M 40.2 ausgewiesenen Cw-Klimate nach Köppen sind hochlagenbedingte, kühlere Klimate, z. B. östlich vom Victoriasee am Kilimandscharo oder westlich vom Victoriasee an den Virunga-Vulkanen.

Wetterkarte und Wettervorhersage Seiten 42/43

Zu den Aufgaben

Aufgabe 1: Meteorologische Daten für Offenbach

Aus M 43.1 für die Station Offenbach: Gesamtbedeckung (8/8), Windrichtung (Westwind), Windgeschwindigkeit (10 Knoten), gegenwärtiges Wetter (starker Regen), Lufttemperatur (5 °C)

Aufgabe 2: Meteorologische Daten für Madrid

Aus M 43.1 für die Station Madrid: Gesamtbedeckung (2/8), Windrichtung (N-Wind), Windgeschwindigkeit (5 Knoten), gegenwärtiges Wetter (Sonne, z. T. Bewölkung), Lufttemperatur (0 °C, da kurz nach Sonnenaufgang)

Madrid liegt etwas südlich vom Kern eines Hochdruckgebietes. Die absinkende Luft im Kern des H-Gebietes bewirkt infolge der Kompressionserwärmung Wolkenauflösung und schwache Nordwinde für Madrid.

Aufgabe 3: Großwetterlagen

Die in M 43.1 dargestellte Großwetterlage ist eine Westwetterlage, die in unserem Raum am häufigsten auftritt.

Anthropogene Einflüsse auf das Klima Seiten 44/45

Zu den Aufgaben

Aufgabe 1: Erhöhung der Konzentration der Treibhausgase durch menschliche Aktivitäten

Aufzählung nach M 45.1

Aufgabe 2: Änderung der Reflexionseigenschaften am Beispiel der Laubwald-/Ackerlandverteilung in Mitteleuropa

Wie aus M 44.2 ersichtlich, hat sich historisch gesehen Deutschland von einem Waldland (90% Waldbedeckung um 650 n. Chr.) zu einem waldärmeren Ackerbau- und Industrieland (30% Waldbedeckung 1990) entwickelt. Dieser Landnutzungswandel veränderte auch die Reflexions- bzw. Absorptionseigenschaften in diesem Raum bezogen auf diesen Zeitschnitt in der Weise, dass zunehmend mehr Globalstrahlung durch das zunehmende Ackerland (von 5% auf 38%) absorbiert wird, was die Temperaturzunahme zu einem geringen Teil mit begründet. (M 33.2 Ackerboden mittlerer Breiten absorbiert 0,88%, Laubwald dagegen nur 0,82% der ankommenden Globalstrahlung).

Aufgabe 3: Prognostizierter Meeresspiegelanstieg

Der Haupteffekt für den Meeresspiegelanstieg wird durch die thermisch bedingte Ausdehnung des Meereswassers infolge der steigenden Mitteltemperatur der bodennahen Luftschichten hervorgerufen.

Meeresspiegelschwankungen

Transgression: Übergreifen des Meeres auf Festlandsflächen
Regression: Rückzug des Meeres, Meeresspiegelabfall
Glazialeustatische Schwankungen: vorwiegend zwischen Eiszeiten und Warmzeiten des Pleistozäns, während der Eiszeiten Bindung großer Wassermassen im Gletschereis meist auf dem Festland, Regression bis 180 m; in den Warmzeiten Abschmelzen des Eises und Meeresspielgelanstieg um gleichen Betrag
Anstieg der Meeresoberflächentemperatur: seit 1900 0,4–0,8 °C
Anstieg der Ozeantemperatur bis 300 m Tiefe: seit 1950 um 0,04 °C pro Jahrzehnt
Durch Erwärmung des gesamten Wasserkörpers um 0,1 °C steigt der Meereswasserspiegel um 60 cm, durch Abschmelzen der gesamten Eismasse um 65 m
Anstieg in den letzten 100 Jahren: rd. 15 cm, Prognose bis 2100: 50–100 cm
andere Ursachen für Meeresspiegelschwankungen: untermeerische Gebirgsbildung und Plattentektonik (seafloorspreading), Vulkane, Öl-/Gas-Entnahme

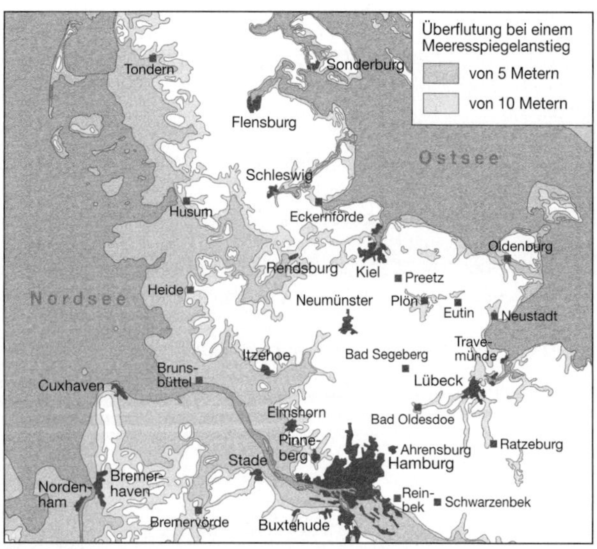

Überflutete Gebiete bei einem Meeresspiegelanstieg

Wasserhaushalt der Erde und globaler Wasserkreislauf — Seiten 46/47

Zu den Aufgaben

Aufgabe 1: Erweiterte Wasserhaushaltsgleichung

Trockener Sommer in unseren Breiten: Die Grundwasserrücklagen werden durch erhöhte Verdunstung und Wassernutzung aufgebraucht, der mittlere Grundwasserspiegel sinkt, Wasserversorgungsschwierigkeiten können auftreten.
Feuchter Sommer: Der Grundwasserspiegel steigt, Feuchtgebiete neigen zur Versumpfung, Höhengebiete weisen günstige Wirtschaftsbedingungen auf (Auswahl von vielen weiteren Argumenten).

Aufgabe 2: Wasser- und agrarwirtschaftliche Folgeprobleme eines langen, kalten und schneereichen Winters

Ein langer, kalter und schneereicher Winter in unseren Breiten wirkt sich auf den Wasserhaushalt mit Bildung einer großen fixierten Wasserrücklage aus, die trockene hydrologische Bedingungen im Winter verursacht, aber auch eine verstärkte Hochwassergefahr darstellt, wenn es im Frühjahr zu einer plötzlichen Erwärmung kommt. Bleibt die Erwärmung moderat, dann wirkt sich das langsamer anfallende Schmelzwasser agrarklimatisch gesehen günstig aus, da eine anhaltende Wasserversorgung der wachsenden Pflanzen gewährleistet ist.

Aufgabe 3: Wassermangelgebiete

Atlasarbeit: Gebiete mit arider klimatischer Wasserbilanz

Entstehung und Entwicklung von Böden — Seiten 48/49

Zu den Aufgaben

Aufgabe 1: Bodenbildung anhand physikalischer, chemischer und biologischer Prozesse

a) physikalische Verwitterung: durch Insolationssprengung, Frostsprengung und Hydratation Lockerung des Gesteins
b) chemische Verwitterung: Auflösung des Mineralienverbundes und des chemischen Gefüges durch anorganische Säuren aus der Atmosphäre, Bildung neuer chemischer Verbindungen (Tonmineralien), Freisetzung von im Gestein gebundenen Nährstoffkationen, Austausch gegen Wasserstoffionen an der Wurzeloberfläche, Beschleunigung des chemischen Zersetzungsprozesses durch Wasserstoffionen, Freisetzung von weiteren Nährstoffionen
c) biologische Prozesse: nach Abbau des mineralischen Gesteins Umwandlung in Tonmineralien und Aufbau von organischer Substanz, pflanzliche Nahrung für kleinste tierische Lebewesen, Zersetzung und Umwandlung der Pflanzenreste in anorganische Bestandteile (Mineralisierung) oder in organische Abbauprodukte (Humifizierung)

Bodenprofil

A-Horizont: oberste Schicht (Oberboden), Auswaschungshorizont, dunkel gefärbt, enthält meist Humus, einige Zentimeter bis mehrere Meter mächtig, intensive chemische Vorgänge, Bodenleben
B-Horizont: Unterboden, Anreicherungshorizont, hell gefärbt, schlechter durchlüftet als A-Horizont, dadurch geringere Aktivität von Mikroorganismen, Anreicherung von ausgewaschenen Stoffen aus A-Horizont
C-Horizont: Untergrund, Ausgangsgestein (anstehendes Muttergestein z. B. Granit, Kalkstein; Lockergestein z. B. Sand, Lehm, Ton)
Zeitfaktor bei der Bodenbildung in Mitteleuropa: Ca. 8000 v. Chr. Beginn der Gesteinsverwitterung nach Ende der Vereisung, im Neolithikum (etwa 5000 v. Chr.) zunehmende Bodenbildung

Aufgabe 2: Vergleich von Ranker, Parabraunerde und Podsol

Ranker: schwach entwickelter Boden, flachgründig, bis max. 30 cm mächtiger A-Horizont, geringer Carbonatgehalt, nährstoffarm, kein B-Horizont, C-Horizont verwitterungsresistentes Silikatgestein (Granit, Quarz), Vorkommen in steileren Lagen von Hoch- und Mittelgebirge, Nutzung als extensives Grünland oder Wald
Parabraunerde (Fahlerde): leicht verfahlter, tonarmer A-Horizont, günstiger Wasserhaushalt, gute Krümelstruktur, dunkle Farbe durch Humusstoffe; hoher Tongehalt im B-Horizont, große Wasserspeicherkapazität; große Ionenaustauschkapazität durch Humus im A-Horizont und Tonanteil im B-Horizont; Entstehung auf lehmigem Sand, Schotter, Löss; Vorkommen in gemäßigt humiden Klimaten, hohe Fruchtbarkeit bei Bodenart wie Lösslehm
Podsol (Bleicherde, Aschenboden): A-Horizont = Auswaschungshorizont, saure Rohhumus- bzw. Moderauflage, niedriger pH-Wert, Mangel an Tonmineralien, meist geringe Wasserspeicherkapazität; geringes Bodenleben, geringe Ionen-Austauschkapazität; grau-weißer B-Horizont = Einwaschungshorizont mit Verfestigung (Ortstein), z. T. Staunässe; Bildung auf silikat- und kalkarmem Ausgangsgestein (z. B. Sandstein, Quarzit, Kieselschiefer); Vorkommen in kühlgemäßigten, humiden Klimaten; Verbesserung des Bodens durch Kalkung

Aufgabe 3: Sammeln von Fakten und Argumenten über Boden

Individuelle Bearbeitung, mögliche Quellen
- *www.webgeo.de* – Lernmodule zur Bodenkunde
- *www.wikipedia.org* – Boden
- Bundesministerium für Umwelt, Naturschutz und Reaktorsicherheit: *www.bodenwelten.de*
- Natur- und Umweltschutz-Akademie (nua): *www.der-boden-lebt.nrw.de*
- *www.umweltbundesamt.de* – Reiseführer – Zu den Böden Deutschlands
- Für Fortgeschrittene: P. Meusberger u. a. (Hrsg.): Lexikon der Geographie in vier Bänden. Spektrum Akademischer Verlag. Heidelberg Berlin 2001

Nährstoffkreislauf und Bodenfruchtbarkeit — Seiten 50/51

Zu den Aufgaben

Aufgabe 1: Nährstoffkreislauf und Rolle des Bodens bei Aufbau und Zersetzung von Biomasse

Durch die Pflanzen Nährstoffentnahme aus dem Boden, Hauptnährstoffe mit den Elementen Stickstoff (N), Phosphor (P), Kalium (K), Magnesium (Mg), zusätzlich Spurenelemente in geringen Mengen: Mangan (Mn), Zink (Zn), Kupfer (Cu), Eisen (Fe)
Pflanzennährstoffe als positiv geladene Kationen vorliegend (z. B. K^+, an den Wurzeln der Pflanzen Wasserstoffionen (H^+), die gegen Nährstoffionen getauscht werden
Humifizierung: Zersetzung abgestorbener Pflanzen und Tiere
Mineralisierung: Umwandlung organischer Substanz durch Mikroorganismen in Humus

Aufgabe 2: Bedeutung der Bodeneigenschaften beim Nährstoffkreislauf und für die Bodenfruchtbarkeit

Bodeneigenschaften: Anteile von Luft, Wasser, mineralischer und organischer Substanz, Bodenvielfalt durch unterschiedliche Menge, Zusammensetzung, Verteilung und Qualität
Bodenfruchtbarkeit: Zusammenwirken von Pflanzennährstoffen, Bodenwasser, Bodendurchlüftung, Wärme im Boden, Durchwurzelbarkeit, oberirdische Biomasse, Humus
Tonminerale: Endprodukte der Gesteinsverwitterung, kleinste Schichtkristalle, an den Rändern aufweitbar zum lockeren Anlagern von Kationen (vor Auswaschung geschützt), Oberflächen der Tonminerale mit negativer Ladung, Zweischichttonminerale (z. B. Kaolinit) und Dreischichttonminerale (z. B. Montmorillonit), Letztere mit erheblich größerer Anlagerungsfähigkeit

Aufgabe 3: Nährstoffhaushalt tropischer und außertropischer Böden, traditionelle Nutzungssysteme
Tropische Böden: tropische Roterden, minderwertige Bodengüte, angepasste traditionelle Nutzung durch Brandrodungswirtschaft
Außertropische Böden der gemäßigten Klimate: Bleicherde: minderwertiger Boden (traditionell Viehhaltung und Plaggendüngung, Plaggen = Soden, ausgestochene Erdstücke); Braunerde: guter Ackerboden; Schwarzerde und kastanienfarbene Böden: gute bis beste Ackerböden

Aufgabe 4: Gesetz vom Minimum und vom Ertragszuwachs
Gesetz vom Minimum: Abhängigkeit der Entwicklung von dem Element, das in der niedrigsten Konzentration vorkommt; relative Wirkung eines Faktors umso höher, je mehr dieser im Minimum ist; These des deutschen Chemikers JUSTUS VON LIEBIG (1803–1873), gilt heute als überholt, durch verschiedene Arten von Düngung zum Teil ausgleichbar

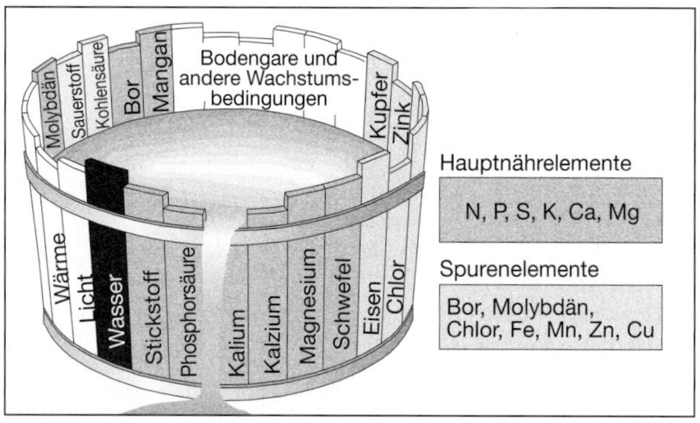

Gesetz vom Minimum, Bsp. Kali im Minimum

Gesetz vom Ertragszuwachs (Gesetz vom abnehmenden Ertrag des Bodens): zunächst Zunahme des Ertrages je zusätzlich eingesetzter Faktoreinheit, ab einem bestimmten Punkt aber Abnahme; vom französischen Wirtschaftstheoretiker ANNE ROBERT JACQUES URGOT 1776 formulierte Gesetzmäßigkeit, heute noch für die Landwirtschaft gültig

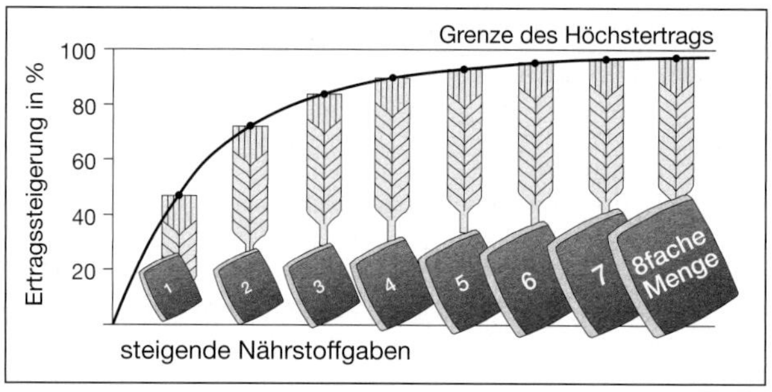

Gesetz vom abnehmenden Ertragszuwachs

Bodenzonen der Erde — Seiten 52/53

Zu den Aufgaben

Aufgabe 1: Klimabedingte Bodenzonierung in den Außertropen
Polare und subpolare Zone: niedrige Temperaturen, Wechsel zwischen Frost und Auftauen, bei Wasserüberschuss blau-grau gefärbter Tundragleyboden
Gemäßigte Zone: abnehmender Feuchte-Index; Podsol, Braunerde, Schwarzerde, kastanienfarbene Böden, Solontschak (Salzboden mit wenig ausgeprägtem A-Horizont)

Aufgabe 2: Zonale und azonale Bodenanordnung in den USA, Vergleich mit Europa
Zonale Anordnung: humider Osten – breitenparallele Anordnung, Bodentypen von Nord nach Süd: Podsol, Parabraunerde, rote und gelbe Böden; Mitte – meridionale Anordnung, Prärieböden, Schwarzerde, kastanienfarbene Böden; Westen – starke Differenzierung, Wald-, Steppen-, Halbwüsten- und Wüstenböden
Azonale Anordnung (Rohböden): Lithosole (Rohböden auf Festgestein), lithomorphe Böden (Dominanz der Gesteinsmerkmale), Vorkommen in Kordilleren und Hochlagen der Appalachen; Regosole (A-C-Horizont, carbonatfrei oder carbonatarm) in ariden Gebieten
Europa: breitenparallele Anordnung

Aufgabe 3: Agrarische Tragfähigkeit von Böden tropischer Vulkangebiete
Andosole: junge Mineralböden aus vulkanischen Aschen, sehr fruchtbar, Verbreitung in Vulkangebieten mit Ablagerungen aus vulkanischen Explosionen bzw. Auswürfen aus vulkanischen Förderschloten

Aufgabe 4 S. 53: Bodenbildung und Bodenfruchtbarkeit in den Außertropen und feuchten Tropen

Außertropen	Bodenbildung	natürliche Bodenfruchtbarkeit
Tundrenböden	Dauerfrostboden, Staunässe	sehr gering
Podsol	Podsolierung, Auswaschung von Eisen-, Mangan- und Aluminiumoxiden aus A-Horizont, nährstoffarm, stark sauer mit Auflagenhumus	mittel bis gering
Braunerden	Verlehmung, Verbraunung durch bei Verwitterung der Silikate freigesetzte Eisenoxide	schwankend, abhängig von Wasser- und Nährstoffangebot
Parabraunerde	Tonauswaschung aus A-Horizont, neutrale und basische Humusstoffe, krümelige Bodenstruktur	sehr hoch, besonders auf Löss und Sandlöss; schnelles Austrocknen auf sandigem Untergrund
Schwarzerde	auf lockerem, kalkreichem Ausgangsgestein, keine Tondurchschlämmung, Auswaschung oder Salzanreicherung im Oberboden	extrem hoch
Halbwüsten- und Wüstenböden	physikalische Verwitterung, arm an organischer Substanz, z. T. Salzanreicherung	gering
Feuchte Tropen		
Ferralsole	intensive tiefgründige Verwitterung, fast ohne Restmineralgehalt und Dreischichttonminerale	gering
Acrisole	starke tiefgründige Verwitterung, sauer bis stark sauer	gering
Arenosole	tiefgründige Verwitterung, hoher Quarzanteil, kaum Restminerale	gering

Analysieren von Bodenarten und Bodentypen — Seiten 54/55

Zu den Aufgaben

Aufgabe 1 bis 3: Individuelle Bearbeitung, abhängig vom Schulstandort

Gefährdung von Böden — Seiten 56/57

Zu den Aufgaben

Aufgabe 1: Entwicklungen und Maßnahmen, die weltweit zur Bodengefährdung und zum Bodenverlust führen
Bodenerosion: Abtrag von Bodenmaterial durch Wasser, Wind, Schneeschmelze, Hangrutschungen
Wassererosion: flächen- und linienhafter Bodenabtrag durch Niederschläge, Bildung von Erosionsrinnen, durch Tropfenaufprall auf ungeschützte Bodenoberfläche Verstopfung der Bodenporen und Verschlämmung
Winderosion: Auswehen der oberen Bodenpartikel (Deflation), häufiges Auftreten in ariden und semiariden Gebieten sowie in Europa, wenn Felder brach liegen
Durch Landwirtschaft verursachte Erosion: Entwaldung zur Gewinnung von Ackerfläche, Überweidung, Bearbeitung von Steilhängen, Bodenverdichtung durch schwere landwirtschaftliche Maschinen
Bodenversalzung: unzureichende Bewässerungstechnik, mangelnde Wasserzufuhr
Schadstoffbelastung: Schwermetalle (Blei, Cadmium, Zink) direkt oder über die Luft, Säuren, Salze, Kohlenwasserstoffe aus Industrie und Landwirtschaft (Bodenversiegelung, Bodenverdichtung)
Klimawandel: in den Tropen und Subtropen mögliche Bodenerwärmung durch globale Erwärmung und Verringerung der Bodenfruchtbarkeit um ein Drittel

Aufgabe 2: Desertifikation – ein globales Problem
Entstehung und Ausbreitung wüstenhafter Verhältnisse durch Abholzung (Brennholzbeschaffung), Überweidung, zu starke Wasserentnahme (Tiefbrunnen), nicht zu verwechseln mit periodischer Dürre
Verbreitung: vorwiegend Trockengebiete der Erde: Sahelzone, südliches Afrika, Australien, Arabische Halbinsel, Zentralasien, Ostasien (besonders China), östliches Brasilien, Chile, Peru, Bolivien, Mexiko, Südwesten der USA; mäßige Gefährdung nach UNEP auch in Südeuropa (Spanien)
Anmerkung: Cornelsen Digitaler Atlas – Erde: Globale Schäden, alle Daten wegklickbar bis auf Desertifikation

Aufgabe 3: Der Boden – knappes und wichtiges Gut (Referat)
Mögliche Gliederung: Boden (Definition) – Bodenarten – Bodentypen – Verbreitung der Böden – Bodenfruchtbarkeit – Bodenbelastung – Bodengefährdung; Quellen s. Entstehung und Entwicklung von Böden, Arbeitsauftrag 3

Aufgabe 4: Katalog mit notwendigen Maßnahmen zum Bodenschutz
- *Flächenressourcen-Management:* sparsamer und schonender Umgang mit der Fläche, keine Überbeanspruchung
- *Passende Anbaumethoden:* Vermeidung weiterer Auslaugung des Bodens
- *Rekultivierung:* Wiederherstellung denaturierter Flächen (z. B. durch Bergbau)
- *Anlage und Erweiterung von Grünschutzstreifen:* Eingrenzung der Desertifikation
- *Umfangreiche Wiederaufforstung:* Wiederherstellung natürlicher Ökosysteme
- *Gezielter, d. h. reduzierter Umgang mit Bioziden:* Schutz von Pflanzen und Bodenlebewesen
- *Bodensanierung (Aushub und Erneuerung):* Beseitigung von Altlasten aus Industrie und Bergbau

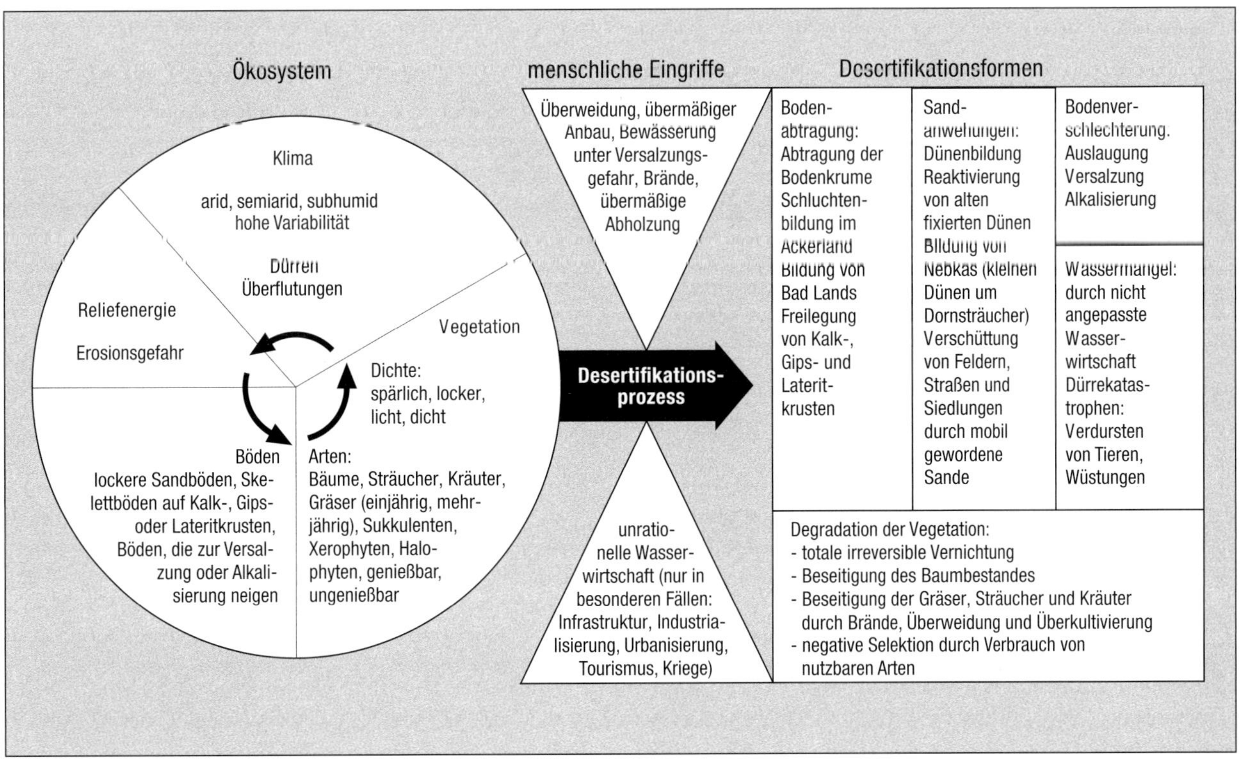

Desertifikationsschema

A R B E I T S B L A T T

Monsun

M1 Luftdruckgebiete und Windgürtel der Erde im März und im September

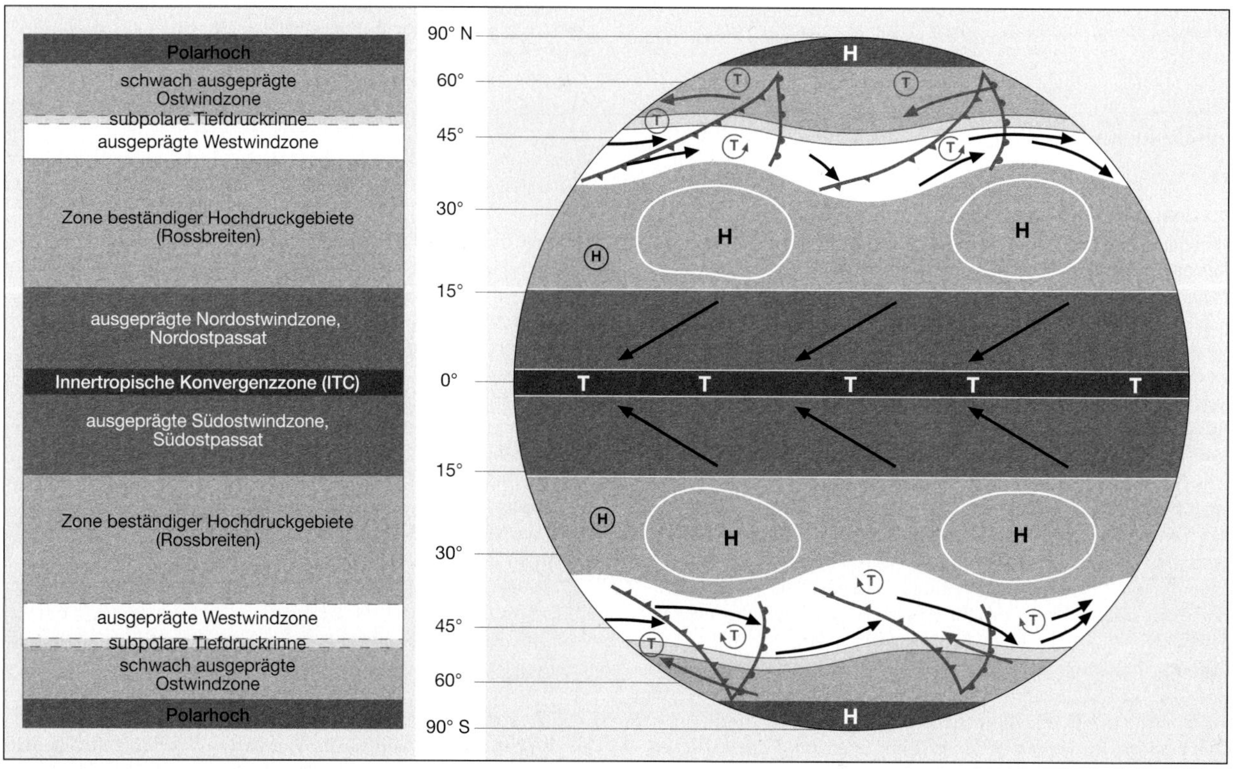

M2 Jahreszeitliche Verlagerung der ITC

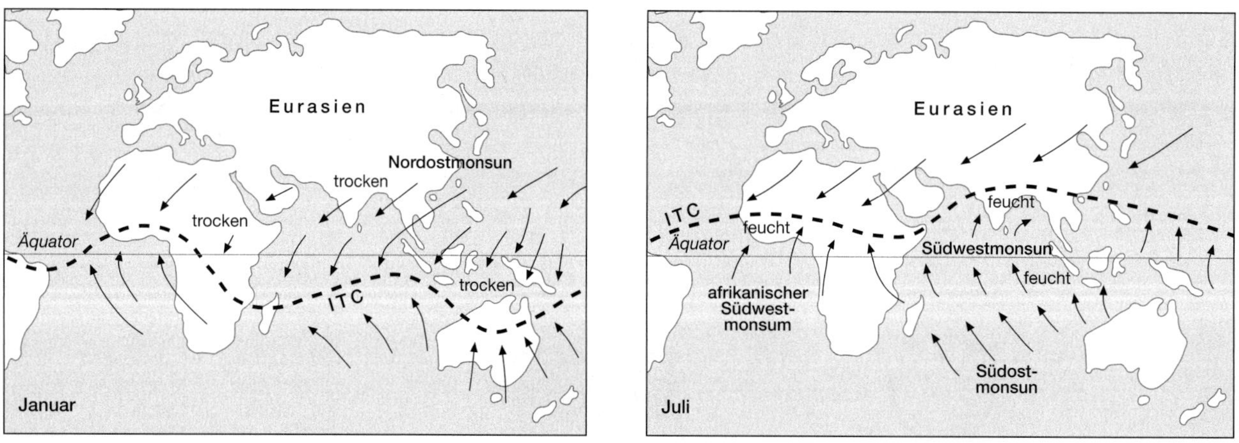

M3 Tropische Monsunzirkulation in Südasien

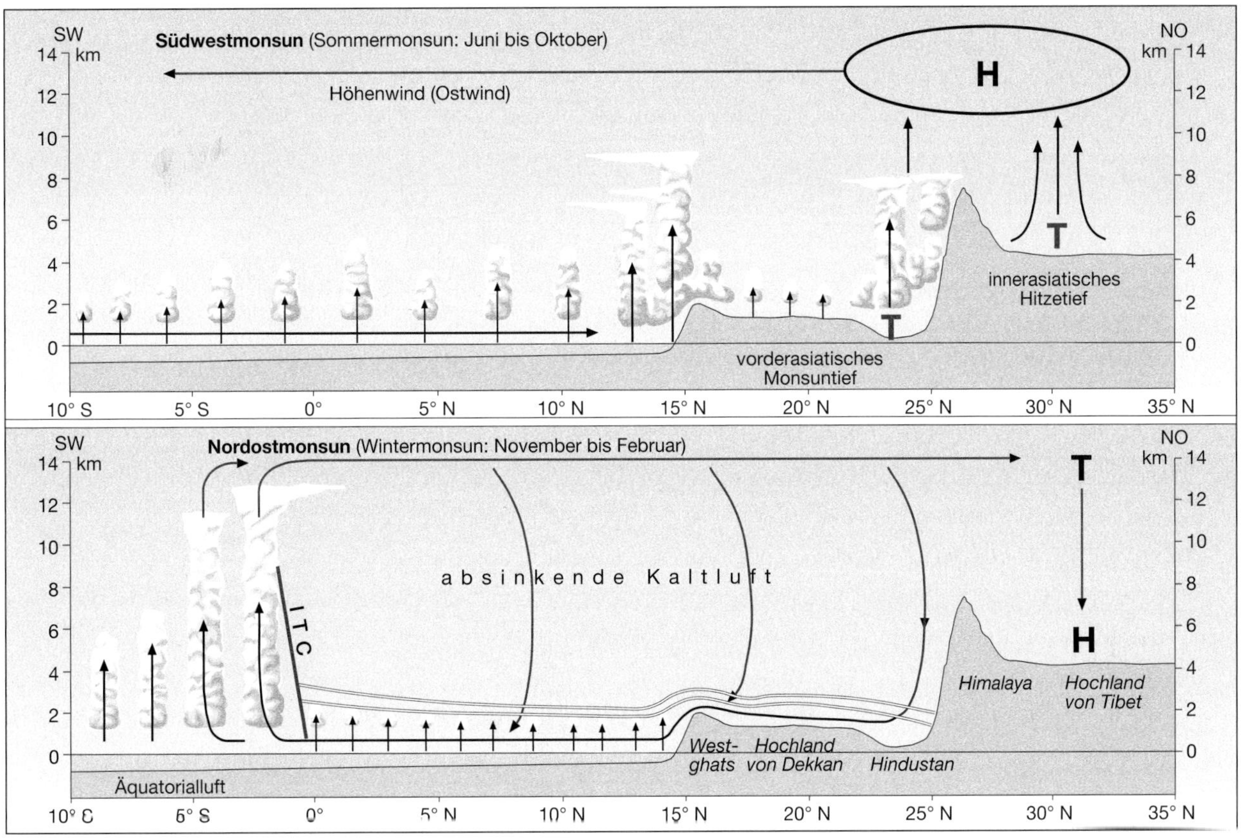

M4 Mumbai

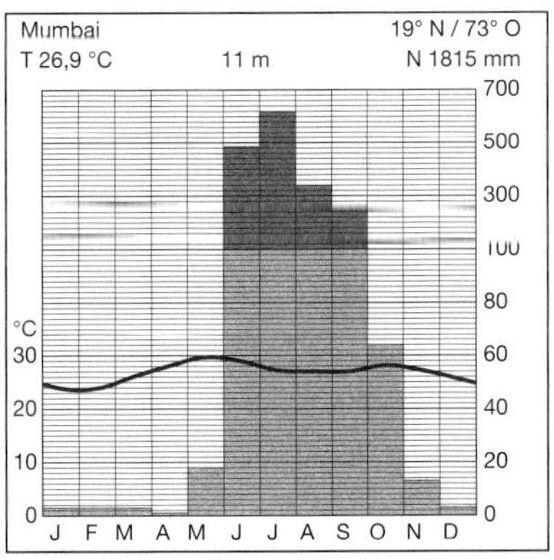

M5 Poona

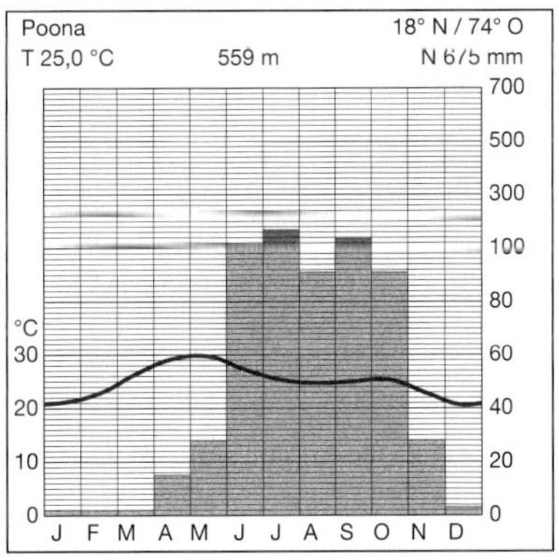

M6 Cherrapunji

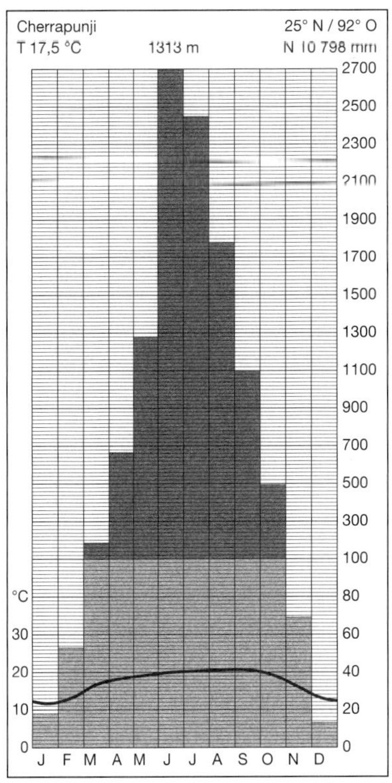

① Erläutern Sie den Ablauf der tropischen Monsunzirkulation (M 2).

② Beschreiben Sie die jahreszeitliche Verlagerung der Innertropischen Konvergenzzone (M 1, M 3).

③ Werten Sie die Klimadiagramme aus. Begründen Sie, weshalb man in Monsungebieten drei Jahreszeiten unterscheidet (M 4–M 6).

Globaler Wasserhaushalt

M 1 Globaler Wasserkreislauf

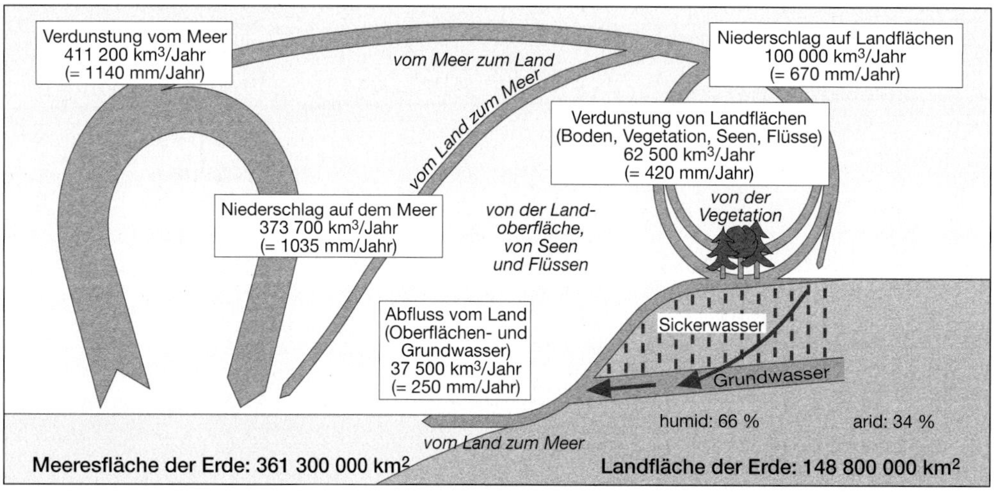

M 2 Oberflächenwasser – Niederschlag, Verdunstung und Abfluss nach Regionen

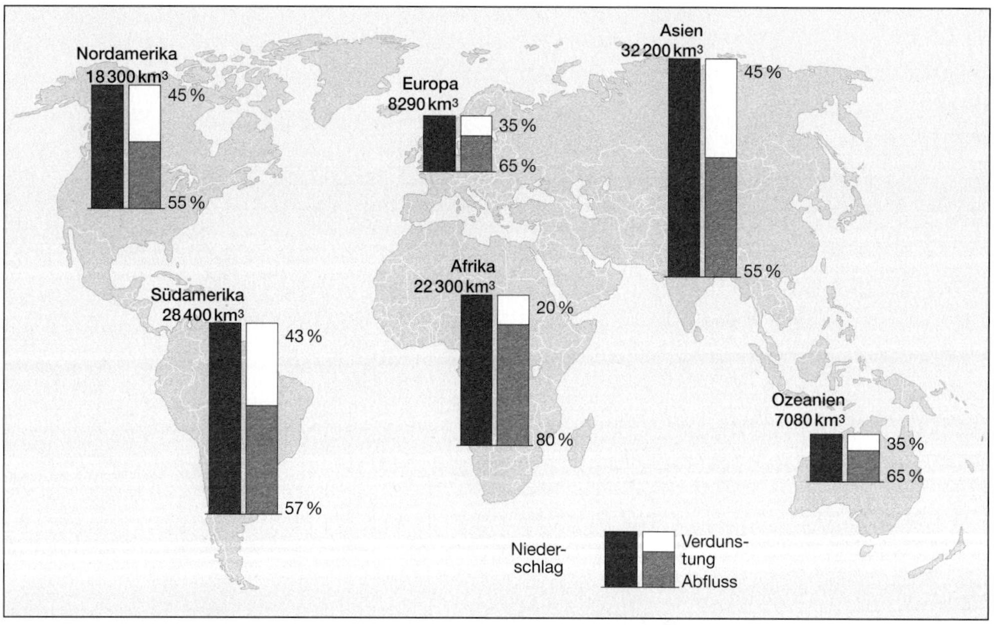

M 3 Geschätzte Verweildauer der globalen Wasserressourcen

Biosphäre	1 Woche
Atmosphäre	1,5 Wochen
Flüsse	2 Wochen
Sümpfe	1–10 Jahre
Seen/Stauseen	10 Jahre

Boden	2 Wochen bis 1 Jahr
Eiskappen/Gletscher	1000 Jahre
Ozeane und Nebenmeere	4000 Jahre
Grundwasser	2 Wochen bis 10 000 Jahre

① Erläutern Sie den globalen Wasserkreislauf (M 1).

② Untersuchen Sie die regionale Verteilung des Oberflächenwassers und stellen Sie einen Zusammenhang mit dem globalen Wasserkreislauf her (M 1, M 2).

③ Erörtern Sie die unterschiedliche Verweildauer der Wasserressourcen. Leiten Sie daraus Überlegungen für die nachhaltige Nutzung ab.

Böden

M 1 Schema der Bodenbildung

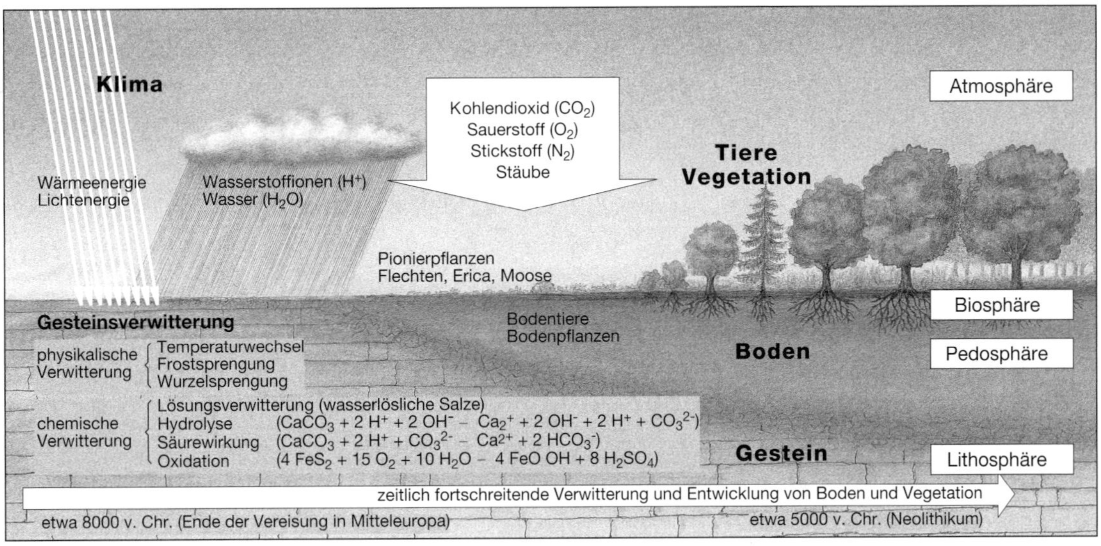

M 2 System Boden

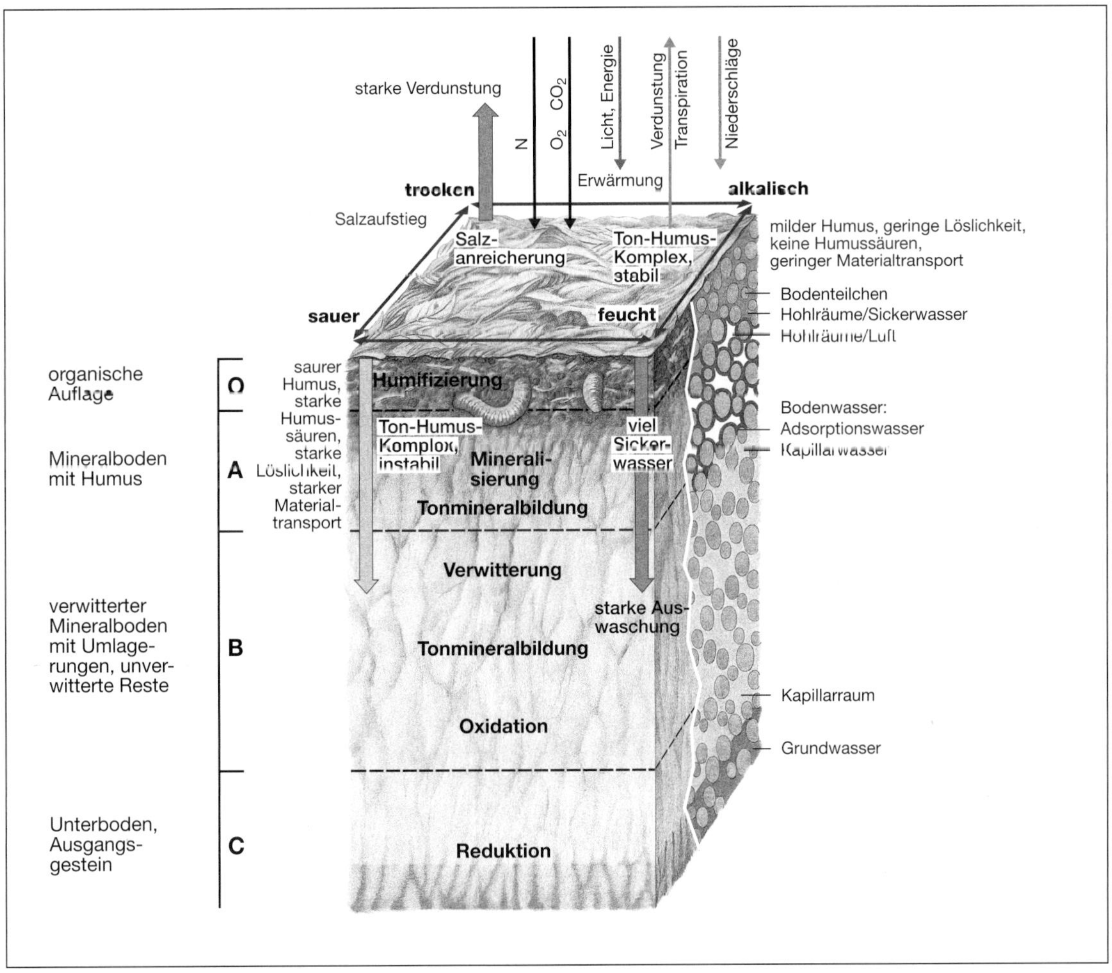

① Beschreiben Sie die Verwitterungsvorgänge des Gesteins. Unterscheiden Sie physikalische, chemische und chemisch-biologische Verwitterung (M 1).

② Erläutern Sie die Arten des Materialtransports im Boden. Stellen Sie die Bedeutung der Tonminerale dar (M 2).

Bodenerosion

M 1 Bodenerosion

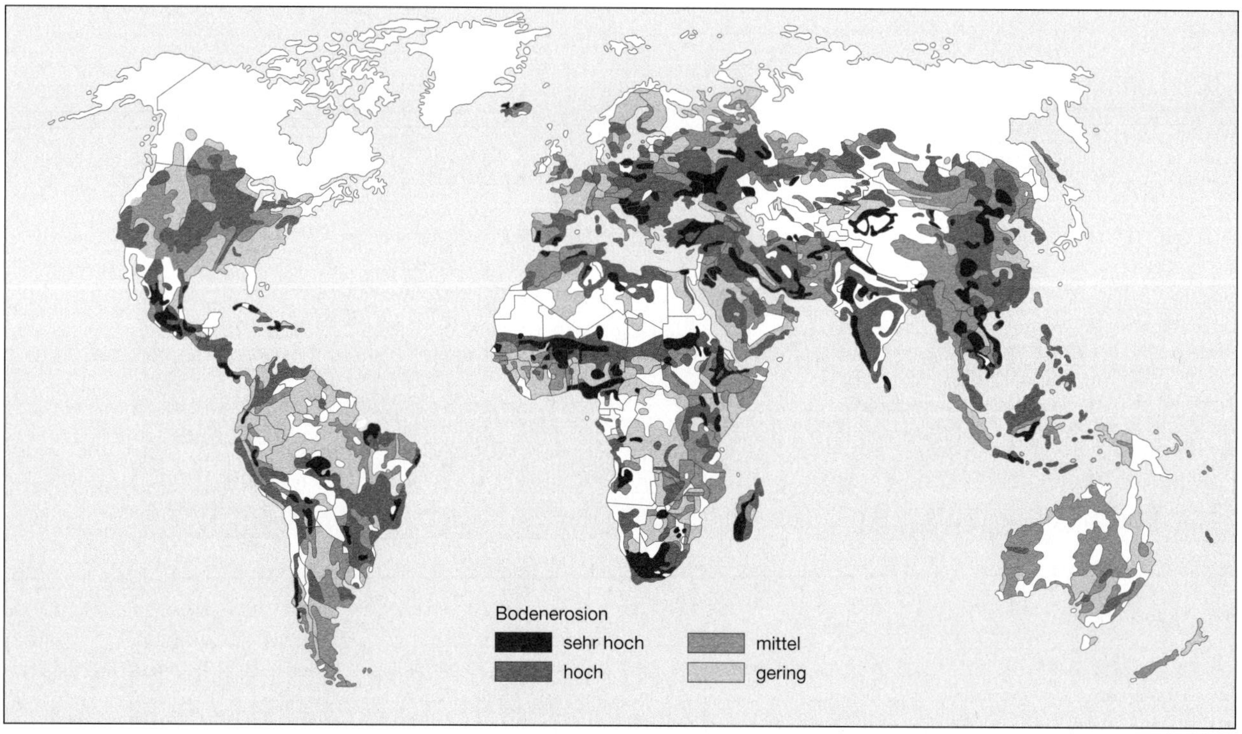

M 2 Bodendegradation

Durch Wasser- und Winderosion gehen jährlich 75 Mrd. t Boden verloren. Während sich in einem Jahr nur etwa 1 bis 2 t Boden pro Hektar neu bilden, werden in Europa und den USA im selben Zeitraum 17 t, in Asien, Afrika und Südamerika sogar bis zu 30 bis 40 t Boden pro ha abgetragen. In vielen Regionen ist auf diese Weise in den letzten 150 Jahren die Hälfte des fruchtbaren Ackerbodens verloren gegangen.

Ein erheblicher Teil ehemals fruchtbarer Böden geht durch Wüstenbildung verloren. Von mäßiger bis starker Wüstenbildung betroffen sind heute mehr als 110 Länder und mehr als 70 % der landwirtschaftlich genutzten Trockengebiete. Dürre und Bodenverödung bedrohen das Leben von weltweit 1,2 Mrd. Menschen, da sie zur Sicherung ihrer Grundbedürfnisse auf das Land angewiesen sind. China z. B. verliert durch Wüstenbildung jährlich 2550 km^2 Land. 40 % der afrikanischen Bevölkerung leben in Gebieten, die von Wüstenbildung gefährdet oder in nächster Zeit betroffen sind. Beim Ausbleiben von Gegenmaßnahmen könnte das in Afrika verfügbare Ackerland bis zum Jahr 2025 um zwei Drittel gegenüber 1990 zurückgehen. Nach Angaben von UNEP [Umweltschutzprogramm der Vereinten Nationen] erstrecken sich die Gebiete, die von Wüstenbildung betroffen sind, über 40 % der Erdoberfläche. Es ist zu befürchten, dass weltweit mehr als 135 Mio. Menschen in den nächsten Jahren wegen sinkender Bodenerträge ihre Heimat verlassen müssen.

Die Ursachen der Bodendegradation sind kleinräumig variabel, treten häufig gemeinsam auf und beeinflussen sich gegenseitig. Im globalen Durchschnitt und stark vereinfachend ergibt sich folgendes Bild: Über 90 % der weltweiten Bodendegradation werden – zu etwa gleichen Teilen – durch Abholzung von Wäldern, Überweidung und nicht angepassten Ackerbau verursacht. Während in den Industriestaaten die Überdüngung, der Einsatz schwerer landwirtschaftlicher Maschinen beim Pflügen und die Verwendung von Pestiziden verbreitete Probleme darstellen, sind in den Entwicklungsländern vor allem Entwaldung und Überweidung von Bedeutung.

Zusätzlicher „Stress“ für die Böden wird von der globalen Erwärmung erwartet. Laut IPCC [Intergovernmental Panel on Climate Change] könnte die Bodenfruchtbarkeit in den Tropen und Subtropen aufgrund der Erwärmung und der Verschiebung des Monsunregens in diesem Jahrhundert um ein Drittel zurückgehen.

(Quelle: Der Fischer Weltalmanach 2005, S. 688, gekürzt)

① Ordnen Sie stark von Bodenerosion betroffene Regionen der Erde Ländern und geographischen Zonen zu (M 1).

② Erläutern Sie die Gründe für die Bodendegradation. Benennen Sie Raumbeispiele (M 1, M 2).

③ Zeigen Sie Lösungsansätze zur Eindämmung der Bodenerosion auf.

Geoökosysteme der Erde und Landnutzung — Seiten 58–89

Geoökologie – Bioökologie – Landschaftsökologie — Seiten 58/59

Zu den Aufgaben

Aufgabe 1: Aufbau der Geosphäre

Geosphäre: dreidimensionaler Bereich der Erdhülle, umfasst die Teilsphären Atmosphäre (Lufthülle), davon als deren unterstes Stockwerk die Troposphäre, in der sich das Wettergeschehen abspielt, die Hydrosphäre (Wasserhülle) mit den Bereichen Wasserdampf sowie dem Wasser der Weltmeere, des Festlandes und dem Grundwasser, die Pedosphäre (Bodenhülle), die Lithosphäre (Gesteinshülle) und die beständig oder zeitweilig belebte Biosphäre (Lebewelt)
Das konkrete Modell (M 58.2) stellt den Aufbau der Geosphäre von der Arktis (links) bis zur Antarktis (rechts) dar. Der Längenmaßstab beträgt etwa 1:120 Mio., der Höhenmaßstab beträgt im mittleren Bereich des Profils etwa 1 : 1 Mio. In den Kontinenten durchdringen sich alle Sphären, am tiefsten reicht das Grundwasser der Hydrosphäre, bis zu einigen hundert Metern, in die Lithosphäre hinein. Die untere Grenze der Pedo- und Biosphäre liegt nur bei mehreren Dezimetern. Die realen Verhältnisse mussten hier im Profil stark überhöht dargestellt werden. Die größte vertikale Ausdehnung erreicht die Biosphäre mit mehr als 10000 m Meersestiefe in und über den Ozeanen.
Zusammenwirken aller Teilsphären, Funktionszusammenhang

Aufgabe 2: Abgrenzung von Bio-, Geo- und Landschaftsökologie

Ökosystem = Sammelbezeichnung für das Wirkungsgefüge abiotischer und biotischer Geofaktoren; alle Vernetzungen zwischen dem Geoökosystem und dem Bioökosystem, d. h. den abiotischen und biotischen Geofaktoren in einem bestimmten Gebiet prägen auf einer höheren Systemebene den naturlandschaftlichen Gesamtkomplex (Naturlandschaftsraum, Ökotop).

Bioökologie: Fachbereich, der sich mit dem System Leben – Umwelt aus biologischer Sicht beschäftigt; bei räumlicher Betrachtungsweise im Mittelpunkt das Biotop mit Phyto- und Zootop, bei funktionaler Betrachtung das Bioökosystem, d. h. das Zusammenwirken von pflanzlichen und tierischen Lebensgemeinschaften

Geoökologie: beschäftigt sich mit Landschaftshaushalt; räumlich im Mittelpunkt das Geotop (kleinste physisch-geographische Raumeinheit), Funktionssystem bestehend aus Morpho-, Pedo-, Hydro- und Klimatop; komplementär zu Biotop bei funktionaler Betrachtungsweise im Mittelpunkt das Geosystem bzw. Geoökosystem, d. h. eine Funktionseinheit bzw. Wirkungsgefüge von Morpho-, Pedo-, Hydro- und Klimasystem mit dynamischem Gleichgewicht

Landschaftsökologie (auch Landschaftskunde): Fachbereich, der das Wirkungsgefüge von Naturlandschaftsraum (Bio- und Geoökosystem) und anthropogenem Einfluss (Kulturlandschaftsraum) untersucht; Gesamtkomplex von Wechselwirkungen zwischen allen Geofaktoren, die den Landschaftsraum prägen

Aufgabe 3: Zielsetzungen geoökologischer Forschung

Grundlagenforschung: Erkennen des Zusammenwirkens von biotischen und abiotischen Faktoren, Ableitung von Gesetzmäßigkeiten und hierarchischen Strukturen, Modellentwicklungen;
Praxis: Berücksichtigung der Regelungsprinzipien von Ökosystemen beim Umweltschutz, bei der Energieauslastung, effizientere Rückkopplungen und stabilisierende Regelungen; Grundlage der Auseinandersetzung (M 58.1);
Aufgabenfelder: Ökotoperkundung, Strukturen territorialer Systeme, angewandte Landschaftsökologie

Globale ökologische Probleme — Seiten 60/61

Zu den Aufgaben

Aufgabe 1: „Störfaktor Mensch" – Wirkungsgefüge Mensch – Umwelt

individuelle Bearbeitung
Beispiel: Mensch – Atmosphäre – Hydrosphäre

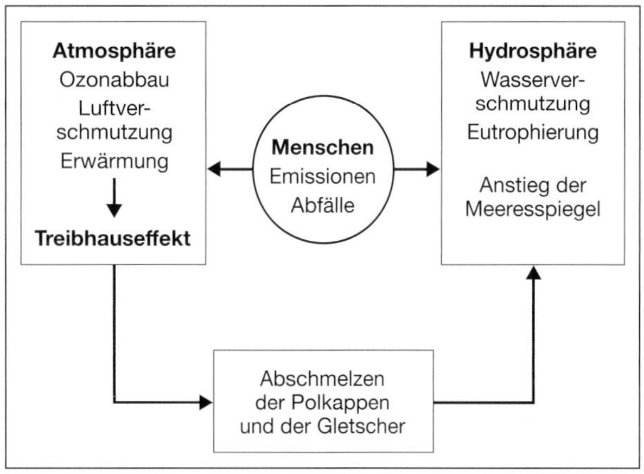

Aufgabe 2: Lösungsansätze zur Verminderung und Eindämmung globaler ökologischer Probleme

Atmosphäre: Verringerung der Geschwindigkeit des Klimawandels: Verringerung des CO_2-Ausstoßes (Kyoto-Protokoll) und anderer Treibhausgase; lokal: Reduzierung des Energieverbrauchs, Wärmedämmung, Einsatz alternativer Energien, Benutzung öffentlicher Verkehrsmittel

Biosphäre: Vermeidung des Rückgangs der Pflanzen- und Tierarten; keine Fragmentierung von Ökosystemen, nachhaltige Bewirtschaftung von Agrar- und Waldflächen, Ausweitung von Naturschutzräumen; lokal: beim Kauf Berücksichtigung zertifizierter (aus nachhaltiger Bewirtschaftung gewonnener) Produkte, z. B. Holz

Hydrosphäre: Erhalt der Wasserqualität, Vermeidung von Störungen des Wasserhaushaltes; kontrollierte Trinkwasserentnahme aus Flüssen, Seen, dem Grundwasser, Verwendung von recyceltem Wasser (Brauchwasser), Vermeidung von Wasserverschmutzung (auch Eutrophierung durch Landwirtschaft), Erwärmung der Meere verringern; lokal: Wasserverbrauch senken

Lithosphäre: Begrenzung des Flächenverbrauchs; schonende Ressourcengewinnung, Rückbau von Tagebaulandschaften; lokal: Schutz gefährdeter Regionen, z. B. durch Aufforstung

Pedosphäre: Vermeidung von Bodendegradation, Erosion, Humusveränderung; nachhaltige Bodenbewirtschaftung ohne Überdüngung, Reduzierung der Überweidung, planmäßige Bewässerung ohne Raubbau am Grundwasser; lokal: Vermeidung weiterer Intensivierung der Landwirtschaft

Zusatzinformationen

Bodenerosion verursachende Tätigkeiten des Menschen

Rodung/Abholzung	30%
Landwirtschaft	27%
Überweidung	35%
Brennholzeinschlag	7%
Industrie	1%

Giftiges Wachstum

China drängt mit Macht in die erste Liga der Weltwirtschaft. Die Herausforderung der Globalisierung nimmt Peking offen an, offener als manche Politiker in den USA oder Europa. Unter dem Mantel des beeindruckenden Wachstums kann China die verheerende Umweltverschmutzung nicht verbergen ... Die Verpestung von Luft und Wasser kostet China jedes Jahr Millionenbeträge. Ganz Hongkong versinkt zeitweise unter einer toxischen Wolke aus Südchina. Mehr als 400 000 Menschen sterben in China jährlich allein an den Folgen der Luftverschmutzung. Und Wasser ist inzwischen zu einem raren Gut geworden. Zu kostbar, um es fahrlässig zu vergiften ...

Das muss sich ändern, denn es passt ebenso wenig zu einer modernen Marktwirtschaft wie die Geheimnistuerei der Regierung ... Ein global verträgliches, nachhaltiges Wachstum wird China auf Dauer nur erzeugen können, wenn der ungezügelte Boom nicht zugleich Milliardenschäden erzeugt ... Chinas Dreckschleudern können der Weltgemeinschaft nicht gleichgültig sein. Setzt China den alten Kurs fort, entwickelt es sich zu einer globalen ökologischen Belastung. Es reicht daher nicht mehr aus, sich auf Umweltkonferenzen einen Öko-Anstrich zu geben. Peking muss in den Umweltschutz investieren – und zwar massiv.

nach: Handelsblatt, 25. 11. 2005 (Christoph Rabe)

„New Orleans geht binnen hundert Jahren unter"

Die Stadt New Orleans, eines der beliebtesten Touristenziele in den Vereinigten Staaten, wird nach Ansicht von amerikanischen Geologen spätestens im Jahre 2100 untergehen. Die Gründe lägen dafür im Anstieg des Meeresspiegels, der Erosion und der Überspülung des Mississippi-Deltas. Die Inseln vor der Küste des Bundesstaates Louisiana werden voraussichtlich schon im Jahre 2050 überschwemmt sein. Schon heute liegt die Stadt mit etwa einer halben Million Einwohner durchschnittlich 2,60 Meter unter dem Meeresspiegel. Zwischen 1930 und 1990 wurden mehr als tausend Quadratkilometer begehbaren Landes zu Sümpfen.

nach: Frankfurter Allgemeine Zeitung, 22. 1. 2000

Idealismus wird zur Realpolitik

Es herrscht allgemeines Einverständnis darüber, dass die Welt durch wechselseitige Abhängigkeit gekennzeichnet ist. Aber wir hatten noch nicht die Zeit, die Konsequenzen dieses Merkmals zu Ende zu denken, und wir haben noch nicht begriffen, dass aus diesem Grund die bisherigen internationalen Regeln nicht mehr gelten.

Interdependenz – die Tatsache, dass die Krise eines einzelnen zur Krise aller wird – macht die herkömmlichen Auffassungen vom nationalen Interesse zum Gespött ...

Warum ist die Energiepolitik auf der Agenda der Staaten nach oben geschossen? Weil Länder wie China und Indien Energie für ihre schnelle Entwicklung brauchen und wegen der Gefahr des Klimawandels. Die Lösung liegt in einem international vereinbarten Rahmenwerk, mit dessen Hilfe die Wirtschaft der Entwicklungsländer wachsen kann, mit dem die wohlhabenden Länder ihren Lebensstandard erhalten können und mit dem die Umwelt vor einer Katastrophe geschützt werden kann.

nach: Frankfurter Allgemeine Zeitung, 30. 5. 2006 (Tony Blair)

Landschaftsökosystem: Zusammenwirken Mensch – Umwelt — Seiten 62/63

Zu den Aufgaben

Aufgabe 1: Individuelle Bearbeitung

Aufgabe 2: Haushalt eines urban-industriellen Ökosystems

Maßeinheiten: 10^3 = Tausend, 10^6 = Million, 10^{12} = Billion

kcal: Kilokalorie = 1000 Kalorien (cal) = notwendige Energiemenge, um 1 kg Wasser um 1 °C zu erwärmen; Ablösung der Energieeinheit Kalorie durch Joule; 1 cal etwa 4,2 Joule

Für den Verdichtungsraum Brüssel (1 075 000 Einwohner in 19 Gemeinden, Fläche 161,78 km^2) haben die Autoren versucht, die Zulieferung, den Ausstoß und die Bilanzen von Stoffen und Energie zu Beginn der 1970er-Jahre zu quantifizieren sowie die Wirkungszusammenhänge dieses urban-industriellen Ökosystems zu klären und darzustellen. Im Einzelnen wurden erfasst:

- die Energiezufuhr, -abgabe und -bilanz,
- die Zufuhr von Wasser und die Abgabe von Abwässern an die Vorfluter, die Verrieselung und die Wasserbilanz,
- die Zulieferung von Nahrungsmitteln, Brenn- und Kraftstoffen, Rohstoffen und Baumaterialien,
- der Ausstoß von festen Abfällen inklusive der gasförmigen Emissionen aus der Müllverbrennung,
- der Ausstoß von staub- und gasförmigen Emissionen mit Belastungen für die Stadt selbst, das Umland und weitere Räume durch Ferntransport,
- der Ausstoß an gewerblich-industriellen Produkten,
- die Biomasse an Pflanzen und Menschen in der Stadt.

Deutlich wird die hohe Zufuhr an Stoffen und Energie in das System und der Verbrauch im System, um es in Funktion zu halten, sowie die starke Belastung des Systems selbst und seines Umlandes durch Emissionen fester, flüssiger und gasförmiger Art. Die Berechung ergibt zugleich, in wie hohem Maße urban-industrielle Systeme auf andere ökologische Funktionsräume als Zulieferer und Ausgleichsräume angewiesen sind.

Energie- und Stoffflüsse im Ökosystem Brüssel:

Energiebilanz (10^{12} kcal/Jahr):

Einstrahlung Sonne	+ 130	Reflexion Stadtoberfläche	– 27
Wärme Atmosphäre	+ 390	Wärme Boden	–435
Zusätzl. Energie	+ 31		
	+ 551		–462

Bilanz: + 89 • 1012 kcal/Jahr, Überschuss durch anthropogene Energiezufuhr

Wasserbilanz (1000 t/Jahr):

Niederschlag	+ 113	Verdunstung	–49
Zufuhr aus Umland	+ 61	Versickerung	–68
		Abwasser	–57
	+ 174		–174

Bilanz: ausgeglichen durch Zufuhr aus Umland, aber 57 000 t Abwasser

CO_2-Bilanz (1000 t/Jahr): 6,35 Mio. t, davon 5,9 Mio. t aus fossilen Brennstoffen, 0,45 Mio. t aus der Stadt; Stoffzufuhr: 2,92 Mio. t/Jahr, davon 2,47 Mio. t fossile Brennstoffe; Abfälle: 277 000 t/Jahr, davon 237 000 t Müll, in Abwasser 40 Mio. t; Emissionen aus Verbrennung: 200 000 t Kohlendioxid, 30 000 t Schwefeldioxid, 20 000 t Stickoxide, 45 000 t Kohlenwasserstoffe, 2000 t Stäube, 200 t Blei

Naturlandschaften und Kulturlandschaften — Seiten 64/65

Zu den Aufgaben

Aufgabe 1: Systemzusammenhänge zwischen Natur- und Kulturlandschaftsraum

Naturlandschaft: ausschließlich durch natürliche Erscheinungen und sich gegenseitig bedingende Geofaktoren (Klima, Wasser, Relief, Boden) sowie deren Verflechtungen mit Vegetation und Tierwelt bestimmt; vom Menschen unberührte Landschaft

Kulturlandschaft: vorwiegend durch den Menschen gebildete Landschaft aus verschiedenen Ökosystemen; Einfluss von im Mittelpunkt stehenden sozialen Gruppen, geprägt durch gesellschaftliche Kräfte; Querverbindungen und gegenseitige Beeinflussung zu Be-

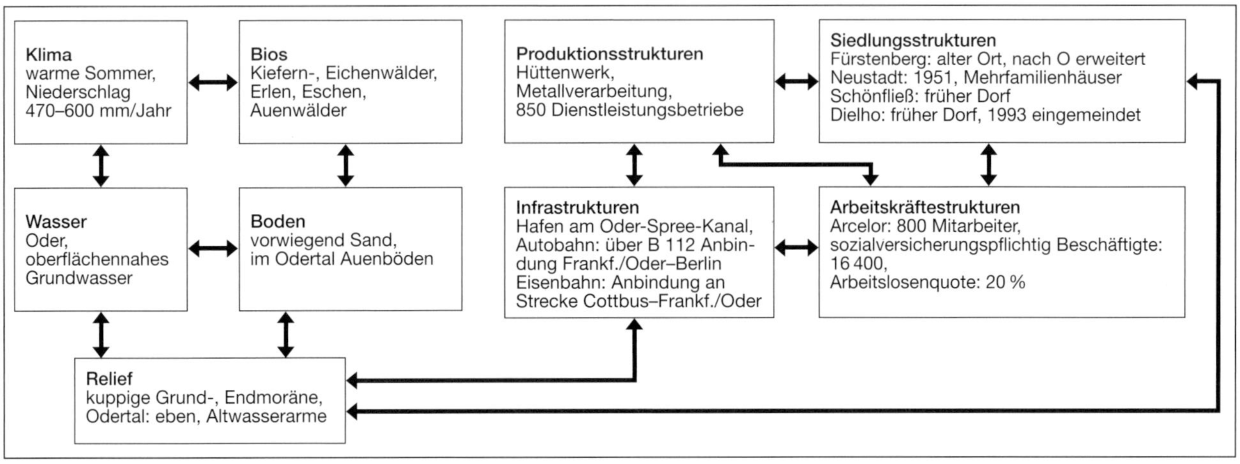

völkerungsentwicklung, Siedlung, Verkehr, Wirtschaft; Naturraum nur als äußerer Rahmen. Kulturgeographische Kräfte sind Einflussfaktoren im Landschaftsraum. Es sind Bestimmungsgrößen raumwirksamer Entscheidungen des Menschen und dessen regelhaften raumwirksamen Verhaltens. Folglich wirken kulturgeographische Kräfte – im Gegensatz zu Geofaktoren – nicht direkt auf Erscheinungen im Landschaftsraum, sondern über den Umweg über menschliche Entscheidungen und Handlungen. Raumwirksame Entscheidungen und raumwirksames regelhaftes Verhalten des Menschen wird durch das Wertesystem einer Gesellschaft bestimmt. Als kulturgeographische Kräfte gelten also: die Gebundenheit des Menschen an Volksgruppen und Sprachgemeinschaften, an die Religion und Tradition, an das historische Erbe, an die sozioökonomischen Verhältnisse, an den technologischen Entwicklungstand, an das Herrschaftssystem.
Im Unterschied zu den kulturgeographischen Merkmalen, die veränderbare Größen darstellen und im Allgemeinen eine veränderbare Situation im Landschaftsraum wiedergeben (u. a. Verstädterungsgrad, Erwerbstätigenquoten, Analphabetenrate), sind die kulturgeographischen Kräfte ähnlich den naturgeographischen Faktoren (Geofaktoren, Komponenten) langfristig wirkend anzusehen.
Raumwirksame Entscheidungen und raumwirksam regelhaftes Verhalten werden außer durch das Wertesystem der Gesellschaft durch den vorgegebenen naturlandschaftlichen Gesamtkomplex, die Landesnatur, bestimmt. Das System der Landesnatur nimmt mehr oder weniger stark Einfluss auf die Bandbreite möglicher Entscheidungen und möglichen Handelns. Es gibt Rahmenbedingungen des Wirkens kulturgeographischer Kräfte, den naturgeographischen Rahmen, vor.

Aufgabe 2: Modell der Kulturlandschaft von Eisenhüttenstadt
siehe Abb. oben

Aufgabe 3: Bericht Eisenhüttenstadt
Die Umgebung von Eisenhüttenstadt hat Anteil an drei Naturraumtypen (Naturlandschaftsräume, Ökotope), die durch das Inlandeis der Weichselkaltzeit, durch deren Schmelzwasser sowie durch Abtragungsprozesse im Holozän geformt wurden: die Hochflächen des Gubener Landes mit den Erhebungen von Fünfeichen und Diehlo, die Talsandterrassen der Berlin-Fürstenwalder Spreetalniederung und der Talboden (Niederterrasse) des Fürstenberger Odertals.
Bereits nach 1250 wurde auf dem heutigen Stadtgebiet im Rahmen der Siedlungspolitik des meißnischen Markgrafen Heinrich des Erlauchten die Stadt Fürstenberg (Oder) im Verband des Markgrafentums Niederlausitz gegründet. 1635 kam Fürstenberg (Oder) mit der Niederlausitz zum Kurfürstentum Sachsen. 1815 fiel es an Preußen. Das abseits der Fernstraße Guben–Frankfurt/Oder an einer wenig bedeutenden Oderfähre gelegene Städtchen hatte 1830 1686 Einwohner. Mit dem Bau der Bahn von Frankfurt/Oder nach Breslau 1846 und im Anschluss an den hier in die Oder mündenden Oder-Spree-Kanal (1891) begann eine industrielle Entwicklung mit Glashütten, Werften, Säge-, Öl- und Getreidemühlen.
Auf dem III. Parteitag der SED (1950) wurde der Bau des Eisenhüttenkombinats Ost (EKO) und einer sozialistischen Wohnstadt bei Fürstenberg (Oder) beschlossen. Mit dem Ausbau des Hüttenwerks stieg die Einwohnerzahl bis 1988 auf über 53 000. Mit dem Strukturwandel im Zuge des Beitritts der DDR zur BRD sank die Einwohnerzahl. Um den Prozess zu beherrschen, wurde ein Stadtumbauprogramm beschlossen, das unter anderem den Abriss von 4500 Wohnungen bis 2010 und die Sanierung von 3000 bis 4000 Wohnungen bis 2015 vorsieht.
Zur Stadtentwicklung: *www.eisenhuettenstadt.de* → Stadtgeschichte → Stadtentwicklung

Geoökosysteme im Modell Seiten 66/67

Zu den Aufgaben

Aufgabe 1: Typen der Savanne
siehe Abb. unten

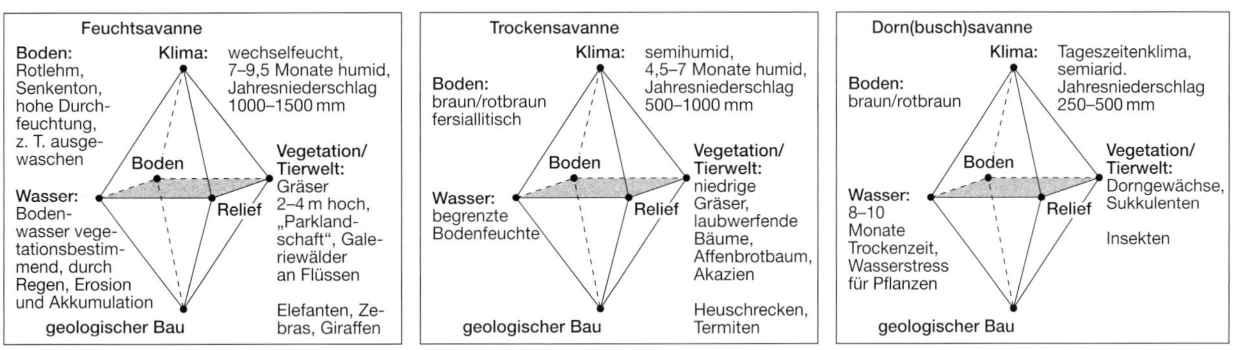

Die Savannen (spanisch: Sabana = Grasebene) sind die Grasländer mit eingestreutem Baum- und Strauchbestand in den wechselfeuchten Tropen. Die Geoökosysteme (geographische Zonen, Landschaftszonen) der Savannen liegen zwischen dem tropischen Regenwald und den tropischen Wüsten.

Aufbau: Die Savannen zeigen ein verschiedenartiges Bild, deren Ursache in den klimaökologischen Bedingungen liegt. Die Feuchtsavanne ist eine mehr oder weniger offene Grasflur, die von kleineren oder größeren Baum- und Gebüschgruppen regengrüner Gehölze (Mesophyten) durchsetzt ist. Die kräftigen Gräser wachsen in Büschelform, sie werden bis zu 3 m hoch. In der Trockensavanne bedecken etwa 1,50 m hohe Gräser mehr oder weniger geschlossen den Boden. Die Bäume und Gebüsche stehen häufig einzeln in regelmäßigen Abständen zueinander. Kennzeichnend sind Tonnen-, Flaschen- und Schirmbäume (sukkulente Pflanzen). In der Dornbuschsavanne löst sich die geschlossene Grasnarbe in einzelne weitständige Grasbüschel geringer Wuchshöhe auf. Laubarme Dornsträucher bilden häufig ein dichtes Gestrüpp.

Ökologie: Die Savannenklimate sind ganzjährig sehr warm bis sehr heiß (tropische Temperaturverhältnisse, alle Monate über 18 °C, indischer Typ: Doppelwelle der Temperatur, Hauptmaximum bei Zenitstand vor Einsetzen der Regenzeit, Nebenmaximum am Ende der Regenzeit). Das Jahr wird durch hygrische Jahreszeiten, also Regenzeit (humider Wasserhaushalt) und Trockenzeit (arider Wasserhaushalt), gegliedert. In diesem Klima bildet die Wasserversorgung den begrenzenden ökologischen Faktor. Bei größeren Niederschlagssummen (lange Regenzeit, semihumides Klima) sind die regengrünen Gehölze im Vorteil. Sie drängen durch Beschattung die Gräser zurück (Lichtkonkurrenz). Bei geringeren Niederschlagssummen (kurze Regenzeit, semiarides Klima) überwiegen die sukkulenten Gehölze und die Dorngehölze. Somit bestimmt die Dauer der Regenzeit (Zahl der humiden Monate) den Typ der Savanne.

Aufgabe 2: Notwendigkeit des Maßstabswechsels

Kleine Maßstabszahl (z. B. 1 : 5000) = großer Maßstab
Große Maßstabszahl (z. B. 1 : 500 000) = kleiner Maßstab
Geographische Dimensionen:

a) topisch (von Top, naturräumliche Grundeinheit, 1 : 1000 bis 1 : 25 000) zur Darstellung von Ökotopen, z. B. Talterrasse
b) chorisch (von griech. einheitliche Landschaft, 1 : 25 000 bis 1 : 200 000) zur Erfassung von Natur- und Landschaftsräumen, z. B. Niedersächsische Wattenküste
c) regionisch: Bedeutung des Maßstabsbereiches wegen Vielfalt von topischen und chorischen Elementen zurücktretend, im Vordergrund Klima, Boden, Vegetation, z. B. Sahel
d) geosphärisch: umfasst gesamten festen Erdkörper, z. B. Klima, Maßstabswechsel erforderlich wegen unterschiedlicher Untersuchungsmethoden

Das Wesen der Maßstabsbezogenheit besteht in der Tatsache, dass sich mit fortschreitender Verkleinerung des Maßstabs der Grad der Generalisierung erhöht und zugleich das Maß der Abstraktion gegenüber dem geographischen Objekt im Wirklichkeitszusammenhang vergrößert. Während z. B. Einsichten in die zonale Struktur der Landschaftssphäre nur durch Analysen der Geoökosysteme im kleinen Maßstab, in der geosphärischen Dimension, zu gewinnen sind (vgl. Seiten 68/69), treten im großen Maßstabsbereich, in der topischen Dimension, die wechselseitigen Zusammenhänge zwischen Bodentyp, Bodenwasserhaushalt, Mikroklima der bodennahen Luftschicht und dem Biotop (vgl. M 59.1, M 79.1, M 79.2) ins Blickfeld. Nur eine Betrachtung in der chorischen Dimension gibt Auskunft über die Höhenstufen der Vegetation in den Alpen (vgl. M 80.1 oder M 86.2). Wählt man die regionische Dimension, so kommt beispielsweise die landschaftsräumliche Gliederung der Alpen oder des Erzgebirges in den Blick.

Aufgabe 3: Möglichkeiten und Grenzen der Analyse Brasiliens nach dem Strukturmodell

Regionische Dimension (Atlaskarte 1 : 5 000 000); problematisch für Strukturmodell: starke Differenzierung bei Klima, Vegetation, Relief und Boden
Das geographische Objekt Brasilien erfordert zwar eine Analyse in der regionischen Dimension. Das Kartenmaterial stellt das Objekt aber überwiegend in der geosphärischen Dimension dar. Somit muss eine Transformation vom kleineren auf den größeren Maßstab erfolgen, die mit einer Verminderung der Konkretion geographischer Erscheinungen verbunden sein wird.

Aufgabe 4: System-Modell Beispiel Tundra

Unterteilung in 4 Phasen
Polarwinter: Input: minimale Einstrahlung, Output: maximale Strahlung, Schneedecke abschmelzend führt Bodenwasser ab (Prozess), Untergrund mit Bodeneis, Bildung von Bodenwasser als Prozess
Mitte Polarsommer: als Speicher: Pflanzendecke, darauf einwirkend als Prozess Niederschlag und Wärmestrahlung sowie Nährstoffaufnahme aus Auftauboden
Ende Polarsommer: Mineralisierung als Regler, Input Sonnenenergie bereits reduziert, Stoff/Energie und Pflanzendecke abnehmend, Regler mit Verbindung zu Auftauboden
Polarwinter: Wärmestrahlung von Schneedecke zu Output, von Input Niederschlag zu Schneedecke
Es wird empfohlen, die Input-Output-Beziehungen des Energie- und Stoffumsatzes getrennt nach Strahlungshaushalt, Wasserhaushalt, Nährstoffhaushalt nacheinander zu erläutern.

Aufgabe 5: Geoökosystem der Savannen im System-Modell

Individuelle Bearbeitung; Beispiel Feuchtsavanne

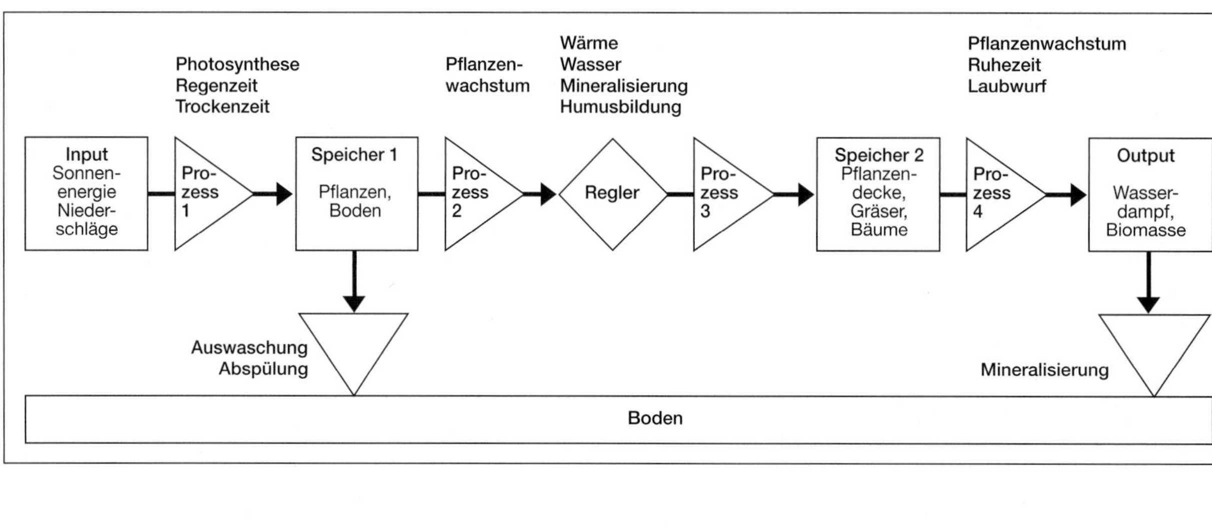

Anordnung und Ausprägung von Geoökosystemen — Seiten 68/69

Zu den Aufgaben

Aufgabe 1: Raummuster der Naturlandschaftszonen

Von Ozeanen unterbrochen

Kalte Zone (Polarzone): flacher Einfall der Sonnenstrahlen, überwiegend antizyklonale Witterung, ganzjährig kalte polare Ostwinde; Kältewüste ohne Vegetation und Bodenbildung, Tundra mit niedriger Vegetation, Dauerfrostboden

Gemäßigte Zone: Sonneneinstrahlung mäßig bis steil, Westwindzone; kaltgemäßigt: borealer Nadelwald, kühlgemäßigt: im Westen Laub- und Mischwald, nach Osten Übergangsklima, Kontinentalklima mit Steppe und Wüste, an der Ostseite Übergang in Subtropen

Subtropische Zone: hohe Sonneneinstrahlung, Winterregengebiet, an der Ostseite auch Sommerniederschläge; Hartlaubgewächse im mediterranen Raum, nach Süden Übergang in trockene und periodisch feuchte Tropen, Passatwinde und Monsun, Vegetation von Savanne bis laubabwerfende Wälder

Tropische Zone: Sonneneinstrahlung steil bis senkrecht, Passat- und Monsunzirkulation mit hohen Niederschlägen, immergrüner (tropischer) Regenwald

Vereinfachtes Modell der Naturlandschaftszonen (M 69.1):

- Zuordnung der geographischen Zonen zu den Windgürteln und den Beleuchtungszonen. Dabei können auch stetige und Wechselklimate erkannt und unterschieden werden.
- Zonale Abfolge von Niederschlags- und Temperaturtypen in den Randtropen und Mittelbreiten in ihrer Auswirkung auf die Verteilung der geographischen Zonen.
- Meridionale Abfolge der Niederschlags- und Temperaturtypen.
- Die Unterschiede zwischen Westseiten und Ostseiten der idealisierten Festlandmasse.

Merkmale von Typen des Jahresgangs der durchschnittlichen Lufttemperatur (Temperaturtypen):

Äquatorialtyp: alle Monate über 18 °C, sehr geringe Jahresschwankungen, schwache Doppelwelle, Tageszeitenklima, Sonnenhöhe sehr steil bis senkrecht, zwei Zenitdurchgänge, Tagelänge gleichbleibend 12 Stunden

Indischer Typ: alle Monate über 18 °C, Doppelwelle, Hauptmaximum bei Zenitstand vor Einsetzen der Regenzeit, Nebenmaximum am Ende der Regenzeit

Subtropischer Typ: niedrigste Monatsmittel unter 10 °C, höchste Monatsmittel über 20 °C, mäßige Jahresschwankung, einfache Jahreswelle, Sonnenhöhe im Sommer sehr steil, im Winter steil, Tageslänge gering schwankend

Temperierter Typ: niedrigste Monatsmittel unter 5 °C, höchste Monatsmittel unter 20 °C, starke Jahresschwankung, einfache Jahreswelle, Sonnenhöhe im Sommer steil, im Winter mäßig schräg, Tagelänge stark schwankend

Polarer Typ: niedrigste Monatsmittel unter – 10 °C, höchste Monatsmittel unter 10 °C, sehr starke Jahresschwankung, einfache Jahreswelle, Sonnenhöhe im Sommer flach, zum Teil Polartag, im Winter sehr flach oder Polarnacht

Ozeanischer Typ: einfache Jahreswelle mit geringer Jahresschwankung, starke Verzögerung des Maximums gegenüber dem Sonnenhöchststand

Kontinentaler Typ: einfache Jahreswelle mit großer Jahresschwankung, geringe Verzögerung des Maximums gegenüber dem Sonnenhöchststand

Merkmale von Typen des Jahresgangs der durchschnittlichen Niederschlagssumme (Niederschlagstypen):

Äquatorialtyp: ganzjährig hoher Niederschlag in der labilen Luftschichtung der Äquatorialluft (Konvektionsniederschlag), zwei Maxima nach dem Zenitdurchgang der Sonne

Monsuntyp: ausgeprägte Regenzeit in der labilen Luftschichtung der Äquatorialluft (Konvektionsniederschlag), Trockenzeit während der Passatströmung

Subtropischer Typ: Niederschlagsmaximum im Winter, im Sommer geringer Niederschlag; Begründung: außertropische Zyklonen im Winter mit Aufgleitniederschlag, subtropisches Hoch mit Konvektionsniederschlägen im Sommer

Temperierter Typ: Niederschlag in allen Monaten, Maximum im Sommer

Ozeanischer Typ: ganzjährig hoher Niederschlag, Maximum im Herbst und Winter, außertropische Zyklonen mit Aufgleitniederschlag in allen Monaten, im Sommer auch Konvektionsniederschlag

Kontinentaler Typ: ganzjährig mäßiger Niederschlag, Maximum im Sommer; Begründung: ganzjährig Zyklonen mit Aufgleitniederschlag, im Sommer auch Konvektionsniederschlag

Aufgabe 2: Zusammenhang zwischen Maßstabsbereich und zonaler Anordnung der Geoökosysteme

Klima als entscheidender Faktor, durch Strahlungshaushalt bedingte Klimazonen bestimmen andere Geofaktoren (Boden, Vegetation)

Aufgabe 3: Zonalität und Azonalität der Geoökosysteme

Zonale Anordnung: annähernd breitenparallel über dem Festland, entspricht den Klimazonen

Azonalität: bedingt durch Land-Meer-Verteilung, Relief (Veränderung durch Höhenlage), Lage am Ost- oder Westrand von subtropischen Hochdruckzellen, zirkulationsbedingte Unterschiede an West- und Ostseite der Außertropen

Die Grundlage für die Klimaverhältnisse und die Herausbildung der geographischen Zonen bildet der Wärmehaushalt der Erde. Er hängt ab von der Gesamteinstrahlung der Sonne, der einzigen bedeutenden Wärmequelle für die Erdoberfläche. Die von der Sonne zugeführte Strahlungsmenge hängt vom Einfallswinkel der Sonnenstrahlen, der Sonnenhöhe, ab. Dieser Einfallswinkel ändert sich mit der geographischen Breite, aber auch mit der Tages- und Jahreszeit als Folgen der Rotation und der Revolution der Erde sowie der Schiefe der Ekliptik. Aus der Abstufung der Beleuchtung der Erde vom Äquator bis zu den Polen ergibt sich die Ableitung von fünf Beleuchtungszonen. Sie werden von den Wendekreisen und den Polarkreisen mathematisch genau abgegrenzt. Die tropische Zone (zwischen nördlichem und südlichem Wendekreis) bedeckt 40 % der Erdoberfläche, die gemäßigten Zonen (zwischen den Wendekreisen und den Polarkreisen der jeweiligen Halbkugel) bedecken 50 % der Erdoberfläche, die Polarzonen (nördlich bzw. südlich der Polarkreise) zusammen 10 %.

Die zonale Ordnung der Naturlandschaftszonen wird von weiteren Einflussfaktoren, den Klimafaktoren Höhenlage, Relief und Windrichtung, Lage zum Meer, Meeresströmungen, gestört. Sie bewirken in Teilgebieten der Erde eine azonale Ausprägung des Klimas und somit auch des Raummusters der Geoökosysteme.

Der Faktor Höhenlage bewirkt, dass sich in Gebirgen Höhenklimate herausbilden. Relief und Hauptwindrichtung beeinflussen das Niederschlagsregime, an der Luvseite von Gebirgen kommt es zu Stauregen, auf der Leeseite zum Regenschatten und zur Herausbildung von Beckenklimaten (Luv-Lee-Effekt). Auf dem Doppelkontinent Amerika sind wegen der Nord-Süd-Ausrichtung der Hochgebirge an der Westseite die Klimate nur an der Pazifikküste und in der östlichen Hälfte Nordamerikas zonal angeordnet. Je nach der Entfernung vom Meer ist insbesondere in den subtropischen und gemäßigten Zonen See- oder Landklima ausgeprägt. Kalte und warme Meeresströmungen beeinflussen das Klima auf dem angrenzenden Festland, es entwickeln sich Westseiten- und Ostseitenklimate. In der gemäßigten Zone der Nordhalbkugel sind die Westseiten wärmer als die Ostseiten. Das liegt einerseits an der warmen Golfstrom-Trift und dem Alaskastrom, andererseits transportieren auf der Ostseite der Labradorstrom und der Ojaschiostrom kaltes Wasser äquatorwärts.

Aufgabe 4: Ökologische Faktoren und Pflanzenwachstum
Megathermen (griech. mega = groß, therm = warm): Pflanzen mit Temperaturanspruch von mindestens 18 °C im kältesten Monat
Mesothermen (griech. meso = mittlere): Pflanzen, die bei einem Minimum von 22 °C im wärmsten Monat und 6–18 °C im kältesten Monat wachsen
Mikrothermen (griech. mikro = klein): Pflanzen, die zwischen 6 °C (kältester Monat) und 10–22 °C (wärmster Monat) wachsen
Hekistothermen (griech. hekisto = gering): Wärmeanspruch der Pflanzen unter 10 °C im wärmsten Monat
Polarzone: ausreichendes Wasserangebot, aber geringes Wärmeangebot, daher geringe Primärproduktion
Gemäßigte Zone: im ozeanisch beeinflussten Bereich ausreichend Wasser, bei Waldbedeckung am Boden Konkurrenz um Licht; Steppengebiete: Wassermangel, Konkurrenz zwischen Gräsern und Bäumen
Subtropische Zone: lange Trockenzeit und hohe Verdunstung in den Sommermonaten, Anpassung der Pflanzen durch besondere Blattformen; in Wendekreisgebieten Wassermangel, keine geschlossene Vegetation, an Trockenheit angepasste Pflanzen (Sukkulenten)
Tropische Zone: hohes Wasser- und Wärmeangebot, immergrüner tropischer Regenwald, Konkurrenz um Licht
Wachstumsfaktor Wärme: Wachstumsvorgänge benötigen für ihren Ablauf eine bestimmte Umgebungswärme, die durch direkte Einstrahlung oder durch zugeführte warme Luft bereitgestellt wird. In thermischen Jahreszeitenklimaten (polare, gemäßigte, subtropische Klimate) ergibt sich so eine temperaturbedingte Vegetationszeit. Sie ist durch die Breiten- und Höhenlage sowie die kontinentale oder maritime Lage bestimmt. In thermischen Tageszeitenklimaten (tropische Klimate) steht Wärme hinreichend das ganze Jahr zur Verfügung.
Wachstumsfaktor Wasser: In humiden Klimaten steht Wasser ganzjährig zur Verfügung, ist also kein begrenzender Wachstumsfaktor. Dagegen bestimmt in wechselfeuchten Klimaten das unterschiedliche Wasserangebot im Wechsel von Regen- und Trockenzeiten das Wachstum. In Klimaten mit hygrischen Jahreszeiten (Savannenklimate) ergeben sich also niederschlagsbedingte Wachstumsphasen. In ariden Klimaten der Wüsten ermöglichen sporadische oder episodische Regenfälle, mitunter im Abstand von mehreren Jahren, einen kurzfristigen üppigen Pflanzenteppich.
Niederschläge fallen nirgendwo auf der Welt gleichmäßig. Sie variieren in der Verteilung und Menge innerhalb eines Jahres, und auch die Jahresmengen schwanken von Jahr zu Jahr. Diese Niederschlagsvariabilität ist besonders in wechselfeuchten und trockenen Klimaten ein auffälliger Wachstumsfaktor, der das Wachstum entscheidend beeinflusst und begrenzt.
Wachstumsfaktor Nährstoffe: Pflanzen benötigen zum Wachsen verhältnismäßig wenige Nährelemente. Als Hauptnährelemente dienen Stickstoff, Phosphor, Kalium, Calcium, Magnesium, Schwefel. Zusätzlich brauchen Pflanzen einige unentbehrliche Nährstoffe in kleinsten Mengen (Spurenelemente) wie Kupfer, Eisen, Mangan, Zink, Bor, Molybdän, Chlor.

Aufgabe 5: Waldökosysteme und waldlose Ökosysteme
Beide Systeme mit biotischen und abiotischen Faktoren;
Waldökosysteme: wichtige Funktionen im Wasserkreislauf sowie im globalen Sauerstoff- und CO_2-Kreislauf, hohe Biodiversität (viele Pflanzen- und Tierarten)
Waldlose Ökosysteme: für Vegetation begrenzende Faktoren Wasser und Wärme (Steppe, Wüste, Hochgebirge)
Das Klima ist für die gegenwärtigen Geoökosysteme im Horizont der geosphärischen Dimension der einzige unmittelbare, primäre Faktor, der Wasserhaushalt, Boden, Vegetation und auch Fauna direkt beeinflusst, selbst aber von diesen nur im Maßstab des Geländeklimas, in der topischen Dimension, verändert wird. Deshalb eignet sich das Großklima zur Untergliederung der Geosphäre in Naturlandschaftszonen, aber es darf bei einer geoökologischen Analyse nicht der einzige Betrachtungsbereich und Ordnungsfaktor bleiben. Bezieht man bei der Analyse die regionische Dimension ein, so gewinnt der Geofaktors Boden an Bedeutung.
Unter günstigen Wachstumsbedingungen verdrängen die holzigen Pflanzen stets die krautigen Pflanzen und Gräser, da hochwachsende Gehölze den Kampf um das Licht gewinnen. Erst wenn klimatische oder edaphisch bedingte Ungunst den Wuchs holziger Pflanzen einschränkt, können Gräser sich voll entwickeln und zur Konkurrenz für Gehölze werden. Es liegt an den Wurzelsystemen und dem Bodenwasserhaushalt, dass Gräser und Gehölze sich normalerweise gegenseitig ausschließen.
Gräser besitzen ein feinverzweigtes, dichtes und oberflächennahes Wurzelsystem. Auch geringe Mengen an Wasser können dadurch schnell und vollständig genutzt werden. Gehölze verfügen über ein weitverzweigtes, lockeres und meist tiefreichendes Wurzelsystem, das auch unregelmäßig verteiltes und tieferes Wasser im Boden erschließen kann.
Gräser wachsen bei günstiger Wasserversorgung sehr rasch. Sie können ihren Wasserhaushalt dabei nicht selbst regulieren. Bei längerer Dürre und Aufbrauch des pflanzenverfügbaren Bodenwassers sterben die oberirdischen Pflanzenteile ab. Wurzeln und Sprosse überdauern im Boden und sprießen bei wieder vorhandener Feuchte erneut. Bäume haben einen ausgeglichenen Wasserhaushalt, den sie selbst kurzfristig durch Verminderung der Blatttranspiration und periodisch durch Blattfall regeln. In der Vegetationsruhe haben Astgerüst und Knospen einen zwar geringeren Wasserbedarf, der jedoch zum Überleben der Pflanzen stets gedeckt werden muss. Bei unzureichender Wasseraufnahme stirbt mit den oberirdischen Teilen die gesamte holzige Pflanze ab.
Die Wälder in ihren verschiedenen ökologischen Anpassungen sind also die überlegenen Vegetationsformationen auf der Erde. Alle gehölzarmen und waldlosen natürlichen Formationen zeigen dagegen an, dass die Wachstumsbedingungen entweder thermisch (Wärme) oder hygrisch (Feuchtigkeit) oder auch edaphisch (Boden/Gestein) eingeschränkt sind und sich so solche Pflanzengesellschaften ausbreiten können, die unter besseren Bedingungen von Waldformationen verdrängt würden.
Die Vorherrschaft zwischen gehölzreichen und gehölzlosen Formationen wird geregelt durch die ökologisch wirksamen Prinzipien der Wärme-, Licht- und Wasserkonkurrenz. Bei ungenügender Wärme können nur niedere Pflanzen, besonders Polsterstauden, Flechten und Moose sowie sommergrüne Stauden und wenige Zwergsträucher (Strauchbirken, -weiden, Heidekrautgewächse) gedeihen. Bei genügend Wärme und Wasser gewinnen die Bäume den Konkurrenzkampf um das Licht, weil sie durch möglichst vollständigen Kronenschluss andere Pflanzen an der nötigen Energieaufnahme aus dem Sonnenlicht hindern. Überwiegt die Konkurrenz um das Wasser, so können die Bäume kein geschlossenes Kronendach entfalten und bei zunehmendem Wassermangel schließlich überhaupt nicht mehr wachsen. Bei vollem Genuss von Wärme und Licht bringen die Gräser ihre Anpassung an periodischen Wassermangel voll zur Geltung und erlangen die Vorherrschaft. Bei sporadischer Wasserversorgung dagegen können nur Stauden überdauern, die rasch erblühen, fruchten und Samen mit langer Keimfähigkeit hervorbringen. Unter geoökologischer Betrachtungsweise ist es sinnvoll, die Naturlandschaftszonen nicht in einer rein klimazonalen Abfolge von den Tropen bis zu den Polarzonen zu betrachten, sondern die Geoökosysteme der Erde nach Waldländern und waldlosen Ländern, hier etwas vergröbernd als Grasländer bezeichnet, zusammenzufassen und vergleichend zu betrachten.

Wirkungsgefüge und Landnutzung im borealen Nadelwald — Seiten 70/71

Zu den Aufgaben
Aufgabe 1: Wirkungsgefüge, Bedeutung des Permafrostes
Verbreitung durch niedrige Temperaturen stark eingeschränkt, jährliche Wärmesumme noch ausreichend für immergrüne Nadelhölzer, wenige Arten, Krautschicht gering entwickelt
verbreiteter Bodentyp: Podsol mit starker Rohhumusauflage, nährstoffarm, stark durchfeuchtet;

Dauerfrostboden, nur im Sommer an der Oberfläche auftauend, Stau von Sickerwasser, verhindert Eindringen von Wärme in den Boden; Anpassung der Nadelbäume durch Wachsschicht an Blattoberfläche gegen Kälte, frostbedingte Trockenheit und Dauerschneedecke

Aufbau: Keine andere natürliche Waldformation ist so arm an Holzarten. Fichte, Kiefer, Tanne, Sibirische Zirbelkiefer und Lärche bilden die Baumschicht. Hinzu kommen noch einige Arten kleinblättriger Laubhölzer (Birke, Erle, Pappel, Weide). In Nordeuropa dominiert die Fichte, an zweiter Stelle folgt die Kiefer. Im Kampf dieser beiden Baumarten hat die anpassungsfähige und viel Schatten vertragende Fichte gegenüber der lichtbedürftigen Kiefer erhebliche Vorteile. Ihrem noch kräftigeren Vordringen ist aber ein Riegel vorgeschoben; sie wird in höherem Maße als ihre dickborkige Konkurrentin von Waldbränden in Mitleidenschaft gezogen. Im östlichen kälteren Sibirien wird die Lärche zum Charakterbaum. Sie wächst auch über Dauerfrostboden.

Der artenarme, einschichtige, mäßig hohe Wald ist durch einen überwiegend lichten Wuchs der Gehölze gekennzeichnet. In der geschlossenen Bodenschicht gedeihen üppig Moose. Oft erreichen sie eine Mächtigkeit von 30 bis 40 cm. Dagegen ist die Krautschicht wegen der starken Wurzelkonkurrenz der Gehölze auffallend gering entwickelt. Im lichten Wald bestimmen aber nicht die Lichtverhältnisse, sondern viel stärker das Nährstoffangebot der Podsolböden die Zusammensetzung der Krautschicht. Deshalb kommen viele Arten vor, die auch in Mitteleuropa in Nadelwäldern sandiger Standorte zu finden sind.

Ökologie: Das kaltgemäßigte Klima hat mäßig warme und feuchte Sommer, kalte und trockene Winter. Der Wasserhaushalt ist humid. Die Podsolböden sind feucht, kalt und nährstoffarm. Verbreitet ist Permafrost. Ortsteinschicht und Permafrost behindern die Durchwurzelung des Bodens, stauen das Sickerwasser und beeinflussen den Bodenluft- und Bodenwasserhaushalt. Im Sommer verhindert die Durchfeuchtung des Bodens das Eindringen der Wärme. Dagegen dringt im langen Winter die Kälte im gefrorenen Boden rasch bis in den Unterboden ein. Der Wärmehaushalt ist durch große Schwankungen der Sonnenscheindauer und der Sonnenhöhe im Jahresablauf geprägt.

Im Winter ist die Wärmezufuhr gering. Die Jahressumme der Wärmezufuhr ermöglicht aber noch das Wachstum von immergrünen Nadelhölzern (Mikrothermen). Die immergrünen Blätter können die volle Jahressumme der Sonnenenergie zur Photosynthese nutzen. Die Verminderung der Blattspreite zu Nadeln und eine Wachsschicht über der Blattoberhaut verringern die Verdunstung (Xerophyten). So können die Bäume bei gefrorenem Boden nicht vertrocknen.

Aufgabe 2: Möglichkeiten einer landwirtschaftlichen Inwertsetzung

Beispiel Surgut 61°15'N/73°30'O

Hemmnisse: wenige frostfreie Monate (durchschnittlich 90 Tage), Jahresdurchschnittstemperatur –3,3 °C;

Jahresniederschlagssumme 492 mm – das ist nicht unbedingt ein Hemmnis, da winterliche Niederschläge (Schnee) bis zur Schneeschmelze akkumuliert werden; Feld-Gras-Wirtschaft als angepasste Agrarwirtschaft, aber nicht ausreichend für Versorgung der Bevölkerung

Die Landwirtschaft wird durch das Klima stark eingeschränkt. Im nördlichen Teil der Landschaftszone verläuft die polare Kältegrenze des Anbaus. Die klimaökologischen Voraussetzungen für den Getreideanbau im südlichen und teilweise auch im mittleren Gebiet liegen zwar vor, aber die Kosten sind hoch und die Erträge gering, sodass ein marktorientierter Getreideanbau ökonomisch nicht vertretbar ist. Ökologische und ökonomische Grenze des Getreideanbaus stimmen in diesen Gebieten nicht überein. Die Ausdehnung des Getreideanbaus nach Norden wurde bis zur Mitte des 20. Jahrhunderts sowohl in den USA und Kanada als auch in Nordeuropa und der Sowjetunion propagiert. Später und insbesondere mit dem Zusammenbruch der sozialistischen Planwirtschaft in der Sowjetunion ist der Getreideanbau stark zurückgegangen. Eine nennenswerte Getreideproduktion findet sich nördlich 60 °N nur in Finnland und Norwegen. In beiden Ländern ist aber auch eine deutliche Südwanderung des Getreideanbaus zu verzeichnen.

Auch der nährstoffarme Podsolboden behindert den Anbau. Deshalb überwiegt die Subsistenzwirtschaft durch Feld-Gras-Wirtschaft als angepasstes Agrarökosystem. Neben dem Weidebetrieb werden Hafer, Roggen, Kartoffeln und Futterrüben angebaut. Außerdem wird Pelztierjagd und auch Pelztierzucht betrieben.

Aufgabe 3: Vor- und Nachteile der ausbeuterischen Nutzung

Vorteile: scheinbar unerschöpflicher Holzvorrat, Kahlschläge wurden in der Vergangenheit sich selbst überlassen; Aufforstung nur unter ökonomischen Gesichtspunkten

Nachteile: Baumwachstum durch kühle Sommertemperaturen und kurze Vegetationsperiode begrenzt, bei Kahlschlag kein Schutz des Dauerfrostbodens vor sommerlicher Einstrahlung

Folge: Bodenerosion und Bodenfließen

Lösung: nachhaltige Waldbewirtschaftung wie z. T. in Skandinavien

Die riesigen Waldflächen und die gewaltige Holzmenge der borealen Nadelwaldzone der Nordhalbkugel täuschen einen unerschöpflichen Holzvorrat vor und verführten zu einer ausbeuterischen Holzwirtschaft. Tatsächlich unterliegen die Wälder hinsichtlich ihrer Nutzung jedoch beträchtlichen Einschränkungen, denn die dauerhafte Nutzbarkeit hängt von zwei geographischen Einflussfaktoren ab. Einerseits ist der mittlere jährliche Zuwachs des Holzes, der seinerseits vom Klima und vom Boden abhängt, zu beachten. Als nutzbar gilt dasjenige Waldland, in dem Bäume von verwertbarer Größe in 80 bis 100 Jahren heranwachsen können. Andererseits ist die Zugänglichkeit des Waldgürtels, d. h. dessen Erschließung durch Straßen und Eisenbahnen oder Wasserwege und die topographische Lage der Holzeinschlaggebiete zu den Absatzgebieten von Bedeutung. Der infolge seiner Artenarmut einheitliche Holzbestand über weite Flächen ermöglicht bei großräumiger maschineller Bearbeitung eine erträgliche Holzwirtschaft. Die langsam wachsenden Bäume lassen ein dichtes, wertvolles Holz entstehen. Die Nadelwälder der Erde liefern etwa 90 % des auf dem Weltmarkt umgeschlagenen Schnitt-, Papier- (Zellstoff) und Brennholzes. Auf Kahlschlag und Brandflächen bilden Birken und Espen Vorwälder, die sich erst nach mehreren Jahrzehnten wieder zum borealen Nadelwald entwickeln können. Bis auf Sibirien und Nordkanada, die verkehrsmäßig kaum erschlossenen sind, wird heute zunehmend auch in der borealen Nadelwaldzone eine intensive Forstwirtschaft betrieben, vor allem in Finnland und Schweden.

Aufgabe 4: Inwertsetzung und Wertewandel bei der Erschließung der Taiga

Vor dem Eindringen russischer Eroberer im 15. Jh. einfache Waldwirtschaft, linien- und z. T. inselhafte Erschließung, in der Sowjetzeit bis heute Raubbau an den Holzreserven, vorwiegend Schnittholz und für die Papierindustrie;

labiles Gleichgewicht, da Wurzeltiefe in den Podsolböden gering, Zerstörung der Vegetationsdecke durch Kahlschlag und Schneisen beim Bau von Erdöl- und Ergasförderanlagen, durch Regen und Schmelzwasser Bildung von Erosionsrinnen und Sumpflandschaften, Zerstörung der bis zu einem halben Meter mächtigen Streuschicht bei Waldbränden; Wasserhaushalt bei geschädigter Vegetationsdecke nicht mehr regulierbar, daher Abrutschen des aufgetauten Bodens über dem Dauerfrostboden; Regenerationszeit mehrere Jahrzehnte

Wirkungsgefüge und Landnutzung in den Subtropen — Seiten 72/73

Zu den Aufgaben

Aufgabe 1: Wirkungsgefüge im Geoökosystem Hartlaubwald

Verbreitung: europäischer Mittelmeerraum, SW Südafrikas, Kalifornien, Mittelchile, SW und SO Australiens; weiter Abstand der Bäume, geringe Wuchshöhe; Zusammenfallen von Trocken- und

Wachstumszeit im Sommer, z. T. nur kurze Vegetationszeit im Frühjahr und Frühsommer, Selbstschutz der Pflanzen gegen Verdunstung durch Haarkleid, ätherische Öle, wachsartigen Überzug der Blätter; Roterde, z. T. Gelberde mit A-B-C-Profil; Winterregenklima

Aufbau: Hartlaubwald durch geringe Wuchshöhe und verhältnismäßig weiten Abstand der Bäume zueinander gekennzeichnet; darunter immergrüne Hartlaub- und Rutensträucher; Leitpflanzen: Ölbaum, Zypresse, Pinie, Lorbeer, immergrüne Eiche, Feige, Erdbeerbaum, Baumheide und Besenginster

Ökologie: Der Hartlaubwald ist an die sommertrockenen Subtropen gebunden (Mesothermen). Das Mittelmeerklima (winter-feuchte Westseitenklimate) hat sehr warme bis heiße trockene Sommer und milde bis mäßig warme feuchte Winter. Der Wasserhaushalt ist semihumid. Es ist das einzige Klima der Erde, bei dem die von der Wärme abhängende Vegetationszeit mit einer Trockenzeit (aride Jahreszeit) zusammenfällt. Sowohl die Wintertemperaturen als auch die Trockenzeit des Sommers hemmen das Wachstum. Viele Pflanzen der Formation haben nur eine kurze Vegetationsdauer im Frühjahr und im Frühsommer. Die ausdauernden Arten schützen sich gegen starke Verdunstung (Xerophyten). Sie haben entweder kleine, zum Teil mit einem Haarkleid (Filz) überzogene Blätter oder scheiden auf der Blattoberfläche ätherische Öle aus. Für viele Baumarten ist eine dicke Borke kennzeichnend. Großblättrige Arten besitzen einen wachsartigen Überzug der Blätter, die dadurch lederartig dick und hart erscheinen.

Für die Winterregenländer der Subtropen sind Gelb- und Roterden (Terra rossa, lat.-ital. = rote Erde) sowie Braunlehme (Terra fusca, lat. = braune Erde) kennzeichnend. Die Böden haben ein A-B-C-Profil. Der B-Horizont der Terra rossa, der bis zu 2 m mächtig sein kann, ist durch seinen hohen Anteil an Eisen-III-Oxid leuchtend rot gefärbt. Er liegt unter einem schwarzen Humushorizont mit aufliegender Streuschicht. Bei Ackerböden sind die oberen Schichten zumeist entfernt, sodass die rote Farbe des B-Horizonts direkt zutage tritt. Die Gelb- und Roterden bilden sich im wechselfeuchten subtropischen Klima über Kalkgestein. Der Kalkstein verwittert zu Tonmineralen sowie Eisen- und Aluminiumoxiden. Der Anteil an Calciumcarbonat bleibt hoch.

Aufgabe 2: Wirkungsgefüge wintermilde Steppe

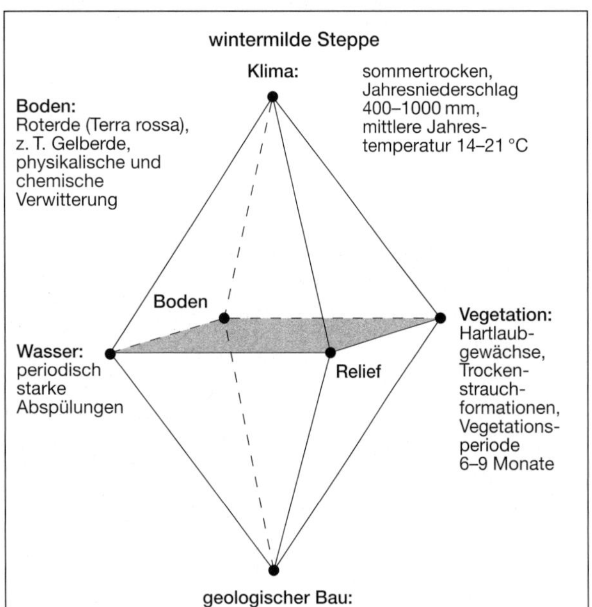

Aufgabe 3: Kalifornisches Längstal

topografische Lage: 35–40 °n. Br., im Westen Küstenkette (Coastal Range), im Osten Sierra Nevada; Flüsse: im Norden Sacramento, im Süden San Joaquin;

Formenwandel West–Ost (Regenschatten der Gebirge): Hartlaubwald, Steppe

Nord–Süd (semiarider Wasserhaushalt): Zunahme salzliebender Pflanzen (Halophyten), an Gebirgsflanken Strauchformationen

Aufgabe 4: System der öffentlichen Wasserversorgung

Stauseen und Speicherbecken im Gebirge, Ableitung über Kanäle; bundesstaatlich seit 1934: Central Valley Project (CVP) vom Sacramento bis Bakersfield (750 km), Staat Kalifornien: California State Water Project (SWP): California Aquädukt (700 km) im Süden; außerdem Grundwasserentnahme aus Grundwasserkörpern (Aquifere)

Aufgabe 5: Inwertsetzung durch marktorientierten Bewässerungsfeldbau

mit hohem Kapitaleinsatz hoher Intensivierungs- und Mechanisierungsgrad, schnelle Umsetzung von Innovationen in der Landwirtschaft (Agroindustrie), ausgefeiltes Marketing- und globales Verteilersystem (Global Player)

Problem der geringen Niederschläge in den Sommermonaten durch verschiedene Bewässerungsmethoden gelöst: Flutbewässerung mit Dämmen (relativ hoher Wasserbedarf), Furchenbewässerung (relativ hoher Wasserverbrauch, höherer Arbeitskräfteeinsatz erforderlich), bei beiden Systemen Pumpstationen (hohe Einrichtungskosten); Sprinkler- und Tropfbewässerung (Wasser sparend, aber hohe Unterhaltungskosten insbesondere bei hohen Energiepreisen); erhöhte Produktivität durch Bewässerung, bei Alfalfa, Baumwolle und Weizen um nahezu das Doppelte, Mehrfachernten bei Gemüsekulturen

Probleme: Übernutzung der Wasser-, insbesondere der Grundwasservorkommen, Absinken des Grundwasserspiegels, Wasserverknappung zieht Preiserhöhung nach sich; Gefahr der Versalzung bei fehlender oder unzureichender Dränage, hohe Verdunstungsrate bei offenen Kanälen

politisch: Vorwurf des Nordens gegenüber dem Süden: Wasservergeudung in einer Region, die für Landwirtschaft nicht geeignet ist

Die Family-Size-Farm: Bis auf die Südwestecke ist das nach NO abfallende Gelände landwirtschaftlich genutzt (Höhendifferenz 30 m). Die natürliche Vegetation ist nur noch im südwestlichen Randbereich vorhanden. Die Besitzgrenzen (Flureinteilung) verlaufen entsprechend dem meridional ausgerichteten US-amerikanischen Vermessungssystem (Township-System). Die von Wegen eingefassten Vierecke entsprechen der Quadratmeile, das heißt einer „section“ (259 ha). Die Bezeichnung „ranch“ für Agrarbetriebe im Westen der USA geht auf den spanisch-mexikanischen Begriff „rancho“ zurück. Die Besitzlage ist blockförmig arrondiert. Die Ranch liegt nahe einer Fernverkehrsstraße. Vier Kulturpflanzen werden unter Anwendung von drei Bewässerungsarten angebaut, darunter Alfalfa, eine Viehfutterpflanze. Zwei Pumpstationen sorgen für die Förderung von Grundwasser. Wassersammelbecken im höher gelegenen Gelände dienen der Verteilung in die Kulturen. Die Jordan Ranch ist umgeben von Grünland. Nur wenige Betriebsgebäude sind vorhanden. Die Ranch ist sowohl ein kommerzielles Unternehmen als auch ein Freizeitort („leisure-pleasure“), worauf das stattliche Wohnhaus, die Pferdekoppel und -rennbahn sowie der „Swimmingpool“ hinweisen.

Wirkungsgefüge und Landnutzung in den immerfeuchten Tropen — Seiten 74/75

Zu den Aufgaben

Aufgabe 1: Wirkungsgefüge im Geoökosystem tropischer Regenwald

Verbreitungsgebiet in Regionen mit gleichbleibend hoher Temperatur und hoher Feuchtigkeit, Licht – entscheidender Wachstumsfaktor (nur 1 % des Sonnenlichtes erreicht den Boden); üppigste Vegetationsform der Erde, Produktivität an pflanzlicher Biomasse erheblich höher als im sommergrünen Laubwald der gemäßigten

zu Aufg. 2 S. 75

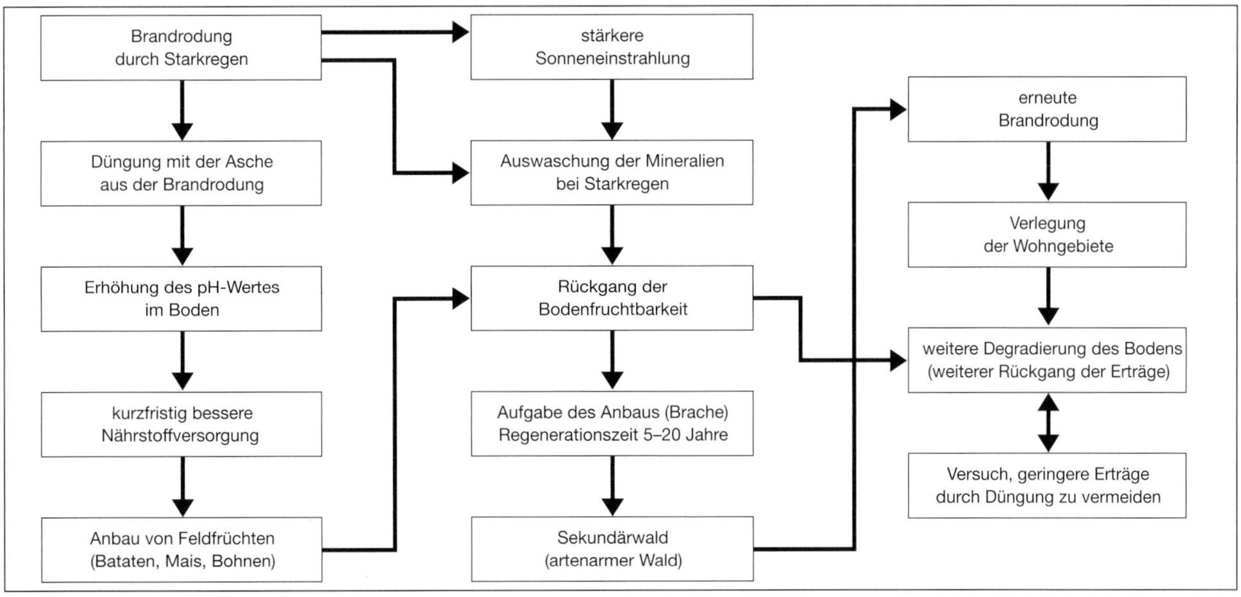

Breiten, tierische Biomasse von untergeordneter Bedeutung; schnelle Mineralisierung der organischen Substanz, Boden (meist tropische Roterde) mit geringem Restmineralgehalt, geringe Kationenaustauschkapazität; kurzgeschlossener Nährstoffkreislauf, Nährstoffe fast ausschließlich aus Biomasse, Mycorrhiza als Symbiose zwischen Pilzen, Bakterien und Wurzeln

Der tropische Regenwald stellt in Bezug auf die Pflanzenproduktion und den Artenreichtum die üppigste Pflanzengemeinschaft der Erde dar. Man rechnet im Durchschnitt mit etwa 450 000 Pflanzenarten. Die Bäume machen etwa 70 % der vorhandenen Arten höherer Pflanzen aus. In Mitteleuropa gibt es allenfalls 5000–6000 Arten. Zwischen 50 und 100 Baumarten pro Hektar sind im tropischen Regenwald keine Seltenheit.

Eine verallgemeinernde Beschreibung der Struktur des Regenwaldes kann die Mannigfaltigkeit des komplizierten Geoökosystems kaum angemessen darlegen. Die außerordentlich hohe Pflanzenproduktion und der Artenreichtum sind Folgen der seit Jahrmillionen ohne tiefgreifende Schwankungen andauernden klimaökologischen Bedingungen. So ist das System wahrscheinlich seit Jahrhunderten in sich mehr oder weniger stabil.

Aufbau: Der Regenwald ist ein hoher immergrüner Laubmischwald. Über das geschlossene Kronendach der 30–40 m hohen Baumschicht ragen einzelne Bäume heraus. Diese schlankwüchsigen Urwaldriesen sind bis zu 60 m hoch. Verzweigungen treten erst im Kronenraum auf. Aufsitzerpflanzen (Epiphyten) wie Bromiliaceen und Orchideen sowie Kletterpflanzen (Lianen) nutzen den lichtdurchfluteten Kronenraum der Bäume. Demgegenüber liegen die Strauch- und Krautschicht im Halbdunkel. Vor allem in Tieflandswäldern kann wegen des Lichtmangels nur wenig Unterholz aufkommen.

Ökologie: Der üppige Pflanzenwuchs wird durch fehlende Jahreszeiten bei ständiger Hitze und Feuchtigkeit (Megathermen und Hygrophyten: saftige Pflanzen, die nur kurze Trockenzeiten überstehen, Blätter zart und groß mit dünner Oberhaut sowie zahlreichen und großen Spaltöffnungen zur Förderung der Transpiration). Die Pflanzen passen sich durch ein ganzjähriges Wachstum bei immergrünem Wuchs sowie ständiges Blühen und Fruchten an. Der Boden des Regenwaldes, die tropische Roterde, ist tiefgründig, aber allgemein humus- und nährstoffarm. Er nimmt jedoch das überschüssige Regenwasser rasch auf, sodass sich keine Staunässe bildet.

In der langen Zeit der Entwicklung des Geoökosystems gelangten fast alle Pflanzennährelemente aus dem Oberboden in die Pflanzen. Abgestorbene Pflanzenteile werden schnell und intensiv mineralisiert. Das oberflächennahe, dichte Wurzelnetz fängt die freigesetzten Nährelemente unter geringen Verlusten auf (Nährstofffalle). Der Nährstoffkreislauf ist nahezu geschlossen.

Aufgabe 2: Wald-Feld-Wechselwirtschaft als Modell
siehe Abb. oben

Aufgabe 3: Bewertung der Wald-Feld-Wechselwirtschaft
angepasste Nutzungsform, wenn Bevölkerung nicht über 4–5 Einwohner/km²; bei steigender Bevölkerungszahl und steigendem Nahrungsmittelbedarf weitere Rodung erforderlich, dann Degradierung bis zur Savanne

Die Wald-Feld-Wechselwirtschaft ist eine ökologisch sinnvolle Nutzungsform im immergrünen tropischen Regenwald mit geringen Nährstoffreserven im Boden. Dieses Bodennutzungssystem kann ohne zusätzliche Düngung als Subsistenzwirtschaft und auch mit geringen Überschüssen für den Markt nur bei ausreichenden Landreserven und Brachezeiten dauerhaft betrieben werden. Die Waldbrache ist der unerlässliche Bestandteil des Systems, denn sie allein sichert die notwendige Stabilität des Nährstoffhaushalts.

Die traditionelle bäuerliche Brandrodungswirtschaft hat differenzierte Methoden entwickelt, um den beschränkten und erosionsgefährdeten Nährstoffhaushalt optimal zu nutzen. Dazu gehören alle Formen des Stockwerk- und Mischanbaus, der Beschattung und des Mulchens sowie der Unkrauttoleranz. Alle Formen versuchen, das Nutzungssystem ökologisch so zu gestalten, dass es dem Geoökosystem angepasst ist.

Aufgabe 4: Folgen der Zerstörung des tropischen Regenwaldes (Referat)
Waldzerstörung durch Holznutzung. Die Ausbeutung tropischer Wälder zur Gewinnung von Nutzholz erfolgt fast ausschließlich in der Form selektiver Exploitation. Der Wald wird dabei als Rohstofflager angesehen, aus dem man nach marktwirtschaftlichen Erfordernissen nur bestimmte Baumarten und Bäume mit bestimmter Stammstärke herausschlägt. Insbesondere in sehr artenreichen Regenwäldern bleibt nach erfolgter Ausbeute ein stark gestörtes Geoökosystem zurück, das nachfolgende wirtschaftliche Maßnahmen erschwert oder auf Jahrzehnte unmöglich macht.

In Tropenwaldländern ist die Nutzholzgewinnung überwiegend durch staatliche Konzessionen geregelt: Der Staat als formaler Eigentümer vergibt zeitlich begrenzte Konzessionen an private Unternehmen, die sich verpflichten, für Straßenbau sowie kartographische und statistische Erfassung der Waldareale zu sorgen und über die eingeschlagene Holzmenge Buch zu führen. Der Staat und der private Konzessionär haben gleichlaufende Interessen an den

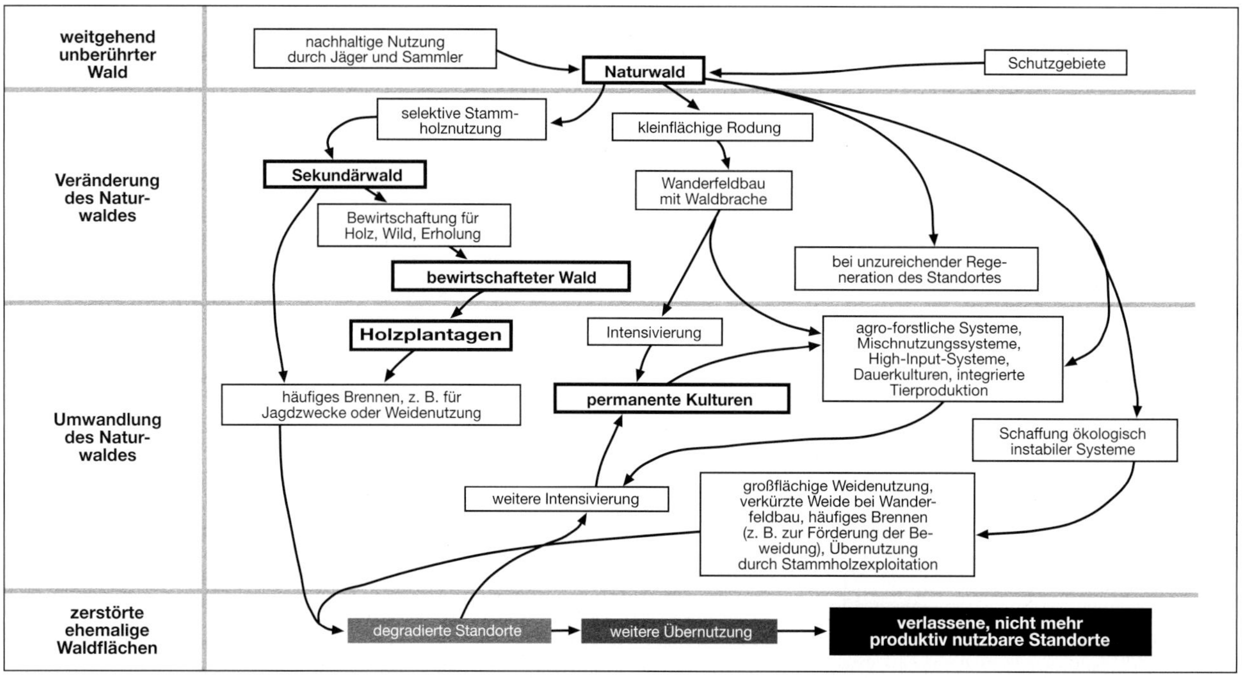

Mögliche Entwicklungen bei der Nutzung tropischer Regenwälder

erzielbaren Einnahmen, sodass in der Regel eine Aufforstung unterbleibt. Holznutzung in tropischen Wäldern ist bis heute vorwiegend Raubbau, eine Form extraktiven Wirtschaftens wie im Bergbau. Eine ökologisch orientierte und auf Dauernutzung angelegte Waldwirtschaft steckt in den Tropen bisher noch in den Anfängen.

Leitbild nachhaltiger Entwicklung Seiten 76/77

Zu den Aufgaben

Aufgabe 1: Waldnutzung in Deutschland und Nachhaltigkeit

Bis vor ca. 200 Jahren Wald nur als Nutzwald einschließlich Raubbau, auch Rodungen und Umwandlung in Felder; Begriff Nachhaltigkeit vor 200 Jahren von deutschen Forstleuten eingeführt, um Waldflächen für Holzversorgung zu erhalten, Aufforstung, vornehmlich Monokulturen (Fichten, Kiefern); ökonomische Nachhaltigkeit damit gesichert, aber nicht ökologische Nachhaltigkeit: Erhalt des Ökosystems und weiterer Funktionen (Grundwasserschutz, CO_2-Senke, Erholung).

Nachhaltige Waldnutzung schließt den Kompromiss zwischen Wertholzproduktion (einschließlich Biomasse) und abwechslungsreicher Waldlandschaft ein: Schutz anspruchsvoller Waldarten, standortgerechte Auswahl in Mischwäldern (in Deutschland ursprüngliche Baumart die Buche), statt Kahlschlag Holzernte durch Einzelstammnutzung und umweltschonende Maschinen, Schutz von Grund- und Quellwasser.

Seit 2000 Jahren greift der Mensch in Mitteleuropa in die Geoökosysteme der Laubmischwälder ein. Durch Rodungen gewinnt er Flächen für Siedlungen, Ackerbau und Viehhaltung. Die ersten Eingriffe des Menschen in die natürlichen Waldlandschaften setzten in der Jungsteinzeit mit dem Übergang zur sesshaften Lebensweise der Feldbauern und Viehhalter ein. Bis gegen Ende der agrargesellschaftlichen Epoche in der Mitte des 19. Jahrhunderts bleibt das Roden des Waldes eine kräftezehrende und zeitaufwändige Tätigkeit, die nur in der Gemeinschaft einer Siedlergruppe zu leisten ist. Das gilt insbesondere für den Menschen in der Urgesellschaft, der anfangs auf Steinwerkzeuge, später auf Eisenwerkzeuge minderer Qualität angewiesen war. Deshalb wird man von Anfang an auch das Feuer zur Rodung eingesetzt haben.

Zunächst beschränkte sich die Rodungstätigkeit notgedrungen auf die unmittelbare Umgebung der aus wenigen Familien bestehenden Siedlergruppen. Deshalb bedeckt auch nach der germanischen und slawischen Landnahme im 3. bis 6. Jahrhundert beiderseits der Elbe-Saale-Linie noch 70 bis 80 % der Fläche Deutschlands fast unberührter Urwald (Primärwald). Jede Sippe kann nach Bedarf und wie es die verfügbaren Arbeitskräfte ermöglichen, roden.

Später regeln Landesherrn die Orte und den Umfang der Rodung. Infolge des Übergangs vom Bodennutzungssystem der Feld-Gras-Wirtschaft zum System der Dreifelderwirtschaft und dem damit verbundenen starken Ansteigen der Bevölkerungszahl beginnt in der Karolingerzeit um 900 die mittelalterliche Rodungsperiode, die im Zusammenhang mit einer Klimaerwärmung bis in das 15. Jahrhundert anhält. Danach stagniert während der „Kleinen Eiszeit" die Bevölkerungszahl. Seitdem bleibt die Waldfläche in Deutschland mit knapp 30 % der Gesamtfläche nahezu gleich. Zusammenhängende Wälder stehen nach wie vor überwiegend auf den ärmeren Sandböden des Tieflandes und in den höheren Lagen des Berglandes. Die ursprüngliche Zusammensetzung der Wälder verändert sich jedoch aufgrund ihrer vielfältigen und zunehmend räuberischen Nutzung. Bis in das 13. Jahrhundert erfolgt die Holznutzung im Plenterbetrieb. Danach greift die mit dem Niederwaldbetrieb verbundene Raubwirtschaft in den Bauernwäldern um sich. An Orten, an denen sich holzverarbeitende Gewerbe wie Salzsiedereien, Bergbau und Metallverhüttung sowie Glashütten niederlassen, kommt es zu starken Eingriffen in das Geoökosystem (Waldverwüstungen). Bis zur Nutzung der Kohlevorkommen seit dem ersten Drittel des 19. Jahrhunderts war das Holz neben der Wind- und Wasserkraft die wichtigste Energiequelle. Die Bestände der langsamer wachsenden Laubbäume gingen zurück. Gleichzeitig stieg der Bedarf an Tannen-, Kiefern- und Fichtenholz. Durch Niederwaldwirtschaft kann zu Beginn der Neuzeit der Bedarf an Bau und Grubenholz sowie für Schiffsmaste nicht mehr gedeckt werden. So setzt sich seit dem 15. Jahrhundert von Frankreich her die Mittelwaldwirtschaft durch. Der Grundsatz der Nachhaltigkeit, das Geoökosystem so zu bewirtschaften, dass nicht nur in der Gegenwart, sondern auch in der Zukunft gleicher Nutzen gezogen werden kann, gewinnt erst im 19. Jahrhundert allmählich Allgemeingültigkeit. Große Aufforstungen kahler und verlichteter Waldflächen mit Fichten und Kiefern führen zur Forstwirtschaft im Hochwaldbetrieb mit überwiegend großflächigen, gleichförmigen, dicht bewachsenen, gleichartigen Nadelholzbeständen. Erst in der zweiten Hälfte des 20. Jahrhunderts gewinnt eine standortgerechte Forstwirtschaft, die dem Umweltschutz und der Landschaftspflege verpflichtet ist, an Bedeutung.

Nutzungsarten und Arten der Walderneuerung. Beim Hochwaldbetrieb (Kernwuchsbetrieb) erfolgt die Walderneuerung aus Samen. Die Nutzung der Stämme findet nach entsprechender Pflege meist im hohen Alter statt. Das Ziel aller Pflegemaßnahmen (z. B. Bodenverbesserung, Ausmustern minderwertiger Bäume, Beseitigung trockener und grüner Äste) ist die Erziehung von Beständen mit optimalem Ertrag. Die Produktionsdauer beträgt bei den meisten einheimischen Holzarten 80 bis 120 Jahre. Während Pappeln in kürzerer Zeit zur Schlagreife heranwachsen, stehen Eichen bis zu 250 Jahre. Selbstverständlich fällt durch die Pflegehiebe laufend Holz an; diese Vornutzung beträgt 40 bis 50 % der Gesamtnutzung. Innerhalb des Hochwaldbetriebes werden der schlagweise Hochwald und der Plenterwald betrieben. Der schlagweise Hochwald zeichnet sich durch räumliche Trennung einzelner verschieden alter Bestände aus. Walderneuerung wird auf mehr oder weniger großen Flächen schlagweise durchgeführt. Der Plenterwald (Femelwald) ist ein ungleichmäßiger, einzel-, trupp- und gruppenweise gemischter Wald mit ununterbrochener Walderneuerung. Besondere Verjüngungsflächen fehlen. Der Niederwaldbetrieb (Ausschlagbetrieb) besteht vorwiegend aus Stock- und Wurzelausschlägen der ausschlagfähigen Laubhölzer (z. B. Erle, Eiche, Weide). Die Gehölze werden in kurzen Umtriebszeiten von 12 bis 25 Jahren durch Abhieb kurz über dem Boden genutzt. Der Mittelwaldbetrieb bildet die Zwischenform von Niederwald und plenterartig behandeltem Hochwald. Deshalb weist er eine Schichtung auf. Das Unterholz besteht überwiegend aus ausschlagfähigen Holzarten. Es liefert Brennholz. Das hochstämmige Oberholz geht aus Kernwüchsen hervor. Es liefert Bauholz.

Aufgabe 2: Agroforstwirtschaft und Nachhaltigkeit in den Tropen
Nachahmung der Naturvegetation mit stockwerkartigem Anbau, meist kleinräumige Nutzung, umweltschonende Bodenbewirtschaftung ohne Mechanisierung und Chemiedünger, pflanzliche und tierische Abfälle als Dünger; vornehmlich für Selbstversorgung, arbeitsintensiv, kaum Kapital erforderlich („low-input"), Erhöhung der Tragfähigkeit von 20 bis 40 Ew/km^2 möglich, im Gegensatz zur Brandrodung (Shifting Cultivation) kaum Walddegradation; Agrarsystem ökologisch und sozial angepasst, aber globaler Durchbruch bislang nicht erfolgt

Aufgabe 3: Meinungen zum Problemkreis Nachhaltigkeit
a) *Zehn Jahre nach Rio (1992):* pessimistische Einschätzung, da weitere Abholzungen des tropischen Regenwaldes und damit Zerstörung der Rohstoffbasis stattfinden;
b) *Nachhaltigkeit als Ordnungsprinzip:* öffentliches Bewusstsein geschärft, u. a. durch Agenda 21 (Ineinandergreifen von ökologischem, ökonomischem und sozialem System; ökologische Ziele: Erhalt der Ökosysteme, ökonomische Ziele: gesellschaftliche Wohlfahrt, gesellschaftlich-soziale Ziele: gerechte Ressourcenverteilung); Umsetzung durch lokale Agenda 21; Vertiefung durch Nichtregierungsorganisation;
c) *Grenzen des Umweltschutzes:* nationale Anstrengungen für sich allein wenig wirksam, internationale Abmachungen und Einhaltung der Verpflichtungen erforderlich (Kyoto-Prokoll zum Klimaschutz von 1997, auslaufend 2012, z. B. von USA und Australien nicht ratifiziert; Verpflichtungserklärung vom G-8-Gipfel 2007 in Heiligendamm sehr offen formuliert: „ernsthaft in Erwägung ziehen", bis 2050 den CO_2-Ausstoß zu reduzieren); Einbeziehung der Entwicklungs- und Schwellenländer erforderlich, besondere Verantwortung der Industrieländer;
d) *Öffentliches Bewusstsein für Ökosysteme:* noch zu wenig entwickelt, da Konzentration auf persönliche Befindlichkeiten (Nahrung, Kleidung, Heilmittel, genveränderte Nahrungsmittel), weniger auf globale ökologische Zusammenhänge

Gegenargumente: Abkommen zum Schutz der Meere bereits in Kraft, ebenso grenzübergreifende Abkommen (Naturschutz, Naturparke)

Geoökosystem Mittelgebirge der gemäßigten Zone Seiten 78/79

Zu den Aufgaben

Aufgabe 1: Grundzüge der erdgeschichtlichen Entwicklung des Erzgebirges (Referat)
Das Sächsische Erzgebirge ist durch einen 60 m hohen Steilanstieg im Nordwesten und die Schönecker Stufe im Westen gegen das Vorland und das Vogtland abgegrenzt. Es bildet eine in mehreren Stufen ansteigende Pultscholle aus Gneisen, Glimmerschiefern, Phylliten, Granitmassiven und Porphyrdecken. Die Täler des Mulde-Systems sowie Weißeritz und Müglitz schnitten sich in mehreren Etappen eng und tief ein. Einzelne Bergmassive überragen die Hochflächen (Fichtelberg 1214 m, Auersberg 1018 m); Basaltvulkane und Basaltdecken sind als Härtlinge aufgesetzt (Geising 824 m, Bärenstein 898 m, Pöhlberg 831 m). Der Felsuntergrund ist weithin durch periglazialen Wanderschutt verhüllt. Auf ihm entwickelten sich bei geringen Temperaturen und hohen Niederschlägen Braunerden, Braunpodsole und Podsole.
Innerhalb der saxothuringischen (Schiefer-Gneis-)Zone des variskischen Faltengebirges ist das Erzgebirge als Sattel (Antiklinale) angelegt. Im Rotliegenden wurde das Gebirge zum Rumpf abgetragen. Es erfuhr durch eine erneute, Mitte des Oligozäns einsetzende, allmähliche Erhebung den für die Oberflächengestalt des Gebirges bedeutenden geologisch-tektonischen Bau. Im Zusammenhang mit der Südwest-Nordost gerichteten nordwestböhmischen Muldenzone (Braunkohlenlagerstätten) bildete sich der in gleicher Richtung verlaufende Erzgebirgsabbruch, an dem das Gebirge mehrphasig bis etwa 1000 m gehoben wurde und seine allgemeine Neigung nach Norden erfuhr. Im frühen Pliozän erfolgte die stärkste Heraushebung. Es begann die für das heutige Relief entscheidende Oberflächenformung und die Anlage des Gewässernetzes.

Aufgabe 2: Ökologische Bedeutung des Waldes und Wasserhaushalt
Wirkung des Bestandsklimas auf Luftkörper: Abbremsung des Windes, höhere Taubildung, Schneeablagerung, etwas höherer Niederschlag; relative Luftfeuchtigkeit wegen sinkender Verdunstung höher als außerhalb des Waldes, ausgeglichener täglicher und jahreszeitlicher Temperaturgang; Regelung des Wasserhaushalts durch Laub- und Mischwald, trotz erhöhter Reliefenergie an den Hängen keine erhöhte Fließgeschwindigkeit des Wassers, durch großes Porenvolumen des Waldbodens Aufsaugen des Wassers und Abgabe an das Grundwasser
Wasserhaushalt: Modellhaft dargestellt ist der Wasserhaushalt im Einzugsbereich eines Gebirgsflusses. Die Beziehungen zwischen den verschiedenen Haushaltsgrößen ergeben sich aus der Grundgleichung des Wasserhaushaltes (vgl. S. 46/47). Sie zeigt, dass man den Wasserkreislauf eines Gebietes mit einem Haushalt vergleichen kann, bei dem die Einnahmen den Ausgaben gegenübergestellt werden. Auf der Einnahmenseite steht der Niederschlag, und auf der Ausgabenseite werden Verdunstung und Abfluss ausgewiesen. Insgesamt sind die Mittelgebirge der gemäßigten Zone Wasserüberschussgebiete (humides Klima, $N > A + V$). Vor allem im Frühjahr und im Herbst, aber auch in frostfreien Perioden im Winter wird im Boden Feuchte und im Grundwasserspeicher eine Rücklage gebildet. Andererseits treten vor allem in Sommermonaten Perioden des Wasserdefizits auf ($N < A + V$), in denen die Rücklage aufgebraucht wird (Aufbrauch = B). Daraus ergibt sich eine erweiterte Haushaltsgleichung: $N = A + V (R - B)$.

Aufgabe 3: Modell des Landschaftshaushalts im Mittelgebirge
Sonnenstrahlen schräg einfallend, (nordexponierter Hang weniger als südexponierter); Berg-Tal-Wind, Relief Südseite: Hochfläche, Steilhang, relativ starker Bodenabtrag und Abfluss von Oberflächenwasser, Grundwasserabfluss Richtung Talaue von Steilhang; Relief Nordseite: Hochfläche, mittelgeneigter, flacher Hang, Material- und Wassertransport von Hochfläche und mittelgeneigtem Hang; Bodennutzung nordexponiert: Fichten, südexponiert Grünland;

Abb. zu Aufgabe 4 S. 79

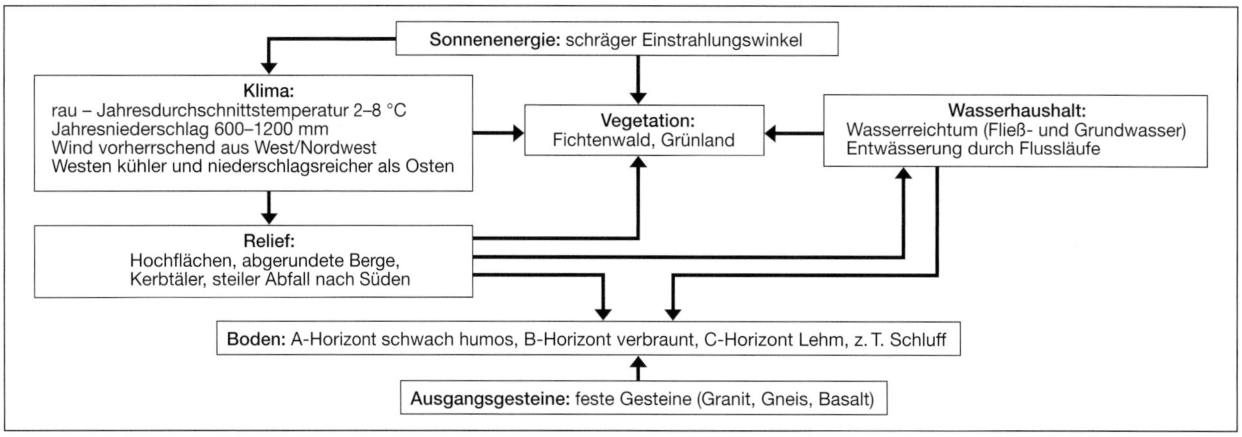

Die Abbildung (M 79.2) zeigt einen kleinräumigen Ausschnitt des Geoökosystems Mittelgebirge. Dargestellt sind die Geofaktoren Relief und Boden, die Bodennutzung als Element der Kulturlandschaft sowie quantitativ der Material- und Stofftransport und der Wärmehaushalt an den Talhängen. Erkennbar werden Unterschiede der Bodenbildung, des Material- und Wassertransports und der Bodennutzung zwischen Steil- und Flachhang sowie Nord- und Südexposition (vgl. Seiten 80/81, Aufgabe 1).
Abzulesen ist auch, dass bei Materialtransporten durch Abspülung die Hänge weiter geformt und die Mulden (Hangdellen und Talsohle) durch Einschwemmung aufgefüllt werden. Die Wirkung von Hangverflachungen ist zu erkennen: Das an der Oberfläche abfließende Wasser wird gebremst. Daraus ergibt sich eine höhere Bodenfeuchtigkeit und eine geringere Abspülung an dieser Hangverflachung. Es kommt sogar zur Abtragung von Bodenmaterial und Nährstoffen. Der Hang kann landwirtschaftlich genutzt werden. Auf dem Grünland dieser Hangpartie treten Pflanzen auf, die höhere Wasser- und Nährstoffgehalte des Bodens benötigen.
siehe Abb. oben

Aufgabe 4: Eingriffe in Landschaftshaushalt des Erzgebirges
Rodungsinseln, Viehwirtschaft, Ackerbau in unteren Gebirgslagen, Bergbau, Fichtenmonokulturen (heute zunehmend Mischwald), Versiegelung der Landschaft, Waldsterben bei Südwetterlage in Kammregion durch Schadstoffe aus tschechischem Braunkohlerevier, Belastung durch Autoverkehr

Geoökosystem Hochgebirge der gemäßigten Zone — Seiten 80/81

Zu den Aufgaben

Aufgabe 1: Steuerfaktor des Geofaktors Relief
hohe Reliefenergie, wechselnden Reliefformen auf kleinem Raum; Einflussgrößen: Höhenlage auf klimatische und orografische Schneegrenze (Linie, die die untersten Flecken von Firn verbindet), Permafrostboden; Exposition (Ausrichtung auf Sonneneinstrahlung, Wind, Regen, Schnee) und Hangneigung: auf Bodenfließen, Frostsprengung, Ablagerungen
Kennzeichnend für das Relief im Hochgebirge sind große Höhenunterschiede, mehr oder weniger steile Hänge sowie Gesteinswände. Eine direkte Folge der Hangneigung sind Umlagerungen von Lockermaterialien. Sie beruhen auf der Schwerkraft. Es gilt: Je steiler der Hang ist, umso rascher ist die Bewegung.
Das Lockermaterial entsteht durch Verwitterung. Im Hochgebirge wirkt wegen häufiger Temperaturschwankungen um den Gefrierpunkt die Frostverwitterung durch Frostsprengung in Gesteinsspalten (Spaltenfrost).
Im Allgemeinen ist die Beweglichkeit einer Verwitterungsmasse umso größer, je feiner und je feuchter das Material ist. Durchziehen Wurzeln den Boden, so wird die Beweglichkeit des Verwitterungsmaterials vermindert. Die Bewegung des Verwitterungsmaterials hängt von der Hangneigung, von der Art des Materials, von der Bodenfeuchtigkeit und von der Vegetation ab.
An Wänden und steilen Hängen gehen vorwiegend rasche, trockene Massenbewegungen vor sich; ihre Bewegungsformen sind Fall und Sturz (Steinschlag – Schutthalde – Bergsturz). An flachen Hängen sind die bewegten Massen feucht, ihre Bewegungen sind Kriechen, Gleiten oder Rutsche (Abrissbereich – Bodenfließen/Gekriech – Murkegel).
Die Schwerkraft bringt auch das Wasser zum Abfließen, sie setzt das Eis der Gletscher in Bewegung. Von diesen bewegten Medien wird das Verwitterungsmaterial transportiert (Erosion – Wildbach – Schwemmkegel).
Im Hochgebirge herrschen Gebirgsklimate (Höhenklimate). Sie unterscheiden sich vom Klima der benachbarten Niederungen durch geringere Temperaturen und meist durch höhere Niederschläge. Mit zunehmender Höhe verändern sich daher die Wachstumsbedingungen der Pflanzen. Es kommt zur Ausbildung der Höhenstufen der Vegetation, des Permafrostbodens sowie der orografischen und klimatischen Schneegrenze (hypsometrischer Formenwandel).
In engen steilwandigen tiefen Tälern entwickelt sich ein besonderes Geländeklima mit Inversionswetterlagen (Kaltluftsee, Hochnebel) und Berg-Tal-Windsystem.
Die Schneegrenze ist die Grenzlinie zwischen mit Schnee bedecktem und schneefreiem Gebiet. Die klimatische Schneegrenze ist die Linie, bis zu der auf ebenen Flächen der Schnee auch während des Sommers liegen bleibt. Die orografische oder lokale Schneegrenze kann sowohl höher als auch tiefer als die klimatische Schneegrenze liegen, wofür z. B. die unterschiedliche Exposition der Steilhänge, Sonnen- und Schattenlagen, verantwortlich ist.

Aufgabe 2: Erschließung des Alpenraumes
a) Hochweiden (Almen) für saisonale Nutzung, Rodungen an natürlicher Waldgrenze;
b) Dauersiedlungen auf Rodungsinseln, Regulierung der Alpenflüsse;
c) Auflassung von Almen, Verkehrserschließung, Massentourismus

Aufgabe 3: Veränderungen im Landschaftsökosystem der Alpen
standortgerechte Bewirtschaftung, Berglandwirtschaft als stabilisierender Faktor; Nutzung der Wasserkraft, Ansiedlung von Industriebetrieben, Aufgeben der Bergbauernwirtschaft, bisaisonaler Erholungsraum, Verstädterung der Längstäler, Störung des Wasserhaushaltes, Zunahme von Erosionsschäden

Aufgabe 4: Wirkungsgefüge Mattenstufe und Talböden
siehe Abb. oben, nächste Seite

Abb. zu Aufgabe 4 S. 81

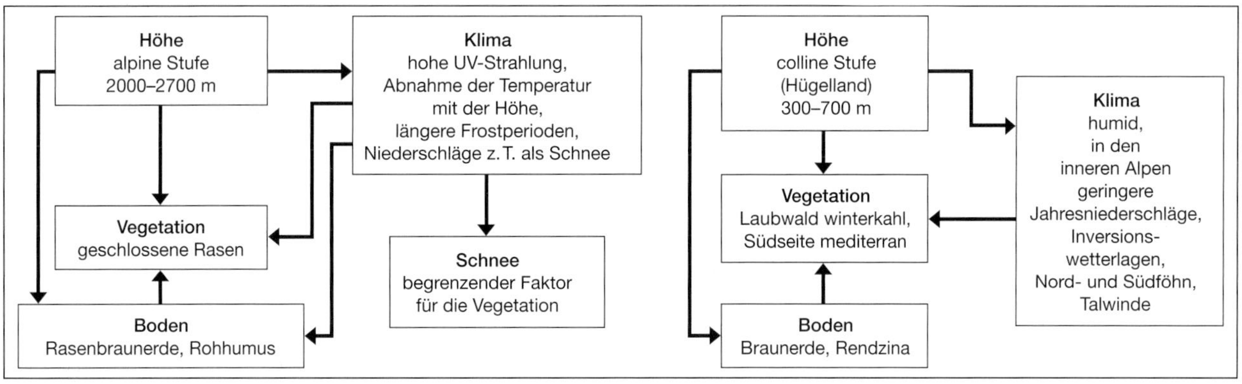

Aufgabe 5: Alpen als Ergänzungsraum außeralpiner Räume

a) Energielieferant: Bau von Wasserkraftwerken,
b) Erholungsfunktion: Erschließung für Sommer- und Wintertourismus,
c) Transitraum: Verkehrserschließung für Durchgangsverkehr zwischen Nordeuropa und Südeuropa

Der Alpenraum hat sich seit dem 19. Jahrhundert im Verlauf der Entwicklung der Industrie- und Dienstleistungsgesellschaft in den Staaten mit Gebietsanteilen an den Alpen sowie vielen weiteren europäischen Staaten, auch im Zuge der Globalisierung, zunehmend mit außeralpinen Räumen verflochten. Diese Verflechtungen kommen durch folgende Erscheinungen und Prozesse zur Geltung:

- viele Millionen Menschen suchen Erholung in den Alpen (zentrale Fremdenverkehrsregion), Sommer- und Wintertourismus,
- wirtschaftliche Verflechtungen des Alpenraumes mit vielen Regionen Europas (Ergänzungsraum),
- Anwachsen der Verkehrsströme (Ziel- und Transitraum), Verkehrserschließung für den Durchgangsverkehr zwischen Nordeuropa und Südeuropa
- trotz der west-östlichen Erstreckung der drei großen Gebirgsketten wirkt der Alpenkörper heute nicht mehr trennend (Alpen als europäischer Kernraum),
- nachhaltige Veränderungen der Wirtschafts- und Sozialstruktur (Strukturwandel: Anpassungsprozesse der Landwirtschaft, Industrie in den Tälern, Verstädterung und Überfremdung der Talsiedlungen, Nutzung der Wasserkraft),
- internationale Verflechtungen und Klimawandel belasten den Alpenraum (Destabilisierung des Geoökosystems).

Marine Ökosysteme: Geosystem Weltmeer — Seiten 82/83

Zu den Aufgaben

Aufgabe 1: Topographie der Ozeane und Nebenmeere

Kontinentalschelf: Außenkante des Festlandblocks, durchschnittliche Wassertiefe 200 m

Kontinentalabhang: „Flanken“ der Kontinente, unterbrochen von untermeerischen Canyons, an Fußregion bis zu mehrere Kilometer mächtige Sedimente

Tiefseeboden: sandige bis tonige Sedimente, Sonderformen: Kuppen und Einzelberge (Guyots = eingeebnete Vulkankegel), Atolle (ringförmige Korallenriffe); beiderseits des mittelozeanischen Rückens (20–50 km breite Zentralspalte) Vulkaninseln

Tiefseegraben: Depressionen am Rand der Ozeane, von Vulkanreihen begleitet

mittlere Höhe der Festländer: 875 m, mittlere Tiefe der Ozeane: 3700 m

Die zusammenhängende Wasserfläche wird durch die Festländer in drei Ozeane gegliedert. Den Ozeanen werden Buchten sowie die durch Inseln und Landzungen abgetrennten Nebenmeere zugerechnet. Die Flächen der Ozeane verhalten sich ungefähr wie 5 : 3 : 2. Bei den Nebenmeeren unterscheidet man die Mittelmeere, die zwischen den Kontinenten, und die Randmeere, die am Rande eines Kontinents liegen.

Der Atlantische Ozean läuft von Norden nach Süden wie ein S zwischen Nord- und Südamerika im Westen, Europa und Afrika im Osten und steht am nördlichen Polarkreis mit dem Nordpolarmeer in breiter Verbindung. Als Nebenmeere des Atlantiks sind außerdem zu nennen: das Amerikanische Mittelmeer (Golf von Mexiko, Karibisches Meer), das Europäische Mittelmeer sowie die Nord- und Ostsee.

Der inselarme Indische Ozean liegt zwischen Afrika im Westen, dem asiatischen Festland im Norden sowie dem Malaiischen Archipel und Australien im Osten. Der Indik erstreckt sich zum größten Teil über die Südhalbkugel. Gegen den Atlantik wird er 20 °O und vom Pazifik 147 °O abgetrennt. Der Indik hat eine abgerundete Form, im Nordwesten bilden das Rote Meer und der Persische Golf lang gestreckte Ausbuchtungen. Die Vorderindische Halbinsel gliedert im Norden das Arabische Meer und den Golf von Bengalen ab.

Der Pazifische Ozean ist der größte Ozean. Die Entfernung zwischen Südamerika und Hinterindien beträgt mehr als den halben Erdumfang und von der Beringstraße im Norden bis zur Antarktis im Süden erstreckt sich der Pazifik über 16 000 km. Die kürzeste Linie zwischen Kap Horn, der Südspitze Südamerikas, und dem Grahamland auf dem antarktischen Kontinent gilt als Grenze zum Atlantik. Gegen den Indik bildet 147 °O die östliche Begrenzung. Besonders inselarm ist der südöstliche Pazifik. Dagegen liegen im westlichen Teil zahlreiche Inselgruppen verstreut. An der asiatischen Seite sind durch Inselbögen sowie größere und kleinere Inseln Randmeere (z. B. Beringmeer, Japanisches Meer, Chinesisches Meer) angegliedert. Sie fehlen vor der amerikanischen Küste.

Die Verteilung von Land und Wasser an der Erdoberfläche erfasst man erst richtig, wenn neben der horizontalen Gliederung in Kontinente und Ozeane der vertikale Aufbau betrachtet wird. 71 % der Erdoberfläche sind von Wasser bedeckt. Die Vielgestaltigkeit der submarinen Oberflächenformen ist kaum geringer als die der Landflächen. Zwischen der höchsten Erhebung (Mt. Everest 8846 m) und der größten Meerestiefe (Marianengraben 11 034 m) ordnen sich fünf aufeinanderfolgende Höhenstufen an: Gipfelungen (an Kettengebirgsgürtel der Erde: eurasiatischer Gürtel, zirkumpazifischer Gürtel), Tiefseegräben (begleiten die Hochgebirgsgürtel), Kontinentaltafel (bildet die Kontinente), Kontinentalabhang und Ozeanraum (zerlapptes Becken mit Schwellen und Mittelozeanischem Rücken, wird von den drei Ozeanen eingenommen).

Die Kontinentalränder umfassen die bis zu 200 m tiefen Schelfe, die von 200 m auf 2000 m steil abfallenden Kontinentalabhänge, die Fußregionen und die über 6000 m tiefen Tiefseegräben. Der Mittelozeanische Rücken bildet ein 60 000 km langes, zusammenhängendes Gebirgssystem, das sich vom Nordpolarmeer durch Atlantik, Indik und Pazifik erstreckt. Die Tiefseebecken liegen zwischen den Kontinentalrändern und dem Mittelozeanischen Rücken. Sie enthalten die Tiefseehügel, die ausgedehnten Tiefseeebenen sowie die untermeerischen Kuppen, die vulkanischen Ursprungs sind und teilweise als ozeanische Inseln die Meeresoberfläche durchstoßen.

Aufgabe 2: Tiefenzirkulation des Atlantischen Ozeans
thermohaline Konvektion: durch Unterschiede bei Wärme und Salzgehalt bedingter Wassermassenaustausch
Dichte: kaltes Wasser ist dichter als warmes Wasser, salzreiches Wasser ist dichter als salzarmes Wasser (bei Verdunstung des Meerwassers höhere Salinität des Oberflächenwassers, bei Eisbildung ebenfalls höhere Salinität des umgebenden Wassers, da Eis nur aus Süßwasser besteht
Atlantik: Bodenwasser bis 6000 m Tiefe, entsteht in der Antarktis und Arktis, Temperatur –1,9 °C, Grenze nach oben Salzgehalt 34,9 ‰; nordatlantisches Tiefenwasser max. Tiefe 5000 m, zum Indischen Ozean hin abnehmend; subantarktisches Zwischenwasser bis rote Linie (Salzgehalt 36,0 ‰) Temperatur 4–5 °C, salzarm, äquatorwärts fließend; darüber Warmwassersphäre; Polarfront = polwärtige Grenze der Warmwassersphäre an der Meeresoberfläche; in den Tropen und Subtropen ständige Erwärmung des Oberflächenwassers, Deckschicht schwimmt auf tiefer liegenden Wassermassen, Temperatursprung (= Dichtesprung) verhindert Tieferdringen; in subpolaren und polaren Gebiete Wärmedefizit, Freisetzung von Salz beim Gefrieren des Meerwassers, damit Dichteerhöhung und Konvektion bis in große Tiefen
Der Atlantische Ozean ist durch eine lebhafte Tiefenzirkulation gekennzeichnet. Die Gründe dafür liegen nicht nur in der thermohalinen Konvektion, sondern auch in der windbedingten Oberflächenzirkulation in den niederen Breiten. Durch das Osthorn von Südamerika werden große Wassermengen der Oberflächenströmung in den Nordatlantik geführt. Das bedingt einen Wasserstau und eine Druckerhöhung. Als Ausgleichsbewegung wird Tiefenwasser in den Südatlantik transportiert.
Mit der Temperatur und dem Salzgehalt des Wassers ändert sich sein spezifisches Gewicht. Sobald Dichteunterschiede auftreten, stellen sich auch Bewegungen ein, da das relativ leichte Wasser emporsteigt, das schwere nach unten sinkt. So entsteht eine Vertikalkonvektion, die man thermohaline Konvektion (thermo, griech. = Wärme; hal, griech. = Salz; Konvektion, lat. = Bewegung von Wasser- und Luftmassen in vertikaler Richtung) nennt.
Am einfachsten sind die Tiefenzirkulationssysteme in den Eingängen der Nebenmeere zu erkunden (vgl. Kopiervorlage). Beispiele für die aride Region sind das Europäische Mittelmeer und das Rote Meer. Durch die Straße von Gibraltar strömen an der Oberfläche durchschnittlich pro Sekunde 1,75 Mio. t Wasser mit einem mittleren Salzgehalt von 36,25 ‰. Das in der Tiefe ausströmende Wasser besitzt einen Salzgehalt von 37,75 ‰. (Diese Strömungsverhältnisse werden im TV-Kriegsfilm „Das Boot" inszeniert.) Die Ostsee mit der Drogden-Schwelle in der Beltsee mit 7 m Meerestiefe und der Darßer Schwelle bei Gedser mit 18 m Tiefe zeigt ein entgegengesetztes Strömungsverhältnis. An der Oberfläche strömt leichteres Süßwasser zur Nordsee, in der Tiefe schwereres Salzwasser über die Schwellen in die Becken der Ostsee (z. B. das Gotlandbecken). Weitere Beispiele für die humide Region sind die Fjorde in Norwegen und Grönland und das Schwarze Meer.
Die durch den Wärme- und Salzhaushalt des Wassers bedingten Druckkräfte lösen die Tiefenzirkulation aus. Der entscheidende Faktor ist in diesem System, Temperatur-Salzgehalt-Dichte, wiederum die Wassertemperatur. Sie hängt von den atmosphärischen Einflüssen an der Wasseroberfläche ab. So können fünf Hauptwasserarten an der Meeresoberfläche unterschieden werden, deren räumliche Verbreitung der regionalen Verteilung des Wärme- und Salzhaushaltes entspricht:

1. Das spezifisch schwere Wasser befindet sich im westlichen Teil des Europäischen Nordmeeres und im Atlantischen Ozean außerhalb der Eisbedeckung mit einer winterlichen Abkühlung bis –1,2 °C. Durch Absinken entsteht das arktische Bodenwasser.
2. Das antarktische Bodenwasser erfährt an seiner Oberfläche, insbesondere im Weddelmeer und im Rossmeer, eine Abkühlung bis auf –1,9 °C. Dem antarktischen Bodenwasser stehen Tiefseebecken zum Eintritt offen. Deshalb hat es eine weite Verbreitung in der Tiefe.
3. Das subarktische Tiefenwasser besitzt die nächstniedrige Dichte. Es bildet sich im Winter in der Labrador- und Irmingsee. Der Salzgehalt ist geringer als bei den beiden Bodenwasserarten, weil die Oberfläche des Wasserkörpers im humiden Klima liegt. Da dieser Wasserkörper ständig mit salzreichem Mittelmeerwasser gespeist wird, verfügt es über einen Salzgehalt von 34,9 ‰ und eine relativ hohe Dichte. Diese sauerstoffreiche Wassermasse beherrscht das Tiefenwasser zwischen 1000 und 4000 m.
4. Demgegenüber ist das subantarktische Zwischenwasser infolge der hohen Niederschläge im Ursprungsgebiet verhältnismäßig salzarm. Es ist also leichter als das subantarktische Tiefenwasser. Seine Entsprechung findet es auf der Nordhalbkugel im subarktischen Zwischenwasser. Es ist besonders salzarm und daher das leichteste Wasser des Kaltwasserbereichs.
5. Die Warmwassersphäre mit Salzgehalt bei 35 bis 36 ‰ und Temperaturen zwischen 27 °C und 20 °C nimmt den übrigen oberflächennahen Teil des Meeres ein.

Aufgabe 3: Stoff- und Energiehaushalt des Meeres
Wassertemperaturen (abhängig von Breitengrad, Strömung, Jahreszeit) zwischen –2 °C bis 29 °C, höchste Temperaturen nördlich des Äquators, in den gemäßigten Breiten 7–8 °C
hohe Einstrahlung: Ozeane = bedeutendster Wärmespeicher für Wärme, Abgabe an Atmosphäre durch Abstrahlung, direkte Wärmeübertragung und Verdunstung; Austauschvorgänge zwischen Meer und Atmosphäre in oberster, 50–200 m mächtiger Wassersäule (= Deckschicht); langfristiger Ausgleich zwischen Nettoenergieeintrag durch Einstrahlung und Austausch von Wärme mit der Atmosphäre; in höheren Breiten negative Energiebilanz, Austausch durch Transport von Wärmeüberschuss aus den Tropen
Festland: geringe Eindringtiefe der Energie (Sonneneinstrahlung), starke Temperaturschwankungen zwischen Sommer und Winter
Stoffverfrachtungen: neben Salz (durch Konvektion) auch Säuren und Basen bildende Stoffe, im Zusammenhang mit dem Klimawandel das Meer als CO_2-Senke
Bisherige Kenntnisse deuten darauf hin, dass die Erde einen ausgeglichenen Energiehaushalt hat und die beobachteten Temperaturveränderungen in den Ozeanen und in der Atmosphäre als Schwankungen um einen Mittelwert angesehen werden können.
Wärmegewinn- und Verlustgrößen, die den Energiehaushalt der Meere bestimmen:
Wärmegewinn: Sonnen- und Himmelsstrahlung, Meeresströmungen, Wärmeübertragung von der Atmosphäre, Kondensation von Wasserdampf, Wärmestrom aus dem Erdinnern, Umwandlung von Bewegungs- in Wärmeenergie, chemische und biologische Prozesse, radioaktiver Zerfall im Meer;
Wärmeverlust: Reflexion von Sonnenstrahlung, langwellige Ausstrahlung, Wärmeübertragung zur Atmosphäre, Verdunstung, Meeresströmungen. Ergänzend: Wärmeumsatz durch Niederschläge, Zuflüsse vom Land, Eisbildung und -schmelze; Vorgänge jedoch örtlich begrenzt und ohne Einfluss auf die wesentlichen Züge des ozeanischen Wärmehaushalts.

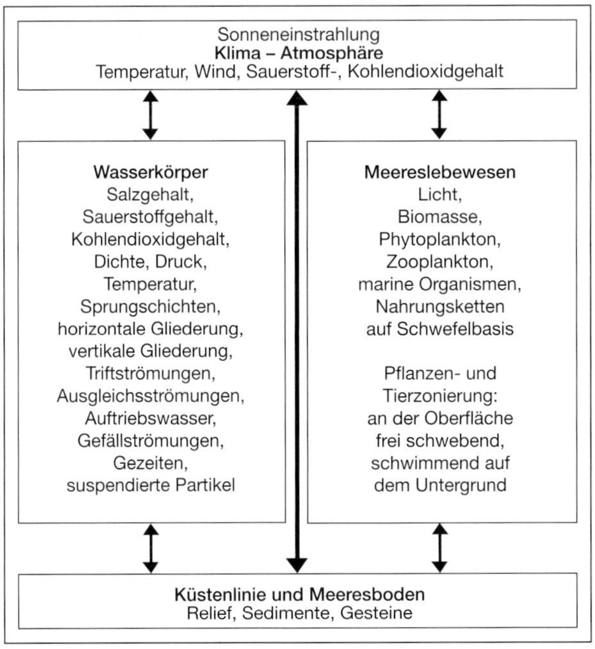

Zusammenwirken anorganischer und organischer Bestandteile

Marine Ökosysteme: Geoökosystem Weltmeer — Seiten 84/85

Zu den Aufgaben

Aufgabe 1: Nährstoffhaushalt im Meer

Voraussetzunge für Bildung von Phytoplankton: Licht (Sonnenenergie reicht bis in 200 m Tiefe), Nährsalze (Phosphat (P), Nitrat (N)), Sauerstoff, Nährsalzgehalt besonders hoch bei Auftriebswasser

Phytoplankton: starke Vermehrung im Frühjahr, etwas geringer im Herbst, wird zu 70% von Zooplankton verzehrt; phasenverschobene Vermehrung von Zooplankton

Absinken der verbleibenden 30% der Biomasse als Detritus (abgestorbene organische Schwebeteilchen); Remineralisierung nicht verwendeter organischer Nährstoffe in größerer Tiefe durch Bakterien und Pilze, Wiedereingliederung in den Nährstoffkreislauf durch Strömungsverfrachtung und Auftriebswasser

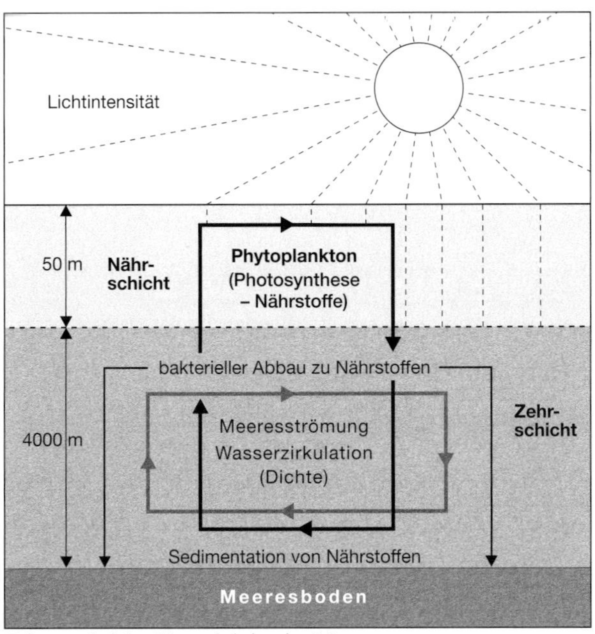

Faktoren bei der Urproduktion im Meer

In den Meeren der gemäßigten Zonen verursachen die jährlichen Temperaturschwankungen im Meerwasser Umschichtungen, Wasser bis aus 200 m Tiefe wird gegen das Wasser im Oberflächenbereich ausgetauscht. So geraten die Nährelemente des Meereshumus in das Oberflächenwasser. Im Mischwasserbereich kalter und warmer Strömungen ist die Durchmischung besonders wirksam. Hier wird das Meerwasser bis zu einer Tiefe von 1000 m umgeschichtet. Außerdem führt das Wasser der kalten Meeresströmungen reichlich Sauerstoff.
In den tropischen Meeren verändert sich die Wassertemperatur nicht. Das Meerwasser wird nicht umgeschichtet. Die Nährelemente verbleiben am Meeresgrund. Nur in den Küstenbereichen werden Nährelemente entweder durch Flüsse in das Oberflächenwasser eingebracht oder durch Auftriebwasser vom Meeresgrund.
Ein wichtiges Teilsystem bildet im Stoffhaushalt des Meeres das Kohlensäure-Calciumcarbonat-System: $CaCO_3 + CO_2 + H_2O - Ca(HCO_3)_2$. Dieses Gleichgewicht regelt den Gehalt des Meerwassers an Kohlendioxid und Kalk. Davon hängen wiederum biologische Vorgänge, die Kalkablagerung, der Sauerstoff- und Schwefelwasserstoffgehalt ab.
Zunächst ist Kohlendioxid in Wasser löslich. Die Löslichkeit ist vom Salzgehalt, von der Temperatur und vom Druck abhängig. Mit der größeren Löslichkeit des Kohlendioxids bei höherem Druck und geringerer Temperatur ist die des Calciumcarbonats verbunden. Durch einen Überschuss an Calciumionen und anderer Kationen kann zusätzlich Kohlendioxid aus der Atmosphäre aufgenommen werden, und zwar 100- bis 200mal so viel Kohlendioxid wie physikalisch im Meer gelöst ist.

Aufgabe 2: Dimensionen der Biosphäre: Weltmeer und Festland

Nettoprimärproduktion: Produktion organischer Substanzen durch Photosynthese abzüglich Tages- und Nachtatmung aller grünen und nichtgrünen Pflanzenteile; Mittelwert für Festland 669 g/m^3 je Jahr, offenes Meer 125 g/m^3 je Jahr, Auftriebszonen 500 g/m^3 je Jahr; Produktionsfähigkeit im Meer: 500 Mrd. t/Jahr

Den Pflanzen und Tieren sowie übrigen Organismen steht bei einer durchschnittlichen Tiefe der Meere von 4000 m ein etwa dreihundertfach größerer Lebensraum als den Landlebewesen zur Verfügung. Er ist ähnlich den Landschaften des Festlandes in Räume mit unterschiedlichen Lebensbedingungen gegliedert. Diese hängen von den Energie- und Stoffhaushalten sowie den Bewegungsvorgängen in den einzelnen Meeresräumen ab. Ein wesentlicher Unterschied besteht zu den Landschaftsräumen des Festlandes in der Mächtigkeit der Biosphäre. Während auf dem Lande sich das Leben nur in einer dünnen Schicht entwickeln konnte, steht den Meeresbewohnern eine ungleich größere Tiefe zur Verfügung. Die Vertikale bewirkt also eine weitere Differenzierung der Meeresräume. Für die Pflanzen (vor allem Phytoplankton) sind Eindringtiefe des Sonnenlichts (etwa 400 m), Wassertemperatur und Nährelementgehalt bestimmend. Für die Tiere muss neben den organischen Nährstoffen ausreichend Sauerstoff vorhanden sein.

Aufgabe 3: Fruchtbare und unfruchtbare Meeresräume

fruchtbar: Schelfgebiete: hohe Lichtintensität, hohes Nährsalzangebot wegen Durchmischung (Gezeiten); Westseiten der Kontinente: Aufsteigen von kaltem, nährstoffreichem Bodenwasser; Oyashio-/Kuroshiostrom, Labrador-, Golf-, Atlantikstrom: Transport von Nährsalzen und Sauerstoff durch Oberflächenströmung
unfruchtbar: tropisch-subtropische Meeresteile: Behinderung des Austausches zwischen nährsalzarmem Oberflächenwasser und nährstoffreichem, kaltem Tiefenwasser durch Temperatursprungschicht (Thermokline); „blaues Wasser" = Mangel an Phytoplankton

Bedeutende Fischereiräume

1. in der gemäßigten Zone: Europäisches Nordmeer/Nordsee (Atlantischer Strom – Golfstromtrift – Westspitzbergenstrom – Norwegischer Strom – Ostgrönlandstrom, Labradorsee/Neufundlandbank (Golfstrom – Labradorstrom), Ochotskisches Meer/Japanisches Meer

2. in der tropischen Zone: spanische und marokkanische Küste (Kanarenstrom), südwestafrikanische Küste (Benguelastrom), Küste von Peru (Humboldtstrom).

Aufgabe 4: Jagd und Sammelwirtschaft oder Zucht und Ernte
auf jeder Stufe vom Beginn der Nahrungskette 90% Verlust, 100 kg Phytoplankton entsprechen 1 kg Fisch; Gewinnung von Phytoplankton für menschliche Ernährung unrentabel;

traditioneller Fischfang nur noch in Küstengebieten von Entwicklungsländern, Überfischung durch Fabrikschiffe, Fangrechte z. T. an Fischereiflotten der Industrieländer verkauft; trotz größerer Fangtiefe (bis 300 m) Fangmenge rd. 90 Mio. t/Jahr; ein Drittel der weltweiten Fischereierträge bereits aus Aquakultur; Bsp. China 2004: Fischfang 17,1 Mio. t, Aquakultur 30,6 Mio. t; Gefahren für das Ökosystem durch Abwässer und Antibiotika aus Fischfarmen

Marine Ökosysteme: Geoökosystem Wattenmeer — Seiten 86/87

Zu den Aufgaben
Aufgabe 1: Topographie der Gezeitenflachküste zwischen Ost- und Nordfriesischen Inseln
offenes Meer (Nordsee) – Watt (Sand-, Misch-, Schlickwatt): offen hinter Strandwällen oder vorgelagerten Sandbänken, im Bereich von Flussmündungen, auf der Rückseite von Dünen- oder Geestkerninseln, eingelagert Halligen und Marscheninseln – Vorland (Salzwiesen) – Deich – Marsch – Geest
Sandwatt: Feinsand mit 0–5% Schluff und Ton + Mittelsand
Schlickwatt: 38–62% Schluff, 32% oder mehr Ton
Der Nordseeküste ist ein in Ostfriesische und Nordfriesische Inseln gegliederter Inselsaum vorgelagert. Die zu Niedersachsen gehörenden Ostfriesischen Inseln (Borkum, Juist, Norderney, Baltrum, Langeoog, Spiekeroog, Wangerooge) erstrecken sich zwischen der Ems- und Elbmündung, die Nordfriesischen Inseln (die Halligen sowie Nordstrand, Pellworm, Amrum, Föhr, Sylt) nördlich der Elbmündung gehören zu Schleswig-Holstein.
Die Ostfriesischen Inseln sind junge Strandwall- und Dünenbildungen am Rande des Wattenmeeres, die sich unter dem, Einfluss von Westwinden und gezeitenbedingten Meeresströmungen ohne künstliche Schutzwerke (z. B. Buhnen) weiterhin nach Osten verlagern würden. Die Nordfriesischen Inseln Amrum, Föhr und Sylt enthalten ältere eiszeitliche Geestkerne, denen Dünen und an den Ostseiten junge Marsch angelagert sind. Ihre Westseiten werden durch Sturmfluten und Brandung vom Meer angegriffen und zurückverlegt. Die Halligen sind stehen gebliebene Reste des durch große Sturmfluten (1362, 1634) zerstörten Marschlandes ohne Deichschutz. Auch Nordstrand und Pellworm waren vor ihrer Bedeichung Halligen. Bei Niedrigwasser sind mehrere Inseln landfest und über das von Prielen durchzogene Wattenmeer für Ortskundige zu Fuß erreichbar.
Das Watt erreicht im Schutz der Inseln eine Breite von etwa 5 bis 10 km und begleitet als schmaler Saum den unmittelbar der Brandung ausgesetzten Küstenbereich. Die amphibische Landschaft des Wattenmeeres nimmt etwa 3500 km^2 Fläche ein. Das Gesicht dieser Landschaft verändert sich im Rhythmus der Gezeiten. Das Watt fällt bei Ebbe fast völlig trocken und wird bei auflaufendem Wasser wieder überflutet. Das mit hoher Geschwindigkeit bei Ebbe ablaufende Wasser gräbt ein verzweigtes Netz von Abflussrinnen in den Boden, das sich von feinsten, sich immer wieder verlagernden Verästelungen zu größeren Prielen vereinigt, die wiederum in größere Wattströme, die Baljen oder Balgen, münden. Die Wattströme sind z. T. die Fortsetzung der Binnengewässer. Viele von ihnen führen ständig Wasser, das bei Ebbe rasch dem Meer zufließt. Besonders hohe Geschwindigkeiten werden dabei in den Seegatts (= Tore) erreicht, die zwischen den Ostfriesischen Inseln liegen und das Wattenmeer mit der offenen See verbinden. Ohne markante Reliefunterschiede erscheint die Wattlandschaft auf den ersten Blick eintönig. Sie birgt jedoch eine Fülle von Kleinformen. Tief eingeschnittene Erosionslinien, mäandrierende Wasserläufe mit Prall- und Gleithängen, Deltabildungen und Rippelmarken machen die zugleich aufbauenden und zerstörenden Kräfte von Wind und Wasser sichtbar.
An der Küste und an den Trichtermündungen von Ems, Weser und Elbe zieht sich ein 15 bis 20 km breiter Streifen flachen Landes entlang, das Marschland. Entstanden sind die Marschen aus Schlick- und Sandabsätzen des Meeres oder der Flüsse. Sie sind durch hohe Deiche gegen das Meer geschützt.

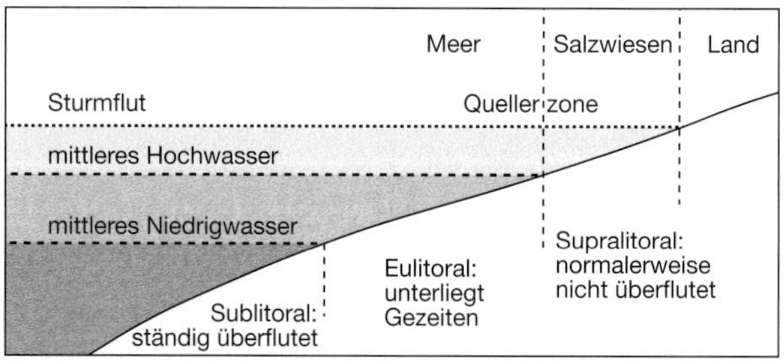

Zonierung des Wattenmeers

Aufgabe 2: Bildung des Watts
zweimal tägliches Überfluten, Umlagerung der Schwebstoffe und Sedimente im Watt, An- und Abtransport, Ablagerung und Abtragung

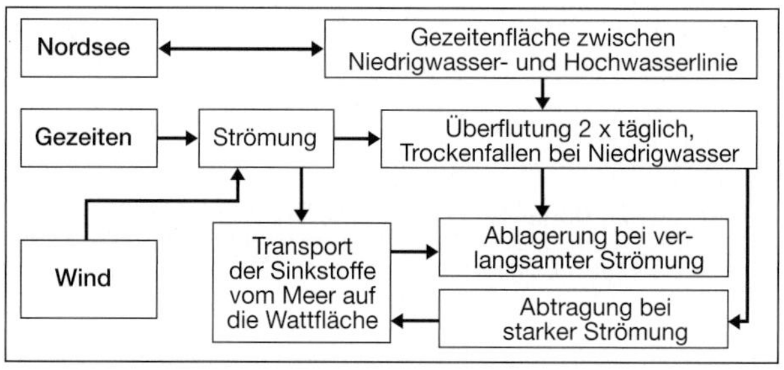

Aufgabe 3: Wattenmeer als Geoökosystem
Zusammenhang zwischen offener Nordsee, Watt und Land; extreme und schnell wechselnde Lebensbedingungen: durch Wechsel von Ebbe und Flut große Temperaturunterschiede auf Wattflächen, Erhöhung des Salzgehaltes bei Ebbe und starker Sonneneinstrahlung, Aussüßung bei Regenfällen, gute Sauerstoffversorgung im freien Wasser, Sauerstoffabnahme im Schlickwatt (ab 30 cm Tiefe Sauerstoffabschluss, grau-blaue Oberfläche durch Fe-, Mn-, Mg-Oxide
Phytoplankton-Reichtum dank Mineralisierung im Watt und Zufuhr von Nährsalzen aus Nordsee und Flüssen; Würmer, Muscheln, Krebse in hoher Individuenzahl als Nahrungsgrundlage für Jungfische, Wattflächen als Rastplatz und für die Nahrungssuche von standorttreuen Vögeln und Zugvögeln;
Gefahren durch Sturmfluten und bei Niedrigwasser (Austrocknung von Pflanzen und Tieren)

Aufgabe 4: Notwendigkeit des Wattenschutzes, zu erwartende Nutzungskonflikte
vom Menschen verursachte tatsächliche und potenzielle Gefahren: Tankerunfälle/Ölverschmutzung, Ausbaggerung von Schifffahrtswegen, Überbeanspruchung durch Tourismus, Überfischung, Zerstörung der Muschelbänke, Meeresspiegelanstieg durch Klimawandel (keine langsame Bildung von Schlickwatt möglich, stattdessen Ablagerungen von grobkörnigen Sandflächen, verlängerte Produktionszeit von Plankton und Ansiedlung von Tier- und Pflanzenarten aus wärmeren Gewässern)
Einrichtung des Nationalparks Wattenmeer (untergliedert in Zonen: nutzungsfrei – Pufferzone – eingeschränkte anthropogene Nutzung); Erhalt der Halligen als Wellenbrecher für Festlandsküste, Schutz der Inseln vor Salzeinstrom in Grundwasser, Schutz sog. Barriere-Inseln mit Dünen und Randdünen

Geoökosysteme

M1 Klimazonen und Geoökosysteme der Erde

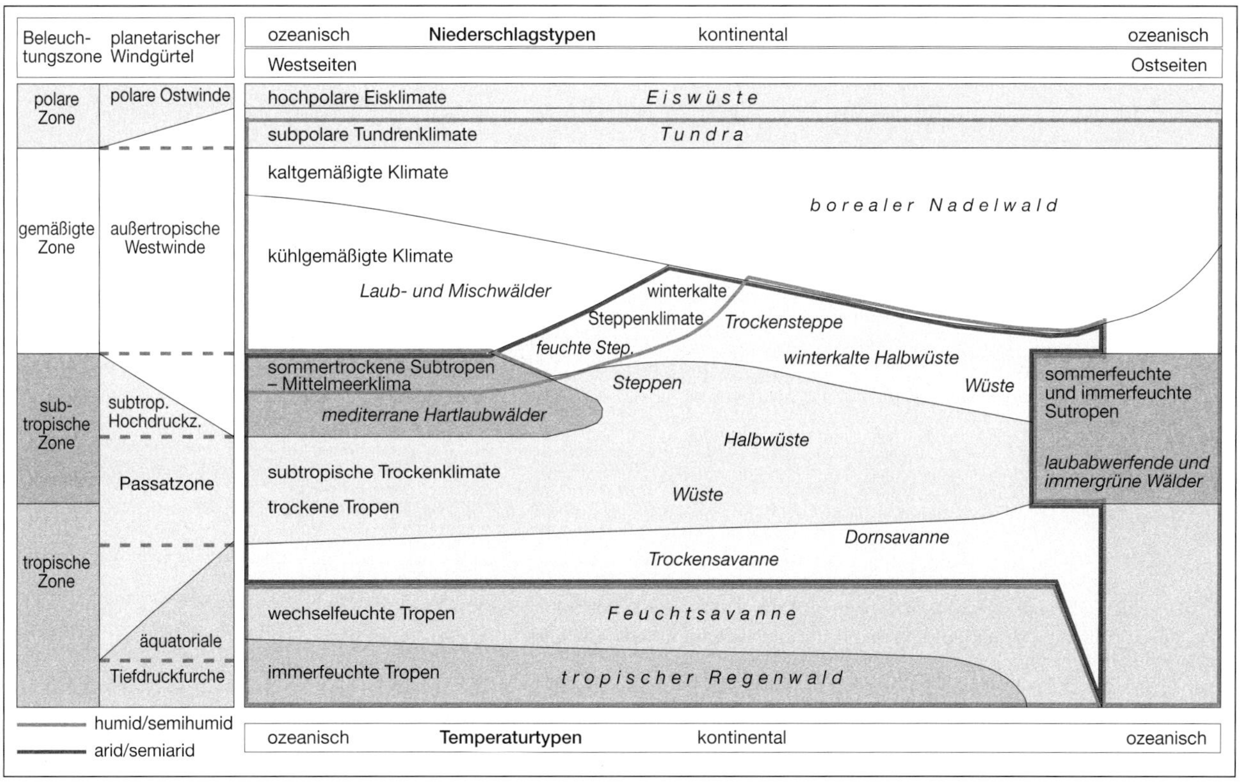

M2 Schema der Landschaftsgürtel, Landschaftszonen und Regionen auf dem Idealkontinent

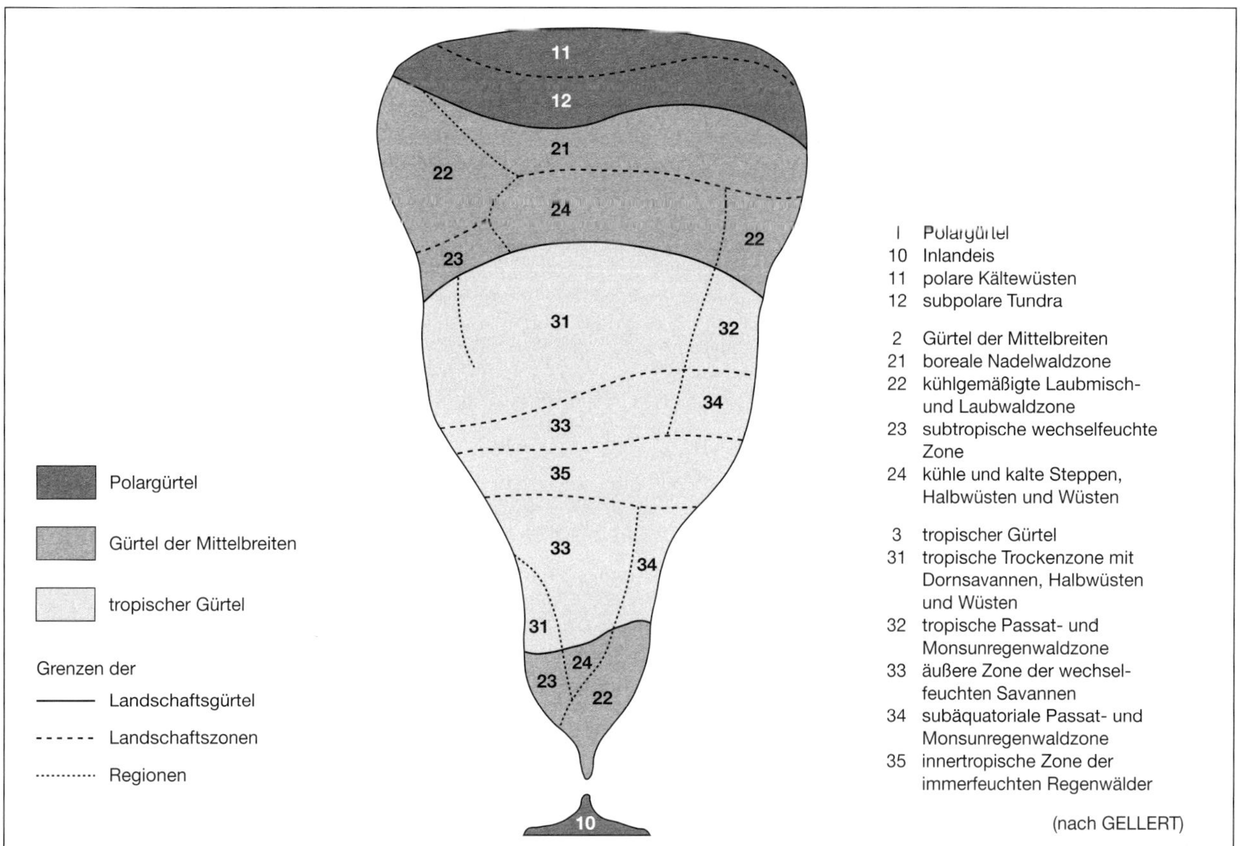

M 3 Ökologische Rahmenbedingungen für die Verbreitung von Geoökosystemen

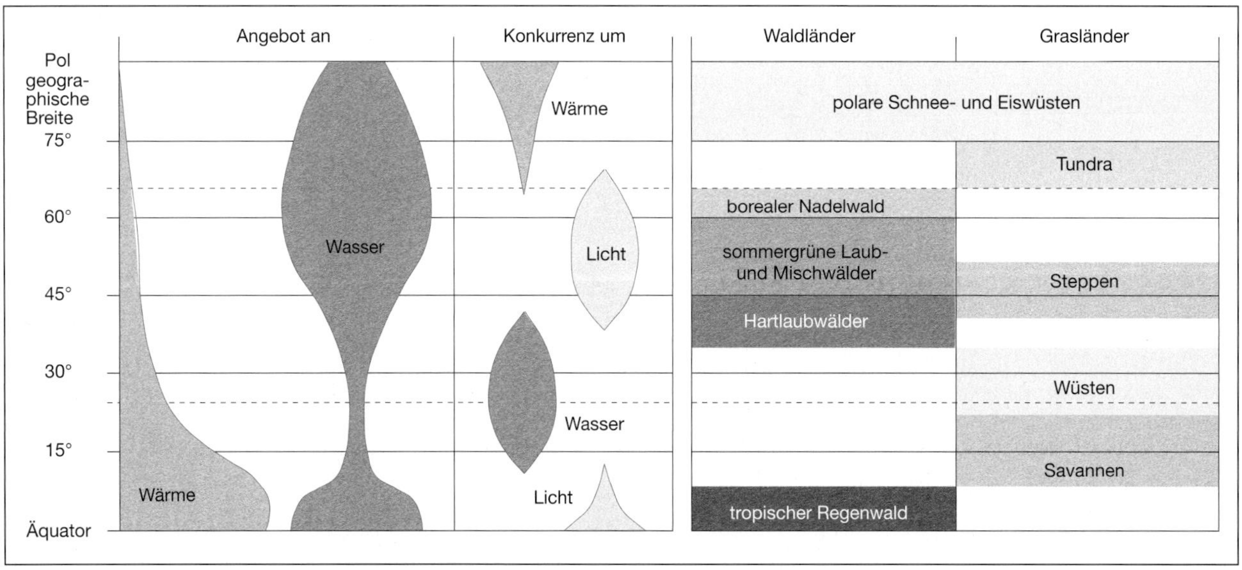

M 4 Landschaftszonen als höchste Ordnungsstufe im System von Naturräumen

Alle Lebensvorgänge auf der Erde hängen von Licht, Wärme, Wasser und Nährstoffen ab. Motor des Ganzen ist die kurzwellige Strahlung, die von der Sonne die Erde erreicht und an deren Oberfläche in Wärmeenergie umgewandelt wird. Dabei ist, je nach Einstrahlungswinkel auf dem Erdkörper, die Strahlungsmenge in den verschiedenen Breitenlagen unterschiedlich. Insgesamt können drei strahlungsklimatische Gürtel unterschieden werden, die zugleich als Landschaftsgürtel die allgemeinsten Gliederungseinheiten der Landschaftssphäre sind:

Der tropische Gürtel zeichnet sich durch die höchste Energiezustrahlung und die geringsten Unterschiede in der Tageslänge aus, er besitzt eine positive Strahlungsbilanz und nimmt den größten Teil der Festlandsfläche ein.

Der polare Gürtel hat das geringste Strahlungssaldo, die Tageslänge schwankt zwischen 0 und 24 Stunden (Polarnacht und Polartag). Ihre größte räumliche Verbreitung haben Landschaften des polaren Gürtels auf der Nordhalbkugel.

Die temperierten Mittelbreiten, in denen wir leben, liegen zwischen dem tropischen und dem polaren Gürtel. Auch diese haben auf der nördlichen Halbkugel ihre Hauptverbreitung.

Die Landschaftsgürtel werden in ihrer breitenparallelen zonalen Ausbildung durch die Kontinent-Ozean-Verteilung, die Ausdruck der tellurischen Bedingungen ist, „gestört".

Die Kontinente, die wie Inseln im Weltmeer liegen, und die unterschiedliche Erwärmung von Land und Meer äußern sich in der Herausbildung einer planetarischen Zirkulation, die die Meeresströmungen und die allgemeine Zirkulation der Atmosphäre zusammen mit dem Wasserkreislauf umfasst.

Dadurch werden die Gürtel in etwa breitenkreisparallele Streifen aufgegliedert, die geographischen Zonen. Diese unterliegen einer weiteren Gliederung, die hauptsächlich durch die geologisch-tektonischen Gegebenheiten gesteuert wird. Festlands- und Meeresverteilung, Gebirge, Hochländer und Tiefländer, in denen sich jeweils bestimmte Bautypen der Kruste äußern, lassen eine interne Gliederung der Landschaftszonen in Regionen entstehen, die sich in Raumeinheiten subkontinentaler Größenordnung wie dem Dekkanhochland, Westeuropa oder dem südlichen Afrika ausdrücken.

(Quelle: GEOS II, Landschaften und Ressourcen, S. 12/13)

① Begründen Sie die Zonalität und Azonalität des Raummusters der Geoökosysteme (M 1, M 2).

② Erläutern Sie, wie ökologische Faktoren das Pflanzenwachstum fördern oder begrenzen (M 3).

③ Vergleichen Sie die Merkmale der drei Landschaftsgürtel. Gehen Sie dabei auf die Entstehung ein (M 1, M 4).

Tropischer Regenwald

M1 Nährstoff- und Wasserkreisläufe im tropischen Regenwald

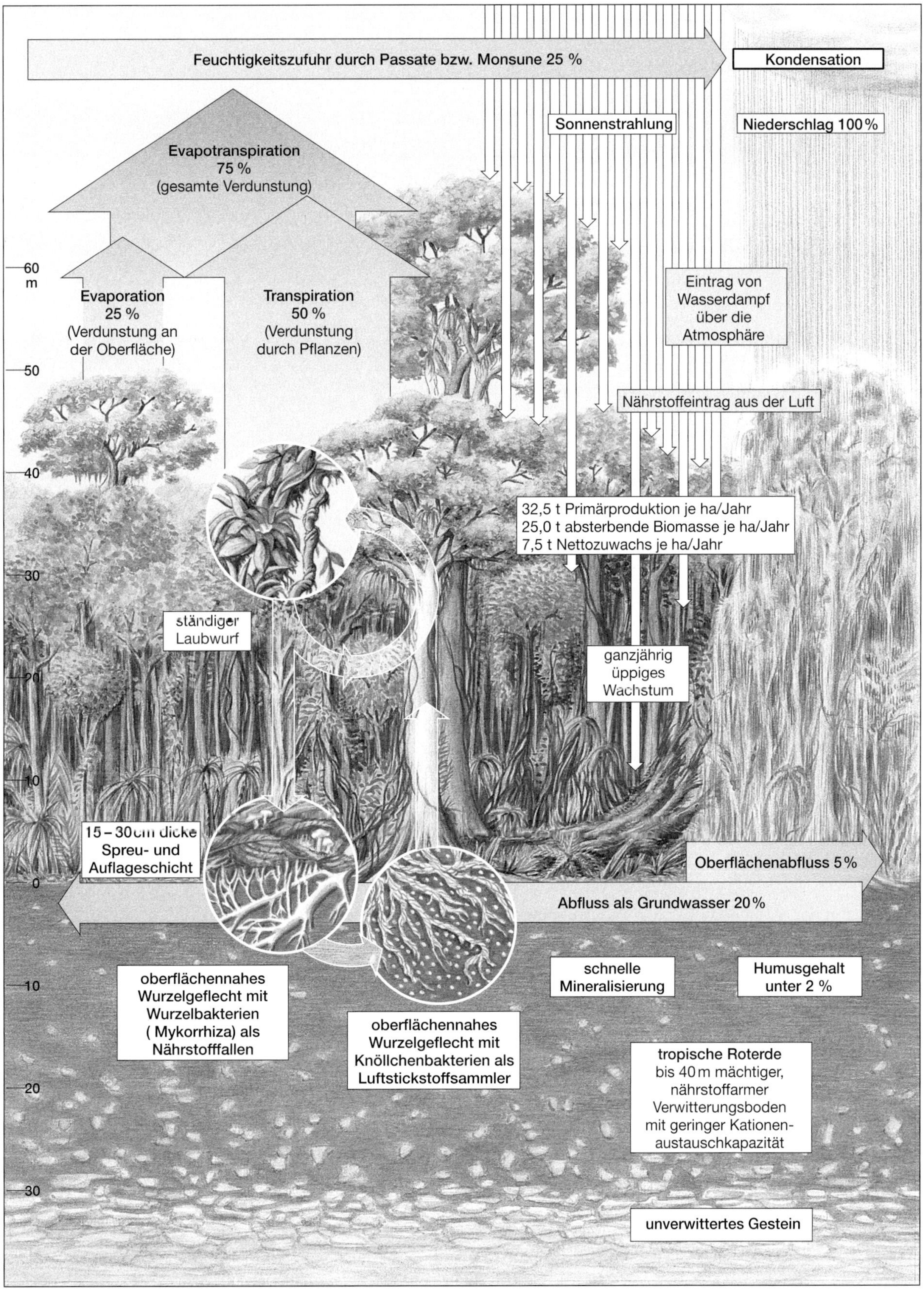

(Quelle: Cornelsen Geographie, Südostasien, S. 73)

M2 Wirkungsgefüge im tropischen Regenwald

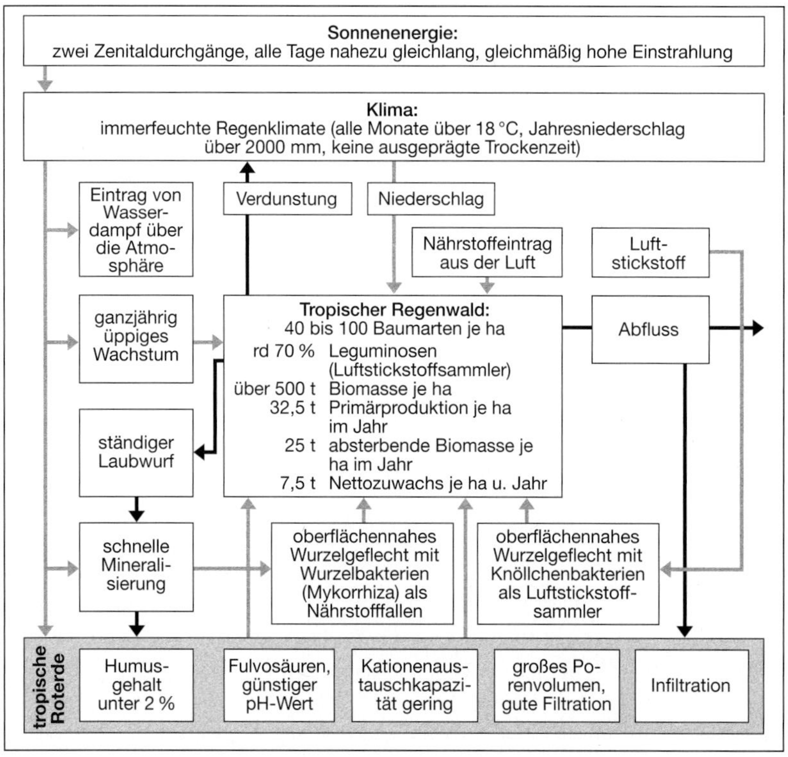

(Quelle: M2 und M3: Cornelsen Oberstufe 2007, S. 74)

M3 Ökologische Folgen der Inwertsetzung des tropischen Regenwaldes

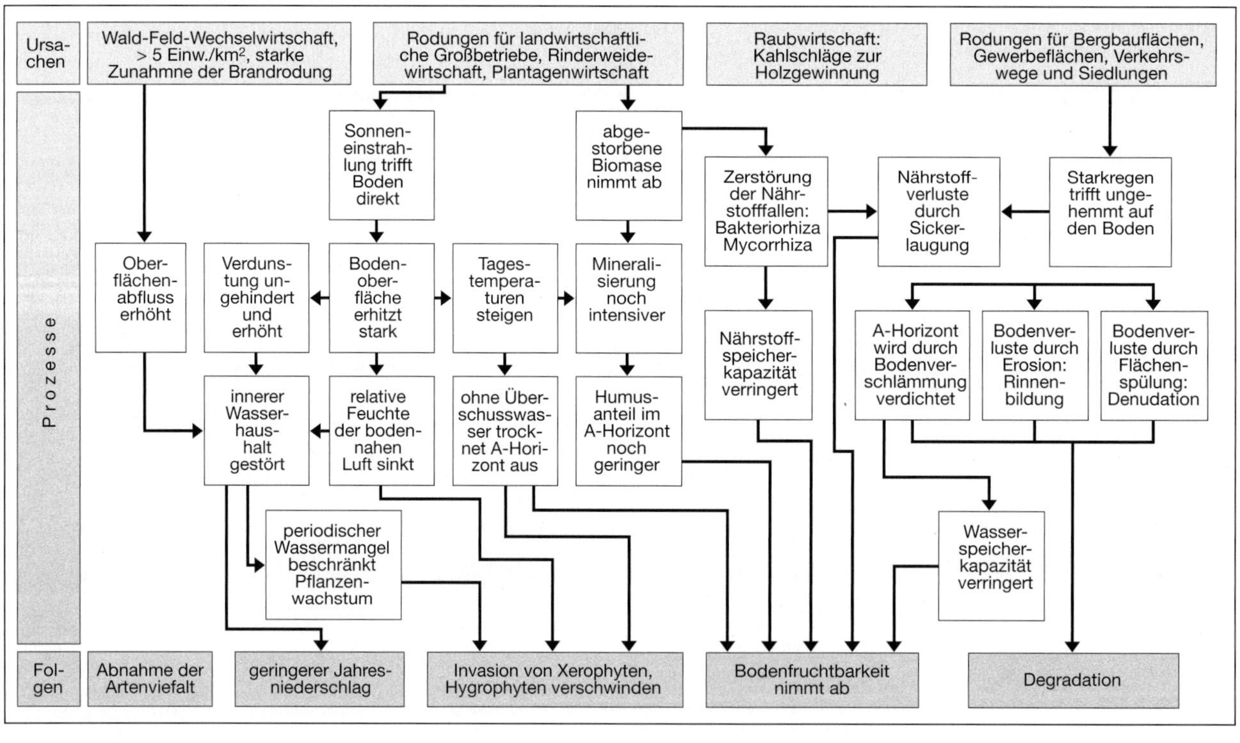

① Erläutern Sie die Nährstoff- und Wasserkreisläufe im tropischen Regenwald (M1). Berücksichtigen Sie die klimatischen Voraussetzungen.

② Erklären Sie das Wirkungsgefüge des tropischen Regenwaldes (M2).

③ Erörtern Sie die ökologischen Folgen der Zerstörung des tropischen Regenwaldes durch Landnutzung und Raubwirtschaft (M3).

Lehrbuchkapitel „Aktionsraum Erde – Disparitäten und Verflechtungen“

Disparitäten im sozioökonomischen Entwicklungsstand — Seiten 94–135

Indikatoren zur Messung von Entwicklungsunterschieden — Seiten 94/95

Zu den Aufgaben

Aufgabe 1: Globale Verteilung des Human Development Index (HDI)

drei Gruppen: hoch, mittel, niedrig
hoch: Industrieländer (z. B. Kanada, USA, EU, Japan, Südkorea, Singapur, Australien), Schwellenländer (z. B. Argentinien, Chile);
mittel: Lateinamerika, Europa außer EU, Asien außer Gruppe „hoch“ und außer Pakistan, Nepal, Bhutan, Bangladesch, Jemen; Nordafrika, Westafrika (Ghana), Zentralafrika (Kamerun, Gabun, Äquatorialguinea, Kongo), Ostafrika (Somalia, Kenia), Südafrika;
niedrig: übrige Länder Afrikas

Aufgabe 2: Veränderungen in der HDI-Rangfolge seit 1995

die ersten fünf Staaten: skandinavische Staaten Norwegen und Island 2005 vor Kanada und USA, aufgestiegen Australien und Luxemburg; Deutschland von Platz (1995) weiter abgestiegen auf Platz 20 (2005); Wechsel in der Führung, insgesamt leichter Anstieg gegenüber 1995;
die letzten fünf Staaten: Afghanistan 2005 nicht mehr aufgeführt (Krieg), Sierra Leone und Niger am unteren Ende der Skala geblieben, leichte Verbesserung von Mali; leichter Anstieg, aber Abstand gegenüber IL nicht verändert

Aufgabe 3: Aussagen zu den Hygienestandards

Verbesserung bei Zugang zu sauberem Wasser und sanitären Anlagen; Entwicklungs- und Schwellenländer aber noch weit von 100 % entfernt; eindeutige Rückständigkeit in Entwicklungsländern trotz Rückgang der Kindersterblichkeit
mögliche weitere Themen:

	Lebenserwartung		Kindersterblichkeit auf 1000 Geburten	
	1970–1975	2000–2005	1970	2004
Bulgarien	71,0	72,1	28	12
Indien	50,3	63,1	127	62
Peru	55,5	69,8	115	24
China	63,2	71,5	85	26
Tansania	49,5	46,0	129	78
Niger	38,4	44,3	197	152
Welt	59,9	67,0	97	51
Entwicklungsländer	55,6	64,9	109	57

Aufgabe 4: Erhebliche Besserung der menschlichen Entwicklung

	1960	1980	2004
Welt	0,392	0,518	0,741
Industrieländer	0,798	0,889	0,942
Entwicklungsländer	0,260	0,428	0,556
Afrika südlich der Sahara	0,201	0,245	0,472

Fortschritte bei HDI eindeutig erkennbar, insbesondere bei Hunger- und Armutsbekämpfung, aber bei Entwicklungsländern noch nicht ausreichend

Aufgabe 5: Übereinstimmungen und Diskrepanzen in Asien

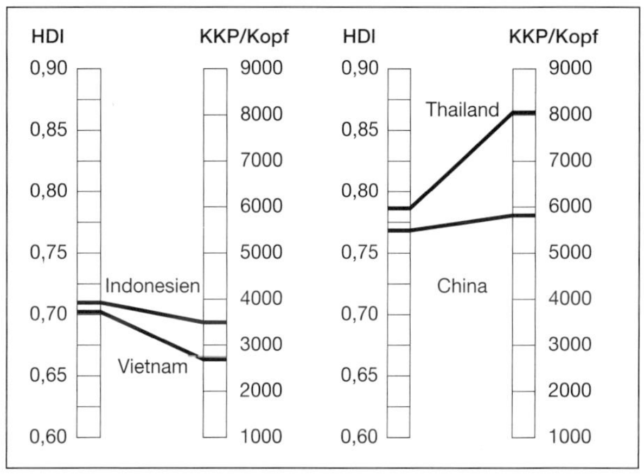

(Quelle: HDR-Report 2006)
unterschiedlicher Kaufkraftstandard, trotz ähnlicher HDI:
Indonesien HDI 0,711, KKP 3609, Vietnam HDI 0,709, KKP 2745;
Thailand HDI 0,784, KKP 8080; China HDI 0,768, KKP 5896
HDI reicht nicht für alleinige Bewertung; starke Diskrepanzen im Vergleich Japan (HDI 0,949, KKP 29 251) – Indien (HDI 0,611, KKP 3139)

Unterschiede im Entwicklungsstand — Seiten 96/97

Zu den Aufgaben

Aufgabe 1: Zusammenhang zwischen Reichtum und CO_2-Ausstoß

Industrieländer = größte CO_2-Emittenten, Schwellenländer Indien und China aufholend; zusätzlich zu Angaben über Emissionen pro Staat auch Emissionen pro Kopf wichtig:
Zielvorgabe: 2 t/Kopf; mögliche Daten zur Ergänzung: BIP/(Kopf, Energieverbrauch, Pkw-Dichte)

Staat	Emissionen absolut (Mio. t)	Emissionen pro Kopf (t)
USA	5,800	19,73
China	4,732	3,65
Russland	1,529	10,63
Japan	1,215	9,52
Indien	1,103	1,02
Deutschland	0,849	10,29

Aufgabe 2: Grad der Benachteiligung von Frauen
HDI aussagekräftiger für Entwicklungsbeschreibung, führt möglicherweise zu falschen Schlussfolgerungen, daher ergänzend Gender-related Development Index (GDI) zur Beschreibung geschlechtsspezifischer Entwicklungen auf der Basis von Lebenserwartung, Alphabetenrate und angemessenem Lebensstandard; Aussage zu geschlechtsspezifischen Unterschieden fehlt; hierfür Gender Empowerment Measure (GEM) zur Beschreibung der politischen und wirtschaftlichen Teilhabe von Frauen sowie Anteilen an Führungspositionen und Facharbeit, häufig kulturell bedingte Unterschiede in der Anzahl von Frauen in gehobenen Führungspositionen

Aufgabe 3: Statistische Angaben und objektive Aussagen
allgemeine Aussagen möglich, werden z. B. von UN und IMF verwendet, zeigen allerdings keine Binnendifferenzierung, Bsp. China: geringe KKP/Kopf, gleichzeitig 300 000 Millionäre, Zentrum und Peripherie nicht im Einzelnen ausgewiesen; für internationale Vergleiche zumindest auch Verbrauch, Aufwand, Produktion pro Kopf; den tatsächlichen Entwicklungsstand am besten wiedergebend Index aus HDI, GDI, GEM und Human Poverty Index (HPI, Armutsindex)

Statistische Auswertung und Darstellung von Indikatoren — Seiten 98/99

Zu den Aufgaben

Aufgabe 1: Betreute Geburten

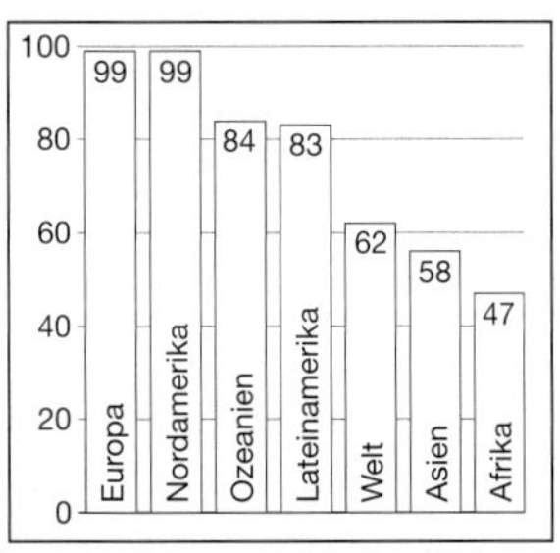

M 98.1

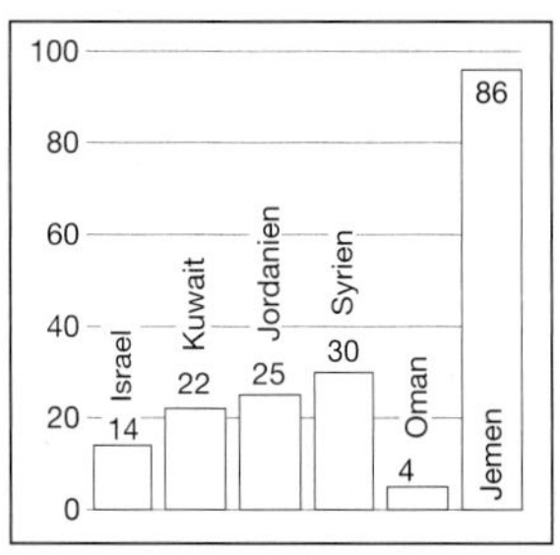

M 98.2

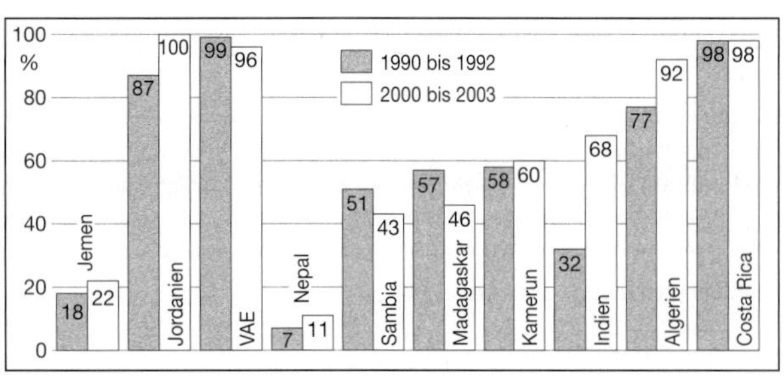

M 98.4

Aufgabe 2: Daten zu Geburten junger Mütter

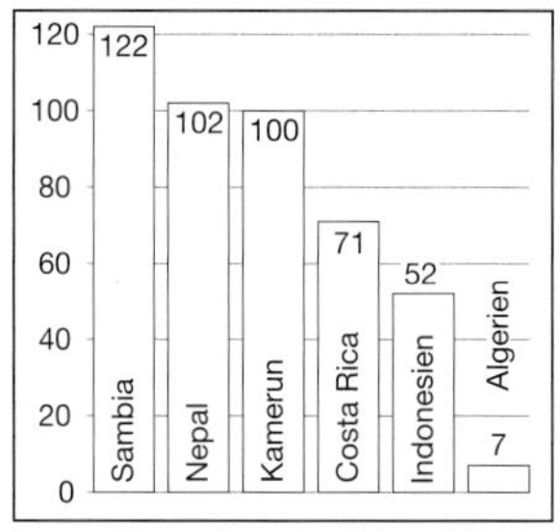

Geburten pro 1000 Frauen im alter von 15–19 Jahren

Aufgabe 3: Westasien und Geburtssicherheit
drei Gruppen; 90 % auf Arabischer Halbinsel außer Jemen, 60–90 % Naher Osten, 10–30 % Jemen

Aufgabe 4: Anteil erwachsener Analphabeten (%) (Grafik)

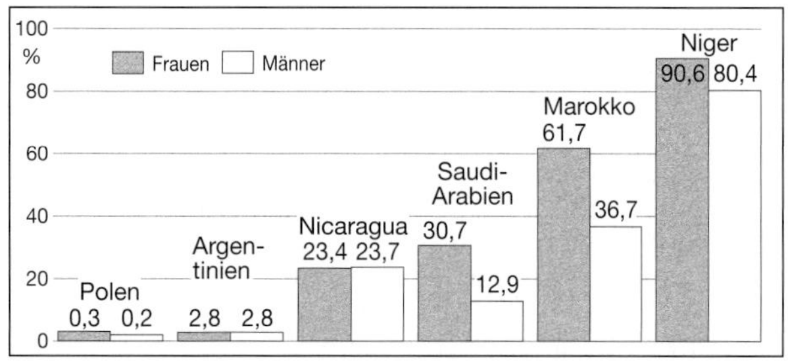

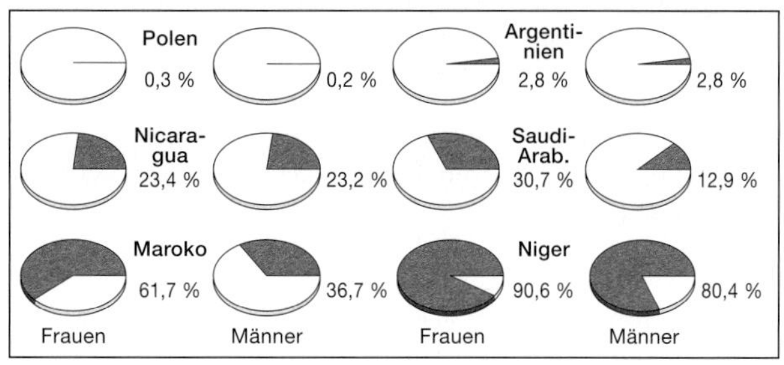

Balkendiagramm übersichtlicher für Ländervergleich, aber nicht geeignet bei Prozentwerten unter 1, Kreisdiagramme gut für Vergleiche innerhalb eines Landes

Aufgabe 5: Geschlechtsspezifische Prozentverhältnisse bei Einkommen
Saudi-Arabien: w 21,4 %, Irland: w 50,7 %, Nigeria: w 41 %, USA: w 62,5 %, Ruanda: w 62,2 %, Schweiz: w 90,1 %

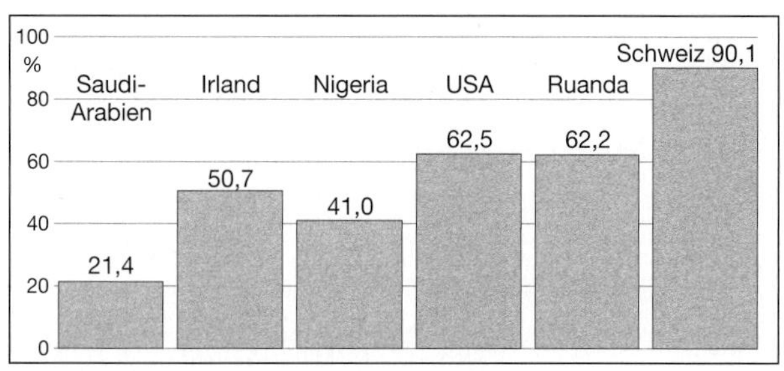

Einkommen von Frauen, Männer = 100 %

Aufgabe 6: Aussagen zum Entwicklungsstand eines Landes
Frauen in allen Beispielen in M 99.2 mit niedrigerem Einkommen, Prozentzahlen sind wenig aussagekräftig: USA HDI: 8. Platz (0,948), Ruanda HDI: 158. Platz (0,450)

Aufgabe 7: Alternative Grafik

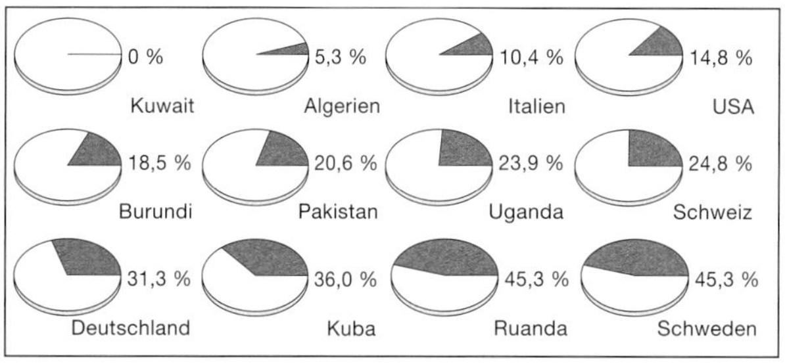

Von Frauen gehaltene Parlamentssitze (%)

Aufgabe 8: Linien bzw. Balkendiagramm

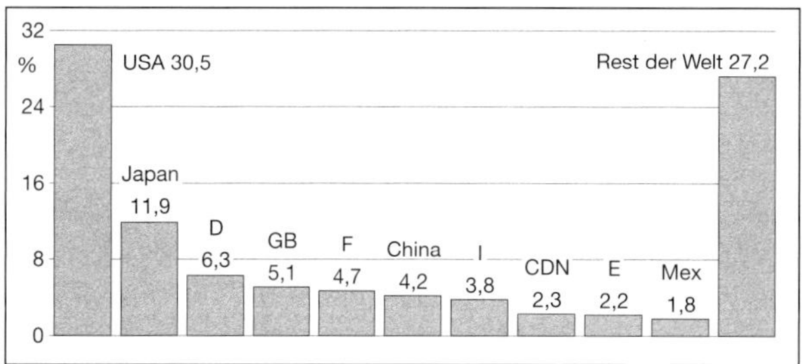

Anteil der zehn reichsten Nationen am BSP (M. 99.5)

Aufgabe 9: Handynutzer als Indikator

Handynutzung ist auch abhängig von Empfangsmöglichkeiten bzw. Funkmasten und Kosten der Übertragung; als Indikator für Reichtum nur bedingt geeignet, aber für wirtschaftlichen Aufstieg: Bsp. China;

Wirtschaftssektoren und sektoraler Wandel — Seiten 100/101

Zu den Aufgaben

Aufgabe 1: Struktur der Wirtschaftssektoren

1. primärer, 2. sekundärer, 3. tertiärer Sektor; in Prozent

	1. primärer	2. sekundärer	3. tertiärer Sektor
Deutschland	1	29	70 DL
Frankreich	2	22	76 DL
Argentinien	10	30	60 SL
Thailand	10	44	46 SL
Kolumbien	11	0	89 EL
Kenia	17	19	64 EL
Indien	21	27	52 SL
Mali	35	26	39 EL
Tansania	45	17	38 EL
Tschad	61	5	34 EL

Gruppe 1 Deutschland, Frankreich
Gruppe 2 Argentinien, Thailand, Indien,
Gruppe 3 Kolumbien, Kenia, Mali, Tansania, Tschad

Aufgabe 2: Allgemeine Ursachen des sektoralen Wandels

Erhöhung der Arbeitsproduktivität und des Einkommens, Folge: erhöhte Nachfrage nach Industriegütern und Dienstleistungen; Anstieg der Arbeitsproduktivität im primären Sektor, freigesetzte Arbeitskräfte zunächst in sekundären Sektor, dann bei nachlassendem Bedarf Abwanderung in tertiären Sektor

Aufgabe 3: Deutschland: Wandel von der Agrar- zur Dienstleistungsgesellschaft

nach Gründung des Deutschen Reiches liegt der Anteil des primären Sektors noch bei 42%, Anteil von Industrie und Gewerbe bei 40%, tertiärer Sektor bei 18%, danach Anstieg des sekundären Sektors, gleichzeitig Rückgang des primären Sektors, besonders stark ab 1950 (Mechanisierung); ab 1970 Beginn des Informationszeitalters mit verstärkter Tertiärisierung

Aufgabe 4: Verknüpfungen zwischen Struktur der Wirtschaftssektoren und Entwicklungsstand eines Landes

High Income Countries (UN-Definition): hoher HDI-Wert, hohes BIP, geringer Anteil des hochtechnisierten primären Sektors mit wenig Beschäftigten, Rückgang des sekundären Sektors (Auslagerung der Produktion in Billiglohnländer), starke Ausweitung des tertiären einschließlich quartären Sektors
Low Income Countries: geringer HDI-Wert, geringes BIP, hoher Anteil der in der Landwirtschaft Beschäftigten

Aufgabe 5: Thesen zu Spitzengruppen bei der Wertschöpfung

sehr hoher Anteil der Landwirtschaft = Entwicklungsländer (LLDCs), Agrarländer im untersten Bereich des HDI;
sehr hoher Anteil Industrie = Rohstoffexportländer mit wenig verarbeitender Industrie;
sehr hoher Anteil Dienstleistungen = Industrie- und Schwellenländer, Art der Dienstleistungen aber unterschiedlich

Auf dem Weg zum Massenkonsum — Seiten 102/103

Zu den Aufgaben

Aufgabe 1: Wirtschaftliche Entwicklung in Deutschland, Zusammenhang mit der Theorie von Rostow

Phase 1: Agrargesellschaft mit Manufaktur/Gewerbe;
Phase 2: ca. 1760 bis 1850 Industrielle Revolution, Aufbau der Schwerindustrie;
Phase 3: 1850–1880, wirtschaftlicher Aufstieg durch Industriereviere, arbeitsteilige Verfahrensweisen, technologische Weiterentwicklungen;
Phase 4: ca. 1900–1920 Stabilisierung;
Phase 5: ab ca. 1950 Beginn der Massenkonsumgesellschaft, neue Fertigungsmethoden, Automatisierung, Rationalisierung, „weiße" Industrie, Übergang von der Dienstleistungs- zur Informationsgesellschaft, Massenkonsum durch Globalisierung verstärkt

Aufgabe 2: Stadien der wirtschaftlichen Entwicklung und Beschäftigtenanteile in den Sektoren

Deutschland:
Phase 1: arbeitsintensive Tätigkeiten in Landwirtschaft/Manufaktur/Gewerbe;
Phase 2: steigender Bedarf an Arbeitskräften in der Industrie, Abwanderung aus primärem Sektor, tertiärer Sektor noch wenig entwickelt;
Phase 3: Beschäftigte 1939: primärer Sektor 26%, sekundärer 42%, tertiärer 32%;
Phase 4: Rückgang der Beschäftigten in der Landwirtschaft, Arbeitskräftemangel, dann Arbeitskräfteüberschuss;
Phase 5: Beschäftigte im primären Sektor (2006) 2,1%, sekundären Sektor 25,5%, tertiären Sektor 72,5%
insgesamt (M 103.1) starker Rückgang der in der Landwirtschaft Beschäftigten seit 1965; Wertschöpfung und Beschäftigtenzahl jedoch nur in europäischen IL nahezu identisch, große Diskrepanzen bei neuen EU-Mitgliedern Polen und Rumänien, ebenso bei Entwicklungs- und Schwellenländern

Aufgabe 3: Stadium der wirtschaftlichen Entwicklung Indiens
Indien ist ein Schwellenland, obwohl das Foto ein rückständiges Entwicklungsland suggeriert (Sektoren: primärer 21 %; sekundärer 27 %; tertiärer 52 %), rd. ein Drittel der Bevölkerung zählt zum Mittelstand nach europäischem Maßstab (Stadtbevölkerung).

Aufgabe 4: Theorie der wirtschaftlichen Entwicklung in der Kritik

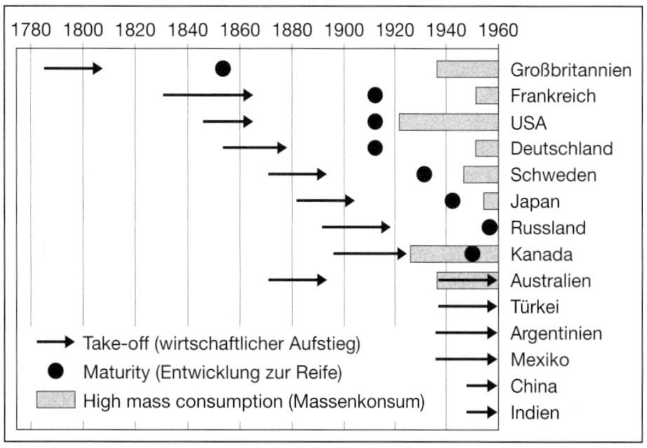

ROSTOWS Modell entstand aus Beobachtung der USA und europäischer Staaten: Theoriegrundlage waren große Staaten mit Rohstoffen, keine Berücksichtigung kleiner Staaten; keine Unterscheidung, wie sich Sektoren in einem freien bzw. kontrollierten Markt entwickeln; wirtschaftliche Entwicklung zu linear dargestellt; Rückschläge sind mit dem Modell nicht erfassbar, z. B. Russland (relativ bescheidener Massenkonsum, dann Übergang zum Transformationsstaat);
Anwendung des Modells auf Entwicklungsländer nur bedingt möglich, Landwirtschaft wird zugunsten von Industrieprojekten vernachlässigt, Bevölkerungsexplosion als Hemmfaktor nicht ausreichend erfasst

Außenwirtschaft und Industrialisierung Seiten 104/105

Zu den Aufgaben

Aufgabe 1: Strategien der Außenwirtschaft und der Industrialisierung
extreme Formen: a) Abkopplung vom Weltmarkt, b) totale Öffnung; Industrieländer: Exportsubventionen, Direktinvestitionen, Schutzzölle; Entwicklungsländer: Steuerung von Handels- und Kapitalströmen (zeitlich befristet, auf bestimmte Güter bezogen), Ausweisung von Sonderwirtschaftszonen, Investitionsgüterindustrialisierung, Exportdiversifikation, Vermeidung von kapitalintensiven, prestigeträchtigen Industrieprojekten, Importsubstitution

Aufgabe 2: Erfolge, Risiken und Misserfolge der Importsubstitution
Importsubstitution: Versuch eines Landes, Importe durch eigene Produkte zu ersetzen; Ziel: Steigerung der Beschäftigtenzahlen, Erhöhung des BSP, Verbesserung der Außenhandelsbilanz; Voraussetzungen: Subventionierung der heimischen Produktion, Zölle und Abgaben, Überbewertung der nationalen Währung, Devisenkontrollen; kurzfristig positive Effekte, langfristig verminderte Wettbewerbsfähigkeit, hohe Konsumentenpreise

Aufgabe 3: Funktionen von Schutzzöllen
(siehe auch Text M 106.2) Abschirmung der ausländischen Konkurrenz, Schutz der heimischen Wirtschaft (Protektionismus) durch Importabgaben, Abkopplung der heimischen Produkte vom Weltmarktpreis; für im Aufbau befindliche Wirtschaft in Entwicklungsländern sinnvoll, Handelsschranken widersprechen aber den von der WTO erhobenen Forderungen nach freiem Welthandel; Schutzzölle unwirksam, wenn Produktionsverlagerung in andere Länder bereits erfolgt ist

Abhängigkeit von Export Seiten 106/107

Zu den Aufgaben

Aufgabe 1: Zusammenhang zwischen Exportanteilen von Primärgütern und Industrialisierungsstrategien
hohe Exportanteile bei fossilen Brennstoffen (gilt auch für Norwegen M 105.4) und bei landwirtschaftlichen Produkten; Primärgüter in der Regel als Rohstoffe, unverarbeitet; Lieferländer in der Regel Entwicklungs- und Schwellenländer;
Industrialisierungsstrategie vom Produkt abhängig, bei mineralischen Rohstoffen mehrere Verarbeitungsstufen möglich, ebenfalls bei agrarischen Rohstoffen (z. B. Garn statt Rohbaumwolle, gerösteter Kaffee statt Rohkaffee)

Aufgabe 2: Mögliche zukünftige Strategien (Länderauswahl)
Chile: KKP 2006: 8900 US-$; Beibehaltung des freien Handelsverkehrs, weitere Direktinvestitionen aus dem Ausland, Erweiterung des Kupferexports (weltgrößte Kupfermine CODELCO), da hohe Kupferpreise, Diversifizierung durch nicht-mineralische Erzeugnisse (Forst-, Obst-, Gemüse-, Fischprodukte, Wein);
Tansania: KKP 2004: 300 US-$; Anteil der Landwirtschaft an Wertschöpfung 46 %, sekundärer Sektor weniger als 10 %; für Investoren wenig interessant trotz Lockerung staatlicher Kontrollen, weitgehend ungenutzter Tourismussektor;
Sansibar: Fortsetzung der wirtschaftlichen Reformen mit ausländischer Hilfe, Ausbau des Hafens und Einrichtung eines Freihafens, Produktion für den Export;
Saudi-Arabien: KKP 2005: 11 491 US-$; Fünf-Jahresplan mit stärkerer Betonung des privaten Sektors beim Ausbau von Industrie und Landwirtschaft, stärkerer Ausbau der petrochemischen, Dünger- und Leichtindustrie zur Schaffung von Arbeitsplätzen
(weitere Informationen: *www.state.gov/r/pa/ei/bgn*)

Aufgabe 3: Argentiniens außenwirtschaftliche Strategien
KKP 2005: 4727 US-$; Anteil der Landwirtschaft einschließlich Agrobusiness am BIP 9 %, sekundärer Sektor 23,2 %; Export 2005: 40 Mrd. US-$ (davon Primärgüter 7,9 Mrd. US-$, Agrargüter 13,2 Mrd. US-$; Importe 2005: 28,7 Mrd. US-$;
Schwerpunkt Export landwirtschaftlicher Produkte bis zur Weltwirtschaftskrise, Importsubstitution (Textilien, Nahrungsmittelverarbeitung), Abhängigkeit vom Weltmarkt und Rückgang der Exporte, trotz ausländischer Direktinvestitionen Wirtschaftskrise, Wirtschaftserholung ab 2002, Ausbau des Tourismussektors (2005: 3,7 Mio. Touristen), Senkung der Arbeitslosigkeit von 20 % auf 10 % durch günstige Wirtschaftsentwicklung

Aufgabe 4: Unterschiede in der Exportstruktur von Entwicklungsländern (Referat)
Gliederung nach Exporteuren von mineralischen und agrarischen Rohstoffen; Art und Wert der Exporte; Handelsbilanz
Quellen: Der Fischer Weltalmanach, CIA factbook (Internet); WTO, Welthandelsorganisation (Internet ww.wto.org)

Informeller Sektor in Entwicklungsländern Seiten 108/109

Zu den Aufgaben

Aufgabe 1: Merkmale des informellen Sektors
Regionen: Entwicklungs- und Schwellenländer
Soziale Merkmale: Auffangsystem für Freigesetzte aus der Landwirtschaft oder z. B. Flüchtlinge, die weder im sekundären noch tertiären Sektor geregelte Arbeit finden

Wirtschaftliche Mekmale: sichert Existenzminimum, führt aber meist nicht aus der Armut, wegen fehlender staatlicher Kontrollen auch keine Steuern oder Erwerb von Sozialleistungen; durch Kredite (positives Beispiel: Friedensnobelpreisträger MUHAMMAD YUNOS) können aus dem informellen Sektor kleine Unternehmen entstehen (Fuhrgeschäfte, Kioske u. Ä)

Aufgabe 2: Stellenwert des informellen Sektors
starke Ausprägung und nur langsamer Rückgang (M 109.3) im Vergleich zu Industrieländern (M 101.3), geringe Qualifikation der Beschäftigten, geringes Einkommen, Überlebenswirtschaft von wirtschaftlich ausgegrenzten Menschen; auch in Industrieländern vorkommend (Schattenwirtschaft);
Anteil am BIP 1999/2000: Simbabwe 59,4 %, Bangladesch 35,6 %, Bolivien 67,1 %

Aufgabe 3: Strategien zur Verbesserung
Regelung der Arbeitszeiten, Sicherung des Existenzminimums, Krankheitsvorsorge, Zulassung von Gewerkschaften; Unterstützung (Kleinkredite, Lehrgänge, Ausbildung, Weiterbildung) durch Nichtregierungsorganisationen; staatliche Unterstützung (Betriebsgründungen von Kleinunternehmen)

Aufgabe 4: Anteile des informellen Sektors
hoher Anteil der Beschäftigten (M 108.1, M 108.5), im Durchschnitt 50 %, besonders stark in Afrika; Phänomen erstmals in 1970er-Jahren näher beschrieben, erhoffter Rückgang nicht eingetreten, Frauen noch stärker als Männer betroffen

Aufgabe 5: Entwicklungsland und informeller Sektor
individuelle Bearbeitung

Tourismus als Entwicklungsperspektive — Seiten 110/111

Zu den Aufgaben

Aufgabe 1: Folgen des Massentourismus
siehe Abb. oben

Aufgabe 2: Tourismus in Entwicklungsländern
individuelle Bearbeitung

Aufgabe 3: Chancen alternativer Tourismuskonzepte
Individualtourismus: scheidet wegen höherer Eigenverantwortung, Initiative und z. T. höherer Kosten für viele Familien aus;
Sanfter Tourismus: Möglichkeit der Ressourcenschonung, aber mit höheren Kosten verbunden;
Nachhaltiger Tourismus: einzige Möglichkeit zum Erhalt von Landschaft und Ressourcen

Aufgabe 4: Aussage von H. M. ENZENSBERGER
idyllische Landschaft – Hotelbauten, Straßenlärm …;
ursprüngliche Landschaft – z. B. Nationalparks, gewaltsame Umsiedlung der Nomaden;
kulturelle Vielfalt – Bsp. Masai, folkloristische Darbietungen – Vermarktung der Identität

Aufgabe 5: „Ökologischste Form des Reisens ist das Nichtreisen"
Man kann auch feststellen, dass der beste Schutz der natürlichen Umwelt vor dem Einfluss des Menschen die Unerreichbarkeit des Gebietes ist.

Aufgabe 6: Referat: Chance oder Sackgasse?
Erschließung der Infrastruktur, Einführung von Qualitätsstandards, Schaffung von Arbeitsplätzen – Kapitalabfluss, Fremdbestimmung …; Bedeutung des Tourismus (Anteil am BIP, M 110.3) für einzelne Entwicklungsländer sehr hoch

Land (2005)	BIP (Mio. US-$)	Tourismuseinnahmen (Mio. US-$)
Antigua u. Barbados	857,8	327
Malediven	907,0	471
St. Lucia	825,0	256
Bahamas	5800,0	2069

Quellen: www.state.gov/r/pa/ei/bgn; www.unwto.org_ Facts & Figures_ Tourism Indicators_Inbound Tourism_International Tourism Receipts

Demographischer Wandel — Seiten 112/113

Zu den Aufgaben

Aufgabe 1: Demographischer Übergang: Deutschland, Finnland
Deutschland:
1. Phase: ca. 1800–1870 – hohe Geburtenrate (40 ‰), hohe Sterberate (30 ‰), kaum Bevölkerungswachstum;
2. Phase: 1871–1915 – hohe Geburtenrate, Rückgang der Sterberate, ab 1900 Rückgang der Geburtenrate (unter 20 ‰);
Einwohner 1870: 40,8 Mio., 1910: 64,9 Mio.;
3. Phase: 1916–1945 – starker Rückgang der Geburtenrate, Einschnitte durch Weltkriege und Weltwirtschaftskrise;
4. Phase: 1960 bis heute; niedrige Geburtenrate, mittlere Sterbeziffer, Bevölkerungsrückgang; 2. demographischer Übergang, Unterschreiten des zum Ersatz der Elterngeneration notwendigen Niveaus von 2,1 Kindern je Frau

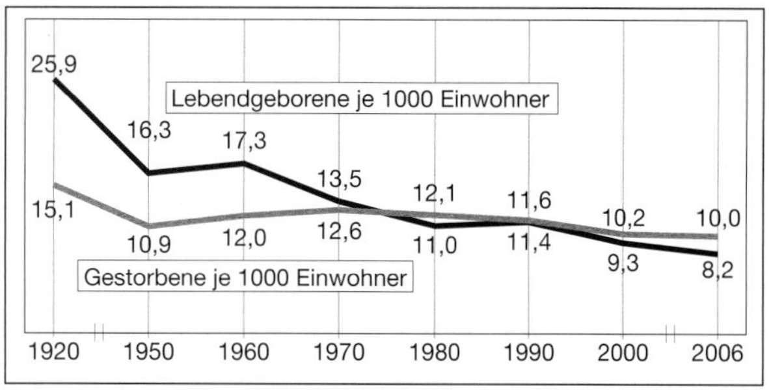

Natürliche Bevölkerungsbewegung in Deutschland

1900	1910	1920	1930	1940	1950	1960	1970	1980	1990	2000	2004
4,8	4	2,8	1,9	2,5	2,09	2,36	2,01	1,44	1,45	1,41	1,37
					2,37	2,32	2,23	1,94	1,52	1,21	1,31
									1,45	1,38	1,36

Fruchtbarkeitsrate in Deutschland (Kinderzahl je Frau)
1. Deutsches Reich, ab 1950 früheres Bundesgebiet
2. Spalte: DDR/Neue Länder
3. Spalte: Deutschland

Finnland: Phasen 1 und 2 ähnlich wie in Deutschland verlaufend, im Gegensatz zu Deutschland 2006 geringfügig höhere Fruchtbarkeitsrate (1,8 : 1,3)

Aufgabe 2: Unterschiede/Gemeinsamkeiten Entwicklungs- und Industrieländer
Unterschiede: Bevölkerungspyramide IL in Urnenform, EL Dreiecksform (wie Deutschland um 1910); zwar identische Phasen, aber verkürzter Zeitfaktor bei EL, hohe Lebenserwartung bei Geburt, hohes Durchschnittsalter in IL;
Gemeinsamkeiten: in 4. Phase Überalterung der Gesellschaft

Aufgabe 3: Vorteile einer ausgeglichenen Altersstruktur
Versorgung der Alten (in IL Rentner/Pensionäre) durch Berufstätige; Generationenvertrag aber nicht mehr haltbar oder nur unter großer Belastung der im Berufsleben Stehenden, wenn z. B. Lebenserwartung weiter steigt und Geburtenziffer sich nicht ändert;
Bsp. Deutschland 2006: 3 Beschäftigte auf 1 Rentner, 2030: 2 Beschäftigte auf 1 Rentner, 2050: 3 Beschäftigte auf 2 Rentner

Demographie und die Zukunft Seiten 114/115

Zu den Aufgaben

Aufgabe 1: Zusammenhang zwischen demographischem Wandel und Erwerbspersonenpotenzial
Erwerbspersonenpotenzial: Gesamtheit aller Erwerbspersonen einschließlich einer geschätzten stillen Reserve (beim Arbeitsamt nicht registrierter Personen), die dem Arbeitsmarkt zur Verfügung stehen = Arbeitsangebot bei Vollbeschäftigung der 15- bis 64-Jährigen;
Bsp. Deutschland 2004: 44,5 Mio., davon 38,8 Mio. Erwerbstätige, 4,2 Mio. Erwerbslose, rd. 1,8 Mio. stille Reserve;
Abnahme von 2001 bis 2050 um 12, 3 Mio., Anteil der 15- bis unter 30-Jährigen langfristig bei 20 % stabil bleibend, 30- bis 44-Jährige: Auswirkung des Geburtenanstiegs in den 1960er-Jahren, Anteil sinkend auf unter 48 %; relativ mehr Gewicht für 45- bis 59-Jährige, Anteil der über 60-Jährigen stagnierend bei ca. 1 %; ab 2020 nach 1970 Geborene – geburtenschwache Jahrgänge

Aufgabe 2: Zuwanderer und Stabilisierung der Gesellschaft
Auswirkungen des demographischen Wandels ab 2020 stärker spürbar (verstärkter Rückgang des Erwerbspersonenpotenzials), besonders betroffen dünn besiedelte Flächenstaaten (Mecklenburg-Vorpommern, Brandenburg, Sachsen); zur Bestandserhaltung jährliche Nettozuwanderung von 400 000 Personen erforderlich, dann ähnlich hohes Niveau wie 2000; Zuwanderungssaldo seit 1950 aber nicht mehr als 150 000/Jahr, inzwischen stark rückläufig

Aufgabe 3: Karikatur „Der letzte Deutsche"
Bevölkerungspyramiden: 1910 Dreiecksform, praktisch keine über 90-Jährigen; 1950: Einschnitte als Folge der beiden Weltkriege und der Weltwirtschaftskrise, 2001: „zerzauste Wettertanne", schmaler Sockel, hoher Anteil der über 60-Jährigen, 2050 Urnenform mit noch schmalerem Sockel, sehr hoher Anteil der über 60- bis 100-Jährigen;
herkömmliche Lebensgestaltung: Schule/Ausbildung – Erwerbstätigkeit/Familiengründung/Vorsorge für das Alter – Ausscheiden aus dem Beruf/Rente ist in dieser Form nicht mehr möglich; Lösungen sind Verkürzung Schule/Ausbildung, Anhebung des Renteneintrittsalters, Nutzung des Potenzials der über 60-Jährigen, private Vorsorge

Statistische Auswertung und Darstellung von Bevölkerungsdaten Seiten 116/117

Zu den Aufgaben

Aufgabe 1: Demographische Daten für Südamerika

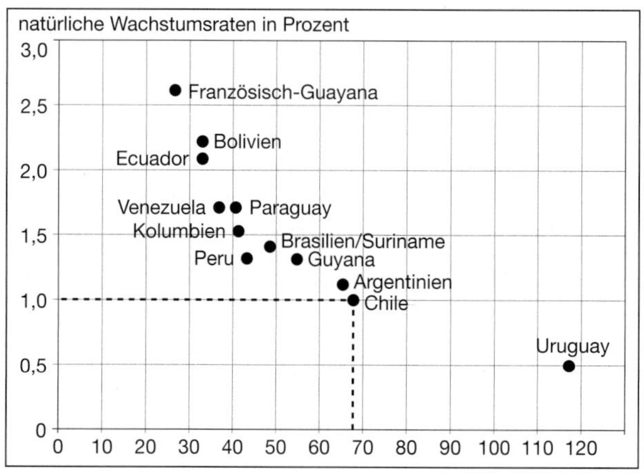

Aufgabe 2: Weitere Daten zur Bevölkerungsentwicklung
individuelle Bearbeitung

Aufgabe 3: Natürliche Wachstumsraten (M 117.1)

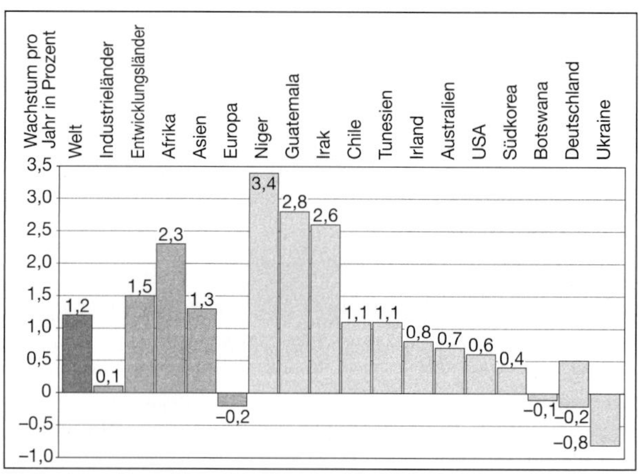

Aufgabe 4: Demographische Struktur
Niger: junge Bevölkerung, geringer Altenanteil, Zuwachsrate nahezu dreimal so hoch wie die der Weltbevölkerung;
Guatemala: über 40 % unter 15 Jahre, sehr hohe Zuwachsrate;

Irak: wie Guatemala, aber geringerer Anteil der über 65-Jährigen; *Botswana:* junge Bevölkerung, Sterberate höher als Geburtenrate (AIDS); *Tunesien:* typische Verteilung für ein Entwicklungsland, aber Zuwachsrate bereits unter der Rate für Entwicklungsländer; *Chile:* Wachstumsrate unter der Weltbevölkerung; *USA:* typische Verteilung für ein Industrieland, geringe Zuwachsrate, hoher Anteil der über 65-Jährigen; *Irland:* Merkmale eines Industrielandes, geringerer Anteil der über 65-Jährigen als in den USA; *Australien:* typische Merkmale eines Industrielandes, Wachstumsrate aber noch höher als Durchschnitt der IL; *Südkorea:* Merkmale eines Industrielandes mit Anteil der unter 15-Jährigen von weniger als 20%; *Deutschland:* Industrieland, höchster Anteil der über 65-Jährigen, negative Wachstumsrate; *Ukraine:* wie Deutschland geringer Anteil der unter 15-Jährigen, relativ hoher Anteil der über 65-Jährigen, negative Wachstumsrate, schnelle Überalterung der Bevölkerung zu erwarten

Aufgabe 5: Beurteilung der Grafik M 117.4, alternative Grafik

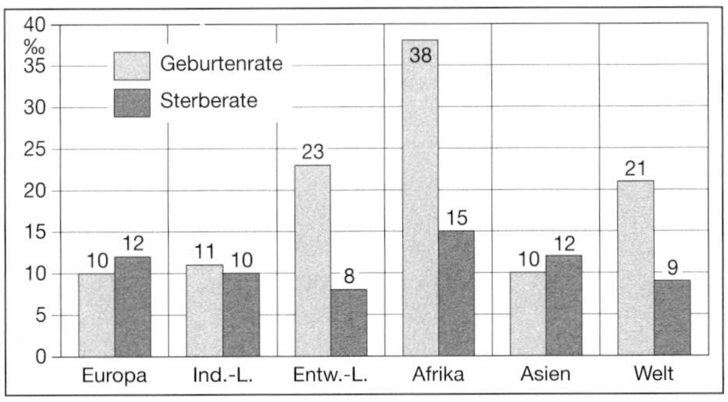

Verstädterung und Binnenwanderung Seiten 118/119

Zu den Aufgaben

Aufgabe 1: Weltweite Verstädterung
Hoher Urbanisierungsgrad
> 80%: Mitteleuropa, Nordeuropa (Dänemark, Schweden, Island), Westeuropa (Großbritannien, Belgien, Luxemburg); Libyen, Saudi-Arabien, Singapur, Australien, Neuseeland, Gabun, Venezuela, Brasilien, Chile, Argentinien, Uruguay;
60–80%: Nordamerika, übriges Europa, Russland, Irak, Iran, Kolumbien, Ecuador, Peru, Bolivien;
20–40%: größter Teil Afrikas, Süd- und Ostasiens
Zeitfaktor: geringe Urbanisierung um 1800 (3%); starke Zunahme durch Industrialisierung; in Entwicklungsländern starke Zunahme nach dem Zweiten Weltkrieg; 2007 lebt nach UN-Angaben mehr als die Hälfte der Weltbevölkerung in Städten, enormes Städtewachstum der letzten zehn Jahren in Entwicklungsländern

Aufgabe 2: Entwicklung der städtischen Bevölkerung (in %)

	1975	2003	2015
Indien	21,3	28,3	32,2
Tansania	10,1	35,4	46,8
Deutschland	81,2	88,1	90,0

Indien: „Land der Dörfer"; starke Zunahme der Bevölkerung, 1975: 621 Mio., 2003: 1,1 Mrd. Einwohner;
Tansania: Agrargesellschaft, starke Zunahme der Bevölkerung, 1975: 16 Mio., 2003: 36,9 Mio.;
Deutschland: Industrieland mit hohem Urbanisierungsgrad, nur noch geringfügige Zunahme

Aufgabe 3: Zusammenhang zwischen Armut und Verstädterung
Verstädterung besonders ausgeprägt in Entwicklungsländern (Armutsländer), hoher Bevölkerungsdruck in ländlichen Regionen, wenig Möglichkeiten zur Existenzsicherung, Landflucht;
Schwellenländer: Bevölkerungsanteil mit 1 bzw. 2 US-$ pro Tag rückläufig

Aufgabe 4: Erwartungen bei den Pull-Faktoren
häufig zu hoch und zu optimistisch angesetzt, z. T. falsche Vorstellungen; wirtschaftlicher und sozialer Aufstieg nur mithilfe eines Arbeitsplatzes möglich, andernfalls Leben im Slum und Arbeit im informellen Sektor; Landflucht trotzdem weiterhin umgebremst

Metropolisierung Seiten 120/121

Zu den Aufgaben

Aufgabe 1: Rolle von Klein-, Mittel, Groß- und Megastädten
größte Zahl von Megacities (15 von 20) mit mehr als 10 Mio. Einwohnern in Asien, Lateinamerika und Afrika, Anteil an der Weltbevölkerung rd. 4%; relativ langsame Zuwachsrate von 1,5%/Jahr; rd. die Hälfte der globalen städtischen Bevölkerung in Städten unter 500 000 Einwohnern, rd. ein Fünftel in Städten zwischen 1 bis 5 Mio. Einwohnern, für diese Städtegruppe sind die größten Zuwachsraten zu erwarten, Zuwachsraten weniger durch Migration, sondern durch hohe Geburtenraten

Stadt	Einwohner 2006 (Mio.)	Einwohner 2020 (Mio.)	jährliche Zuwachsrate 2006–2020 (%)
Tokio	35,53	37,28	0,34
Mumbai	18,84	25,97	2,32
Delhi	16,00	25,83	3,48
Dhaka	13,09	22,01	3,79
Mexico-City	19,24	21,81	0,90
São Paulo	18,61	21,57	1,06
Lagos	11,70	21,51	4,44
Jakarta	13,67	20,77	3,03
New York	18,65	20,43	0,66
Karachi	12,20	18,94	3,19

Die zehn größten Megacities

Aufgabe 2: Wachstumsraten der städtischen Bevölkerung (%)

	1980	1990	2000	2005	2015
Ruanda	6,40	3,85	18,36	11,59	7,22
Tunesien	3,31	3,66	1,69	1,58	1,56
Deutschland	0,26	0,76	0,39	0,28	0,14

Aufgabe 3: Trend bei Industrie- und Entwicklungsländern
Industrieländer – geringe Zuwachsraten; Schwellenländer, z. T. Entwicklungsländer – Wachstumsrate städtischer Bevölkerung nahezu doppelt so hoch wie natürliche Wachstumsrate; Entwicklungsländer – höchste Zuwachsraten von allen bei natürlichem Wachstum und städtischer Bevölkerung

Aufgabe 4: Prognosen und regionale Unterschiede (Referat-Tipp)
Umsetzung von Daten in eine thematische Karte (Balkendiagramm); Daten:
(*www.un.org.esa/population/publications/WUP2005/2005urban_rural.htm*)

	2005		2030	
	Mio.	%	Mio.	%
Afrika	347,2	38,3	742,2	50,7
Asien	1553	39,8	2637	54,1
Europa*	526	72,2	546,5	78,3
Lateinamerika	434	77,4	609	84,3
Nordamerika**	267	80,7	347	86,7
Ozeanien	23	70,8	31	73,8

* einschließlich Russland, ** USA + Kanada

Städtische Bevölkerung absolut und Urbanisierungsgrad

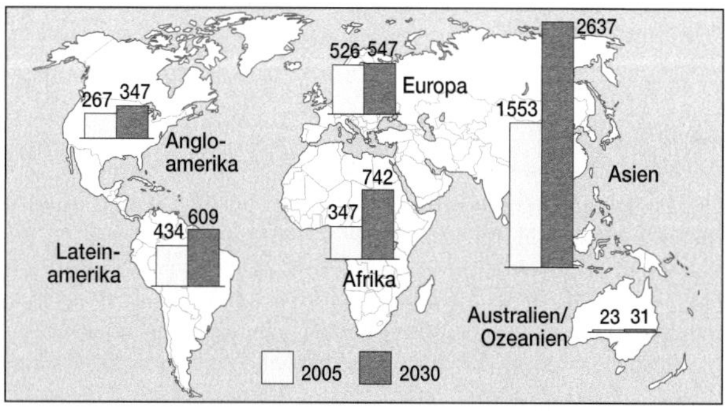

Städtische Bevölkerung nach Kontinenten (Mio. Einwohner)

Aufgabe 5: Probleme und Lösungen bei der weltweiten Verstädterung
individuelle Bearbeitung

Disparitäten und raumwirtschaftspolitische Strategien — Seiten 122/123

Zu den Aufgaben

Aufgabe 1: Beispiele für räumliche Disparitäten in Entwicklungsländern
Brasilien: São Paulo – Nordosten; China: Schanghai – Provinz Anhui, Ägypten: Kairo – Mittelägypten; Malaysia: Kuala Lumpur – Ostmalaysia; Sri Lanka: Colombo – Südosten

Aufgabe 2: Zentrum und peripherer Raum in Kolumbien
größte Bevölkerungsdichte in den andinen Hochbecken und im Tiefland zur Karibik, Osten (Llanos und tropischer Regenwald) sehr dünn besiedelt

Aufgabe 3: Überwindung räumlicher Disparitäten
städtische Konsolidierung, nachhaltige regionale Entwicklung, Förderung kleiner und mittlerer Mittelpunktstädte, nachhaltige Entwicklung ländlicher Gebiete, Dezentralisierung des Verwaltungssystems

Aufgabe 4: Städtesysteme
zunächst Hafenstädte der Kolonialzeit (Küstenorientierung), dann Erweiterung des Städtenetzes

	Brasilien		Pakistan		Tansania		Nigeria	
Städte	1975	2005	1975	2005	1975	2005	1975	2005
> 10 Mio.	0	2	0	1	0	0	0	1
5–10 Mio.	2	1	0	1	0	0	0	0
1–5 Mio.	5	14	2	6	0	1	1	4
0,5–1 Mio.	6	15	4	4	1	0	2	15

Zahl der Städte

Brasilien	1975	2005
São Paulo	9,6	18,3
Rio de Janeiro	7,6	11,5

Pakistan	1975	2005
Karachi	3,9	11,6
Lahore	2,4	6,3

Tansania	1975	2005
Daressalam	0,6	2,7
Tanga	0,06	0,3*

*Arusha

Nigeria	1975	2005
Lagos	1,89	10,9
Ibadan	0,96	2,5

Die beiden größten Städte (Einwohner in Mio.)

Aufgabe 5: Schaffung der neuen Hauptstädte
Zweck – Ausgleich der Polarisierung, Entlastung der Zentralregion; Brasilia (vorher Rio de Janeiro) – Entwicklung der Infrastruktur des Binnenlandes; Islamabad (vorher Karachi) – klimatische Gunst im Hochland und Vermeidung weiterer Investitionskonzentration im Süden; Dodoma (vorher Daressalam) – Ausbau der zentralörtlichen Systeme im Landesinnern; Abuja (vorher Lagos) – Erschließung des Landesinneren

Aufgabe 6: Strategien, mögliche Beispiele:

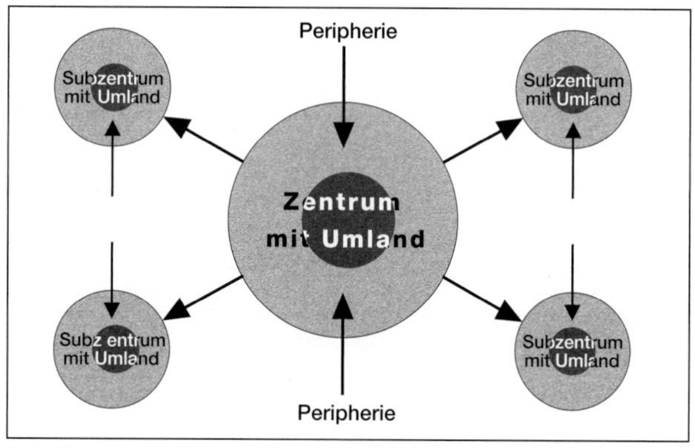

Schaffung neuer Zentren durch Erschließung

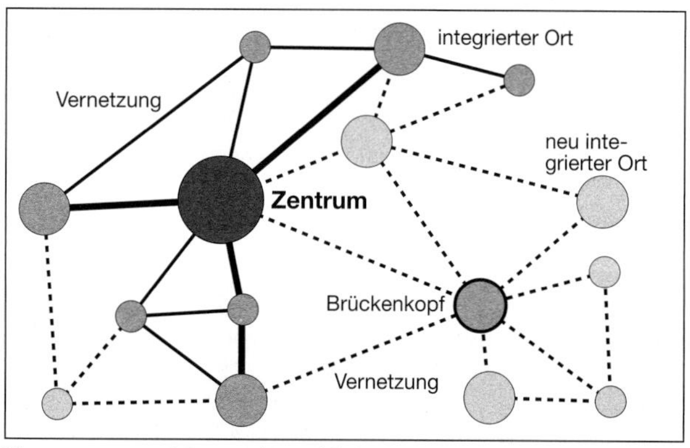

Vernetzung von Metropole und Subzentren

Aufgabe 7: Vor- und Nachteile der Entwicklungsstrategien

Strategie	Vorteil	Nachteil
Entlastungsorte	Druckentlastung des Zentrums	oft keine Eigenständigkeit
Wachstumszentren	Förderung entlegener Städte	zu isoliert, nur punktuell
Entwicklungsachsen	durch neue Verbindungen eigenständige Siedlungen	Umsetzung nicht immer erfolgreich
Mittelzentren	Stärkung der Region	Widerstand des Oberzentrums

Marginalsiedlungen Seiten 124/125

Zu den Aufgaben

Aufgabe 1: Begriffsvielfalt
Slum: umgangssprachlich für Elends- oder Armenviertel, in Industrieländern heruntergekommenes Stadtviertel; engl. squatter settlement, shanty town; frz. Bidonville; Lateinamerika: Favela (Brasilien), Barrio marginal (Argentinien)

Aufgabe 2: Merkmale von Marginalsiedlungen
keine nennenswerte Infrastruktur, schlechte hygienische Verhältnisse, provisorische Hütten, illegale Landbesetzung

Aufgabe 3: Globale Verteilung von Slums
sehr hoher Anteil: Afrika südlich der Sahara, Lateinamerika (Haitii, Guatemala, Nicaragua, Peru, Bolivien); Asien: Mongolei, Afghanistan, Pakistan, Nepal, Bangladesch, Laos, Kambodscha, Oman, Jemen;
Anteil der Slumbewohner in Industrieländern seit 1990 konstant, in Entwicklungsländern leicht rückläufig, aber immer noch über 30%, in Afrika südlich der Sahara kaum Verbesserung seit 1990, dort über 70% als Slumbewohner eingestuft

Aufgabe 4: Lebensbedingungen im Slum
selten dauerhafte und vor extremem Klima schützende Unterkunft, Wasseranschluss oft nicht vorhanden oder Versorgung aus weit entfernten Brunnen, keine geregelte Abwasserversorgung (Fehlen von Toiletten), Ausstattung mit Schulen mangelhaft, medizinische Versorgung stark eingeschränkt (erhöhtes Krankheitsrisiko, Malaria, Darmerkrankungen), häufig Arbeit nur im informellen Sektor

Aufgabe 5: Zusammenhänge zwischen wirtschaftlich armen Gesellschaften und Marginalsiedlungen
je höher der Anteil der Bevölkerung unter der Armutslinie (1 US-$/Tag und Kopf), desto höher der Bevölkerungsanteil in Slums;

Aufgabe 6: Wachstum der Slumbevölkerungszahlen
Slumbewohner und ihr Anteil an der Zahl der Stadtbewohner

	1990 Bevölkerung	Slum-bewohner	2005 Bevölkerung	Slum-bewohner
Welt	5,2 Mrd.	722 Mio.	6,5 Mrd.	1,0 Mrd.
IL	1,1 Mrd.	51 Mio.	1,2 Mrd.	55 Mio.
EL	4,1 Mrd.	671 Mio.	5,3 Mrd.	945 Mio.
Lateinamerika	440 Mio.	110,8 Mio.	559 Mio.	134,2 Mio.
Asien	3,1 Mrd.	437 Mio.	3,9 Mrd.	581 Mio.
Afrika südl. d. Sahara	501 Mio.	111 Mio.	751 Mio.	199,2 Mio.

Prozentzahlen sind allein nicht aussagefähig genug, Bsp. Afrika südlich der Sahara: 72,3% (1990), 71,8% (2005), in absoluten Zahlen Zunahme um 88 Mio. Menschen;
jährliche Wachstumsraten (1990–2001): Afrika südlich der Sahara 4,53%, Westasien 2,71%, Ostasien 2,28%, Südasien 2,2%, Südostasien 1,34%, Lateinamerika 1,28%

Aufgabe 7: Politische und raumplanerische Möglichkeiten
Varianten: Abriss oder Duldung oder Akzeptanz; Bemühungen von Stadtverwaltungen in einigen Staaten zur Verbesserung der Infrastruktur (Strom-, Wasserleitungen), z. B. Brasilien und Südafrika mit zukunftsorientierter Stadtplanung zur Vermeidung von Slums

Aufgabe 8: Willen und Chancen zur langfristigen Veränderung von Marginalsiedlungen
UN-Habitat: Ziel, bis 2020 Lebensbedingungen von 100 Mio. Slumbewohnern zu verbessern, Kosten 67 Mrd. US-$; UNO allein nicht stark genug, staatliche/städtische Hilfe erforderlich

Erklärungsansätze für Unterentwicklung Seiten 126/127

Zu den Aufgaben

Aufgabe 1: Modernisierungs- und Dependenztheorie
Modernisierungstheorie: ökonomisch begründete Wachstumstheorie; These: Unterentwicklung endogen verursacht durch Festhalten an traditionellen Wirtschaftsformen, Entwicklung = Nachholprozess gegenüber westlichen Industrieländern; durch Einsatz von Kapital und Technologie der Industrieländer Verarbeitung heimischer Rohstoffe, Übergang von der Anlaufphase (Big Push) in selbsttragendes Wirtschaftswachstum (Take-off-Phase), schon vor Erreichen der Reifephase mit Massenkonsum zunehmende Integration in den Weltmarkt, Ausstrahlung der Wachstumsmerkmale von den industriellen Zentren in das bis dahin zurückgebliebene Umland der Entwicklungsländer (Sickereffekt)
Kritik: Nichtbeachtung traditioneller Wirtschaftsformen, Vernachlässigung exogener Verursachungsfaktoren
Dependenztheorie: Theorie der Abhängigkeit; These: Unterentwicklung hervorgerufen durch Abhängigkeit der Entwicklungsländer (Peripherie) von den Industrieländern (Zentrum), exogen verursacht; Ausbeutung der Rohstoffe durch Industrieländer, Verfall der Terms of Trade, Rückfluss von Kapital nur an Eliten in den Brückenköpfen der Entwicklungsländer, Zunahme der sozialen und räumlichen Disparitäten, politische Bevormundung durch Industrieländer
Lösungen: Herauslösung der Entwicklungsländer aus dem Weltmarkt, autozentrierte Entwicklung, protektionistische Maßnahmen für (noch) nicht wettbewerbsfähige Wirtschaftsbereiche, Konzept der „self-reliance“, Anwendung der Grundbedürfnisstrategie (Bodenreform, angepasste Technologie, Partizipation der Bevölkerung an der Macht)
Kritik: einseitige Betonung der exogenen Ursachen, theoretische Strategien schwer umsetzbar, Kriterien nicht auf alle Entwicklungsländer anwendbar

Aufgabe 2: Sachzusammenhänge zu beiden Theorien
Beispiel Großstaudämme: von Modernisierungstheoretikern befürwortet, große Industrieprojekte erhöhen Prestige einheimischer Politiker; Gegenstück: Kleinstaudämme als Maßnahme nachhaltiger Entwicklung;
Beispiel Abkopplung vom Weltmarkt: Tansania (1967), Prinzip der self-reliance in der Landwirtschaft, genossenschaftliche Dörfer, Verstaatlichung ausländischer Industriebetriebe

Aufgabe 3: Schlüssigkeit der Theorien
Modernisierungstheorie insgesamt schlüssiger trotz Scheiterns vieler Projekte, erfolgreiche Modelle z. B. in Taiwan, Mexiko; Dependenztheorie wenig erfolgreich: neue Weltwirtschaftsordnung war nicht umsetzbar, Abkopplung mittlerweile durch Teilnahme an Globalisierung abgelöst

Aufgabe 4: Teufelskreise und Einordnung in Theoriediskussion
Teufelskreis (circulus vitiosus) = Beziehungen zwischen Faktoren (Ursache und Wirkung) in einer Kausalkette;
Teufelskreise liefern Überblick über Probleme der Entwicklungsländer, aber keine Erklärungen zur Lösung; Armut als Ausgangssituation, Ursachen der Armut jedoch außerhalb der Teufelskreise liegend

Aufgabe 5: Theorie des wirtschaftlichen Dualismus
Heterogenität der Wirtschaftsstruktur; Stadt: formaler Sektor (Industrie, Dienstleistungen) – weltmarktorientiert, daneben informeller Sektor; Land: weltmarktorientierte Landwirtschaft auf Plantagen, daneben Subsistenzwirtschaft;
entspricht Kennzeichen für Unterentwicklung der Modernisierungstheorie (Dualismus traditionell – modern); Dependenztheorie: nennt Kennzeichen für Unterentwicklung strukturelle Heterogenität

Aufgabe 6: Teufelskreise (M 127.2) vor Hintergrund verschiedener Theorieansätze
Modernisierungstheorie: Ursachen der Armut (geringes Pro-Kopf-Einkommen) durch interne Defizite, nicht berücksichtigt Bevölkerungswachstum/Geburtenrate/Ernährung/Bildungsniveau; Durchbrechen des Kreislaufs durch Aufholstrategie;
Dependenztheorie: Ursachen der Armut durch externe Abhängigkeiten, nicht berücksichtigt Bevölkerungswachstum, politische Blockaden durch Machtgruppen, interne Differenzierung der EL, fragmentierende Wirkung der Globalisierung

Entwicklungspfad der „Tigerstaaten" Seiten 128/129

Zu den Aufgaben

Aufgabe 1: Stufen der wirtschaftlichen Entwicklung
Tigerstaaten: Südkorea, Taiwan, Singapur, Hongkong
vor 1960: Entwicklungsländer, Take-off-Phase, 1997/98 Rückschlag durch „Asien-Krise" (Finanzspekulationen), Reifephase und Massenkonsum, Schwellenländer, NICs, Südkorea Industrieland
Pantherstaaten: Thailand, Malaysia, Philippinen, Indonesien, Vietnam; Entwicklungsländer – Schwellenländer – 2. Generation der NICs

Aufgabe 2: Entwicklungsunterschiede zwischen den Staaten
Ländergruppe hohes Einkommen (2006 in KKP):
Südkorea 24 500 $, Singapur 31 400 $, Taiwan 29 500 $, Hongkong 37 300 $
Ländergruppe mittleres Einkommen (2006 in KKP):
Thailand 9200 $, Malaysia 12 900 $, Philippinen 5000 $, Indonesien 3900 $, Vietnam 3100 $

Aufgabe 3: Strukturen der Wirtschaftssektoren (Wertschöpfung in %)

	primärer Sektor		sekundärer		tertiärer	
	1992	2006	1992	2006	1992	2006
Südkorea	7	3	42	45	51	52
Singapur	0	0	38	33,8	62	66,2
Taiwan	3	1,5	40	25,2	57	73,3
Hongkong	*0,3	0,1	*25,3	9	*74,5	90,9
Thailand	12	10	39	44,9	49	45,2
Malaysia	16	8,3	42	48,1	42	43,6
Philippinen	22	14,2	33	32,1	45	53,7
Indonesien	19	13,1	40	46	41	41
Vietnam	35	20,1	27	41,8	38	38,1

*1990

sehr hoher Anteil Hongkongs im tertiären Sektor (Finanzzentrum, Handel), ebenso bei Singapur und Thailand; bei allen Staaten Rückgang des Anteils des primären Sektors; hohes Entwicklungspotenzial bei allen Pantherstaaten

Aufgabe 4: Gliederung nach Wirtschaftswachstum und Exportstruktur
Jährliches Wirtschaftswachstum (in %) 1990–2004:
(Deutschland 1,5)
1. Gruppe: Vietnam (5,5), Südkorea (4,5)
2. Gruppe: Thailand (3,9), Singapur (3,8), Malaysia (3,5)
3. Gruppe: Hongkong (2,0), Indonesien (1,8), Taiwan (1), Philippinen (0,9)

Exportstruktur (Hightech):
1. Philippinen, Singapur, Malaysia
2. Südkorea, Thailand
3. Gruppe: Indonesien, Hongkong, Vietnam

Aufgabe 5: Erfolg der Tiger- und Pantherstaaten im Stadtbild
dichte Bebauung mit Wolkenkratzern nach US-Vorbild, Hochhaustürme

Aufgabe 6: Vietnam, Laos, Kambodscha und das Modell der Fluggänse (Referat)
Phasen: 1. Unterentwicklung, Import von Investitions- und Konsumgütern, negative Handelsbilanz, 2. beginnende Industrialisierung, teils Importsubstitution, 3. steigende Industrieproduktion, 4. exportorientierte Industrialisierung, Einbindung in die Weltwirtschaft;
Modell von 1996 mit Japan als Leitgans ist nicht mehr aktuell, China ist bereits nahe an der Führungsposition, Schwellenländer mit wirtschaftlicher Eigendynamik

Entwicklungszusammenarbeit Seiten 130/131

Zu den Aufgaben

Aufgabe 1: Wichtigste Probleme eines Entwicklungslandes
individuelle Bearbeitung, Daten z. B. aus Der Fischer Weltalmanach, Human Development Report, Weltbank

Aufgabe 2: Entwicklungszuammenarbeit – eine Aufgabe der Industrieländer
These von der „Einen Welt" ist nicht nur auf reiche Länder beschränkt, noch bestehende Verantwortung der IL aus der Zeit des Kolonialismus; Wahrung des Lebensstandards der IL nur möglich bei gleichzeitiger Verbesserung der Lebensbedingungen in den EL, nachhaltige Entwicklung ohne Entgegenkommen der IL (Handelsabkommen, Schuldenerlass) zum Scheitern verurteilt, Rückständigkeit der EL (Armut, Krankheiten, Arbeitslosigkeit, Wohnbedingungen) von diesen nicht allein zu beheben, finanzielles Engagement der IL nötig (aber nicht als „Entwicklungshilfe" der Vergangenheit oder als „Geldgeschenke"), Anerkennung der eigenen Leistung der Entwicklungsländer und Bekräftigung der weiteren Unterstützung, noch stärkere Einbindung von Nichtregierungsorganisationen aus IL mit entsprechendem Know-how, gemeinsames Handeln der Industrieländer ohne partikuläre Interessen, Erhöhung des Anteils am BIP für Entwicklungszusammenarbeit, Bewusstmachung der moralischen Verpflichtung für Hilfe an Unterstützungsbedürftige

Aufgabe 3: Entwicklungstheorien der Vergangenheit, Gründe für Misserfolg
Modernisierungstheorie (Schülerbuch S. 126): Bsp. Nigeria, bis 1959 britische Kolonie, ölreichstes Land Afrikas, Ausbau der Infrastruktur und Industrieansiedlung mit der Entwicklungshilfe ist nicht über Ansätze hinausgekommen, Beschäftigte in der Landwirtschaft 70 % (2006), in der Industrie 10 %, Wirtschaftswachstum 1975–2004 jährlich 0,2 %;
Gründe für Misserfolg: starkes Bevölkerungswachstum, Bereicherung der Eliten, politisch und religiös motivierte Machtkämpfe, Militärdiktatur, Korruption; Erholung zu erwarten durch Umschuldung und IMF-Kredit (1 Mrd. US-$) für wirtschaftliche Reformen;
Dependenztheorie (Schülerbuch S. 126): Bsp. Mosambik, bis 1974 portugiesische Kolonie, zum Zeitpunkt der Unabhängigkeit eines der ärmsten Länder der Welt, rohstoffreich (Bauxit, Titan); Einheitspartei, Unterstützung durch Sowjetunion, DDR u. a. Beschäftigte (2006) in der Landwirtschaft 81 %, in der Industrie 6 %, Wirt-

schaftswachstum 1975 bis 2004 jährlich 2,6%, unter der Armutsgrenze 70%; Gründe für den Misserfolg: sozialistische Misswirtschaft (1979 Einsetzen eines Zehnjahresplans: Bildungsoffensive, Kollektivierung der Landwirtschaft, Favorisierung agroindustrieller Großprojekte, Vernachlässigung der kleinbäuerlichen Wirtschaften), Bürgerkrieg von 1977 bis 1992 – FRELIMO gegen RENAMO; Gegenwart: Erholung zu erwarten durch Schuldenerlass

Mechanismen der Entwicklungszusammenarbeit — Seiten 132/133

Zu den Aufgaben

Aufgabe 1: Präsentation einer der Institutionen
individuelle Bearbeitung; sehr empfehlenswerte Quelle mit ausführlichen (Internet-)Adressen der zahlreichen Institutionen und Organisationen weltweit: Bundesministerium für Wirtschaftliche Zusammenarbeit und Entwicklung (Hrsg.): Medienhandbuch Entwicklungspolitik 2006/2007; *www.bmz.de* (Download)

Aufgabe 2: Begründung für mögliche Mitarbeit in der Entwicklungszusammenarbeit
Mögliche Pro-Argumente: moralische Verpflichtung, altruistische Ziele, Uneigennützigkeit, religiöse Vorstellungen, Verantwortungsgefühl, Veränderungswille, Hilfsbereitschaft, Solidarität, verinnerlichtes Bewusstsein von der „Einen Welt";
mögliche Kontra-Argumente: Angst vor politischer Instabilität, Zweifel an eigener Qualifikation (technisches Verständnis, Sprachen), zu geringe Bezahlung, Befürchtungen wegen des Arbeitsplatzes nach der Rückkehr

Beispiele aus der Entwicklungszusammenarbeit — Seiten 134/135

Zu den Aufgaben

Aufgabe 1: Hindernisse bei der ländlichen Regionalentwicklung
ländlicher Raum in Entwicklungsländern = Lebensraum für 75% der Bevölkerung = Lebensraum von 750 Mio. als extrem arm geltenden Menschen = multifunktionaler Lebensraum und nicht isolierter Sektor der Volkswirtschaft;
Berücksichtigung von vier Dimensionen durch das BMZ:
a) ländliches Wirtschaftssystem, b) politische Rahmenbedingungen, c) ökologische Situation, d) gesellschaftliche Partizipation aller Menschen in der Region;
Hindernisse: Angst der Bewohner vor Eingriff in herkömmliche Strukturen, mangelnde Unterstützung durch einheimische Politiker, offensichtlich unabwendbare natürliche Faktoren, Rückschläge bei schlechter Vorbereitung und Voruntersuchung, eingeschränkter Adressaten- und Mitarbeiterkreis durch Wegzug der jüngeren und arbeitsfähigen Bevölkerung

Aufgabe 2: Entwicklungszusammenarbeit im Tourismus und Naturschutz
bis 1990 noch aus Kolonialzeiten stammende falsche, von Europäern geprägte Auffassung von Naturschutz (Naturschutzgebiete ohne Rücksicht auf Bewohner), auch von lokalen Regierungen favorisiert; nach 1990 Paradigmenwechsel: zwar weiterhin Naturschutz, aber stärkere Berücksichtigung der Biodiversität und Einbindung der Betroffenen; da Tourismus für einige Länder wichtigster Devisenfaktor, kein abruptes Ende der Touristenströme möglich, stattdessen Ökotourismus zur Schonung der landschaftlichen Ressourcen, Umleitung eines Teils der Einnahmen in Projekte zur ländlichen Entwicklung und zum Ausbau angemessener touristischer Infrastruktur; Ansatz auch auf Deutschland übertragbar, Bsp. Nationalpark Wattenmeer, Alpenkonvention

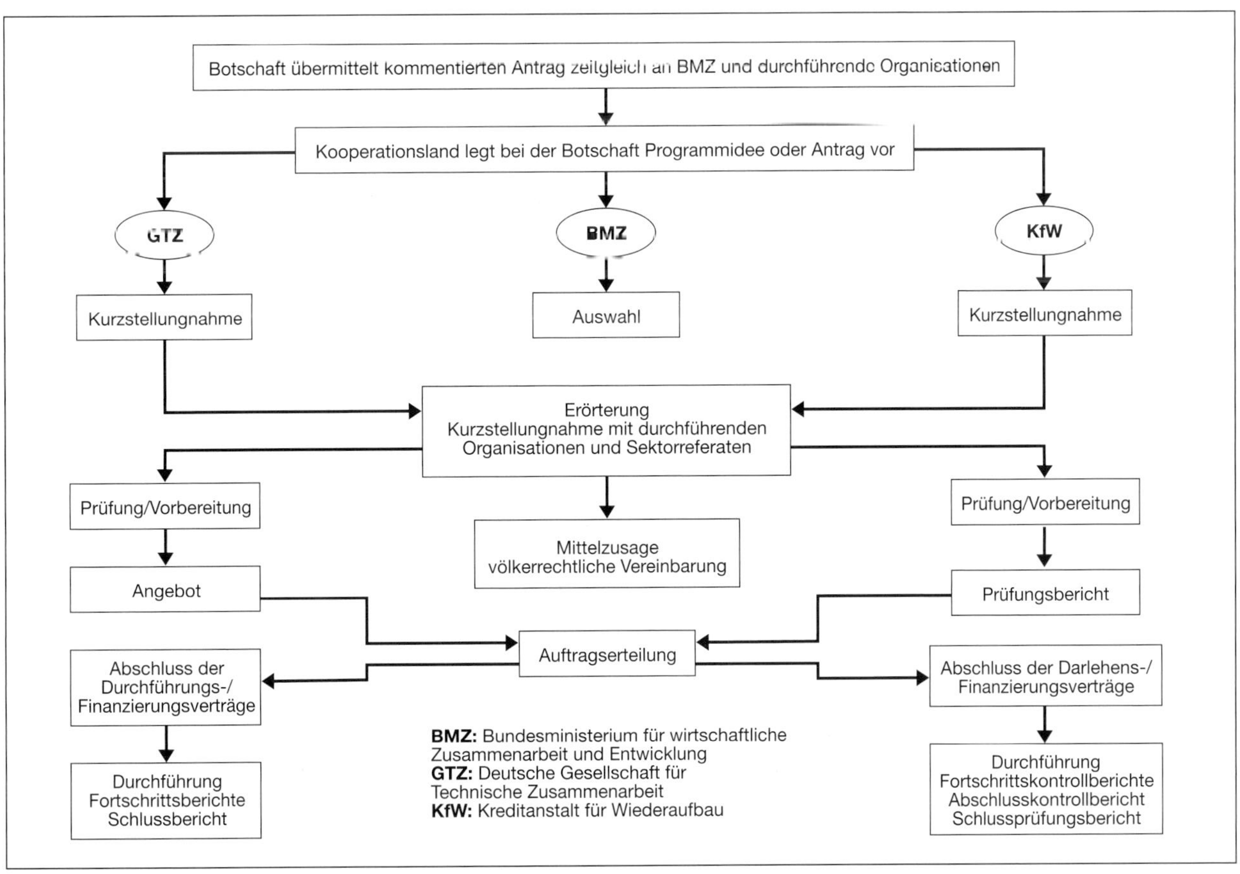

BMZ: Verfahrensablauf für die Planung und Durchführung der finanziellen und technischen Zusammenarbeit

Tschad – ein Entwicklungsland mit Erdölförderung

M1 Übersicht Tschad

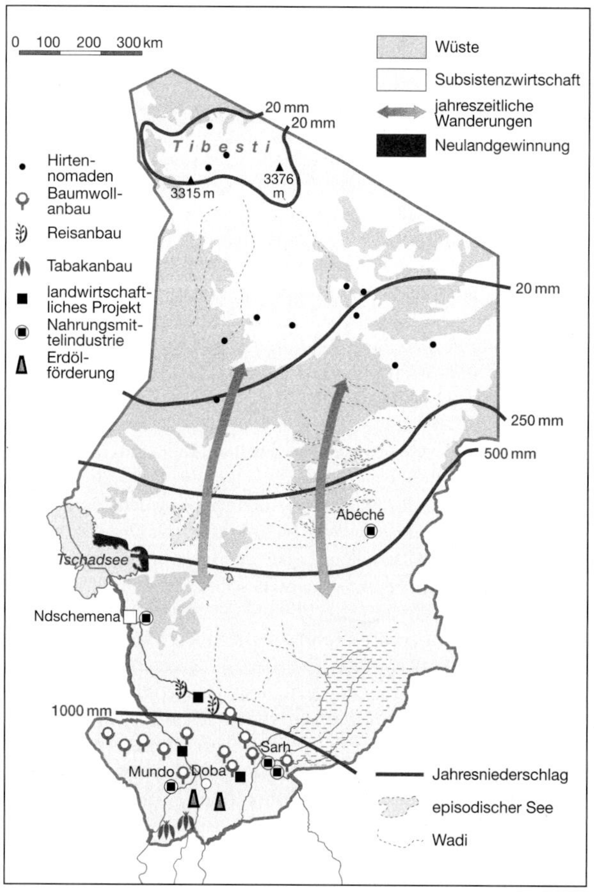

M2 Klimadiagramm von Ndjamena (Ndschemena)

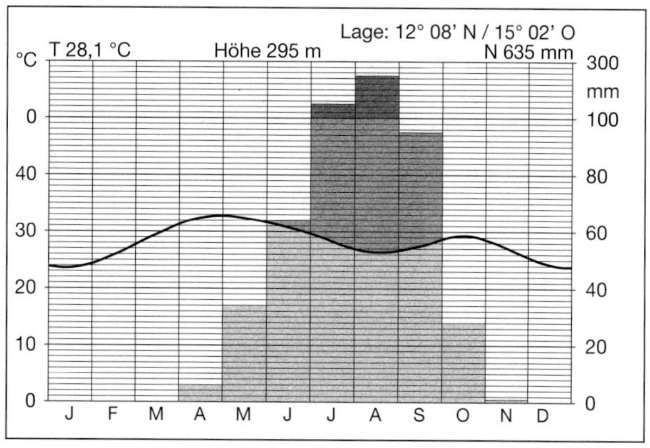

M3 Bevölkerungspyramide

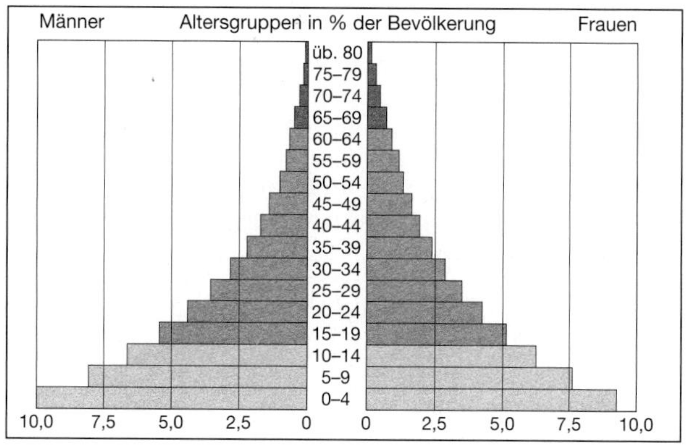

M4 Strukturdaten

Fläche	1,284 Mio km²
Einwohner/Durchschnittsalter	9,885 Mio./16,3 Jahre
Lebenserwartung bei der Geburt	47,2 Jahre
Geburtenrate/Sterberate/Fruchtbarkeitsrate	42,35‰/16,69‰/5,56 Kinder pro Frau
Städtische Bevölkerung	24%
Analphabeten	52,5% der Bevölkerung
Sprache (Amtssprachen, Sonstige)	Französisch, Arabisch; Sara; 120 verschiedene Sprachen u. Dialekte
Religion	Muslime 53%, Katholiken 20%, Protestanten 14%, Naturreligionen 7%
BIP nach Sektoren (2006)	Landwirtschaft 32,5%, Industrie 26,6%, Dienstleistungen 40,8%
Jährliches Wirtschaftswachstum 1975–2004	0,7%
KKS/Einwohner (2006)	1500 $
Beschäftigte	Landwirtschaft 80%, Industrie und Dienstleistungen 20%
Bevölkerung unterhalb der Armutsgrenze (2001)	80%
Export (2006)	4,34 Mrd. US-$
Import (2006)	823,1 Mio. US-$
HDI (2004)	171. Rang von 177

(Quelle: World factbook 2007)

M5 Erdöleinnahmen

Der Präsident Deby unterzeichnete am 11. 1. 2006 ein Gesetz, durch das 30% der Einnahmen aus dem Erdölexport als Haushaltszuschuss verwendet werden können. Die Weltbank (WB) hatte nach der Ankündigung des Gesetzes im Oktober 2005 die Auszahlung ihrer Kredite eingestellt. Die Bestimmung über die zweckgebundene Verwendung der Erdöleinnahmen zur Armutsbekämpfung war Vorbedingung dafür gewesen, dass die WB das Pipelineprojekt mit Kamerun im Umfang von 3,7 Mrd. $ mitfinanzierte, das den Export von Erdöl überhaupt erst ermöglichte.

Anfang April 2006 drohte Präsident Deby mit der Einstellung der Erdölproduktion, von der auch internationale Unternehmen betroffen gewesen wären. Er verteidigte seine erhöhten Militärausgaben mit Hinweis auf den eskalierenden Rebellenkonflikt und leitete daraus einen Haushaltszuschuss aus Exportprofiten ab. Daraufhin stimmte die WB Ende April 2006 Verhandlungen über eine Änderung des Verteilungsschlüssels für Erdöleinnahmen zu.

‰ Alt + 0137

Germany
TRADA & Invest
→ Infos über Außenhandel
www.gtai.de
Gesellschaft für Außenwirtschaft u. STO-Marketing

① Beschreiben Sie den Naturraum von Tschad (M 1, M 2, M 3).

② Stellen Sie begründete Überlegungen hinsichtlich einer Klassifizierung des Entwicklungsstandes des Landes an (M 3, M 4).

③ Wird das Erdöl, das in der Region Doba im Süden des Tschad seit 2003 gefördert und über eine 1070 km lange Pipeline zum Hafen Kribi in Kamerun gepumpt wird, einen Ausweg aus der Unterentwicklung des Tschad bedeuten? Erörtern Sie unter diesem Aspekt die Erdölförderung im Tschad (M 5).

Entwicklung der Weltbevölkerung

M1 Entwicklung der Weltbevölkerung von 1750 bis 2050

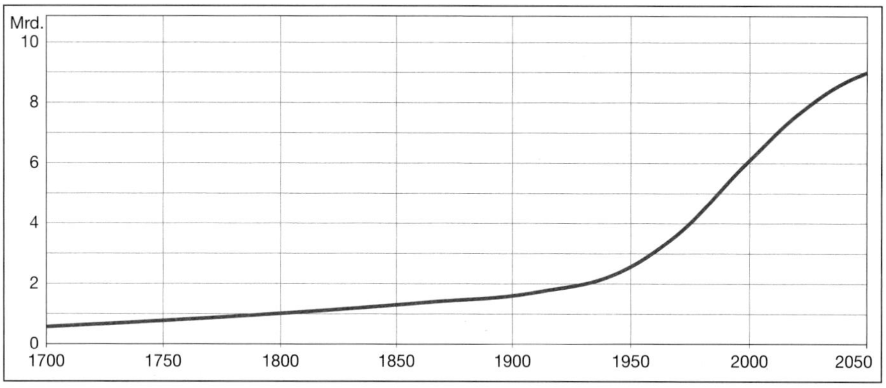

M2 Weltbevölkerung nach Regionen

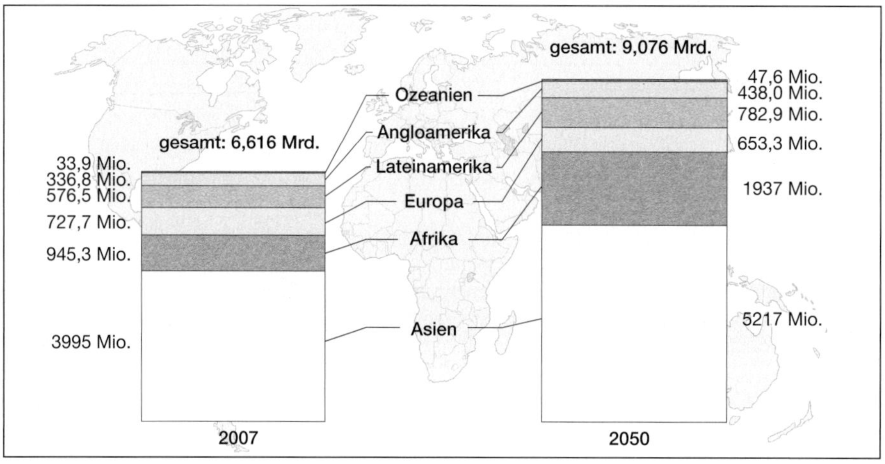

M3 Modell des demographischen Übergangs

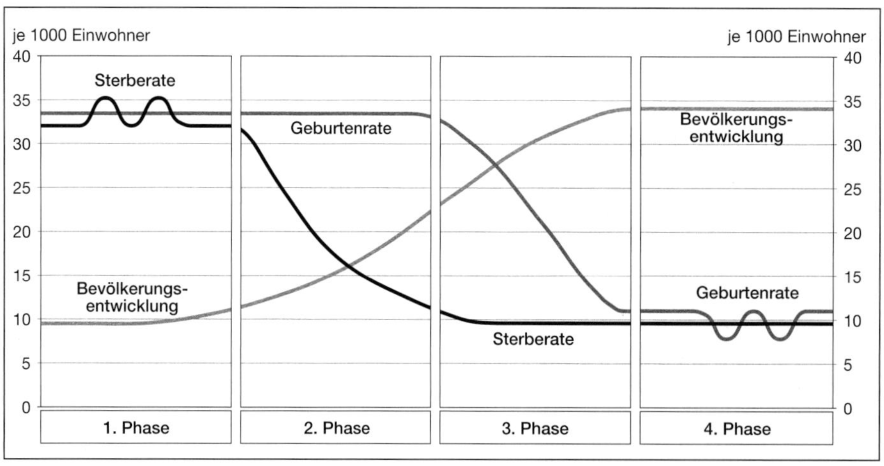

① Stellen Sie fest, in welchem Zeitraum sich die Weltbevölkerung jeweils verdoppelt hat (M 1).

② Analysieren Sie den Bevölkerungszuwachs nach Regionen. Berechnen Sie die prozentuale Zunahme (M 2).

③ Ziehen Sie in Stichworten Schlussfolgerungen aus der Bevölkerungszunahme.

④ Wenden Sie das Modell des demographischen Übergangs auf die Entwicklung der Weltbevölkerung an (M 1–M 3).

Urbanisierung

M1 Entwicklung der Stadtbevölkerung

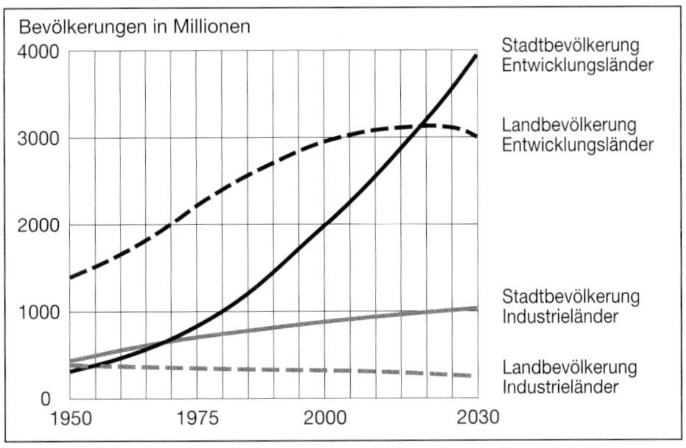

M2 Städtewachstum in den weltgrößten Städten 1950–2020

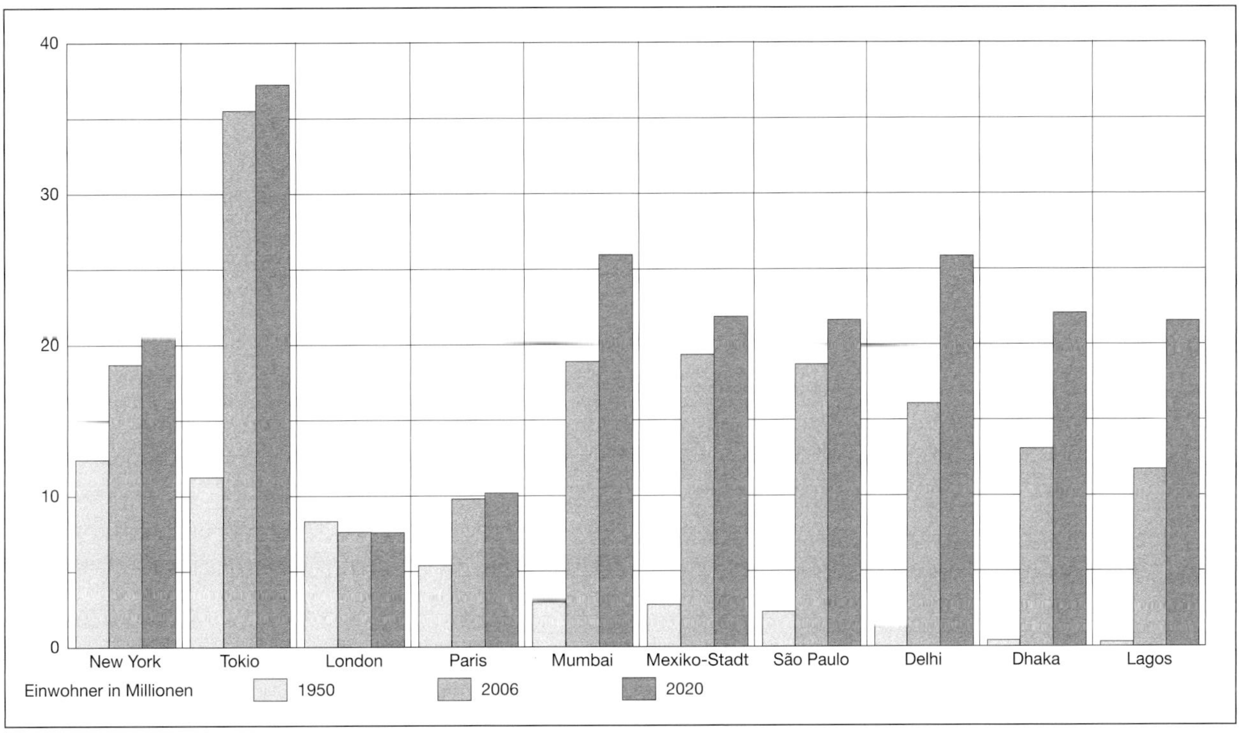

M3 Stadtbevölkerung in Prozent

	1950	1975	2000	2030
Welt	29,0	37,2	46,7	59,9
Afrika	14,7	25,4	36,2	50,7
Asien	16,8	24,0	37,1	54,1
Europa	50,5	65,6	71,7	78,3
Lateinamerika	42,0	61,2	75,4	84,3
Nordamerika	63,9	73,8	79,1	86,7

M4 Urbanisierung als Chance

Im Jahr 2008 wird zum ersten Mal in der Geschichte der Menschheit die Hälfte der Weltbevölkerung in Städten leben – insgesamt 3,3 Milliarden Menschen. Bis zum Jahr 2030 wird diese Zahl auf nahezu fünf Milliarden anwachsen. Allein in Afrika und Asien werden dann doppelt so viele Menschen in Städten leben wie noch 30 Jahre zuvor. Viele dieser neuen Stadtbewohner erwartet ein Leben in Armut. Ihre Zukunft, die Zukunft von Städten in Entwicklungsländern sowie die Zukunft der Menschheit selbst hängen in hohem Maße von Entscheidungen ab, die heute getroffen werden.

Die Urbanisierung ist unausweichlich, d. h. der Anteil der Stadtbevölkerung an der Gesamtbevölkerung steigt. Sie kann sich aber durchaus positiv auswirken: So konzentriert sich in den Städten die Armut, zugleich aber haben die Menschen dort auch die besten Aussichten, ihr zu entkommen. Städte erzeugen Umweltprobleme, können hierfür aber auch Lösungen anbieten. Die potenziellen Vorteile der Urbanisierung für eine nachhaltige und armutsmindernde Entwicklung wiegen die Nachteile bei weitem auf. Die Herausforderung liegt darin, zu erkennen, wie die Vorteile der Urbanisierung genutzt werden können.

Städte stehen in vielen Bereichen – Armutsbekämpfung, Wohnungsbau, Umweltschutz, Regierungsführung und Verwaltung – vor dringenden Aufgaben. Diese aber verblassen im Vergleich zu den Problemen, die das bevorstehende städtische Bevölkerungswachstum aufwirft. Es reicht daher nicht länger aus, allein auf die sich stellenden Herausforderungen zu reagieren: Vielmehr müssen Städte präventiv tätig werden.

Bislang konzentrierte sich alle Aufmerksamkeit auf die Megastädte mit mehr als zehn Millionen Einwohnern. Das städtische Wachstum der Zukunft allerdings wird zum größten Teil in den kleineren Städten mit nicht mehr als 500 000 Einwohnern stattfinden. Damit diese jedoch die vor ihnen liegenden Herausforderungen meistern können, bedarf es einer deutlichen Verbesserung ihrer Planungs- und Verwaltungskapazitäten.

Das Wachstum der Städte wird die Entwicklung im 21. Jahrhundert maßgeblich beeinflussen. Doch wird derzeit noch überraschend wenig unternommen, um die potenziellen Vorteile der Urbanisierung auszuschöpfen beziehungsweise ihre negativen Auswirkungen zu reduzieren. Die prognostizierten Zuwächse sind zu groß und die Veränderungen werden sich zu schnell ereignen, als dass Regierungen und Experten es sich leisten könnten, einfach nur abzuwarten und zu reagieren.

Die heutige Urbanisierung findet vor allen Dingen in den Städten der Entwicklungsländer statt. Hochrechnungen zeigen, dass zwischen den Jahren 2000 und 2030 die städtische Bevölkerung in Asien von 1,36 auf 2,64 Milliarden, in Afrika von 294 auf 742 Millionen und in Lateinamerika und der Karibik von 394 auf 609 Millionen Menschen anwachsen wird. Obwohl Städte zu den Hauptnutznießern der Globalisierung gehören, entstehen in den wenigsten ausreichend Arbeitsplätze, um die Nachfrage der wachsenden Bevölkerung zu befriedigen.

Die Megastädte mit über zehn Millionen Einwohnern sind nicht in dem Maße gewachsen, wie das noch in den 1970er-Jahren prognostiziert wurde. Mehr als die Hälfte der weltweiten städtischen Bevölkerung lebt heute in Städten mit 500 000 oder weniger Einwohnern. Kleinere Städte tun sich prinzipiell leichter, die typischen Probleme der Urbanisierung zu lösen, doch nur wenige haben sie bislang auch in Angriff genommen.

Politiker tun sich häufig schwer, das urbane Wachstum zu akzeptieren, sie versuchen vielmehr die Land-Stadt-Wanderung zu bremsen. Dieser Ansatz geht jedoch an der Realität vorbei. Offizielle Zahlen verdeutlichen, dass das städtische Wachstum weniger auf die Zuwanderung, sondern auf das natürliche Bevölkerungswachstum zurückgeht.

Der Versuch, die Land-Stadt-Wanderung aufzuhalten, hat zur Folge, dass bezahlbarer Wohnraum für die städtischen Armen fehlt, was wiederum das Wachstum von Slums begünstigt. Inzwischen nimmt die Armut in städtischen Gebieten stärker zu als auf dem Land. Eine Milliarde Menschen lebt in Slums, 90 Prozent davon in Entwicklungsländern.

(nach: UNFPA/Deutsche Stiftung Weltbevölkerung: Weltbevölkerungsbericht 2007: Urbanisierung als Chance: Das Potenzial wachsender Städte nutzen)

① Untersuchen Sie die Entwicklung der Stadtbevölkerung, unterscheiden Sie dabei auch nach Regionen (M 1, M 3, M 4).

② Vergleichen Sie das Wachstum ausgewählter Städte. Begründen Sie die unterschiedliche Entwicklung (M 2, M 4).

③ Überprüfen Sie die Aussage, Urbanisierung sei eine Chance. Erläutern Sie in diesem Zusammenhang die Frage, weshalb diese Chancen bisher nicht erkannt bzw. realisiert wurden (M 4).

Globale Verflechtungen und Globalisierung Seiten 136–165

Internationale wirtschaftliche Zusammenarbeit Seiten 136/137

Zu den Aufgaben

Aufgabe 1: Globalisierung als Ergebnis bewusster politischer Entscheidungen
Tragende wirtschaftspolitische Idee: internationaler Austausch erlaubt Nutzung räumlich ungleich verteilter Ressourcen und Produktionsfaktoren, erlaubt damit Kostenersparnis bzw. Erweiterung der Produktionsmengen und führt zur wirtschaftlichen Entwicklung aller beteiligten Raumeinheiten;
Wirtschaftspolitische Strategie: Erleichterung des internationalen Austauschs durch Abbau bestehender Hemmnisse beim Austausch von Produktionsfaktoren und Gütern/Dienstleistungen;
Akteure: internationale Institutionen und nationale Politik der meisten Länder der Erde verfolgen seit dem Zweiten Weltkrieg konsequent das Ziel der Erleichterung der internationalen Interaktionen

Aufgabe 2: Erwartungen hinsichtlich der wirtschaftlichen Entwicklung
bislang überproportionaler Zuwachs von Warenströmen, Direktinvestitionen, Finanztransaktionen und Informationsaustausch; weiterer Zuwachs zu erwarten; Annahme, dass Länder sich auf jene Produktionsbereiche spezialisieren, für welche sie aufgrund ihrer Ausstattung Kostenvorteile besitzen; Unternehmen erschließen zusätzliche Märkte, vergrößern Produktionsmengen, verringern dadurch die Stückkosten; Konsumenten zahlen wegen des stärkeren Wettbewerbs geringere Verbraucherpreise

Aufgabe 3: Institutionelle und politische Voraussetzungen
seit dem Zweiten Weltkrieg Einrichtung von internationalen Institutionen mit dem Ziel, die internationalen Wirtschaftsbeziehungen zu erleichtern

Aufgabe 4: Wirkungen und Konflikte in den hoch entwickelten Ländern
Befürchtungen wegen Verlagerung von Arbeitsplätzen aus Hochlohn- in Niedriglohnländer, Subventionen heimischer Produkte und Einfuhrzölle, Rivalitäten zwischen den Industrieländern; Strafzölle der EU gegen die USA wegen gegen die Regeln der WTO verstoßende illegale Exportförderung; innerhalb der EU Maßnahmen gegen „feindliche Übernahmen" (Energiesektor, Telekommunikation)

Aufgabe 5: Wirkungen auf gering entwickelte Länder
weiter in Abhängigkeit, da sie für ihre Primärgüterexporte (z. B. landwirtschaftliche Produkte, Rohstoffe) nur geringe Einnahmen erzielen; Bsp. Tansania:

	BIP/Kopf	Export	Güter
1990	120 US-$	300 Mio. $	Baumwolle, Kaffee, Tabak, Tee, Cashewnüsse
2006	320 US-$	1,83 Mrd. $	Gold, Kaffee, Cashewnüsse, Baumwolle

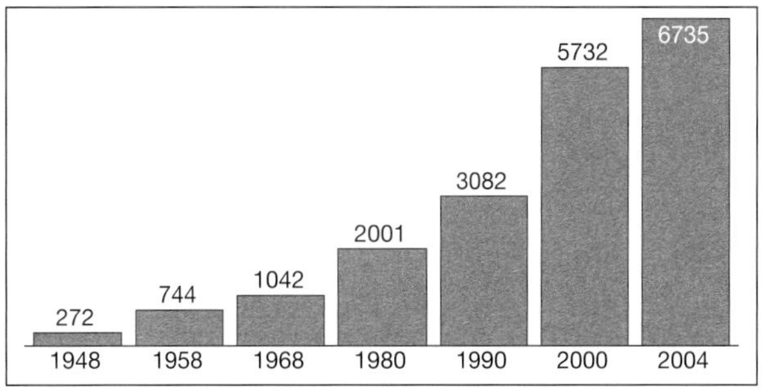

Weltexporte (real) in Mrd. US-$

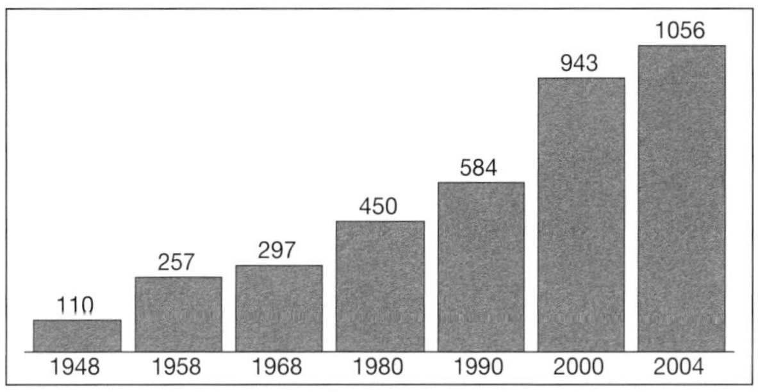

Weltexporte pro Kopf (US-$); *Quelle: WTO, UNCTAD*

Institutionen der Weltwirtschaft:

WTO (World Trade Organization; Welthandelsorganisation): 1994 gegründet, Nachfolgeorganisation des GATT (General Agreement on Tariffs and Trade); Ziel: ungehinderter Austausch von Gütern und Dienstleistungen, Senkung von Zöllen; Schutz geistigen Eigentums, Verbot nicht-tarifärer Handelshemmnisse, Strafzölle bei Verstößen; 150 Mitglieder (2007)

IMF (International Monetary Fonds; Internationaler Währungsfonds: 1945 gegründet in Bretton Woods/USA; Ziel: Förderung eines stabilen und kalkulierbaren Weltwährungssystems durch freie Konvertibilität von Währungen; Kreditvergabe zum Ausgleich von Zahlungsbilanzdefiziten; 185 Mitglieder (2007)

IBRD (International Bank for Reconstruction and Development; Weltbank): 1946 gegründet; Ziel: Förderung der wirtschaftlichen und sozialen Entwicklung durch Angleichung der Wirtschaftssysteme; Vergabe von Finanzmitteln, technische Hilfe und Beratung; 185 Mitglieder (2007)

UNCTAD (Handels- und Entwicklungskonferenz): 1964 gegründet; Ziel: Förderung des Handels zwischen Ländern unterschiedlichen Entwicklungsstandes; 192 Mitglieder (2007)

OECD (Organization for Economic Cooperation and Development, Organisation für wirtschaftliche Zusammenarbeit und Entwicklung): 1961 gegründet; Ziel: Koordination der Wirtschafts- und Entwicklungspolitik; 30 Mitglieder (2007)

Internationale Transport- und Kommunikationssysteme — Seiten 138/139

Zu den Aufgaben

Aufgabe 1: Ablauf von Warentransporten im 19. Jahrhundert
per Segelschiff, Pferdewagen, Postkutsche, Eisenbahn; hoher Zeitaufwand, kostenintensiv, Warenwert oft unter Transportkosten über längere Entfernungen

Aufgabe 2: Zusammenhang zwischen der Entwicklung von Verkehrssystemen und der räumlichen Arbeitsteilung
Ausbau des Eisenbahnnetzes fördert Industrialisierung, Zeitalter der Dampfschifffahrt ermöglicht Massentransport von Kontinent zu Kontinent; Import von Rohstoffen aus Kolonien nach Europa; Erfindung des Containers revolutioniert Frachtwesen weltweit, Größenbeschränkung nur noch durch Seewege vorgegeben, Flughäfen mit großen Frachtterminals

Aufgabe 3: Innovationen im Verkehrssystem und deren Wirkungen

Transportmittel	Wirkungen
Wasserfahrzeuge Supertanker Containerschiffe (+ Feeder- u. Binnenschiffe)	kostengünstige Versorgung der IL mit Energierohstoffen, neue Terminals globaler Massentransport von Stück- und Massengütern, Ausbau von Tiefseehäfen und Containerterminals
Straßenfahrzeuge (Lkw)	starke Zunahme des Regional- und Fernverkehrs
Schienenfahrzeuge (Diesel- u. E-Antrieb)	Zunahme des nationalen und grenzüberschreitenden Verkehrs, Bau von neuen Rangierbahnhöfen
Flugzeuge (Düsenantrieb)	schnelle und globale Belieferung durch Frachtflugzeuge

Aufgabe 4: Vor- und Nachteile von Transporten per Schiffscontainer- und Luftfracht
Containerfracht: Vorteile: kein Umpacken und Umladen, Container können in jedem Hafen verladen werden, Transport großer Mengen, Stückgut und Massengut, auch leicht verderblicher Ware in Kühlcontainern, Beladung vor Ort, kostengünstiger als Luftfracht (weniger als 50%), in den letzten 20 Jahren Seefrachtkosten um 70% gefallen, Anlieferung geschlossener Container per Lkw direkt an Empfänger;
Nachteile: Containerschiffe der neuen Generation (z. B. Emma Mærsk: 16 m Tiefgang, 398 m Länge, 56,4 m Breite) können vollbeladen nur noch Tiefseehäfen anlaufen, Elbe und Weser voll beladen nicht befahrbar; Panama- und Sueskanal bereits an Kapazitätsgrenze, Umweltverschmutzung (hoher CO_2-Ausstoß) durch Schweröl-Verbrennung
Luftfracht: Vorteile: schnell und flexibel, Transport von kapitalintensiven, kurzlebigen bzw. verderblichen Gütern, Luftfrachtkosten in den letzten 20 Jahren um 40% gefallen;
Nachteile: im Verhältnis zur Containerfracht erheblich teurer (7–10 mal), Umweltverschmutzung durch Kerosin-Abgase

Aufgabe 5: Bedeutung von Kommunikationsverbindungen für die internationale Arbeitsteilung
durch Telefon, Fax und Computervernetzung billige Überwindung aller Entfernungen; z. B. Möglichkeit, Produkt in Europa zu planen und in Ostasien fertigen zu lassen; konkretes Beispiel: pdf-Datei eines Buches per E-Mail nach Indien oder China, dort Druck und Bindung

Tel.-Anschlüsse u. Mobilfunknutzer		PCs		Internetnutzer	
1990	2004	1990	2003	1990	2003
10,1	47	2,5	10,1	0,05	11,1

Welt je 100 Einwohner (nach ITU)

Weltweite Verkehrsströme — Seiten 140/141

Zu den Aufgaben

Aufgabe 1: Privatisierung von Aufgaben durch den Staat im Verkehrsbereich
Ziel: Deregulierung, Vergrößerung privatwirtschaftlicher Aktivitäten, Kostenersparnis, Flexibilität von Transporten

Aufgabe 2: Veränderungen im Weltluftverkehr
starke Zunahme des grenzüberschreitenden Luftfrachtverkehrs (1986 erst 5,1 Mio. t) durch Abkommen zwischen den Staaten („Freiheiten der Lüfte")

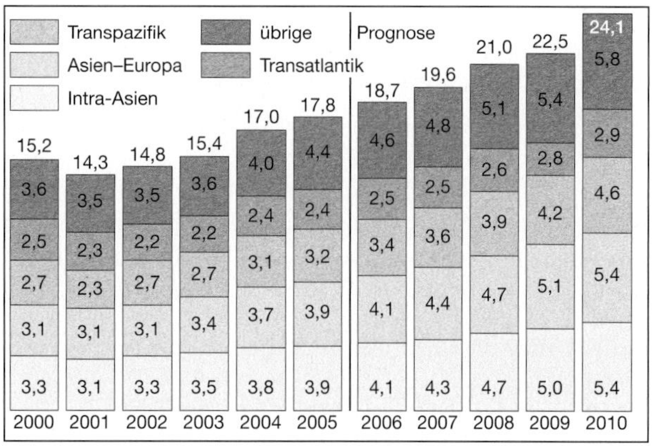

Internationale Luftfracht (Mio. t), *Quelle: MergeGlobal*
Cargoaufkommen der Weltflughäfen 2006 (Mio. t)

Rang	Stadt	Land	Gesamtumschlag (Mio. t)
1.	Memphis	USA	3,7
2.	Hongkong	China	3,6
3.	Anchorage	USA	5,9 (incl. Transit)
4.	Seoul	Südkorea	2,3
5.	Tokio	Japan	2,2
6.	Schanghai	China	2,1
7.	Frankfurt	Deutschland	2,1
8.	Louisville	USA	1,9
9.	Singapur	Singapur	1,9
10.	Los Angeles	USA	1,9

(Quelle: AirCargoWorld, Juli 2007)

Aufgabe 3: CityPairs und Hub-and-Spoke
CityPairs: Direktverbindungen zwischen zwei Städten; *Hub-and-Spoke:* Drehscheibe mit Verteilerfunktion; zweites System günstiger beim Einsatz großer Frachtmaschinen, Flughafeneinrichtungen (Belade-, Entlademöglichkeiten, Lagerung, Kommissionierung, Weiterleitung) mit hohen Investitionskosten, wirtschaftlich nur von großen Flughäfen zu bewerkstelligen; Bsp.: Obst und Gemüse mit Frachtmaschine aus Kenia nach Frankfurt, von dort Teillieferung weiter z. B. nach Hamburg mit Passagiermaschine und Ladung im Frachtraum

Aufgabe 4: Weltweite Verteilung der Verkehrsströme von Luft- und Seefracht

Am stärksten frequentierte Strecken: Asien–USA und Asien–Europa sowohl bei Luftfracht als auch bei Containertransport; von den 25 größten Containerhäfen 16 in Asien (davon 7 in China), 3 in Nordamerika, 6 in Europa;
weiterer Anstieg abhängig von der Wirtschaftsentwicklung Chinas und der USA (größter Abnehmer von Erzeugnissen aus chinesischer Produktion);
Containerumschlag Schanghai 1996–2005: + 820%,
Shenzen 1996–2005: + 2650%;
neben Containerumschlag noch Seefracht als herkömmliches Stückgut, als Flüssiggut mit Tankern und als Schüttgut (Dry Bulk, z. B. Getreide);
Frachtflugzeuge (2005): 2310, davon 450 interkontinental;
Containerschiffe (2006): 3618 mit 8,24 Mio. TEU Ladekapazität, davon 86 mit mehr als 7500 TEU;

Die 10 größten Containerhäfen der Welt (2002 und 2006)

Rang 2006	Stadt	Land	Gesamtumschlag (Mio. TEU)	
			2002	2006
1.	Singapur	Singapur	16,9	24,8
2.	Hongkong	China	19,1	23,2
3.	Schanghai	China	8,6	21,7
4.	Shenzen	China	7,6	18,5
5.	Pusan	Südkorea	9,4	12,0
6.	Kaohsiung	Taiwan	8,5	9,8
7.	Rotterdam	Niederlande	6,5	9,7
8.	Dubai	VAE	4,2	8,9
9.	Hamburg	Deutschland	5,4	8,9
10.	Los Angeles	USA	6,1	8,5

(Quelle: ISL, Statist. Bundesamt)

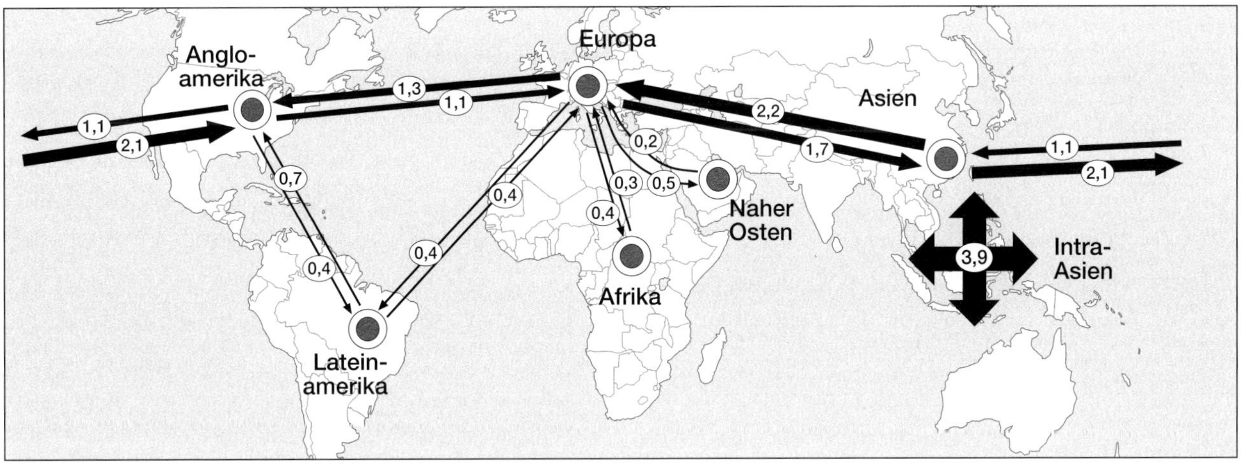

Internationaler Luftfrachtverkehr 2005 (Mio. t), *Quelle: MergeGlobal 2006*

Aufgabe 5: Veränderungen im Logistiksystem, neue Anforderungen an Dienstleister

Bis in die 1950er-Jahre: Frachtschiffe mit Stückgütern, Güter auf Paletten, in Kisten oder Säcken, Entladung eines 10000-Tonnen-Frachters 7–10 Tage; umgebauter Tanker 1956 als erstes „Containerschiff" in den USA; erstes Schiff mit Containern USA–Rotterdam 1966;
Heute: Be- und Entladung eines Containerschiffes: 3000–4000 Container in 24 Stunden;
Informationstechnologie (IT) als Schlüsseltechnologie (PC) für Verwaltung und Planung des Containerumschlags, Barcodes auf den Sendungen (können entlang der Transportkette an jeder Station gelesen werden), zukünftig jeder einzelne Container mit Satellitennavigation ausgestattet;
Geschlossene Transportkette von Land und Wasser: Antransport mit Bahn oder Lkw, Registrierung und Identifikation im Container-Terminal per Computer, Zwischenlagerung im Hafenbereich, Beladung zunächst per Computer, dann real mit speziellen Anlagen (Hubkräne, Containerbrücken);
Entladung: Koordination im Containerterminal, Zwischenlagerung, Benachrichtigung von Transportunternehmen

Logistik-Dienste

Verpackungslogistik: Bereitstellung, Schutz, Transport, Umverpackung, Entsorgung;
Transportlogistik: Beladung, Entladung, Aufteilung, Verteilung, Transportwege, Übergabe;
Lagerlogistik: Bereitstellung von Lagerraum, Lagerhaltung, Kommissionierung (Zusammenstellung von Aufträgen oder Sortimenten), Weiterverarbeitung, Organisation von Distributionszentren;
Weitere Dienste: Versicherungen, Zollformalitäten

Container:

Standard 20 Fuß – Twenty Foot Equivalent Unit, TEU (Länge 6,096 m, Breite 2,44 m, Höhe 2,6 m), Leergewicht 2,3 t, Zuladung 21,7 t;
Stahlbehälter mit Holzfußboden
40-Fuß-Container: Länge 12,19 m, Breite und Höhe wie 20-Fuß-Container, Zuladung 26,5 t
45-Fuß-Container: Länge 13,72 m, geeignet für viel Raum beanspruchende Güter, auf Lkw-Chassis transportierbar, Konkurrenz für konventionelle Sattelauflieger
Sonderformen: Kühl- und Tankcontainer

Internationaler Warenhandel — Seiten 142/143

Zu den Aufgaben

Aufgabe 1: Bedeutung des Warenhandels in historischer Perspektive
Internationale Handelsbeziehungen seit Jahrtausenden:
Römerzeit: Erschließung des Mittelmeerraumes mit Handelsschiffen (Getreide, Öl, Gebrauchsgüter)
Mittelalter: Hanse dominierende Handelsmacht im Nord- und Ostseeraum (Heringe, Salz, Pelze, Getreide)
Entdeckungszeitalter: Spanier und Portugiesen (Gewürze, Seide)
Kolonialzeit: landwirtschaftliche Rohstoffe (Baumwolle), mineralische Rohstoffe (Bodenschätze aller Art)

Aufgabe 2: Im Haushalt vorhandene Waren, Gründe für Welthandel
individuelle Bearbeitung; Fallbeispiele: Textilien, Schuhe – Importe aus China, niedrige Preise; Elektronikartikel: kostengünstige Importe aus Asien

Aufgabe 3: Räumliche Verteilung und Strukturen des Welthandels zwischen hoch entwickelten Ländern
Austausch von hoch entwickelten Fertigprodukten, selten Rohstoffe und Halbfabrikate
Globaler Warenexport (2005): 10 159 Mrd. US-$, davon
- Agrarprodukte 852 Mrd. US-$
- Rohstoffe 1748 Mrd. US-$
- Industriegüter 7312 Mrd. US-$

Warenexporte Nordamerika (2005): 1478 Mrd. US-$

Produktgruppe	Mrd. US-$	Exporte nach	Mrd. US-$
Agrarprodukte	137 (9,2%)	Intra-N-Am.	824 (55,8%)
Rohstoffe	179 (12,1%)	Europa	238 (16,1%)
Industriegüter	1103 (74,6%)	Asien	270 (18,3%)

Warenexporte Europa (2005): 4372 Mrd. US-$

Produktgruppe	Mrd. US-$	Exporte nach	Mrd. US-$
Agrarprodukte	396 (9,1%)	Intra-Europa	3201 (73,2%)
Rohstoffe	405 (9,3%)	Nordamerika	398 (9,1%)
Industriegüter	3485 (79,7%)	Asien	332 (7,6%)

Warenexporte Japan (2005): 594,5 Mrd. US-$, davon in die USA: 13,9 Mrd. US-$ (22,9%), EU-25: 87,6 Mrd. US-$ (14,7%)

Aufgabe 4: Einbindung von Entwicklungsländern in den Welthandel
teilweise erfolgreich, insbesondere bei Schwellenländern; wenig erfolgreich bei Ländern mit niedrigem Einkommen, oft bedingt durch Kriege, Bürgerkriege, innere Unruhen und Misswirtschaft; regionale Unterschiede zwischen Lateinamerika, Afrika und Asien

Warenexporte Afrika (2005): 298 Mrd. US-$

Produktgruppe	Mrd. US-$	Exporte nach	Mrd. US-$
Agrarprodukte	32 (10,9%)	Europa	128 (42,9%)
Rohstoffe	194 (65,2%)	Nordamerika	60 (20,2%)
Industriegüter	63 (21,2%)	Asien	49 (16,3%)

Warenexporte Asien (2005): 2779 Mrd. US-$

Produktgruppe	Mrd. US-$	Exporte nach	Mrd. US-$
Agrarprodukte	154 (5,6%)	Intra-Asien	1424 (51,2%)
Rohstoffe	253 (9,1%)	Nordamerika	608 (21,9%)
Industriegüter	2308 (83,1%)	Europa	498 (17,9%)

Warenexporte Mittel- und Südamerika (2005): 355 Mrd. US-$

Produktgruppe	Mrd. US-$	Exporte nach	Mrd. US-$
Agrarprodukte	94 (26,4%)	Intra-Lat.-Am.	86 (24,3%)
Rohstoffe	132 (37,1%)	Nordamerika	118 (33,2%)
Industriegüter	121 (34,1%)	Europa	68 (19,1%)

(Daten nach: World Trade Organization: International trade statistics 2006)

Auswirkungen des Welthandels — Seiten 144/145

Zu den Aufgaben

Aufgabe 1: Zusammenhang zwischen wirtschaftlicher Entwicklung und Welthandel
Länder mit hohem Einkommen = Industrieländer mit hohem Anteil am Welthandel (derzeit zwei Drittel, 1970 und 1990 drei Viertel); Schwellenländer bereits stärker eingebunden, Anteil Lateinamerikas und Afrikas von 1950–2000 rückläufig;
LDCs: Zunahme der Exporte von 24 Mrd. US-$ (1995) auf 81,3 Mrd. US-$ (2005)

LCDs: Afghanistan, Angola, Äquatorialguinea, Äthiopien, Bangladesch, Benin, Bhutan, Burkina Faso, Burundi, Dschibuti, Eritrea, Gambia, Guinea, Guinea-Bissau, Haiti, Kambodscha, Kap Verde, Kiribati, Komoren, Kongo (Dem. Rep.), Laos, Lesotho, Liberia, Madagaskar, Malawi, Mali, Mauretanien, Mosambik, Myanmar, Nepal, Niger, Ruanda, Salomonen, Samoa, São Tome und Principe, Senegal, Sierra Leone, Somalia, Sudan, Timor-Leste, Togo, Tschad, Tuvalu, Uganda, Zentralafr. Republik

Aufgabe 2: Vor- und Nachteile für hoch entwickelte Länder

Vorteile	Nachteile
– Wachstum (SMITH) – Kostenvorteile (RICARDO) – Spezialisierung – Erschließung größerer Märkte – höhere Produktionsmenge – geringere Stückkosten – niedrigere Preise für Konsumenten	– Verlust von Arbeitsplätzen ohne gleichzeitigen Ersatz in innovativen Branchen und Technologien – lange Transportwege – politische Unwägbarkeiten – wirtschaftliche Turbulenzen in Billiglohnländern

Aufgabe 3: Wirkungen auf gering entwickelte Länder
Verschlechterung der Terms of Trade, unsichere Einnahmen wegen Preisschwankungen, höhere Preise für importierte Industriegüter; kaum Wirkung auf Sickereffekt zwischen Zentren und Peripherien; kein Einfluss auf Subsistenzwirtschaft, Behinderung lokaler Aufbauanstrengungen, Nebeneinander von weltmarktorientierten Betrieben und Werkstätten für den lokalen Markt, nur Nutzung der niedrigen Arbeitskosten für Import von Vorprodukten durch MNU mit anschließendem Export von Fertigwaren, keine oder nur geringe Auswirkung auf den informellen Sektor

Auswerten von Außenhandelsstatistiken — Seiten 146/147

Zu den Aufgaben

Thema 1: Räumliche Verteilung der Exporte

Thema 1: Exportvolumen nach Ländergruppen

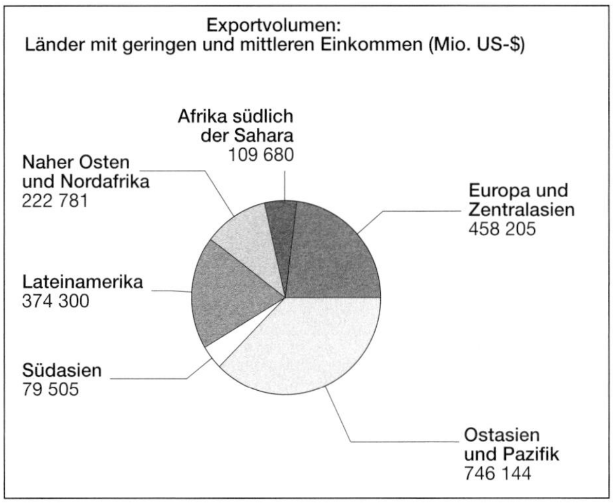

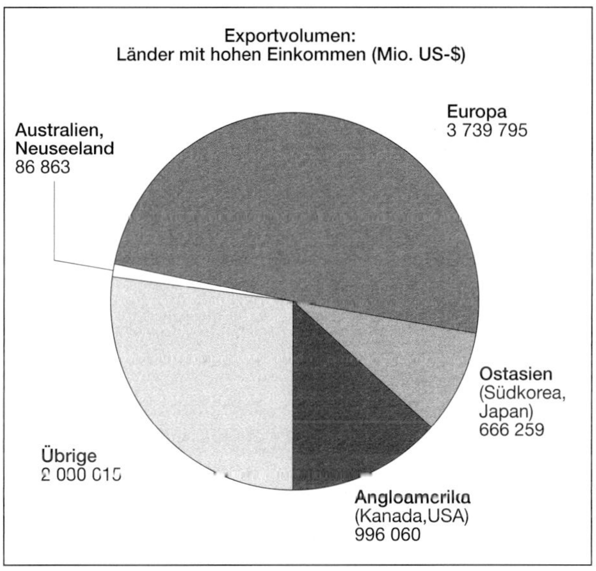

Thema 2: Anteile der Regionen als Sektoren

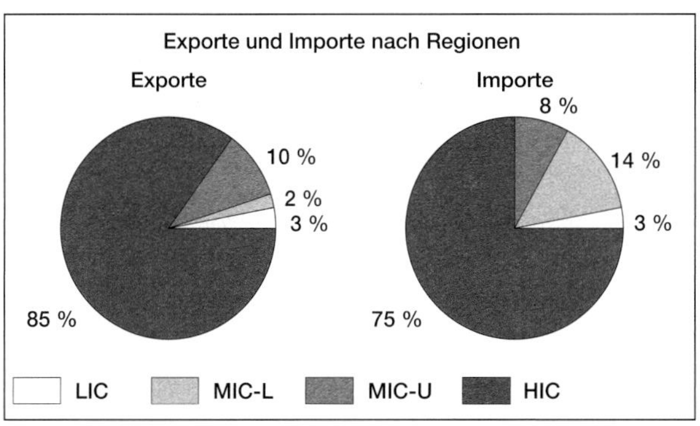

Eindeutiges Übergewicht der Länder mit hohen Einkommen

Thema 2: Struktur und Entwicklung des Außenhandels

Thema 1: Exporte und Importe nach Ländergruppen (Histogramm)

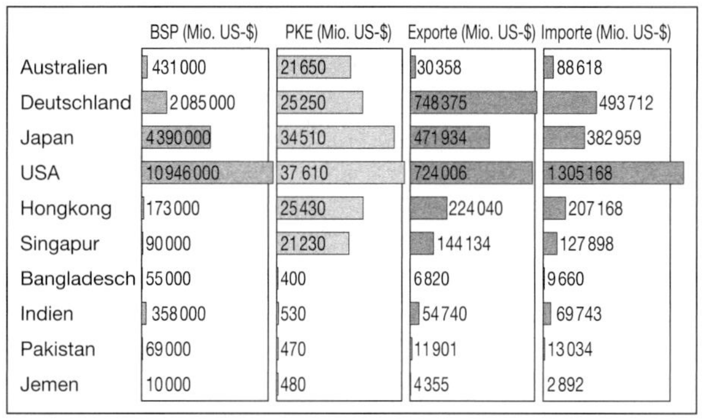

Thema 2: Veränderungen in den Exportstrukturen (Blockdiagramm)

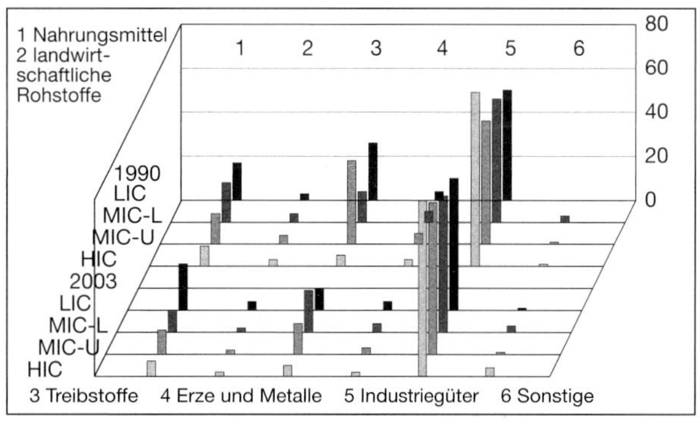

Handel mit Erdöl und Energierohstoffen — Seiten 148/149

Zu den Aufgaben

Aufgabe 1: Wirtschaftliche Entwicklung und Energieverbrauch

hoch entwickelte Länder = Industrieländer mit höchstem Verbrauch pro Kopf; 4600 kg ÖE/Kopf (2001), Entwicklungs- und Schwellenländer 828 kg ÖE/Kopf (2001); starker Anstieg in Schwellenländern, Bsp. China (ohne Hongkong). Verbrauch 1990: 173,8 Mio. t Erdöl, 2006: 350 Mio. t

Aufgabe 2: Regenerierbare Energien

	Perspektiven	Probleme
Sonnenenergie	weltweite Zunahme der Fotovoltaik	energieaufwändige Produktion
Windenergie	weltweite Zunahme, auch Offshore-Parks	Kritik von Landschaftsschützern
Wasserkraft	kaum noch Ausbaumöglichkeiten	Eingriffe in die Umwelt
Geothermie	ausbaufähig	keine; Kostenfaktor beim Bau
Gezeitenenergie	Ergebnisse der Versuchsanlagen abwarten	nur an wenigen Orten nutzbar
Biomasse	hoher Zuwachs in naher Zukunft	Verwendung von Nahrungsmitteln

Beispiel Deutschland

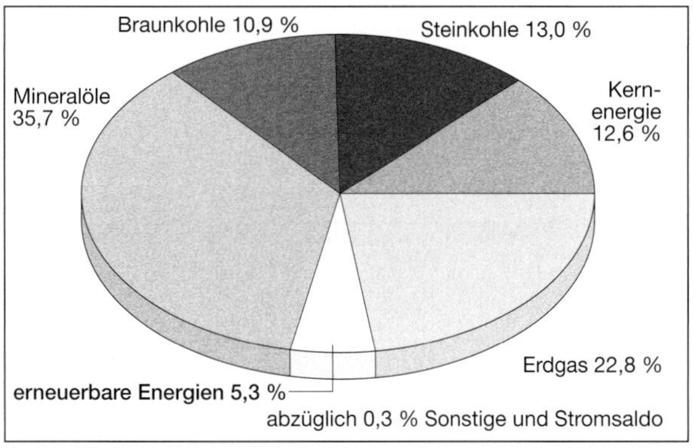

Struktur des Primärenergieverbrauchs 2006

Anteil der erneuerbaren Energie am Primärverbrauch (%)

	1998	2001	2006
Anteil am Primärenergieverbrauch	2,1	2,7	5,3
– Stromerzeugung	0,8	1,1	2,4
– Wärmeerzeugung	1,3	1,4	2,2
– Kraftstoff	0,03	0,1	0,7

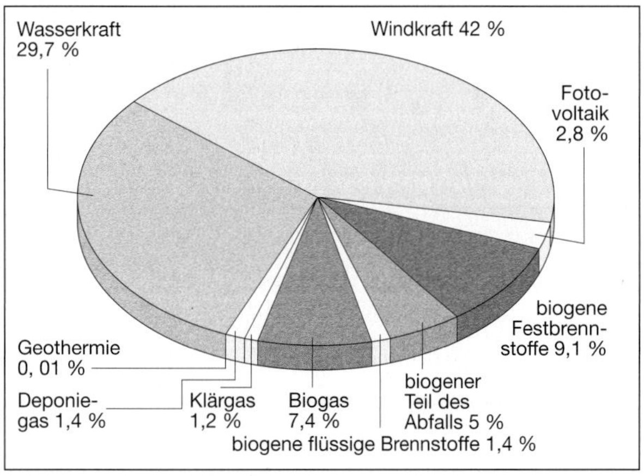

Struktur der Stromerzeugung aus erneuerbaren Energien in Deutschland 2006

Aufgabe 3: Räumliche Verteilung der Vorkommen und des Verbrauchs von Erdöl
Vorkommen

Region	Reserven 2006 (Mio. t)	Weltanteil (%)
Naher Osten	100382	56,2
– Saudi-Arabien	35748	
Nordamerika (USA, CDN)	27059	15,1
– Kanada	24126	
Mittel- u. Südamerika	15967	8,9
– Venezuela	11190	
Afrika	15258	8,5
– Libyen	–5465	
GUS	13453	7,5
– Russland	8163	
Süd-/Ostasien/Australien	4500	2,5
– China	2192	
Europa	2124	1,2
– Norwegen	1054	
Welt	178743	

Verbrauch

Region	Verbrauch (Mio. t)	Weltanteil (%)
Süd-/Ostasien/Australien	1136,5	29,3
– China	347	
Nordamerika (USA, CDN)	1042,0	26,8
– USA	942	
Europa	769,5	19,8
– Deutschland	123,0	
Mittel- u. Südamerika	330,1	8,9
– Brasilien	104,2	
Naher Osten	258,9	6,7
– Saudi-Arabien	89,6	
Afrika	137,5	3,6
– Ägypten	32,8	
GUS	189,2	4,9
– Russland	136,0	
Welt	3896,3	

(nach Esso: Oeldorado 2007, Daten z. T. gerundet)

Globaler Ölverbrauch: durchschnittlich 2 Liter/Kopf-Tag; USA 11 l, Deutschland 5 l, China 0,8 l, Indien 0,35 l

Aufgabe 4: Funktion der OPEC
OPEC: 11 Mitglieder (Algerien, Indonesien, Irak, Iran, Katar, Kuwait, Libyen, Nigeria, Saudi-Arabien, Venezuela, VAE);
Ziele: ausreichende Versorgung des Weltmarktes, Festlegung der Fördermengen, Preisstabilität, Sicherung der Einkommen der Förderländer;
Anteil an Erdöl-Weltreserven: 1996: 77,5 %, 2006: 68,6 %

Aufgabe 5: Verwendungsmöglichkeiten von Erdöl
Fraktionierung in der Raffinerie, Grundstoff für chemische Industrie

Treibstoff	Vorprodukte	Rohstoff für	Rückstände
Benzin	Ethen	Kunststoffe	Bitumen
Diesel	Propen	Faserstoffe	Koks
Kerosin	Benzol	Düngemittel	Ruß
schweres Heizöl		Medikamente	
Gas		Waschmittel	

Internationale Warenketten Seiten 150/151

Zu den Aufgaben

Aufgabe 1: Schritte und Akteure von Warenketten
individuelle Bearbeitung

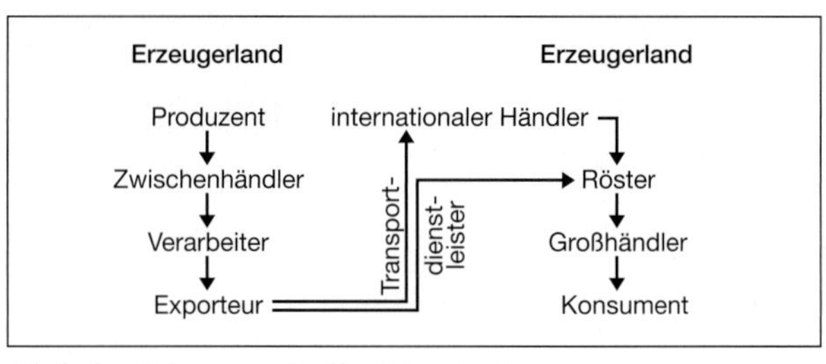

Einfaches Schema der Kaffee-Warenkette

Aufgabe 2: Produzentendominierte und käuferorientierte Warenketten
Herstellergesteuerte Warenkette: Zentrale eines multinationalen Unternehmens steuert Kapital und Technologie an Tochterunternehmen, regionale Zulieferung an Tochterunternehmen, Warenströme zwischen den Tochterunternehmen; arbeitsteilige Prozesse, große wirtschaftliche (und politische) Durchschlagskraft;
Käuferorientierte Warenkette: Ankauf und Logistik durch Großunternehmen, Einfluss auf Menge und Qualität beim Erzeuger, Kontrolle der Lieferungen, Zeitvorgaben, Preisdruck auf Produzenten, z. T. Verdrängungswettbewerb

Aufgabe 3: Räumliche Verteilung der Warenkette von Kaffee
Erzeugung: Tropen/Subtropen, Verarbeitung: in Industrieländern; Mehrwert auf jeder Verarbeitungs- bzw. Transportstufe;
Kostenanteile am Endprodukt: Fracht, Steuern, Zölle: 44,9 %, Handel + Rösterei: 41,5 %, Produzenten 13,6 % (Löhne der Arbeiter 5,1 %)

Kaffeeproduzenten 2005	
Land	Mio. t
Brasilien	2,18
Vietnam	0,99
Indonesien	0,76
Kolumbien	0,68
Mexiko	0,31
Indien	0,28
Äthiopien	0,26
Guatemala	0,22
Honduras	0,19
Uganda	0,19
Welt	7,70

Kaffeeverbrauch 2003	
Land	kg/Kopf
Finnland	11,4
Island	9,1
Norwegen	9,0
Dänemark	8,1
Schweden	7,9
Schweiz	7,4
Niederlande	6,8
Deutschland	6,6
Italien	5,7
Brasilien	4,7
USA	4,2

Aufgabe 4: Warenketten von Primärgütern
Landwirtschaftliche Produkte: EL – IL, IL – IL, IL – EL
Baumwolle als typisches Handelsprodukt: Organisation und Wertschöpfung durch IL; Südfrüchte aus Brasilien: ähnliche Kette wie bei Kaffee
Mineralische Rohstoffe, z. B. Erze, Erdöl: Produzenten EL, Abnahme, Verarbeitung, Wertschöpfung IL, Schwellenländer

Aufgabe 5: Transfair-Produkte in eigener Umgebung
individuelle Bearbeitung

Aufgabe 6: Räumliche Verteilung der Bekleidungsproduktion
Schwerpunkte Ost- und Südasien, z. T. Osteuropa; Anteile in entwickelten Ländern (USA, Deutschland, Japan) stark rückläufig, Hongkong, Taiwan und Südkorea von steigenden Kosten betroffen, trotz Quotenregelung für China Anstieg der Exporte, 2006 auch in asiatische Länder; Gewinner der Globalisierung neben China Niedriglohnländer Bangladesch, Kambodscha und Vietnam

Internationale Direktinvestitionen Seiten 152/153

Zu den Aufgaben
Aufgabe 1: Motive für Direktinvestitionen
Absatzorientierte Gründe:
- Größe und Kaufkraft des Zielmarktes,
- Umgehung von Handelshemmnissen,
- Anpassung an länderspezifische Produktmerkmale und Marktbedingungen,
- Herkunfts-Goodwill (= hergestellt im eigenen Land – Absatzpsychologie),
- allgemeine Gewinnmaximierung,
- Wettbewerbsvorteile durch Marktnähe

Kosten-/beschaffungsorientierte Gründe:
- vorhandene Rohstoffe und Vorprodukte,
- Verfügbarkeit billiger Arbeitskräfte,
- Verfügbarkeit von hoch qualifizierten Arbeitskräften, niedrige Standortkosten (z. B. Steuern, Umweltauflagen, Flächen, Energie),
- Verringerung von Transportkosten,
- Nähe zu anderen Anbietern/Herstellern

Aufgabe 2: Vorteile der Produktion im Zielland
Verlagerung von arbeits- und kostenintensiven Gliedern der Warenkette, Umgehung von Handelshemmnissen, Anpassung an länderspezifische Marktbedingungen

Aufgabe 3: Räumliche Verteilung von Direktinvestitionen
Zielgebiete: 70 % in Industrieländer, rd. 20 % in Transformations- und Schwellenländer, weniger als 10 % in Entwicklungsländer; Risikostaaten in Afrika und Asien fast ohne Direktinvestitionen;
Direktinvestitionen 2005: Welt 896,7 Mrd. US-$, davon in entwickelte Länder 573 Mrd. US-$, in Entwicklungs- und Schwellenländer 274 Mrd. US-$
- nach Europa (EU-25): 445,3 Mrd. US-$
- nach Afrika: 28,9 Mrd. US-$
- nach Lateinamerika: 72 Mrd. US-$
- nach Asien: 172,7 Mrd. US-$ (China: 72,4 Mrd. US-$)
- nach Russland: 26,1 Mrd. US-$

Zukünftige Attraktivität von Märkten:
global: 1. China, 2. Indien, 3. USA, 4. Russland, 5. Brasilien;
hoch entwickelte Länder: 1. USA, 2. Kanada, 3. Großbritannien, 4. Deutschland, 5. Frankreich

Aufgabe 4: Vorteile und Nachteile von Direktinvestitionen

Vorteile	Nachteile
für hoch entwickelte Länder	
Sicherung von Arbeitsplätzen durch Erschließung neuer Märkte, Rohstoffgewinnung, relativ preisgünstige Konsumentenangebote, Zufluss von Kapital im Inland	Abfluss von Kapital, zu wenig Investitionen im Inland, Erhöhung der Arbeitslosigkeit
für gering entwickelte Länder	
Zufluss von Kapital, Technologietransfer, Reduzierung der Arbeitslosigkeit, Deviseneinnahmen, Schuldenabbau, Ausbau der Infrastruktur, erhöhtes Konsumangebot	Beschäftigung von ungelernten Arbeitskräften mit niedrigen Lohnkosten, sich vergrößernde Weltmarkabhängigkeit, geringe Berücksichtigung der Umwelt

Standortfaktoren und Standortwahl Seiten 154/155

Zu den Aufgaben
Aufgabe 1: Relevante Standortfaktoren
Harte Standortfaktoren: in Geldeinheiten messbare Wirkungen auf Kosten und Erlöse des Unternehmens; oft Gliederung nach Materialfluss; Input: Verfügbarkeit von Rohstoffen, Vorprodukte, Energie, Arbeitsleistung, vorhandene Dienstleistungen, Ausstattung mit Infrastruktur; Output: lokale oder überregional erreichbare Nachfrage
Weiche Standortfaktoren: indirekter Einfluss auf Unternehmenserfolg, z. B. Wirtschaftsklima, Standortimage;

Aufgabe 2: Verhalten von „Optimisern“ und „Satisficern“
Optimiser: von Großunternehmen beauftragte Experten, die Standortanalyse betreiben, große Datenmengen auswerten und optimalen Standort auswählen

Satisficer: kleinerer Unternehmer mit geringeren finanziellen Mitteln zur Standortanalyse, oft an Wohnort gebunden, Standortwahl befriedigend, aber nicht optimal

Aufgabe 3: Bedeutungsverlust des Faktors Transportkosten für die Standortwahl
nach ALFRED WEBER („Über den Standort der Industrie“, 1909) drei relevante Standortfaktoren: Transportkosten, Arbeitskosten (für WEBER nachrangig), Agglomerationsvorteile (z. B. gemeinsame Materialbeschaffung verschiedener Betriebe mit gleicher Produktionsausrichtung);
Transportkosten heute durch „Containerrevolution“ stark rückläufig, Bestimmungsfaktor durch Treibstoffpreis vorgegeben; WEBERS These vom optimalen Standort am Fundort der Materialien ist nur noch auf Standorte der Grundstoffindustrie übertragbar, z. B. für Zementfabriken; bei nicht rohstoffgebundenen Industrien und Dienstleistungen Transportkosten nachrangig, da Bildungs- und Forschungseinrichtungen wichtiger

Aufgabe 4: Informationen für die Standortwahl kleinerer Betriebe im Nahbereich
individuelle Bearbeitung

Aufgabe 5: Verlagerung der Bekleidungsproduktion in gering entwickelte Länder
billige Arbeitskräfte, niedrige Standortkosten, Gewinnmaximierung durch Verkauf in Industrieländern

Produktionsweg einer Jeans

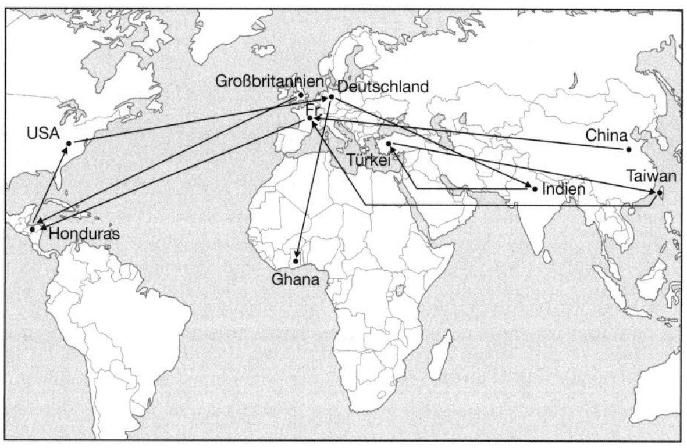

Mithilfe von Pestiziden und Düngemitteln aus Deutschland wird in Indien Baumwolle angebaut. Diese wird in der Türkei zu Garn gesponnen und in Taiwan zu einem Stoff gewebt. In Frankreich wird dieser Stoff mit chinesischen Farbstoffen gefärbt, um dann in Honduras, unter Verwendung britischer Kurzwaren, zu einer Jeans genäht zu werden.
Das Ganze geschieht im Auftrage einer US-amerikanischen Firma, die für den deutschen Markt produzieren lässt. Die „abgetragene“ Jeans landet im Altkleidercontainer, von wo aus sie eine niederländische Verwertungsfirma in Ghana auf den Altkleidermarkt bringt (und wo sie die traditionelle Textilfabrikation in Frage stellt. Anmerkung des Verfassers).

Entwicklung multinationaler Unternehmen — Seiten 156/157

Zu den Aufgaben

Aufgabe 1: Merkmale fordistischer und postfordistischer Produktion
Fordismus (nach HENRY FORD): Rationalisierung, durch Massenfertigung (Fließband) Preissenkung und Lohnerhöhung
Postfordismus: Beschränkung auf Kernkompetenzen, Outsourcing, Einzelproduktion an verschiedenen Standorten, Vergabe an Zulieferfirmen

Aufgabe 2: Intra-Unternehmens-Handel
Warenströme zwischen Teilen eines Unternehmens, Anteil am Welthandel ca. ein Drittel; trans- und multinationale Unternehmen mit Teileinheiten und jeweils spezifischen Funktionen: nationaler Hauptsitz (Headquarter), Operational Headquarter, Produktion, Forschung und Entwicklung, Vertrieb, Verkauf
Bsp. VW: Mitarbeiter 2006: 328 599, davon im Inland 173 790; Bsp. DaimlerChrysler: Mitarbeiter 2007: 356 749, davon 165 779 in Deutschland, 96 531 in den USA

Aufgabe 3: Gründe für die Zunahme von MNU
Zunahme der Zahl der in den 14 größten Industrieländern beheimateten multinationalen Unternehmen (MNU) zwischen 1970 und 2007 von 7000 auf 70 000; Steigerung von Größe und Konzentration auch durch Unternehmensfusionen; allein im Jahr 2000 über 5000 grenzüberschreitende Fusionen und Übernahmen

Aufgabe 4: Verlust des Einflusses von nationaler Wirtschaftspolitik gegenüber multinationalen Unternehmen
Nationalstaaten verlieren an Bedeutung (Entgrenzung), nationale Wirtschaftsentwicklung durch Shareholder-Value-Ansatz der MNU geprägt, Konsummuster zeigen postfordistische Differenzierung mit internationaler Orientierung, Entstehung neuer Raumsysteme mit supranationalen Integrationsräumen und Bedeutungszuwachs von Global Cities
Vergleich Exxon – weltgrößtes Unternehmen nach dem Umsatz (370 Mrd. US-$ 2005) – mit BIP von Südafrika (240,2 Mrd. US-$ 2005);
Vergleich DaimlerChrysler – Fahrzeugbranche (177,3 Mrd. US-$ Umsatz 2005) – mit Steuereinnahmen von Bund, Ländern und Gemeinden in Deutschland 415,4 Mrd. € (2005);

Internationale Migration — Seiten 158/159

Zu den Aufgaben

Aufgabe 1: Historische Phasen der Migration
Auslöser von Bevölkerungswanderungen: Klimawandel, Bedrohung durch das Meer, Erschöpfung der Ressourcen, Übervölkerung, kriegerische, politische, religiöse, wirtschaftliche Zwänge;
Begriffe für Menschen, die freiwillig oder unter Zwang ihren Wohnort verlassen: Migranten, Flüchtlinge, Asylbewerber, Deportierte, Zwangsumgesiedelte, Umsiedler, Spätaussiedler, Vertriebene, Verschleppte, Rückwanderer, Zuwanderer, Zugezogene, Fortgezogene, Zwangsarbeiter, Gastarbeiter;
Religionskriege/Glaubenskämpfe: Vertreibung der Juden und Mauren aus Spanien 1492, Nach-Reformation: Vertreibung von Protestanten (unter ihnen ca. 300 000 Hugenotten);
Kriege: Balkankrieg 1912/13 (danach Austausch von Bulgaren gegen Türken), Erster Weltkrieg, Zweiter Weltkrieg;
Entkolonialisierung: Aufteilung von British Indien, europäische Rücksiedler (Großbritannien, Frankreich, Portugal je 1 Mio., Italien 300 000, Niederlande 200 000) und ethnische Gruppen aus den ehemaligen Kolonien; 2005: 2 Kriege und 22 ernste Krisen mit Gewalt

Aufgabe 2: Keine wesentliche Zunahme der Zahl der Migranten in den letzten Jahrzehnten
internationaler Anteil der Migranten konstant bei 2 % der Weltbevölkerung; Wanderungsbewegungen von gering Qualifizierten durch Grenzkontrollen erschwert (Bsp. USA–Mexiko, EU, Australien), Abschiebung von illegal Eingereisten, Quotenregelungen

Aufgabe 3: Bedeutung von Netzwerken für unterschiedliche Formen der Migration
für hoch Qualifizierte: durch MNU gesteuert, ohne Schwierigkeiten; für gering Qualifizierte, meist aus EL, mit Gefahr für Leib und Leben verbunden, da Einreise illegal und von professionellen Schleuserbanden betrieben (Bsp. „Boatpeople“ in Italien/Spanien

aus afrikanischen Ländern); interkontinentale Allianzen und ethnisch geprägte Netzwerke mit Kontakten vor Ort, Organisation von gefälschten Papieren, Transport und Verteilung der Migranten; legale und befristete Zuwanderung aus islamischen Staaten in ölreiche Golfstaaten

Aufgabe 4: Besondere Bedeutung der Migration von hoch qualifizierten Personen
relativ liberale Regelungen für hoch qualifizierte Fachkräfte, z. T. durch „Headhunter" der MNU forciert, Bsp. Greencard der USA; starke Zuwanderung aus Indien, Südostasien, Europa, Russland; hoher Anteil von Nobelpreisträgern in den USA mit Herkunft aus anderen Ländern; Zuwanderung auch nach Europa, aber wegen Sprachproblemen bis auf Großbritannien geringer; „Braindrain" aus Entwicklungsländern und damit Verstärkung der Disparitäten

Aufgabe 5: Ströme, Motive, Probleme von „Wirtschaftsflüchtlingen"
Begriff Wirtschaftsflüchtlinge eher diskriminierend, eher Armutsflüchtlinge; Abwanderung aus EL (Zentralamerika, Peru, Bolivien, Nord- und Westafrika, Zentralasien, indischer Subkontinent, Südostasien); seltene oder mit langen Wartefristen verbundene Eingliederung im Zielland, Familienzusammenführung oft unmöglich

Supranationale Integrationsräume — Seiten 160/161

Zu den Aufgaben

Aufgabe 1: Gründe für die Bildung von supranationalen Integrationsräumen
schrittweise Verringerung der Barrieren zwischen den Ländern (Zölle und nicht-tarifäre Handelshemmnisse), Erleichterung der Mobilität von Produktionsfaktoren (Arbeit, Kapital, technisches Wissen); nach Einrichtung der Präferenzzone Weiterführung über Freihandelszone zur Zollunion, daraus folgend gemeinsamer Markt und Wirtschaftsunion, im Idealfall politische Union mit gemeinsamer Währung

Aufgabe 2: Elemente eines gemeinsamen Marktes und einer Wirtschaftsunion in der EU
Gemeinsamer Markt – Vorstufen:
1948 Zollunion zwischen Belgien, Niederlande und Luxemburg (Benelux)
1951 Vertrag über Gründung der Europäischen Gemeinschaft für Kohle und Stahl (EGKS) zwischen Belgien, Deutschland, Frankreich, Italien, Niederlande, Luxemburg
1957 Römische Verträge, Umwandlung der EGKS in Europäische Gemeinschaften, Gründung der Europäischen Wirtschaftsgemeinschaft (EWG)

Wirtschaftsunion:
1993 Vollendung des Binnenmarktes, freier Personen-, Waren-, Dienstleistungs- und Kapitalverkehr („die vier Grundfreiheiten"), Einführung des Euro 2002: Eurozone

Räumliche Erweiterungen:
Norden/Westen 1973: UK, DK, IRL; Süden 1981/86: GR, E, P; ehemalige EFTA-Mitglieder 1995: A, S, FIN; Osten 2004/06 Transformationsstaaten: CZ, EST, H, LT, LV, PL, SK, SLO, BG, RO sowie Mittelmeerstaaten CY, M

Aufgabe 3: Vorbildfunktion der EU
Überwindung der Spaltung Europas nach dem Zweiten Weltkrieg, Einbindung der Staaten Osteuropas, Schaffung einer Wirtschafts- und Währungsunion; Erhöhung des Lebensstandards, höhere globale Wirtschaftskraft

Aufgabe 4: Probleme der Integration gering entwickelter Länder in das System internationaler Wirtschaftsbeziehungen (Referat)
Bisher weniger erfolgreiche Integrationsbemühungen folgender Organisationen:
Afrika: AU (Afrikanische Union, 53 Mitglieder), CEAO (Communauté économique de l'Afrique de l'Ouest, Westafrikanische Wirtschaftsgemeinschaft, 1973/74 gegründet, ehemals frankophon, Umwandlung 1994 in UEMOA (Union économique et Monétaire Ouest Africaine, Westafrikanische Wirtschafts- und Währungsunion), 8 Mitglieder; ECOWAS (Economic Community of West African States), 1975 gegründet, 15 Mitglieder; PTA (Preferential Trade Area for Eastern and Southern Africa), 1981 gegründet, 1994 Umwandlung in COMESA (Common Market for Eastern and Southern Africa), 13 Mitglieder;
Südamerika: Andengruppe (CAN, Communidad Andina de Naciones), 1969 gegründet, 4 Mitglieder, Chile assoziiert;
Asien: ASEAN (Association of Southeast Asian Nations), 1967 gegründet, 10 Mitglieder, 1992 erweitert um AFTA (Asian Free Trade Area)
Probleme bei der Integration: unterschiedlicher wirtschaftlicher Entwicklungsstand, unterschiedliche politische Interessen, mangelnde Kooperationsbereitschaft und Organisation (z. B. Verschiebung der Einführung des „Eco" als westafrikanische Währung für ECOWAS)

Global Cities — Seiten 162/163

Zu den Aufgaben

Aufgabe 1: Zusammenhang zwischen Globalisierung und der Entstehung von Global Cities
Ausweitung des Warenhandels und der globalen Dienstleistungen, Global Cities als Steuerungs- und Kontrollzentralen weltweiter wirtschaftlicher Aktivitäten; Hauptsitze von multi- und transnationalen Unternehmen, Standorte von weltweit agierenden politischen Institutionen (UNO, Weltbank, Nichtregierungsorganisationen), Knotenpunkte von hochrangigen Unternehmensdienstleistungen (Unternehmens-, Rechts- und Steuerberatung, Werbung, Marketing, Logistik), Finanzzentren (Börsen, Aktien, Devisenhändler, Banken, E-Commerce), Standorte von Messen und internationalen Kongressen, Drehscheiben im internationalen Waren- und Personenverkehr

Aufgabe 2: Merkmale der Global Cities in Europa
Primäre Zentren mit allen Funktionen:
a) London (1. Stelle bei Hauptverwaltungen der größten Firmen in Europa, 1. Stelle bei den Hauptverwaltungen großer Banken);
b) Paris (ähnliche Struktur wie London)

Sekundäre Zentren mit Teilfunktionen:
a) Rotterdam (Umschlag, Handel, Logistik);
b) Brüssel (politische Institutionen der EU);
c) Frankfurt a. M. (Finanzzentrum, Verkehrsdrehscheibe für internationalen Flugverkehr);
d) Wien („Osteuropazentrale" für mittel- und osteuropäische Länder);
e) Zürich (Finanzzentrum);
f) Mailand (Finanzzentrum)

Aufgabe 3: Gründe für das Fehlen einer hochrangigen globalen City in Deutschland
historisch zu begründende politische Kleinteilung (Fürstentümer, Königreiche, Provinzen, Länder) mit eigenständiger wirtschaftlicher und kultureller Entwicklung, nach der Gründung des Deutschen Reiches 1871 Berlin als Hauptstadt, Metropole gleich bedeutend wie London, Paris, Rom; nach dem Zweiten Weltkrieg Bedeutungsverlust (Teilung, Westberlin abhängig von Subventionen, verlängerte Werkbank westdeutscher Unternehmen, Ostberlin zwar „Hauptstadt der DDR" und Industriezentrum, aber in den RGW

eingebunden), nach der Wiedervereinigung ursprüngliche Rolle noch nicht wieder erreicht; kein strategisches Zentrum der deutschen Wirtschaft, rd. die Hälfte der in Berlin ansässigen Großunternehmen werden extern kontrolliert

Aufgabe 4: Perspektiven der Entwicklung Berlins zur Global City
ambitionierte Vorstellungen von international ausgreifenden wirtschaftlichen Kontrollpotenzialen, mögliche Global-City-Funktionen im Medienbereich (rd. 7000 Unternehmen in Berlin ansässig, 19 von 33 globalen Medienunternehmen mit Niederlassungen in Berlin); Flughafenausbau bis 2011

Aufgabe 5: Wirkung der Entstehung von Global Cities auf gering entwickelte Länder
in geringer entwickelten Ländern ebenfalls Herausbildung eines Global-City-Systems, aber ausgeprägte Beziehungen zu hochrangigen Global Cities der entwickelten Länder, weniger Verbindungen untereinander oder zu anderen gering entwickelten Ländern, daher Verstärkung der bestehenden räumlichen Disparitäten durch die globale Einbindung

Cluster unternehmensorientierter Dienstleistungen — Seiten 164/165

Zu den Aufgaben

Aufgabe 1: Zunahme des Bedarfs an hochrangigen Dienstleistungen in der Phase der Globalisierung
mehr Gewicht von internationalen Marktbeziehungen gegen regionale und nationale Beziehungen, erhöhter Bedarf an Beratung (Recht, Steuern, Standort, Marktforschung, Marketing, Projektplanung, Werbung, Management) sowie Forschung und Entwicklung

Aufgabe 2: Funktionen von KIBS und FIRE
KIBS: Knowledge Intensive Business Services, wissens- und technologiebasierte Dienstleistungsunternehmen mit Funktionen im Informationstransfer und in der Wissensgenerierung wegen fortschreitender Spezialisierung und Arbeitsteilung im Innovationsprozess;
FIRE: Finance, Insurance, Real Estate (Banken, Versicherungen, Immobilien), Kapitalbeschaffung von transnational tätigen Unternehmen durch Zugang zu den großen Börsen, Börsenumsätze als Spiegelbild der Größe des nationalen Aktienmarktes und der Volkswirtschaft; Bsp. Deutsche Börse AG: Umsatz 2005: 1631 Mio. €, Umsatz New York Stock Exchange 22.6.2007: 172,152 Mrd. $

Aufgabe 3: Standortsystem eines multinationalen Beratungsunternehmens (Skizze)

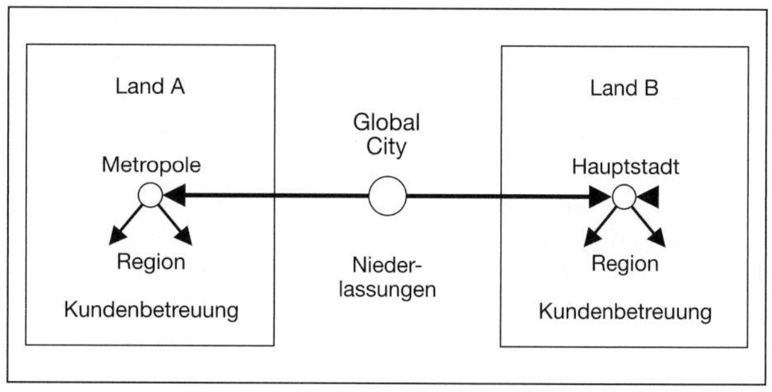

Aufgabe 4: Merkmale von Clustern und Vorteile der Einbindung in Cluster für Unternehmen
Cluster = Netzwerke von Produzenten, Zulieferern, Forschungseinrichtungen, Dienstleistern, gemeinsame Nähe; Raummuster: bei höherrangigen humankapitalintensiven Diensten hierarchische Ausbreitung (z. B. Global Cities), bei intensiven internen Lieferverpflichtungen flächenhafte Ausbreitung, hoher Anteil an Immaterialität der Leistung, erschwerte Standardisierung der Leistung;
Vorteile für Unternehmen: gegenseitige Kontakte, intensiver Interaktionsprozess zwischen Anbieter und Nachfrager, erleichterte Projektzusammenarbeit, Wettbewerbsvorteile durch Wissensvorsprung gegenüber Mitbewerbern

Aufgabe 5: Entstehung von immer mehr multinationalen Dienstleistungen in der Phase der Globalisierung
Zunahme des internationalen Warenhandels, andere Formen internationaler Aktivitäten als bei der Produktion materieller Güter, rd. 25% Anteil von Dienstleistungen an internationalen Exporten, 50% Anteil von Dienstleistungen an internationalen Direktinvestitionen; Auslagerung (Outsourcing) zur Vermeidung von Fixkosten für Dienstleistungsbereiche in produzierenden Unternehmen, durch PC und Internet Verlagerung von Routinearbeiten (Buchführung, Kontoführung) in sog. Backoffices, z. T. ins Ausland mit niedrigeren Arbeitskosten, Bsp. Indien als sich entwickelndes globales Service- und Rechenzentrum;
Prognose für US-Unternehmen: bis 2015 Verlagerung von 3,3 Mio. Arbeitsplätzen in Entwicklungsländer; Prognose für Deutschland: Verlagerung von rd. 100000 Arbeitsplätzen, vor allem bei Finanzdienstleistungen, in das Ausland

Internationaler Warenhandel

M1 Gründe für Warenhandel

Über Jahrhunderte erfolgte Warenhandel vor allem wegen der unterschiedlichen Verfügbarkeit von Waren. Aufgrund ihrer natürlichen Ausstattung verfügen Regionen über Waren (z. B. Salz, Erze, Früchte, Fische, Häute), für die in anderen Regionen ein Bedarf besteht. So entstand Handel.

Mit der Industrialisierung im 19. Jahrhundert und der Liberalisierung des Außenhandels im 20. Jahrhundert gewannen Preisunterschiede bei der Herstellung von Waren als anderer Grund für Warenhandel an Bedeutung. Durch industrielle Massenproduktion können Betriebe Waren preisgünstiger herstellen und dann exportieren. Gleichzeitig führen räumliche Unterschiede in den Produktionskosten, z. B. Lohndifferenzen, zu Preisunterschieden in der Herstellung von Gütern (z. B. bei Bekleidung).

Preisunterschiede in der Herstellung als Grund für Warenhandel sind dann besonders relevant, wenn – wie heute – geringe Zollschranken bestehen und niedrige Transportkosten auftreten.

Im 20. Jahrhundert ist es in den hoch entwickelten Ländern zu einer Differenzierung der Produktion aufgrund sehr individueller Verbraucherwünsche gekommen. Heute prägen Qualitätsunterschiede die Warenströme, d. h., es erfolgt ein Austausch von ähnlichen Produkten, die sich aber nur unwesentlich voneinander unterscheiden. Am internationalen Warenhandel sind jedoch nicht alle Länder gleichermaßen beteiligt.

M2 Unterschiedliche Formen des Warenhandels

Handel mit Primärgütern (Äthiopien)

Handel mit Gebrauchsgegenständen und Souveniers (Marokko)

M3 Räumliche Verteilung des internationalen Warenhandels

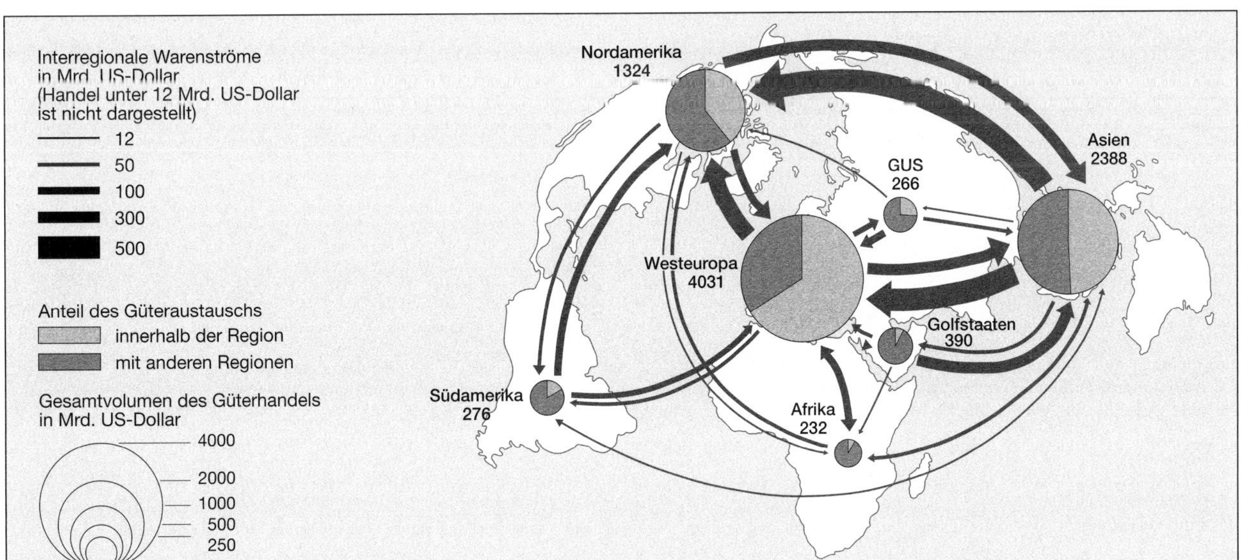

(Nach: Atlas der Globalisierung, 2006 Le Monde diplomatique/faz Verlags- und Vertriebs GmbH, Berlin)

M 4 Modell des wirtschaftlichen Dualismus

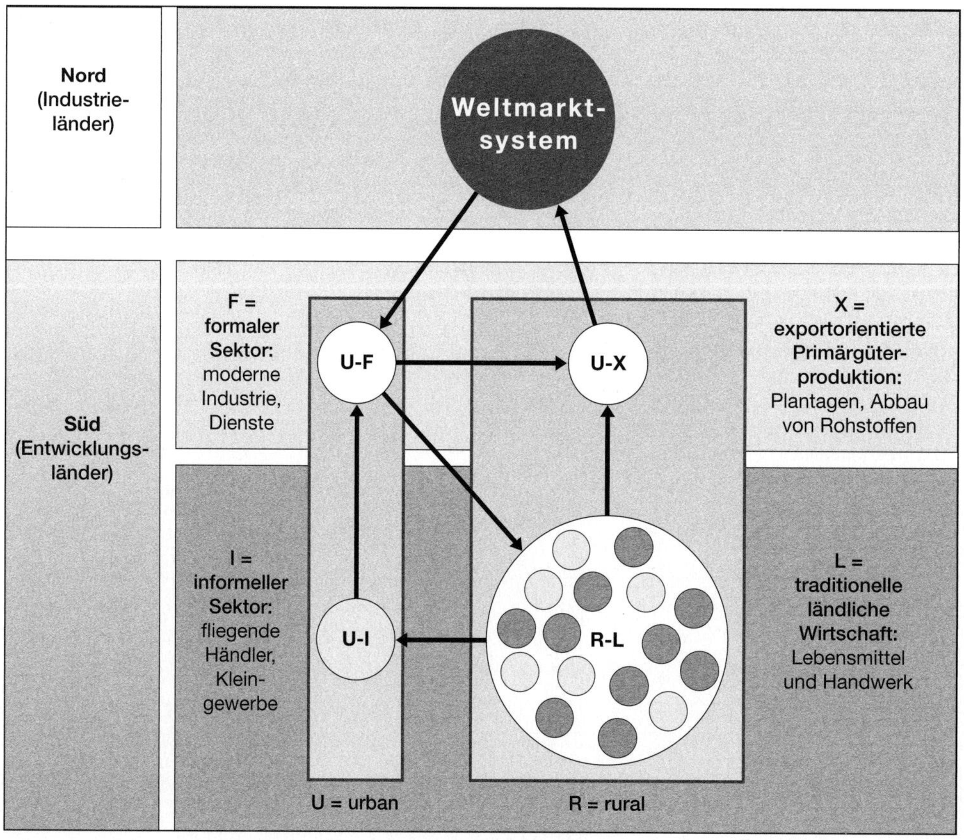

(Quelle: Cornelsen Oberstufe Geographie 2007, S. 145)

M 5 Exporte (2005): Produktgruppen und Regionen (Mrd. US-$)

	Nordamerika	Mittel- und Südamerika	Europa	GUS	Afrika	Naher Osten	Asien
Agrarprodukte	137	94	396	26	32	12	154
Brennstoffe/Bergbauprodukte	179	132	405	204	194	382	253
Industriegüter	1103	121	3485	96	63	135	2308

(Quelle: WTO: International trade statistics 2006)

① Nennen Sie Gründe für Warenhandel (M 1).
② Ordnen Sie die Abbildungen in den weltweiten Handelsverkehr ein (M 2). Erörtern Sie Ursachen und Probleme der Abhängigkeit von einem Gut oder wenigen Gütern.
③ Erläutern Sie die räumliche Verteilung des Warenverkehrs (M 3, M 5).
④ Erläutern Sie das Modell des wirtschaftlichen Dualismus und wenden Sie es auf ein von Ihnen selbst gewähltes Produkt an (M 4).
⑤ Bewerten Sie die Exportprofile der einzelnen Regionen und begründen Sie die unterschiedlichen Zusammensetzungen (M 5).

Entwicklung multinationaler Unternehmen

M1 Räumlich-strukturelles Modell der Unternehmensexpansion

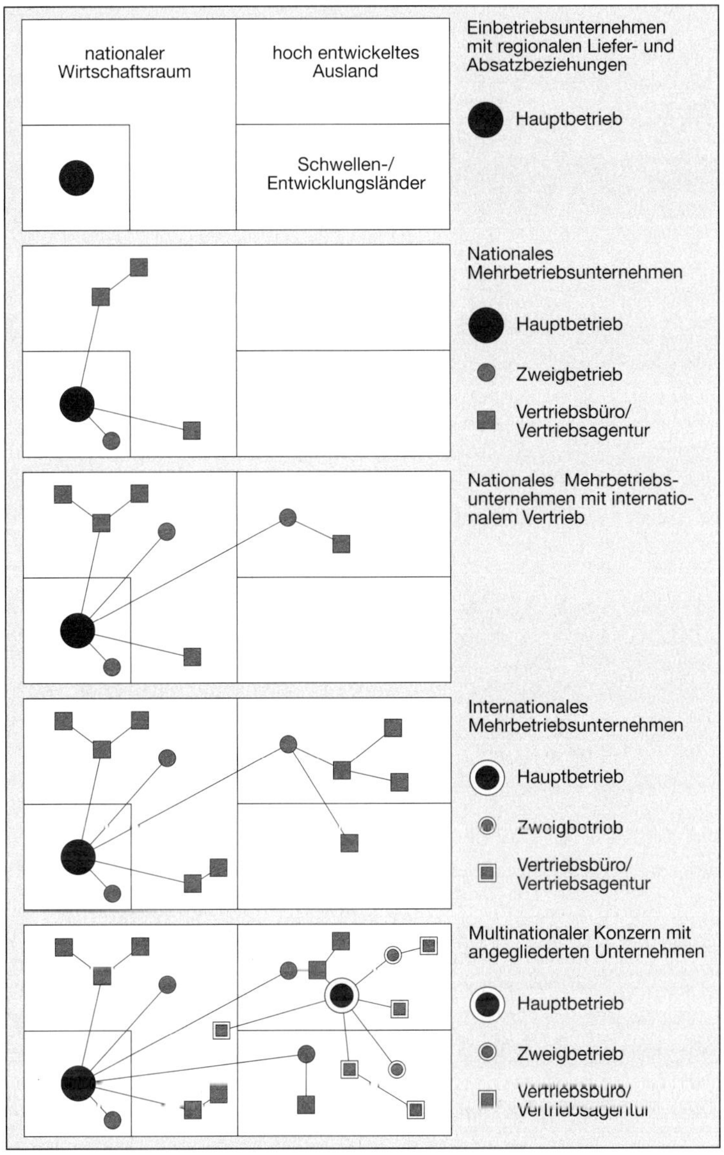

M3 Kennzahlen der BASF

- Portfolio: Chemikalien, Kunststoffe, Veredlungsprodukte, Pflanzenschutzmittel, Feinchemikalien, Erdöl und Erdgas;
- 14 Unternehmensbereiche steuern 68 globale und regionale Geschäftseinheiten;
- Mitarbeiter (2006): Europa 61 444, Nordamerika 15 513, Asien/Pazifischer Raum 12 788, Südamerika 5502; obere Führungskräfte aus 36 Nationen, Internationalisierungsgrad bei oberen Führungskräften 30 %;
- Umsatz (2006): 52,6 Mrd. €

① Erläutern Sie die Entstehung von trans- und multinationalen Unternehmen (M 1).
② Wenden Sie das Modell auf das Standortnetz der BASF an (M 2, M 3).
③ Unterscheiden Sie am Beispiel der BASF Funktion und Standorte von Headquarter und Operational Headquarter (M 3).

M2 Standortnetz der BASF mit Operational Headquarters und nationalen Hauptsitzen (Quelle: Cornelsen Oberstufe Geographie 2007, S. 157)

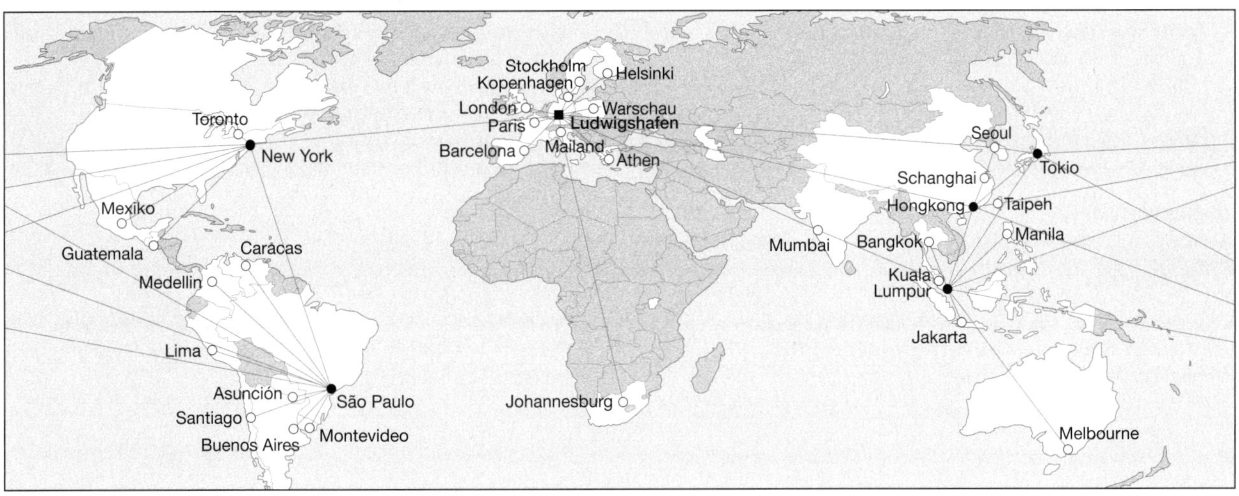

Wachstumspole und Knappheit in einer globalen Welt — Seiten 166–181

Der asiatisch-pazifische Raum in der Weltwirtschaft — Seiten 166/167

Zu den Aufgaben

Aufgabe 1: Wirtschaftliche Beziehungen und Verflechtungen der Anrainerstaaten des Pazifiks

schwierige Abgrenzung des asiatisch-pazifischen Raumes, da weder politische und wirtschaftliche noch naturgeographische Einheit; Wirtschaftsbeziehungen stark auf asiatisch-pazifischen Raum ausgerichtet, Bsp. APEC-Staaten

APEC: Asia-Pacific Economic Cooperation, 1989 gegründet, 21 Mitglieder (Australien, Brunei, Chile, China (Hongkong), Indonesien, Japan, Kanada, Südkorea, Malaysia, Mexiko, Neuseeland, Papua-Neuguinea, Peru, Philippinen, Russland, Singapur, Taiwan, Thailand, USA, Vietnam; Mittelamerika und Karibik sowie kleinere Länder in Südostasien nicht vertreten (Vgl. ASEAN und AFTA)

Wichtigste Exportpartner (2005, in %; nach World Factbook 2007):

- Australien: Japan 20,3, China 11,5, Südkorea 7,9, USA 6,7, Neuseeland 6,5
- Brunei: Japan 36,8, Indonesien 19,3, Südkorea 17,2, USA 9,5, Australien 9,3
- Chile: USA 15,8, Japan 11,5, China 11,1, Südkorea 5,5, Mexiko 4
- China: USA 21,4, Hongkong 16,3, Japan 11, Südkorea 4,6
- Hongkong: China 45, USA 16,1, Japan 5,3
- Indonesien: Japan 21,1, USA 11,5, Singapur 9,2, Südkorea 8,3, China 7,8, Malaysia 4
- Japan: USA 22,9, China 13,4, Südkorea 7,8, Taiwan 7,3, Hongkong 6,1
- Kanada: USA 84,2, Japan 2,1
- Südkorea: China 21,8, USA 14,6, Japan 8,5, Hongkong 5,5
- Malaysia: USA 19,7, Singapur 15,6, Japan 9,3, China 6,6, Hongkong 5,8, Thailand 5,4
- Mexiko: USA 85,7, Kanada 2
- Neuseeland: Australien 21,4, Japan 10,6, China 5,1
- Papua-Neuguinea: Australien 28,8, Japan 8,6, China 5,4
- Peru: USA 31,1, China 10,8, Chile 6,6, Kanada 5,9
- Philippinen: USA 18, Japan 17,5, China 9,9, Hongkong 8,1, Singapur 6,6, Malaysia 6, Taiwan 4,6
- Russland: China 5,5
- Singapur: Malaysia 13,3, USA 10,4, Indonesien 9,6, Hongkong 9,4, China 8,6, Japan 5,5, Thailand 4,1
- Taiwan: China + Hongkong 37, USA 16, Japan 7,7, Singapur 3,7, Südkorea 2,2
- Thailand: USA 15,4, Japan 13,6, China 8,3, Singapur 6,9, Hongkong 5,6, Malaysia 5,2
- USA: Kanada 23,4, Mexiko 13,3, Japan 6,1, China 4,6
- Vietnam: USA 18,3, Japan 13,6, China 9, Australien 7,9, Singapur 5,6

Aufgabe 2: Bedeutung verschiedener Staaten im Pazifikraum

USA führende Wirtschaftsmacht und Militärmacht, Russland in Asien kaum engagiert, Ablösung Japans als „Leitgans" im Kontext der Fluggänse durch China einschließlich Hongkong und Taiwan, machtpolitisch wegen des komplexen Systems von Staatsformen, Religionen und Entwicklungsstand keine eindeutige Zuordnung einer Region als Führungsrolle;
Rohstoffressourcen ausreichend vorhanden in Kanada, Australien, USA (bis auf Erdöl), Indonesien, Malaysia; ausgeprägte Rohstoffabhängigkeit von Japan und China

Rangfolge der 10 größten Volkswirtschaften (Kaufkraft/Kopf)

	1995	2000	2006	2006 KKP in $
1.	Japan	Japan	USA	44 260
2.	USA	USA	Hongkong	38 180
3.	Singapur	Hongkong	Kanada	34 610
4.	Hongkong	Kanada	Japan	33 730
5.	Australien	Singapur	Australien	31 860
6.	Kanada	Australien	Singapur	31 700
7.	Brunei	Taiwan	Neuseeland	26470
8.	Neuseeland	Neuseeland	Südkorea	23 800
9.	Taiwan	Brunei	Russland	11 620
10.	Chile	Mexiko	Mexiko	11 300

(nach APEC 2006 und World Bank 2007)

Aufgabe 3: Exponentielles Wachstum pazifischer Volkswirtschaften für weitere Jahre

Auswahl aus der Tabelle
Wachstum des jährlichen BSP in %

	2000	2001	2002	2003	2004	2005
USA	3,7	0,8	1,6	2,5	3,9	3,2
China	8,4	8,3	9,1	10,0	10,1	10,2
Indonesien	5,4	3,6	4,5	4,8	5,1	5,6
Japan	2,9	0,4	0,1	1,8	2,3	2,6
Kanada	5,2	1,8	2,9	1,8	3,3	2,9
Peru	3,0	0,2	5,2	3,9	5,2	6,4
Philippinen	6,0	1,8	4,4	4,9	6,2	5,0
Südkorea	8,5	3,8	7,0	3,1	4,7	4,0
Thailand	4,8	2,2	5,3	7,0	6,2	4,5
Vietnam	6,8	6,9	7,1	7,3	7,8	8,4

(nach: IMF, World Economic Outlook 2006)

Aufgabe 4: Geschichtlich-politische Entwicklungen – wirtschaftliche und politische Zusammenarbeit und Konflikte

USA: Pazifikraum seit 150 Jahren Einflussgebiet, 1853/54 Erzwingung der Öffnung japanischer Häfen, 1898 Ablösung Spaniens als Kolonialmacht auf den Philippinen, Unterstützung Chinas gegen Japan, militärischer Sieg über Japan 1945, Vietnamkrieg 1963–1975; Kubakrise 1961, politische (und wirtschaftliche) Einflussnahme in Mittel- und Südamerika; Pflege der Beziehungen zu den traditionellen Bündnispartnern Australien und Japan; Eingrenzung von Nordkoera;
Japan: Ausweitung des wirtschaftlichen Einflusses in Südostasien, großes Interesse an politischer Stabilität auf den Philippinen und in Indonesien, Zusammenarbeit mit anderen Staaten zur Sicherung der Versorgungswege (Piraterie in der Malakkastraße)
China: Versuch auch der wirtschaftlichen Dominanz von Südostasien, ungelöste Probleme mit Taiwan
Zusammenschlüsse:
APEC: (s. o.) Ziel der Errichtung einer Freihandelszone (für die Industrienationen ab 2010, für die Entwicklungsländer ab 2020);
AFTA (ASEAN Free Trade Area): geplante Mitgliedschaft von China, Südkorea, Japan;
CACM (Central American Common Market): Guatemala, Costa Rica, El Salvador, Honduras, Nicaragua;
FTAAP (Free Trade Area of the Asia Pacific): als Weiterentwicklung der APEC geplant; daneben zahlreiche bilaterale Verträge zwischen einzelnen Staaten

Wirtschaftsmacht Japan — Seiten 168/169

Zu den Aufgaben

Aufgabe 1: Japans Entwicklung zur Industrie- und Welthandelsmacht, natürliche und gesellschaftliche Voraussetzungen

Natürliche Ursachen: reich gegliederte Küsten für optimalen Zugang zum Meer
Gesellschaftliche Ursachen: ursprüngliche, von China übernommene Klasseneinteilung in Samurai (jap. Dienender), Bauern, Handwerker, Kaufleute; Auflösung durch Meji-Restauration von 1868; Säulen des wirtschaftlichen und gesellschaftlichen Wandels: Samurai (mit strengem Ehrenkodex), hoch entwickeltes Handwerk, Kaufleute; Abschaffung vieler Barrieren zur freien Berufswahl, Propagierung der Tugenden Lernen und Bemühungen um Leistung, Anwendung der Lehren von Konfuzius; nach dem Zweiten Weltkrieg Betonung von Bildung und Ausbildung, Identifikation mit dem Unternehmen (heute abnehmend)

Aufgabe 2: Bedeutung historischer Ereignisse für die heutigen Beziehungen zu China und den USA

China: 1894/95 chinesisch-japanischer Krieg, 1931 „Mandschurischer Zwischenfall", von Japan gegründeter Marionettenstaat Mandschukuo in der Mandschurei, 1937 Beginn des Krieges mit China, 1952 Anerkennung Nationalchinas (Taiwan), 1972 Anerkennung der Volksrepublik China als „einzige legitime Regierung Chinas", 1978 Friedensvertrag mit der VR China, Spannungen zwischen Japan und China wegen nur formaler Entschuldigung Japans nach Kriegsgräuel
USA: 1854 Beginn der Öffnung Japans für westlichen Handel durch amerikanischen Marineoffizier Commodore Perry, nach dem Ersten Weltkrieg Japan und USA Rivalen in Ostasien, im Zweiten Weltkrieg Niederlage Japans, Besetzung durch die USA, 1951 Sicherheitsvertrag zwischen USA und Japan

Aufgabe 3: Vergleich Japans Stellung in der globalen Weltwirtschaft mit der EU

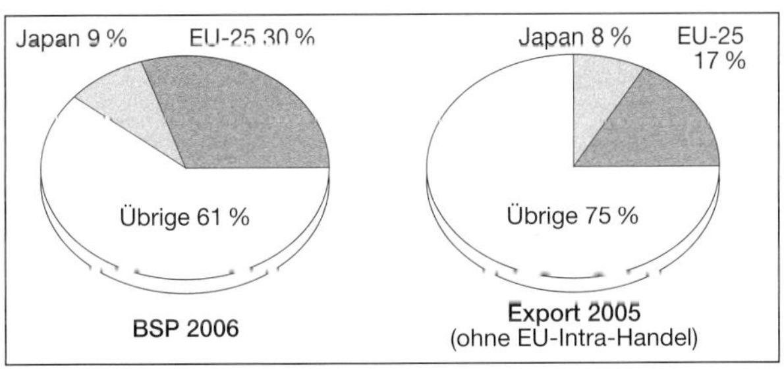

Haupthandelspartner 2005 und Anteil am Welthandel:
Japan: 1. USA (161 923 Mio. €, 19,2 %),
2. China (151 470 Mio. €, 18,0 %),
3. EU (117 015 Mio. €, 13,9 %);
EU: 1. USA (414 714 Mio. €, 18,5 %),
2. China (209 894 Mio. €, 9,4 %),
3. Russland (163 211 Mio. €, 7,3 %),
4. Schweiz (148 334 Mio. €, 5,2 %),
5. Japan (116 906 Mio. €, 5,2 %)
japanische Weltfirmen besonders im Automobilbau und in der Unterhaltungselektronik vertreten, nach dem Umsatz jedoch nicht an erster Stelle;
nach Fortune Global 500 (2006: die 100 größten Unternehmen) Toyota Motor an 6. Stelle (nach Wal-Mart, ExxonMobil, Royal Dutch Shell, General Motors); Honda Motor Nr. 37, NTT (Telekommunikation) Nr. 40, Nissan Motor Nr. 45, Hitachi Nr. 48, Matsushita Nr. 59, Sony Nr. 69, Toshiba Nr. 91;
zum Vergleich: von den 100 aufgeführten Unternehmen 8 mit Hauptsitz in Japan, 11 mit Hauptsitz in Deutschland

Chinas Aufstieg — Seiten 170/171

Zu den Aufgaben

Aufgabe 1: Voraussetzungen für den Weg zur politischen und wirtschaftlichen Weltmacht (Referat)

Politisch: Veto-Macht im UN-Sicherheitsrat seit 1971, Wahl in den Menschenrechtsrat (ehemals UN-Menschenrechtskommission) mit 146 Stimmen, Abkehr vom Prinzip der „Nichteinmischung in die inneren Angelegenheiten eines Staates" und Übernahme von weltweiter Verantwortung (z. B. Nordkorea, Iran), diplomatische Initiativen gegenüber dem Nahen Osten, Afrika und Lateinamerika; gutes nachbarschaftliches Verhältnis mit Indien (1. Stufe Wiedereröffnung eines seit 1960 geschlossenen Grenzübergangs), „Duldung" des Grenzverkehrs zwischen China und Sibirien; aber: Gefahr einer militärischen Konfrontation mit Taiwan, zunehmendes Misstrauen der 15 Nachbarstaaten vor politischer Hegemonie durch China, noch keine wie im Westen verankerten Menschenrechte
Wirtschaftlich: zunächst Öffnung von Sonderwirtschaftszonen, Einführung einer chinesischen Form der Marktwirtschaft, weitere Steigerung des BSP und des Exportes, weitere Anstrengungen zur Beseitigung der Armut, Anerkennung der durch die WTO festgelegten Regularien (u. a. Urheberrecht)

Aufgabe 2: Probleme durch wirtschaftliche und soziale Entwicklung

Wirtschaftlich: Gefahr durch Überhitzung der Wirtschaft, Anstieg der Inflation, Über- oder Unterbewertung des Yuan, Abhängigkeit von Rohstoffimporten (Erdöl, Erze etc.), unzureichende Infrastruktur (insbesondere Energieversorgung)
Sozial: sich vergrößernder Einkommensunterschied zwischen Stadt- und Landbevölkerung, rd. 200 Mio. Wanderarbeiter als potenzieller Zündstoff, Zunahme von Millionären in einem Land, in dem die Kommunistische Partei (KPCh) die führende Rolle spielt

Aufgabe 3: Auswirkungen auf die Weltwirtschaft und auf die wirtschaftlichen Verhältnisse in Europa

Weltwirtschaft: China als neuer Motor, „verlängerte Werkbank" der Welt, Zunahme der Direktinvestitionen, Durchdringungen der Märkte von Südostasien und Zentralasien, Zurückdrängung des wirtschaftlichen Einflusses der USA und Japans, Erhöhung der Rohstoffpreise (Saugwirkung Chinas)
Einflussnahme auch in Entwicklungsländern durch Schuldenerlass und wirtschaftliche Aktivitäten, um längerfristig die eigene Ressourcenversorgung sicherzustellen
Europa: Absatzmarkt für China wichtig, um Wirtschaftsentwicklung erfolgreich weiterzubetreiben, wirtschaftliche Krisen in China auch für Europa mit Rückschlägen verbunden
Probleme: Verlagerung von Produktionen nach China (Niedriglohnland) und daraus resultierender Arbeitsplatzabbau in Europa, anderes chinesisches Verständnis vom Urheberrecht (z. B. Transrapid, Airbus, Autoproduktion, Software, Gebrauchsgüter)

Wirtschaftsmacht China — Seiten 172/173

Zu den Aufgaben

Aufgabe 1: Chinas Weg in die Marktwirtschaft

seit 1978 Abkehr von zentral gelenkter Planwirtschaft durch Nachfolger Mao Tse-tungs Deng Xiaoping, Abschaffung der Volkskommunen, erste Schließung unrentabler Staatsbetriebe, Förderung der Landwirtschaft (Boden zunächst noch in staatlicher Hand, Teile der Ernteerträge dürfen Bauern selbst behalten), ab 1979 Beteiligung von Ausländern an chinesischen Firmen, ab 1988 staatliche Garantie für Privateigentum; ab 1992 multinationale Unternehmen in China; 1993 Konzept der „sozialistischen Marktwirtschaft" (1999 in der Verfassung festgeschrieben), seit 2003 Ausbau der Marktwirtschaft unter Kontrolle der Kommunistischen Partei Chinas („Neue Gesellschaft mit bescheidenem Wohlstand")

Aufgabe 2: Regionale Disparitäten aufgrund der wirtschaftlichen Entwicklung
Bevorzugung der Küstenregion, zunächst mit Sonderwirtschaftszonen, Ausweitung durch „geöffnete Städte" im Binnenland, dort starker Anstieg der ausländischen Direktinvestitionen; politisch-ökonomisches Ziel: Ausstrahlung auf Stadtumland und ländlichen Raum; ländlicher Raum und Schwerindustriezentrum Mandschurei jedoch weiterhin unterentwickelt, daher starke Abwanderung in die Städte, ca. 200 Mio. Wanderarbeiter als politischer Unsicherheitsfaktor, ungelöst: hohe Einkommensunterschiede zwischen Stadt- und Landbevölkerung; Millionäre in den Metropolen Peking und Schanghai

Aufgabe 3: Vergleich Chinas Entwicklung zur Marktwirtschaft mit der Konversion im ehemaligen Ostblock
China: Primat der Kommunistischen Partei bei gleichzeitig kapitalistischen Produktionsmethoden, starkes Wirtschaftswachstum mit Phasen der Überhitzung;
Transformationsstaaten: anfangs schmerzhafte Einschnitte durch Privatisierung, hohe Arbeitslosigkeit, extrem hohe Inflationsraten, Niedergang planwirtschaftlich ausgerichteter Industriezweige, danach langsame wirtschaftliche Erholung und Ausrichtung auf neue Märkte

Aufgabe 4: Innerchinesische und globale Folgen
Innerchinesisch: Erhöhung des Lebensstandards, Wohlstandsgefälle zwischen Arm und Reich, sich verschärfende Umweltprobleme, mögliche Abspaltungstendenzen reicher Regionen
Global: durch Einbindung in die Weltwirtschaft auch politisch größere Bedeutung, Sogwirkung durch Nachfrage nach Industrierohstoffen, Abwehrstrategien der „alten" Industrieländer wenig erfolgreich nach Beitritt Chinas zur WTO

Die USA in der Weltwirtschaft — Seiten 174/175

Zu den Aufgaben

Aufgabe 1: Übersicht über das natürliche Potenzial
Landwirtschaft: östliche Staatshälfte (rd. 3,5 Mio. km^2) humid, Trockengrenze bei 100 °W, westliches Staatsgebiet (rd. 4,3 Mio. km^2) semiarid bis arid; im Osten breitenparallele Anordnung entsprechend den klimatischen Bedingungen, Auflösung der herkömmlichen Belt-Struktur, am ehesten noch im Milchwirtschaftsgürtel um die Großen Seen erhalten, Auflösung des Baumwollgürtels bzw. Verlagerung nach Westen; Getreideanbau (Weizen) westliche Prärien, Great Plains, Columbia-Plateau, intensive Bewässerungswirtschaft in Kalifornien und Arizona, mittlerer Westen: Rinder- und Schweinemast, an der Golfküste bis Texas: subtropische Früchte
Industrie: Rohstoffe: Steinkohle: Appalachen; Erdöl/Erdgas: Golfküste, Alaska; Erze: Rocky Mountains
Forschung: staatliche Aufträge/Subventionen, Industrial Estates, Research Parks, Nähe zu Forschungseinrichtungen und Universitäten

Aufgabe 2: Kartographische Skizze zu Standorten
Schwerindustrie: Manufacturing Belt

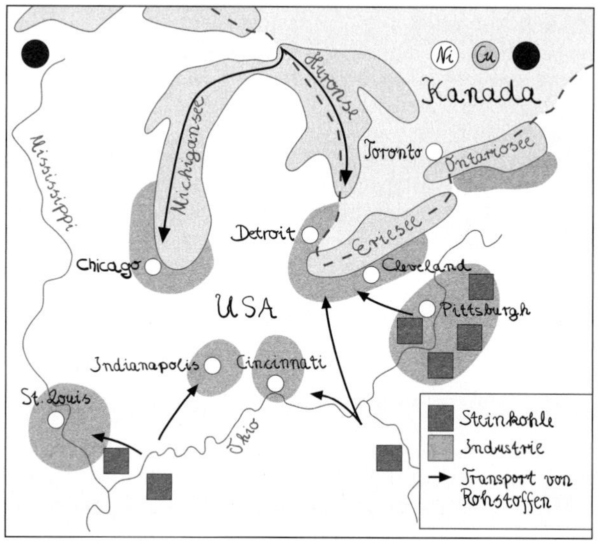

Merkskizze zum Wirtschaftsraum

Verarbeitende Industrie: Manufacturing Belt, Petrochemie an der Golfküste, Pazifikküste (Seattle, San Francisco, Los Angeles), Nordosten (Küstenstandorte);
Wissenschaft und Technik, IT, Unterhaltungsindustrie: Silicon Valley, Cape Canaveral, Space Triangle (Houston/Texas, Huntsville/Alabama, Titusville/Florida), Research Triangle in North Carolina (Durham, Raleigh, Chapel Ville), Boston, New York, Atlanta; Hollywood (L. A.): Zentrum für Film und Fernsehen, dazu rd. 1300 Fernsehstationen; Vergnügungsparks (u. a. Orlando/Florida: Disney World, Sea World, Universal Studios, Santa Clara/Kalifornien: Paramount's Great America, Mittlerer Westen zwischen Chicago und Milwaukee: Six Flags Great America); Las Vegas

Aufgabe 3: Räumliche Differenzierung unter Berücksichtigung der ethnischen Herkunft der Bevölkerung
Osten: dicht bevölkert, Great Plains und Rocky Mountains dünn besiedelt, Wanderungsgewinne im Sun Belt; Einwohnerzahl am 17.10.2006 – 300 Mio., Bevölkerungsanteil nach ethnischer Herkunft: Weiße/Europäer 74,7 %, Hispanics 14,5 %, Schwarze (African Americans) 12,1 %, Asiaten 4,3 %, Ureinwohner 1 %, andere 7,9 %;
größte Minderheit: Afro-Amerikaner (12,8 % der Gesamtbevölkerung), vorwiegend im Süden und in den Industriestädten des Nordens;
Hispanics: ca. 42 Mio., davon 63 % mexikanischer Herkunft, besonders im Süden und Südwesten vertreten;
Asiaten: 4,3 % der Bevölkerung, hohe Konzentration an der Pazifikküste;
Anteil der Weißen (ohne Hispanics): USA 66,9 %, Prognose für 2050: 50,1 %; New Mexico 2006: 43,1 %, Texas 49,2 %, Kalifornien 43,8 %

Abb. zu S. 174/175

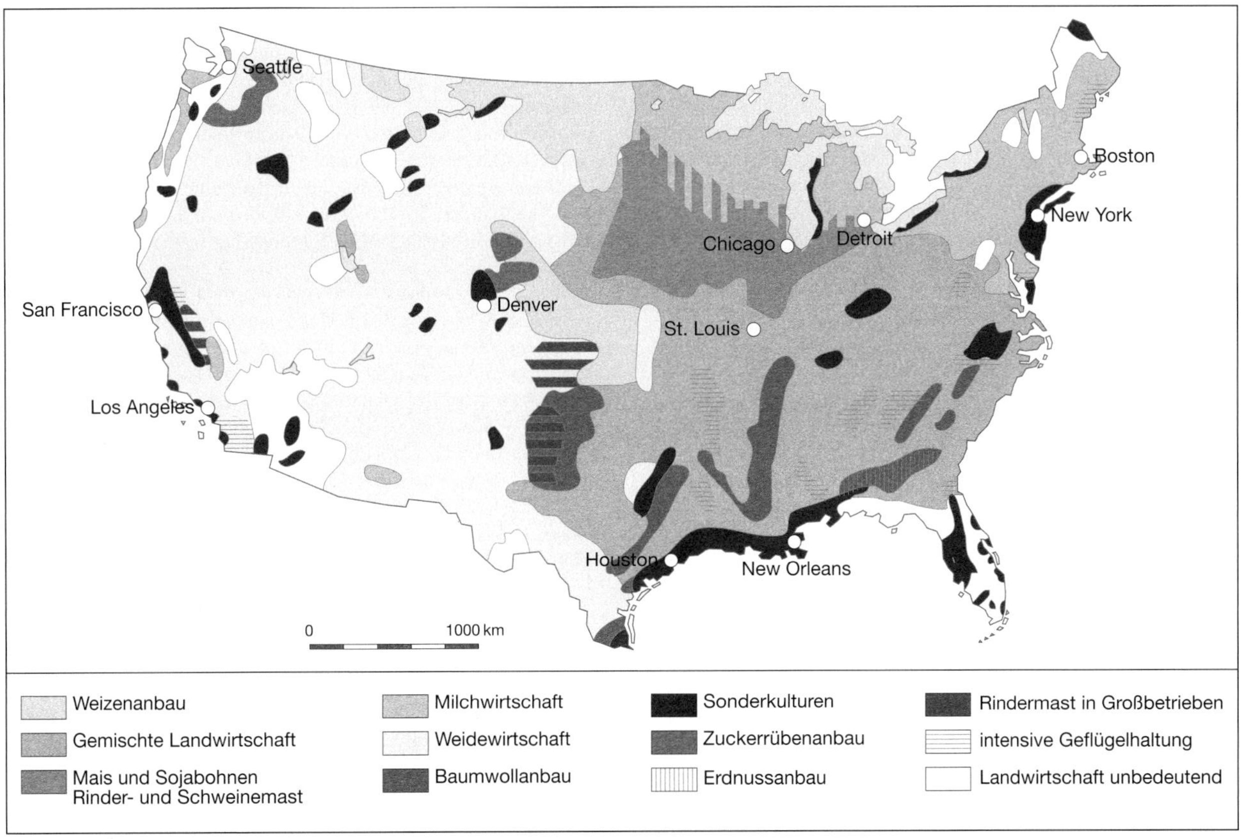

Bodennutzungskarte der USA

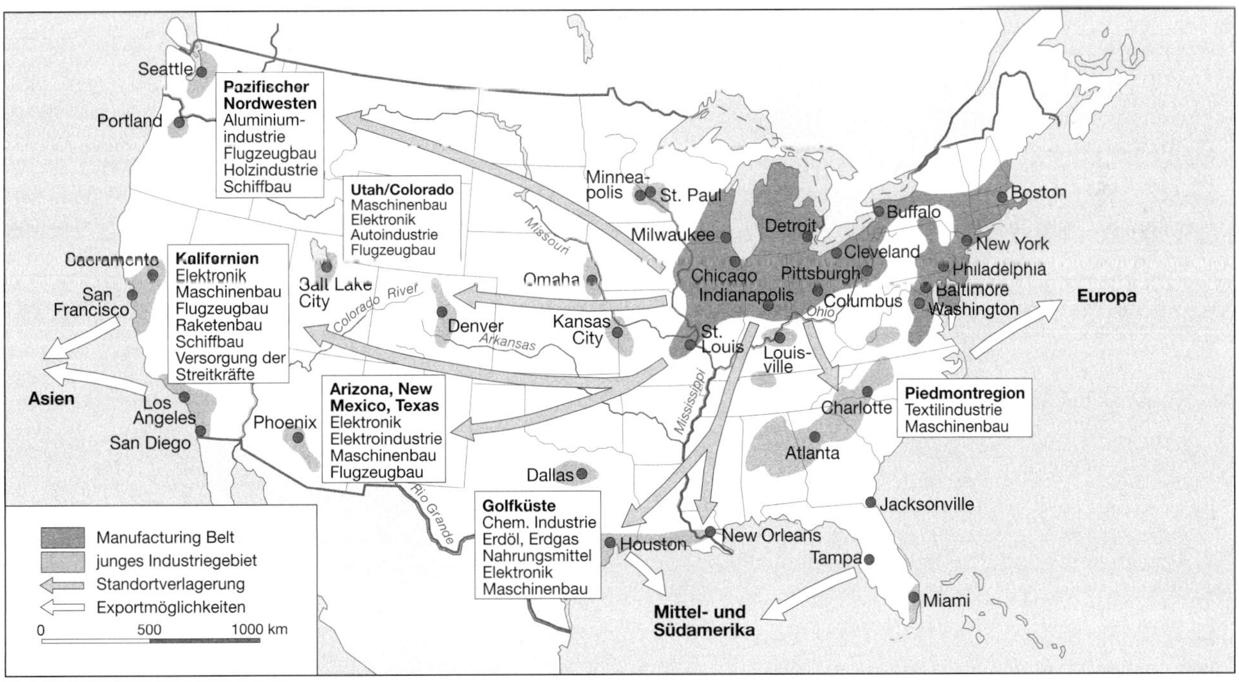

Industriegebiete und Standortverlagerungen in den USA

Zu den Aufgaben

Aufgabe 1: Natürliches Wasserdargebot verschiedener Regionen und Staaten

Wasserdargebot = Menge an Süßwasser, die aus dem natürlichen Kreislauf als Ressource zur Verfügung steht; theoretisch pro Kopf verfügbares Wasserdargebot = jährliche Abflussmenge geteilt durch Bevölkerungszahl

Bsp. Deutschland: Wasserdargebot 188 Mrd. m^2, verfügbares Süßwasser pro Kopf 2286 m^2, entspricht verfügbarer Wassermenge von 6263 Liter pro Kopf und Tag, davon tatsächlich als Trinkwasser genutzt 127 Liter; Ausgleich zwischen Wassermangel- und Wasserüberschussgebieten durch Fernleitungssysteme sowie über 300 Talsperren

- periodischer Wassermangel oder Wasserknappheit: 1000–1700 m^2/Kopf/Jahr;
- chronischer Wassermangel: weniger als 1000 m^2/Kopf/Jahr;
- absoluter Wassermangel: weniger als 500 m^2/Kopf/Jahr;

Wassermangel:
Kuwait 10 m^2, VAE 61 m^2, Libyen 107 m^2, Saudi-Arabien 111 m^2, Jordanien 132 m^2, Singapur 168 m^2, Jemen 226 m^2, Israel 346 m^2, Tunesien 430 m^2, Algerien 454 m^2, Ägypten 851 m^2;
Wasserknappheit:
Kenia 1004 m^2, Marokko 1058 m^2, Großbritannien 1058 m^2, Belgien 1207 m^2, Südafrika 1238 m^2, Polen 1450 m^2, Libanon 1463 m^2, Peru 1559 m^2;
Deutschland, Österreich, Schweiz: wasserreiche Länder; Industriestaaten mit besseren Möglichkeiten zur Wasserversorgung, aber auch mit höherem Wasserverbrauch;
problematisch: Wasserversorgung in ariden Gebieten, aber auch in Monsungebieten (Bsp. Nepal: Überangebot durch Monsun in Sommermonaten, unzureichende Versorgung im übrigen Jahr wegen schlechten Wassermanagements)

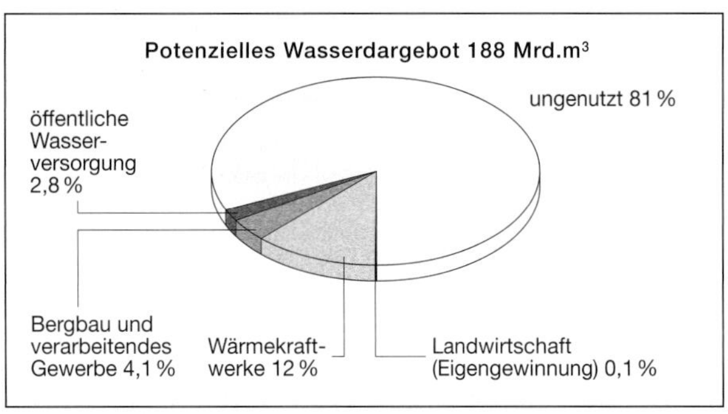

Wasserdargebot und Wassernutzung in Deutschland 2004

Aufgabe 2: Konfliktpotenzial weltweiter Steigerung des Wasserbedarfs bzw. -verbrauchs

Verstärkung der weltweiten Wasserknappheit durch Entwaldung, Desertifikation und Überschwemmungen, noch nicht ausreichende Süßwasserversorgung in Slumgebieten, weiterhin Verschmutzung der Trinkwasserreservoire (Oberflächen- und Grundwasser); mehr als 200 Fluss-, Seen- und Grundwasserreservoire gleichzeitig von mehreren Anliegern beansprucht

Beispiele: Ägypten 97 % des sich erneuernden Wassers von außerhalb des Landes; Syrien 79 %, Irak 66 %; theoretisch Kriege um Wasser denkbar (Nil, Jordan, Euphrat, Tigris, Brahmaputra)

Aufgabe 3: Ökologische, soziale und ökonomische Folgen menschlicher Eingriffe in den Wasserhaushalt

ökologisch: Zerstörung von bisher „naturbelassenen" Süßwasserreservoiren mit nachhaltiger Schädigung von Flora und Fauna, totale Erschöpfung fossiler Grundwasserreserven, Eindringen von Salzwasser in abgepumpte Grundwasserhorizonte, Verschlechterung der Wasserqualität besonders augenfällig mit zunehmender Industrialisierung nach dem Zweiten Weltkrieg; durch Klimawandel Veränderung der Speicherfähigkeit von Eis und Schnee;
sozial: Umsiedlung von Millionen von Menschen durch Bau von Talsperren und Stauseen (vgl. u. a. Drei-Schluchten-Damm am Jangtsekiang), Wassermangel und Wasserknappheit in armen Ländern verlangsamt sozialen Aufstieg der Bevölkerung und leistet politischer Instabilität Vorschub;
Wasserkrise = Nahrungskrise für weiter steigende Weltbevölkerung;
ökonomisch: enorme Kosten für Trinkwassergewinnung, Rohrleitungssysteme und Wasseraufbereitung, teilweise Ineffektivität bei Wassermanagement durch sich überschneidende UN- und Nicht-Regierungsorganisationen; auf internationalen Rohstoffmärkten Wasser-Aktie bereits stark nachgefragter Titel

Aufgabe 4: Möglichkeiten und Notwendigkeiten des sparsameren Umgangs mit der Ressource Wasser

Vermeidung von Verschwendung, verbesserte Techniken beim Transport (Vermeidung von Leckagen), zielgerichteter und effizienter Einsatz bei künstlicher Bewässerung (Tropfbewässerung etc.), stärkere Verwendung von recyceltem Wasser, Verringerung des Süßwasserverbrauchs in der Industrie, „intelligente" Verbrauchssysteme in privaten Haushalten (Waschmaschine, Geschirrspüler etc.), Wassergewinnung durch Meerwasserentsalzung keine dauerhafte Lösung bei Verwendung fossiler Brennstoffe

(...) Nach Schätzungen der Vereinten Nationen werden bis 2025 fast zwei Milliarden Menschen in Gebieten mit absolutem Wassermangel leben. Trotzdem ist das Hauptproblem in vielen Regionen der Welt nicht so sehr der Mangel an Wasser, sondern der Zugang.

Vielfach wird Wasser verschwendet. Durch marode Wasserleitungen gehen große Mengen Trinkwasser verloren.

Wie unterschiedlich der Umgang mit dem kostbaren Lebensmittel aussehen kann, verdeutlicht folgender Vergleich: Saudi-Arabien gehört zu den wasserärmsten Ländern der Erde. Trotzdem haben 95 % der dort lebenden Bevölkerung Zugang zu sauberem Trinkwasser. Da das Land äußerst wohlhabend ist, wird der Wassermangel durch Grundwasserbohrungen, Meerwasserentsalzung und Abwasseraufbereitung ausgeglichen.

Ganz anders dagegen in Äthiopien: Dort ist pro Einwohner die fast 16-fache Menge an Wasser vorhanden. Aufgrund der fehlenden Infrastruktur haben jedoch mehr als zwei Drittel der Äthiopier nicht genug Wasser zur Verfügung. Äthiopien ist damit eines der Länder mit der weltweit schlechtesten Wasserversorgung.

Trinkwasser als Luxus – die Ärmsten zahlen die höchsten Preise. (...) Wasser ist in den Slums manchmal teurer als in reichen Industrienationen.

Ein durchschnittlicher Haushalt in Washington, USA, verbraucht 72 Kubikmeter Wasser pro Jahr und zahlt dafür rund 350 Dollar.

In den Slums von Guatemala kostet die gleiche Menge Wasser umgerechnet 1700 Dollar.
(nach: unicef.de vom 21. 3. 2007)

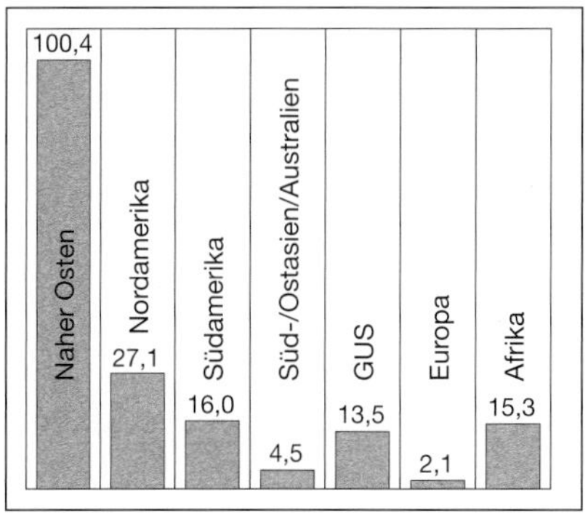

Erdölreserven 2006 in Mrd. t
(Quelle: Oeldorado 2007)

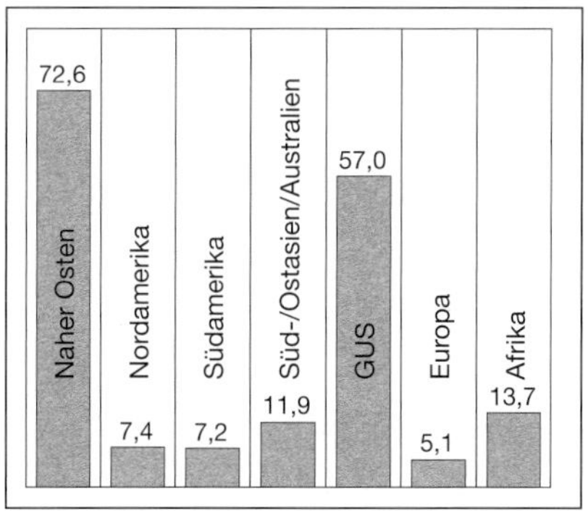

Erdgasreserven 2006 in Billionen m^3
(Quelle: Oeldorado 2007)

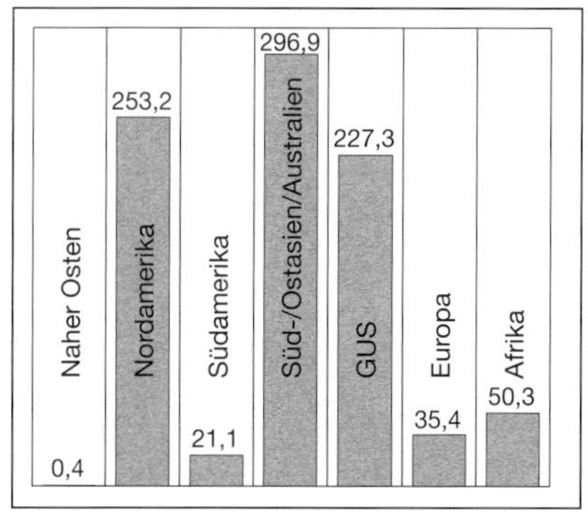

Kohlereserven (Stein- und Braunkohle)
Reserven Stein- und Braunkohle in Mrd. t
(Quelle: BP Statistical Review 2007)

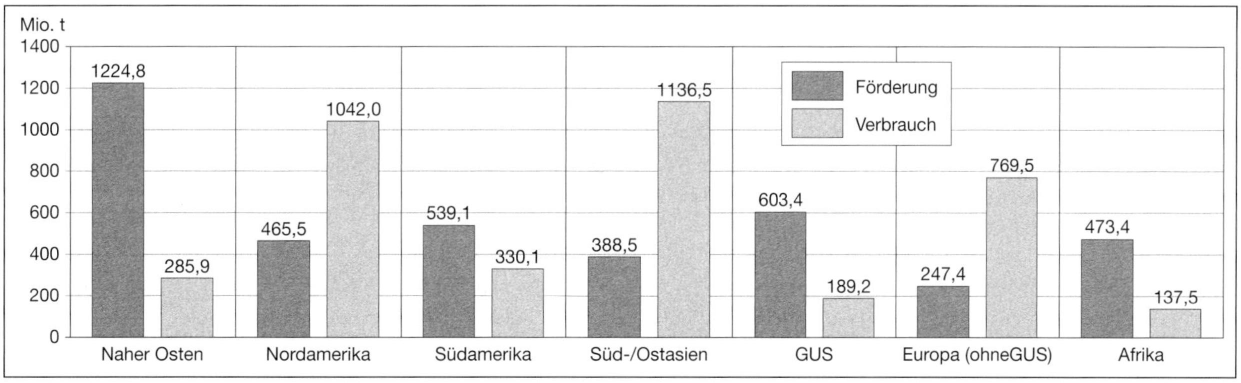

Erdölförderung und Erdölverbrauch nach Regionen 2006, Nordamerika = USA + Kanada (Quelle: Oeldorado 2007)

Weltenergiekonsum – ein Umweltproblem — Seiten 178/179

Zu den Aufgaben

Aufgabe 1: Energieträger

Quellen für Statistiken: British Petrol: *www.bp.com* (Statistical Review of World Energy + Energy Charting Tool);
Esso: Oeldorado: *www.esso.de/ueber_uns/energie_umwelt/oel_gasreserven/broschuere_oeldorado/index.html*

Aufgabe 2: Steigender globaler Energiebedarf, politische und wirtschaftliche Implikationen

Anstieg des Energieverbrauchs vor allem in Entwicklungs- und Schwellenländern (China, Indien, Brasilien, Indonesien), Hauptlast der Versorgung mittel- und langfristig durch fossile Energieträger
politisch: internationaler Druck auf Länder mit hohem Verbrauch (USA, China) wegen zu hohem CO_2-Ausstoß (vgl. Kyoto-Protokoll und G-8-Gipfel in Heiligendamm 2007), Erpressbarkeit rohstoffarmer Länder durch Preisdiktate und Lieferstopps
wirtschaftlich: energiearme Entwicklungsländer bei Wirtschaftsentwicklung behindert, hoher Energiepreis (Öl, Gas) nur von reichen Volkswirtschaften zu verkraften

Aufgabe 3: Möglichkeiten für Wirtschaftswachstum und hohen Lebensstandard ohne zunehmenden Energieverbrauch

sparsamer Umgang mit Energie, technische Weiterentwicklung im Maschinen- und Motorenbau, verbesserte Heiztechnik, Gebäudedämmung, Ausbau der regenerativen Energie

Aufgabe 4: Energieversorgung in der Zukunft

Energieressourcen: derzeit noch Zunahme der Vorräte fossiler Brennstoffe durch Neufunde, aber „Peak" bei der Förderung bereits überschritten;
Vorratsmengen: Reichweite bei gleich bleibender Förderung: Erdgas 65 Jahre, Erdöl 120 Jahre bei Berücksichtigung von Teersanden und Ölschiefer, Steinkohle 200 Jahre, Braunkohle 230 Jahre, gesicherte Uranvorkommen 3,5 Mio. t;
Versorgungssicherheit: keine absolute Versorgungssicherheit, Unterbrechungen durch Kriege, Naturkatastrophen, politisch motivierte Boykotts;
fossile und regenerative Energiequellen: Kosten für konventionelle Kraftwerke trotz Preisanstieg für fossile Energieträger zz. noch geringer als für Kraftwerke mit regenerativer Energie (Wasser, Wind); Sonnenenergie ohne Subventionen noch nicht konkurrenzfähig; Kernenergie als Auslaufmodell; noch ungesichert: Energiegewinnung aus Wasserstoff, Geothermie bislang nur regional ausgebaut (z. B. Island);
Klimawandel: Notwendigkeit der Reduzierung klimaschädlicher Treibhausgase durch Verbrennung fossiler Brennstoffe unbestritten; Maßnahmen erst langfristig greifend (z. B. EU-Verordnung über CO_2-Ausstoß bei Pkw);
Energieeffizienz: weitere technologische Innovationen erforderlich, Verschärfung und Anwendung staatlicher Vorschriften, höhere öffentliche Investitionen für Forschung und Entwicklung zur Energieeinsparung

Problemkreis Ernährung — Seiten 180/181

Zu den Aufgaben

Aufgabe 1: Weltkarte des Agrarhandels

individuelle Bearbeitung nach Schwerpunkten, Quellen:
www.fao.org; www.usda.gov

Bsp. landwirtschaftliche Import-Exportgüter: Weizen

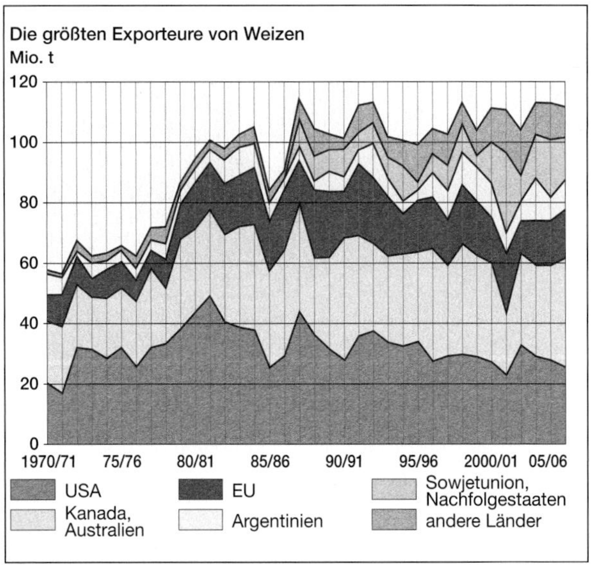

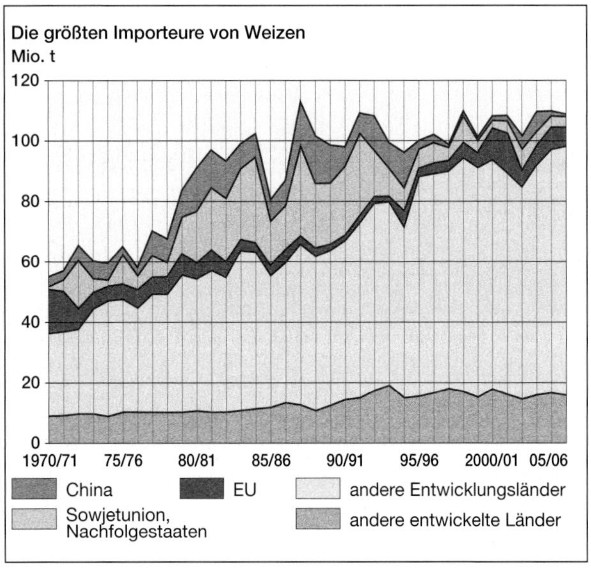

Aufgabe 2: Ursachen und Folgen von Mangel-, Unter-, Fehl- und Überernährung

Quellen: *www.wikipedia.org* (Unterernährung, Überernährung), *www.who/int/nutrition/challenges/en*

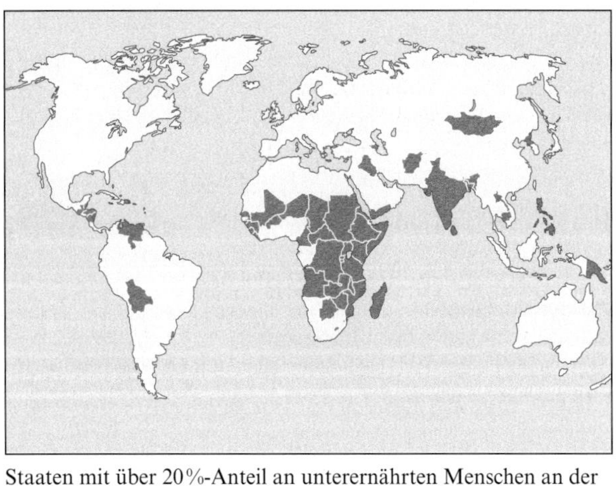

Staaten mit über 20%-Anteil an unterernährten Menschen an der Gesamtbevölkerung (Quelle: *www.wikipedia.org_Unterernährung*)

Aufgabe 3: Ernährungssicherheit (food safety) und Nahrungssicherheit (food security)

Ernährungssicherheit: Gewährleistung der Welternährung und Bekämpfung des Hungers

Quellen: *www.ers.usda.gov/Briefing/GlobalFoodSecurity/*
http://faostat.fao.org

Bsp. Afrika südlich der Sahara (SSA)

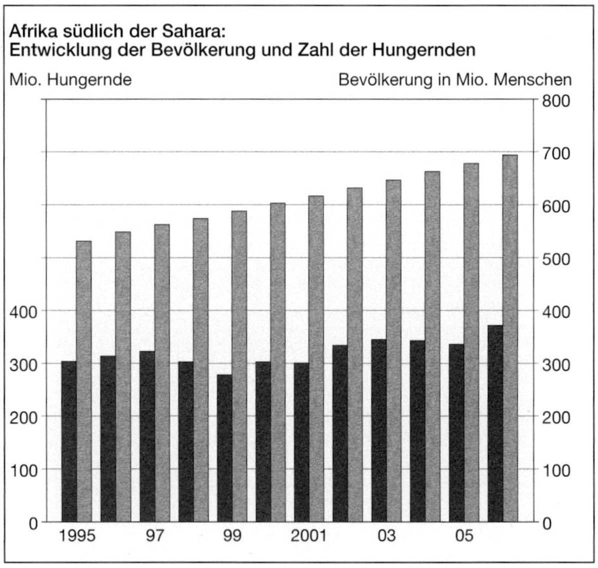

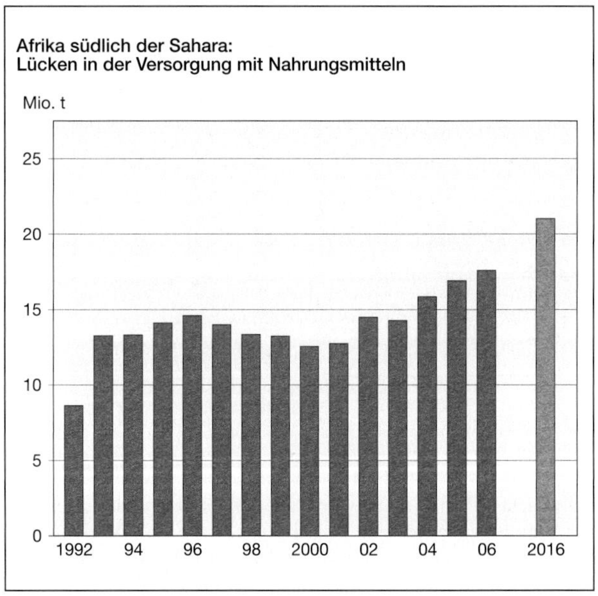

(Quelle: USDA: Food Security Assessment, 2006)

Nahrungssicherheit (Lebensmittelsicherheit): Gewährleistung von gesundheitlich unbedenklichen Nahrungsmitteln

beide Bereiche (Ernährungssicherheit und Nahrungssicherheit) in rd. 70 Ländern der Erde nicht gewährleistet, davon betroffen rd. 1 Mrd. Menschen

Aufgabe 4: HDI – Agrarproduktion – Ernährungssituation

geringer HDI entspricht häufig Agrarland mit Subsistenzwirtschaft und Cash Crops; Erträge in der Subsistenzwirtschaft gering, Notwendigkeit von Agrarimporten, z.T. Vernichtung landwirtschaftlicher Kleinbetriebe durch staatlich geförderte Importe und durch „Nahrungsmittelhilfe"

Landesdaten Quellen: Der Fischer Weltalmanach, jährlich erscheinend *www.worldfactbook.org*

Wasserversorgung und Wasserverbrauch

M1 Weltbevölkerung und Wasserknappheit

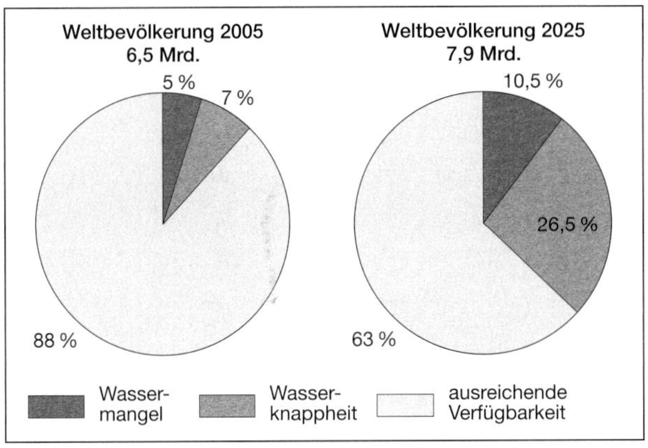

(Quelle: Deutsche Stiftung Weltbevölkerung: Natürliche Ressourcen, 2006)

M2 Rohstoff Wasser

In den letzten hundert Jahren hat sich die Weltbevölkerung verdreifacht, der Wasserbedarf versiebenfacht, die Bewässerungsfläche versechsfacht. 2005 lebten rd. 745 Mio. Menschen in Ländern, in denen Wassermangel oder Wasserknappheit herrscht. Bis 2025 werden 2,8 Mrd. Menschen in Regionen leben, in denen die verfügbaren Wasserreserven für Landwirtschaft, Industrie, Haushalte und Energieerzeugung unter der kritischen Grenze von 1700 m^2 pro Kopf und Jahr liegen. Schon heute haben 20 % der Weltbevölkerung keinen Zugang zu sauberem Trinkwasser.

(verschiedene Quellen: UNEP Environment Programme, UN World Water Day 2007)

M3 Wasserverbrauch durch Landwirtschaft, Industrie und Haushalte (2000)

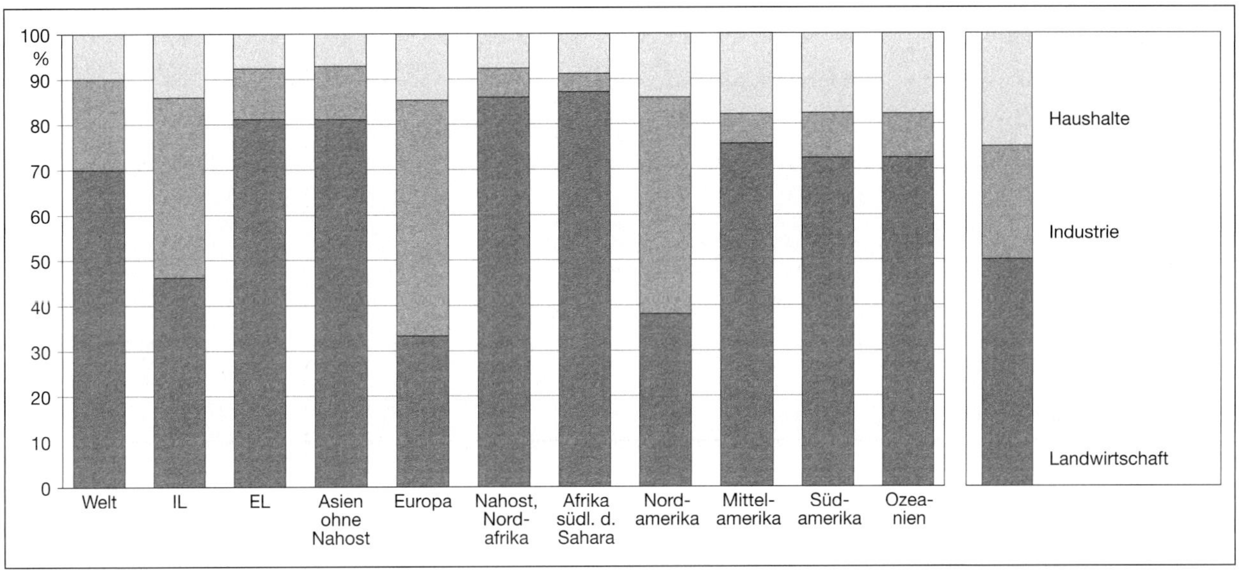

(Quelle: nach UNEP: Vital Water Graphics 2007)

M4 Wasserverbrauch nach Regionen in km³/Jahr

	1900	1940	1950	1960	1970	1980	1990	2000	2010	2025
Welt	331	617	768	1086	1341	1686	1982	2182	2399	2764
Europa	13,8	38,1	50,5	88,9	122	177	198	197	234	256
Nordamerika	29,2	83,8	104	138	181	221	221	243	255	269
Afrika	27,5	32,9	37,8	61,3	87,0	124	150	170	191	220
Asien	249	437	540	751	890	1084	1315	1458	1953	1876
Südamerika	10,8	22,3	31,7	39,6	51,1	66,7	81,9	96,0	106	120
Australien + Oz.	0,58	3,3	5,4	7,16	10,3	12,7	16,4	18,7	20,4	22,3

(Quelle: http://webworld.unesco.org/water/ihp/db/shiklomanov/part'3HTML/Tb_16.html)
Anm.: 1 Kubikkilometer entspricht 1 Milliarde Kubikmeter oder 1 Billion Liter.

M5 Jahresniederschlag abzüglich Verdunstung

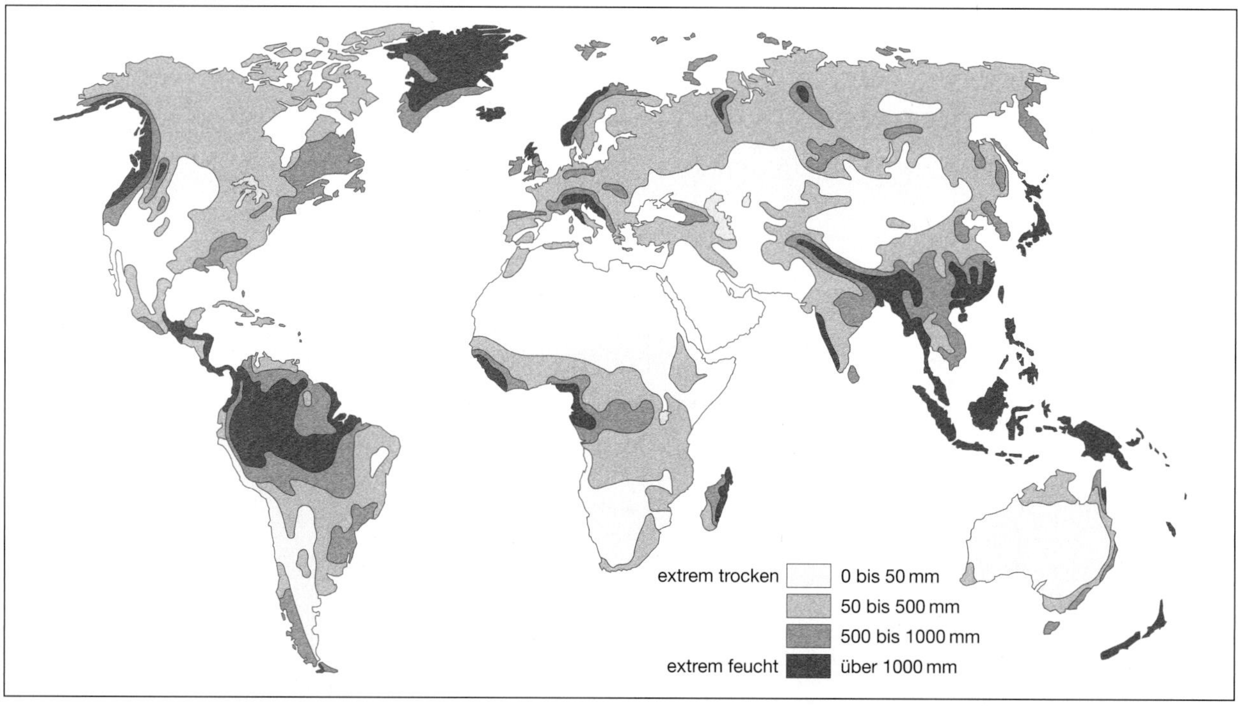

(Quelle: S. Postel: Die letzte Oase. Frankfurt am Main 1993)

M6 Wasserverfügbarkeit

< 500	absoluter Wassermangel
500–1000	chronischer Wassermangel
1000–1750	periodischer Wassermangel („Wasserstress")
1750–4000	gelegentlicher Wasserstress
4000–10000	ausreichende Wasserversorgung
> 10000	Wasserreichtum

(Quelle: UN Waterreport 2006)

M7 „Virtuelles" Wasser

Der Begriff wurde Anfang der 1990er-Jahre geprägt. Er bezieht sich auf den Wasserverbrauch bei der Produktion von Konsumgütern. Für 1 kg Weizen werden z. B. 1000 Liter Wasser benötigt. Virtueller Wasserhandel (z. B. Weizenimport) leistet einen wichtigen Beitrag zum Ausgleich von Wassermangel. In Wassermangelgebieten sollte deshalb der Anbau von viel Wasser verbrauchenden Pflanzen durch virtuellen Wasserhandel ersetzt werden.

(Quelle: nach H.-J. Liebscher [www.die-gdi.de])

M8 Niederschlagsverteilung (Oberflächenwasser, Grundwasser) nach Klimaregionen

	gemäßigtes Klima		semiarides Klima		arides Klima	
	%	mm/Jahr	%	mm/Jahr	%	mm/Jahr
Niederschlag	100	500–1500	100	200–500	100	0–200
Verdunstung	~ 33	160–500	~ 50	100–250	~ 70	0–140
Grundwassererneuerung	~ 33	160–500	~ 20	40–100	~ 1	0–2
Abfluss an der Oberfläche	~ 33	160–500	~ 30	60–150	~ 29	0–60

(Quelle: UN Waterreport 2006)

① Untersuchen Sie den Zusammenhang zwischen Weltbevölkerung und Wasserverbrauch (M 1, M 2, M 4).

② Beschreiben Sie die erneuerbaren Wasserreserven der Welt (M 5, M 8).

③ Ermitteln Sie Länder und Regionen mit einer Wasserverfügbarkeit von weniger als 500 m^2/Jahr/Einw. (M 5, M 6).

④ Listen Sie auf, welche Faktoren die Wasserverfügbarkeit vermindern (M 3, M 6, M 8).

⑤ Nehmen Sie zu der These Stellung, virtueller Wasserhandel könne die Wasserknappheit verringern (M 7).

Primärenergie und CO_2-Emissionen

M1 Verbrauch an Primärenergie 1980 in Mio. t RÖE

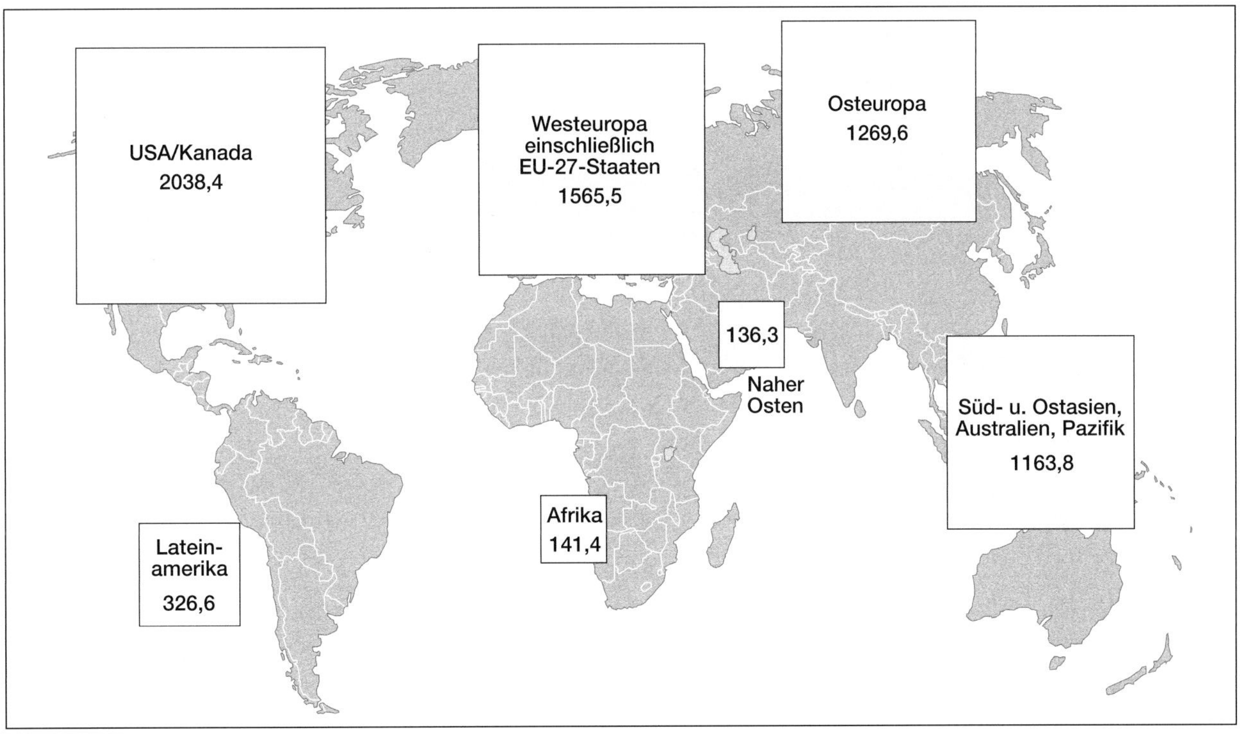

Quelle: nach BP Statistical Review 2007

M2 Verbrauch an Primärenergie 2006 in Mio. t RÖE

Quelle: nach BP Statistical Review 2007

M3 Globaler Primärenergieverbrauch

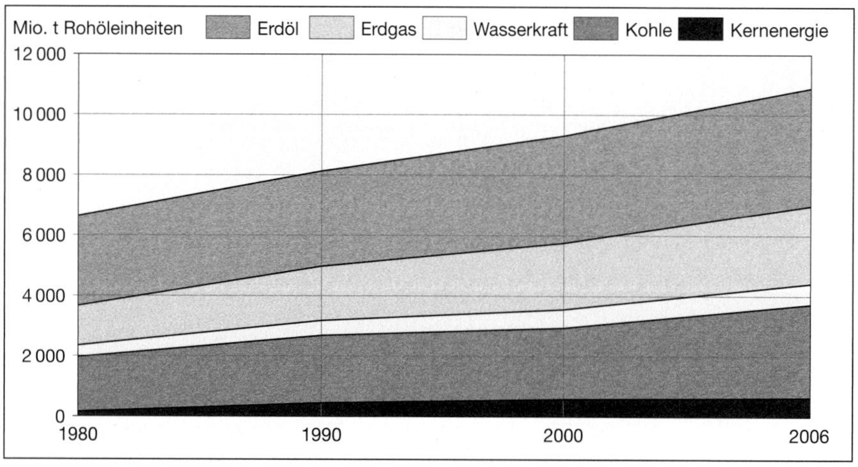

Quelle: nach BP Statistical Review 2007

M4 CO_2-Emissionen aus der Verbrennung fossiler Brennstoffe nach Regionen (Mio. t CO_2)

	1980	2004
USA/Kanada	5207	6500
Lateinamerika	855	1427
Europa	4658	4654
GUS	3028	2550
Afrika	535	987
Naher Osten	495	1320
Süd- u. Ostasien Australien, Pazifik	3556	9605

(Quelle: Energy Information Administration: International Energy Annual 2004)

M5 Anstieg der CO_2-Emissionen weltweit

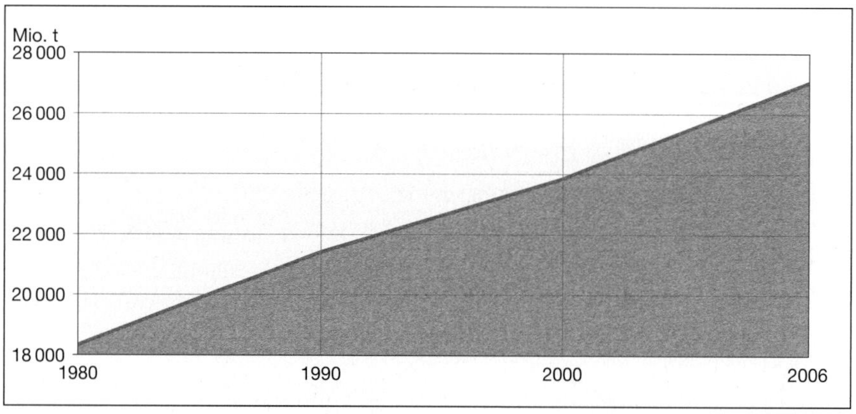

(Quelle: Energy Information Administration: International Energy Annual 2004)

① Analysieren Sie die Veränderungen beim Primärenergieverbrauch von 1980 bis 2006 (M 1, M 2).

② Werten Sie das Diagramm M 3 aus. Begründen Sie die fehlende Auflistung regenerativer Energien.

③ Erläutern Sie den Zusammenhang zwischen CO_2-Ausstoß (M 4) und Primärenergieverbrauch (M 1, M 2).

④ Erklären Sie Folgen der CO_2-Emissionen und leiten Sie erforderliche Maßnahmen ab.

Lehrbuchkapitel „Europa und die europäische Integration“

Europa – geographische und politische Grundlagen — Seiten 188–203

Geographische Grenzen und ihre Veränderungen — Seiten 188/189

Zu den Aufgaben

Aufgabe 1: Außengrenzen Europas
Norden: Europäisches Nordmeer, Westen: Atlantischer Ozean, Süden: Mittelmeer, Osten: Uralgebirge, Fluss Emba, Manytschniederung, Nordufer Schwarzes Meer; in der Diskussion, ob auch die Kaukasusregion Bestandteil Europas ist

Aufgabe 2: Auswirkungen der Auflösung der Sowjetunion, territoriale Veränderungen
neue souveräne Staaten, kein Beitritt von Estland, Lettland und Litauen zur GUS; Einflusssphäre und militärisches Glacis von Russland zurückgedrängt, stattdessen Erweiterung der EU nach Osten

Aufgabe 3: „Europa ohne Grenzen“, Entwicklung im ehemaligen Jugoslawien und in der ehemaligen Tschechoslowakei
Schengen-Abkommen: 1985 zwischen europäischen Staaten getroffene Vereinbarung zur Abschaffung der Personenkontrollen an gemeinsamen EU-Grenzen, noch nicht an allen Grenzen wirksam, verschärfte Kontrollen bei besonderen Anlässen (z. B. Terrorismusgefahr)
Jugoslawien: 1918 gegründet, bis 1991 administrative Gliederung in Slowenien, Kroatien, Bosnien-Herzegowina, Mazedonien und Serbien mit Vojvodina, Montenegro und Kosovo; ab 1992 Abspaltung, Bürgerkrieg und Entstehung souveräner Staaten, damit neue Grenzen in Europa
Tschechoslowakei: 1918 gegründet, 1992 gewaltfreie Trennung in Tschechische Republik und Slowakei

Aufgabe 4: Entwicklung im Kosovo, Rolle der EU
12.–14. Jh. Kernraum Serbiens, 1389 Schlacht auf dem Amselfeld (Niederlage der Serben gegen die Osmanen), nach dem Zweiten Weltkrieg bis 1974 autonome serbische Provinz, 1989 Aufhebung der Autonomie, Widerstand der Albaner, 1999 Angriff der NATO auf Serbien und Einmarsch im Kosovo, seitdem unter Verwaltungshoheit der UNO mit internationaler Friedenstruppe Kosovo Force (KFOR);
künftiger Status: Kosovo (mehrheitlich von Albanern bewohnt) verlangt Selbstständigkeit, von Serbien und Russland abgelehnt, von USA und EU befürwortet; Balkan-Kontaktgruppe (D, F, GB, I, RUS, USA) mit Verhandlungen betraut;
seit 1999 „Stabilitätspakt für Südosteuropa“ der EU, Ziel für Kosovo: Übernahme zentraler Lenkungsfunktionen durch die EU im Bereich Wirtschaft und Finanzen, langfristig Eingliederung in die EU

Aufgabe 5: Grenzüberschreitende Zusammenarbeit
individuelle Bearbeitung, Auswahl siehe vorderer Vorsatz

Natur- und wirtschaftsräumliche Gliederung Europas — Seiten 190/191

Zu den Aufgaben

Aufgabe 1: Naturräumliche Gliederung
Westeuropa: Mittelgebirge, Tiefland, Senken, Becken- und Schichtstufenlandschaften mit geringen Höhenunterschieden; Seeklima, vorherrschend Westwinde;
Mitteleuropa: Dreiklang von Tiefland, Mittelgebirge und Hochgebirge; Übergangsklima zwischen Maritimität und Kontinentalität;
Nordeuropa: Skandinavisches Gebirge mit Abflachung nach Osten; klimatisch subpolare bis kaltgemäßigte Zone, im Süden Übergang in kühlgemäßigte Zone;
Osteuropa: flachwelliges Tafelland; Kontinentalklima, im Norden kaltgemäßigt, im Südosten Steppenklima;
Südosteuropa: dalmatinische Küstenregion und Balkanhalbinsel; Kontinentalklima;
Südeuropa: drei große Halbinseln, starke Zerstückelung des Reliefs, subtropische Klimazone

Aufgabe 2: Europa in doppelter Weise ein Kontinent des klimatischen Übergangs
Nord-Süd-Abfolge der Klimazonen (subpolar, kaltgemäßigt, kühl gemäßigt, subtropisch);
West-Ost-Abfolge: Seeklima – Übergangsklima – Kontinentalklima

Aufgabe 3: Wirtschaftsräume in Europa (Referat)
Beginn der Industrialisierung durch Erfindung der Dampfmaschine und Nutzung der Steinkohlevorkommen (Schottland, Mittel- und Südengland, Nordfrankreich, Saarland, Ruhrgebiet, Oberschlesien, Donezbecken), Eisen schaffende Industrie, Eisenbahnbau, Standortverschiebungen von der Kohle zum Eisenerz, Standortverlagerung an die Küste, Strukturwandel in altindustrialisierten Räumen; weitere Informationen siehe SB S. 206/207 (Altindustrieregionen) und S. 212/213 (neuindustrialisierte Räume)

Historische und kulturelle Identität Europas — Seiten 192/193

Aufgabe 1: Verbundenheit mit den unterschiedlichen geographischen Einheiten
starke Verbundenheit mit Heimatland, Region und Dorf/Stadt, am geringsten in den Niederlanden (82 %), Belgien (83 %) und Deutschland (88 %); Nationalstolz stärker ausgeprägt als Stolz auf Europa (45 : 16)

Aufgabe 2: Europäische Identität: Zugehörigkeit zu einer Gruppe und Verbindung der Länder der EU
Doppelnennung bei den meisten Staaten („als Nationalität und als Europäer“), sehr starkes Europabewusstsein in Luxemburg, auffällig hoher Anteil an Nationalbewusstsein in skandinavischen Ländern sowie in Süd- und Südosteuropa; Ableitung einer EU-Identität nicht gegeben, da EU allein nicht für ganz Europa stehend

Aufgabe 3: Nationale/regionale/europäische Identität
Überlagerung der Identitäten möglich, aber bis auf regionale Identität (Heimat) unter Berücksichtigung einer Europäischen Union nicht erstrebenswert (vgl. USA: Bekenntnis zum Staat, gleichzeitig Betonung der regionalen Herkunft)

Aufgabe 4: Wertegrundlagen für europäische Identität
Demokratie, Rechtsstaatlichkeit, Freiheit, Gleichheit, Solidarität, Schutz und Förderung des Individuums, offene Gesellschaft

Aufgabe 5: Euro und Euroflagge als Symbole europäischer Identität
Wahrnahme des Euro eher als bequemes Zahlungsmittel; möglicherweise falsche Schlussfolgerung, dass Länder außerhalb der Eurozone mangelnde Identität aufweisen;
Europaflagge: zusammen mit Nationalflagge sichtbares Zeichen europäischer Zusammengehörigkeit, Stolz besonders in neuen Mitgliedsländern ausgeprägt

Aspekte der Bevölkerungsentwicklung in Europa — Seiten 194/195

Zu den Aufgaben

Aufgabe 1: Entwicklung der Wohnbevölkerung
Zunahme 1995–2004 nur Island, Irland, Benelux, Frankreich, Schweiz, Spanien, Portugal, Albanien, Mazedonien, Griechenland, Zypern, Finnland, Norwegen, Dänemark; geringe Abnahme in Großbritannien, Mitteleuropa und Südeuropa (Italien), starke Abnahmen in Transformationsstaaten;
Fortsetzung des Trends 2005–2050: starke Abnahme in Osteuropa (bis 20 %), starke Zunahme in Nordeuropa, Irland und Albanien

Aufgabe 2: Natürliche Bevölkerungsbewegung
Rückgang der Geburtenraten bei steigendem Lebensstandard; bei M 195.3 ist die Osterweiterung der EU zu beachten

Aufgabe 3: Einfluss von Migranten auf Entwicklung der Gesamtbevölkerung
Inländische Bevölkerung in den meisten Staaten zurückgehend, Ausgleich durch Zuwanderung;
Bsp. Deutschland: Anteil der ausländischen Bevölkerung 31. 12. 1991: 5,882 Mio. (7,3 %), 2004: 7,288 Mio. (8,8 %), 1992 höchster Stand bei Zuwanderung von ausländischen Staatsangehörigen (1,21 Mio.), seit 1997 pro Jahr 600 000 bis 700 000 Zuzüge, höchste Abwanderung von Ausländern 1993 (711 000);
Binnenwanderung innerhalb der EU durch freien Personenverkehr und Niederlassungsfreiheit (mit Ausnahmen) gewährleistet; weiterer Bevölkerungszuwachs durch z. T. illegale internationale Migration, dabei zu unterscheiden Flüchtlinge, Asylbewerber und angeworbene Arbeitskräfte (z. B. durch Greencard)

Aufgabe 4: Absicht der EU, Zustrom von Arbeitsmigranten einzudämmen
Noch keine gemeinsame EU-Einwanderungspolitik, grundsätzliche Bereitschaft zur schärferen Kontrolle der Außengrenzen; Schaffung eines Überwachungssystems einschließlich Patrouillen im Mittelmeerraum unter Einbeziehung von Mittelmeer-Drittstaaten, finanzielle Hilfen für Südanlieger des Mittelmeers zwecks Rücknahme von illegalen Einwanderer, die von ihrem Gebiet die EU erreichen; zur Abwehr illegaler Einwanderer langfristige Maßnahmen in deren Heimatländern erforderlich (Armutsbekämpfung, verbesserte Wirtschafts- und Handelspolitik, Konfliktlösungen)

	2005	2010	2015	2020	2025	2030	2035	2040	2045	2050
EU (25 Länder)	458.5	464.1	467.3	469.3	470.1	469.4	467.0	463.0	457.3	449.8
EU (15 Länder)	384.5	390.7	394.7	397.5	398.8	398.7	397.3	394.6	390.3	384.4
Eurozone	310.2	315.1	317.9	319.4	319.7	318.9	317.1	314.3	310.0	304.4
Belgien	10.4	10.6	10.7	10.8	10.9	11.0	11.0	11.0	11.0	10.9
Bulgarien	7.7	7.4	7.1	6.8	6.5	6.2	5.9	5.6	5.4	5.1
Tschechische Republik	10.2	10.1	10.0	9.9	9.8	9.7	9.5	9.3	9.1	8.9
Dänemark	5.4	5.5	5.5	5.5	5.6	5.6	5.6	5.5	5.5	5.4
Deutschland	82.6	82.8	82.9	82.7	82.1	81.1	79.9	78.4	76.7	74.6
Estland	1.3	1.3	1.3	1.2	1.2	1.2	1.2	1.2	1.1	1.1
Irland	4.1	4.3	4.6	4.8	4.9	5.1	5.2	5.3	5.4	5.5
Griechenland	11.1	11.3	11.4	11.4	11.4	11.3	11.2	11.1	10.9	10.6
Spanien	42.9	44.6	45.3	45.6	45.6	45.4	45.1	44.6	43.9	42.8
Frankreich	60.2	61.5	62.6	63.6	64.4	65.1	65.7	66.0	65.9	65.7
Italien	58.2	58.6	58.6	58.3	57.8	57.1	56.3	55.3	54.2	52.7
Zypern	0.7	0.8	0.8	0.9	0.9	0.9	0.9	1.0	1.0	1.0
Lettland	2.3	2.2	2.2	2.1	2.1	2.0	2.0	1.9	1.9	1.9
Litauen	3.4	3.3	3.3	3.2	3.1	3.1	3.0	3.0	2.9	2.9
Luxemburg	0.5	0.5	0.5	0.5	0.5	0.6	0.6	0.6	0.6	0.6
Ungarn	10.1	10.0	9.8	9.7	9.6	9.5	9.4	9.2	9.1	8.9
Malta	0.4	0.4	0.4	0.5	0.5	0.5	0.5	0.5	0.5	0.5
Niederlande	16.3	16.7	17.0	17.2	17.4	17.6	17.7	17.6	17.5	17.4
Österreich	8.1	8.3	8.4	8.4	8.5	8.5	8.5	8.4	8.3	8.2
Polen	38.1	37.8	37.4	37.1	36.8	36.5	36.1	35.4	34.5	33.7
Portugal	10.5	10.7	10.8	10.8	10.7	10.7	10.6	10.4	10.2	10.0
Rumänien	21.7	21.3	20.9	20.3	19.7	19.2	18.8	18.3	17.8	17.1
Slowenien	2.0	2.0	2.0	2.0	2.0	2.0	2.0	2.0	1.9	1.9
Slowakei	5.4	5.3	5.3	5.3	5.2	5.2	5.1	5.0	4.9	4.7
Finnland	5.2	5.3	5.4	5.4	5.4	5.4	5.4	5.4	5.3	5.2
Schweden	9.0	9.2	9.4	9.6	9.8	9.9	10.0	10.1	10.1	10.2
Vereinigtes Königreich	59.9	60.9	61.9	62.9	63.8	64.4	64.7	64.7	64.6	64.3

Bevölkerungsprojektionen zum 1. Januar, in Mio. *(Quelle: Europa in Zahlen. Eurostat Jahrbuch 2006–07)*

Demographischer Übergang Seiten 196/197

Zu den Aufgaben

Aufgabe 1: Geburtenziffern in Europa, Beziehung zum demographischen Übergang

1960 Reproduktionsniveau (2,1 Kinder je Frau) in allen ausgewählten Ländern (M 196.2) erreicht, besonders herausragend katholische Länder (Irland, Portugal, Polen), 2004 Unterschreiten des Reproduktionsniveaus (M 196.2), starke Einbrüche in Mittel-, Süd- und Osteuropa (M 196.1), Schrumpfungsphase im Modell des demographischen Übergangs erreicht

Aufgabe 2: Demographischer Übergang und Entwicklung in den einzelnen Phasen

Phase 1: unkontrollierte Geburtenzahl, Schwankungen der Sterberate, Großfamilien, Hunger, Krankheiten, Seuchen, geringes Bevölkerungswachstum;
Phase 2: gleich bleibende Geburtenrate, abnehmende Sterberate, Bevölkerungswachstum;
Phase 3: Geburtenrate abnehmend durch neue Lebensbedingungen in industriell-städtischer Gesellschaft, Sterberate weiter abnehmend durch medizinische Fortschritte (Seuchenbekämpfung, Impfungen);
Phase 4: Zuwachsrate hoch, unterbrochen durch Folgen zweier Weltkriege;
Phase 5: bewusste Familienplanung, Ein-Kind-Familien, abnehmendes Bevölkerungswachstum

Aufgabe 3: Auswirkung der in Phase 5 dargestellten Entwicklungen

Überalterung der Bevölkerung (hoher Anteil der über 60-Jährigen), Rückgang der im produktiven Alter tätigen Bevölkerung, Veränderung des Alterslastenquotienten, Generationenkonflikte (z. B. Rentenfinanzierung);
mögliche Lösungsvorschläge: Erleichterung der Zuwanderung für qualifizierte Arbeitskräfte, Verkürzung der Ausbildungszeiten, Erhöhung der Lebensarbeitszeit, stärkere Berücksichtigung der Lebensgewohnheiten von älteren Menschen

Aufgabe 4: These: EU ohne demographischen Motor

Bevölkerungsrückgang, steigender Anteil der über 65-Jährigen (s. Tabelle)

Anteil der Bevölkerung im Alter von 65–79 Jahren

	1995	1996	1997	1998	1999	2000	2001	2002	2003	2004	2005	2006
EU (27 Länder)	11.2	11.4	11.6	11.9	12.1	12.3	12.3	12.4	12.4	12.5	12.6	12.6
EU (25 Länder)	11.2	11.4	11.7	11.9 (b)	12.1	12.3	12.3	12.4	12.4	12.5	12.6	12.6
Eurozone (13 Länder)	11.4	11.7	12.0	12.3	12.5	12.7	12.8	12.9	12.9	13.0	13.1	13.2
Eurozone (12 Länder)	11.5	11.7	12.0	12.3	12.5	12.8	12.8	12.9	12.9	13.0	13.1	13.2
Belgien	11.9	12.2	12.5	12.9	13.2	13.3	13.2	13.1	13.0	13.0	12.9	12.8
Bulgarien	12.3	12.6	13.0	13.5	13.8	14.0	14.3	14.3	14.3	14.2	14.0	13.9
Tschechische Republik	10.4	10.6	10.9	11.2	11.4	11.5	11.4	11.3	11.2	11.1	11.0	11.1
Dänemark	11.4	11.3	11.1	11.0	10.9	10.9	10.8	10.8	10.8	10.9	10.9	11.1
Deutschland	11.3	11.5	11.8	12.1	12.4	12.7	12.9	13.1	13.4	13.8	14.3	14.8
Estland	10.5	10.9	11.4	11.9	12.1	12.3	12.6	12.8	13.0	13.2	13.4	13.5
Irland	9.0	8.9	8.9	8.9	8.8	8.7	8.6	8.6	8.5	8.5	8.5	8.4
Griechenland	11.9	12.2	12.5	12.8	13.1	13.4	13.7	14.1	14.3	14.6	14.7	14.9
Spanien	11.8	12.0	12.3	12.6	12.8	13.0	13.1	13.0	12.9	12.7	12.5	12.3
Frankreich	10.7	11.1	11.5	11.8	12.0	12.2	12.1	12.0	11.9	11.8	11.7	11.6
Italien	12.5	12.8	13.1	13.5	13.9	14.2	14.3	14.3	14.4	14.4	14.5	14.6
Zypern	8.5	8.4	8.5	8.5	8.5	8.6	8.7	9.0	9.2	9.3	9.3	9.4
Lettland	10.6	11.0	11.4	11.8	12.1	12.3	12.6	12.8	13.1	13.3	13.5	13.6
Litauen	9.5	9.9	10.3	10.8	11.2	11.4	11.7	11.9	12.1	12.2	12.3	12.4
Luxemburg	10.6	10.7	10.9	11.1	11.2	11.2	10.9	10.9	11.0	11.0	11.1	11.0
Ungarn	11.2	11.5	11.8	12.1	12.4	12.4	12.4	12.3	12.3	12.3	12.3	12.3
Malta	8.9	9.1	9.4	9.6	9.7	9.8	9.9	10.0	10.2	10.3	10.4	10.5
Niederlande	10.1	10.2	10.3	10.3	10.4	10.4	10.4	10.4	10.4	10.4	10.5	10.7
Österreich	11.2	11.4	11.6	11.8	12.0	12.0	11.9	11.7	11.5	11.4	11.8	12.1
Polen	8.8	9.1	9.4	9.7	10.0	10.1	10.3	10.5	10.5	10.6	10.6	10.6
Portugal	11.7	12.0	12.2	12.4	12.6	12.8	12.9	13.0	13.1	13.1	13.2	13.2
Rumänien	9.9	10.2	10.5	11.0	11.4	11.6	11.8	12.0	12.1	12.2	12.3	12.3
Slowenien	9.5	9.9	10.4	10.9	11.4	11.6	11.8	12.0	12.1	12.2	12.3	12.4
Slowakei	8.6	8.8	9.1	9.4	9.6	9.5	9.6	9.4	9.3	9.3	9.3	9.3
Finnland	10.9	11.1	11.2	11.3	11.4	11.5	11.6	11.6	11.7	11.8	12.0	12.0
Schweden	12.8	12.8	12.7	12.6	12.5	12.4	12.1	12.0	11.9	11.9	11.9	11.9
Vereinigtes Königreich	11.9	11.9	11.9	11.9	11.9	11.9	11.7	11.7	11.7	11.6	11.6	11.6
Kroatien	9.9	9.9	9.9	9.9	10.0	13.8	13.4	13.6	13.8	13.8	13.9	14.0
Mazedonien, ehemalige jugoslawische Republik	7.2	7.5	7.8	8.1	8.4	8.7	8.9	9.1	9.2	9.3	9.4	9.6
Türkei	:	:	:	:	:	:	:	:	:	:	:	:
Island	8.5	8.7	8.8	8.9	8.9	8.9	8.8	8.8	8.8	8.8	8.7	8.6
Liechtenstein	8.4	8.0	8.0	8.0	8.0	8.1	8.1	8.0	8.1	8.1	8.3	8.7
Norwegen	12.0	11.9	11.7	11.5	11.2	11.0	10.7	10.5	10.3	10.2	10.1	10.1
Schweiz	10.7	10.8	10.9	11.1	11.2	11.3	11.4	11.4	11.3	11.4	11.4	11.5
Europäische Freihandelsvereinigung (CH, IS, LI, NO)	11.1	11.1	11.2	11.2	11.2	11.1	11.0	11.0	10.9	10.8	10.8	10.9

Anteil der Bevölkerung ab 65 Jahren an der Gesamtbevölkerung *(Quelle: Europa in Zahlen, Eurostat Jahrbuch 2006–07)*
(:) Nicht verfügbar (b) Reihenunterbrechung

Zu den Aufgaben

Aufgabe 1: Konsequenzen der Aufhebung der Handelszölle

EU = einheitlicher Wirtschaftsraum = Zollunion, keine Zölle innerhalb der Zollunion auf Waren, unabhängig, ob in der EU produziert oder aus Drittländern eingeführt, Aufhebung der Zollkontrollstellen an den Grenzen zwischen den EU-Staaten;
Einfuhrzölle auf Einfuhren aus Drittländern nach Verhandlungen mit WTO, Gewährung von Zollsenkungen im Rahmen von Handelsabkommen bzw. zollfreier Zugang für Waren aus Nachbar-, Entwicklungs- und Schwellenländern,
Zolleinnahmen zur Finanzierung der EU-Haushalts, für 2008 vorgesehen: 1683,2 Mio. € Agrarzölle im Handel mit Drittländern, 633,4 Mio. € Abgaben im Rahmen der Gemeinsamen Marktordnung für Zucker, 16,4 Mio. € Zölle und andere Abgaben

Aufgabe 2: Europas Stellung im Welthandel (2005)

	Export		Import	
	Mrd. $	%	Mrd. $	%
Welt *	7758,0	100,0	7783,0	96,0
Extra-EU-25	1328,3	17,1	1732,4	21,4

* ohne EU-Intra-Handel

EU-25-Intra-Import 2005: 2673 Mrd. $,
EU-Extra-Export 2005: 1463 Mrd. $
Schwergewicht bei Ex- und Importen auf Fertigwaren, relativ hoher Anteil bei Energie- und sonstigen Rohstoffen

Aufgabe 3: Vor- und Nachteile von EU-Direktinvestitionen in Nicht-EU-Staaten

Vorteile: Gründung von Zweigniederlassungen, kostengünstige Auslandsfertigung, Entstehung von transnationalen bzw. multinationalen Unternehmen
Nachteile: Kapitalabfluss, Export von Technologie und Knowhow zu Lasten der EU-Produzenten, Gefahr des illegalen Nachbaus (Plagiate)

Aufgabe 4: Regionale Wirtschaftsbündnisse, deren Rolle als EU-Konkurrenz (Referat)

Quellen: *www.wto.org* (Trade Statistics)
www.eurostat.ec.europa.eu

Internationaler Warenhandel 2005 (nach wto.org)

	Export (Mrd. US-$)			Import (Mrd. US-$)		
	total	intra	extra	total	intra	extra
EU-25	4001	2673	1328	4135	2673	1463
NAFTA	1477	824	654	2268	782	1486
ASEAN	653	162	491	594	144	450
MERCOSUR	163	21	142	114	22	91
Welt	10159					

Internationaler Dienstleistungshandel 2005 (nach wto.org)

	Export (Mrd. US-$)	Import (Mrd. US-$)
EU-25	1121	1038
USA	422	281
Asien	525	573
Welt	2415	

Konkurrenz besonders bei Agrarprodukten (EU–NAFTA), Pkw (EU–Asien–USA), Fertigwaren (EU–Asien); Verstöße gegen WTO-Abmachungen, Anti-Dumping-Klagen, Strafzölle

Zu den Aufgaben

Aufgabe 1: Bedeutung der Römischen Verträge

Unterzeichnung 1957 durch Belgien, Deutschland (alte Bundesrepublik), Frankreich, Italien, Luxemburg, Niederlande = Mitglieder der Europäischen Gemeinschaft für Kohle und Stahl (EGKS) von 1951
a) Gründung Europäische Wirtschaftsgemeinschaft (EWG);
b) Gründung Europäische Atomgemeinschaft (EURATOM);
Ziele: Einigung Europas auf dem Gebiet der Wirtschaft, Abbau des technologischen Rückstandes gegenüber Supermächten USA und UdSSR, Annäherung an den Lebensstandard der USA; Schaffung eines integrierten Wirtschaftsraumes mit vier Freiheiten (Waren, Dienstleistungen, Personen, Kapital);
politisch: Übertragung von Souveränitätsrechten auf europäische Ebene, Schaffung neuer europäischer Institutionen, Gemeinschaftsrecht mit Vorrang vor nationalem Recht

Aufgabe 2: „Drei Säulen“ und „Vier Freiheiten“

Drei Säulen: Festlegung im Vertrag von Maastricht (1993 in Kraft getreten) durch 12 Mitgliedsstaaten (B, DK, D, E, F, GB, GR, I, IRL, L, NL, P); neue politische und wirtschaftliche Struktur: die Europäische Union (EU);
1. Säule: Europäische Gemeinschaften (EGKS, EG, Euroatom) – EGKS 2002 ausgelaufen;
2. Säule: Gemeinsame Außen- und Sicherheitspolitik (GASP);
3. Säule: Polizeiliche und justizielle Zusammenarbeit in Strafsachen (PJZS);
Drei Säulen = Grundlagen für Aktivitäten der EU, Veränderung bei Beitritt neuer Mitgliedsstaaten, Überarbeitung zwecks Reform der EU-Organe;
Vier Freiheiten: Grundlagen des europäischen Binnenmarktes (Arbeitnehmerfreizügigkeit, Freiheit des Warenverkehrs, Dienstleistungs- und Niederlassungsfreiheit, Kapitalfreiheit), im EG-Vertrag festgelegt

Aufgabe 3: Verträge von Schengen und Amsterdam

Schengen-Abkommen: Sammlung 1985 geschlossener völkerrechtlicher Verträge zwischen einzelnen EU-Mitgliedsstaaten, Abbau der Kontrollen an gemeinsamen Staatsgrenzen, Regelung grenzübergreifender polizeilicher Zusammenarbeit, Ausführungsbestimmungen über Aufenthaltsrechte von Personen aus Drittstaaten; Einbeziehung des Abkommens in Rechtsrahmen der EU nach In-Kraft-Treten des Vertrages von Amsterdam 1997;
Vertrag von Amsterdam: 1999 in Kraft getreten (EU-15: A, B, DK, D, E, F, FIN, GB, GR, I, IRL, L, NL, P, S),
Veränderungen und Ergänzungen zum Vertrag von Maastricht: Stärkung der Gemeinschaftsorgane der EU, Erweiterung der Kompetenzen, Diskriminierungsverbot, Ergänzung der 1. Säule durch Beschäftigungskapitel mit Kompetenzen der Gemeinschaft in diesem Bereich, Bekenntnis zu Wachstum und Beschäftigung, Einhaltung von bestimmten wirtschaftlichen Daten zur Einführung einer gemeinsamen Währung, Verbesserung der Effizienz und Transparenz bei der Gemeinsamen Außen- und Sicherheitspolitik (GASP), Schaffung eines Raums der Freiheit, Sicherheit und des Rechts;
eigentliche Ziele: mehr Bürgernähe – nur bedingt erreicht, durchgreifende Reform der EU-Institutionen – nicht erreicht, lediglich Ausdehnung des Mitentscheidungsverfahrens des Europäischen Parlaments

Die EU-Erweiterung: Auswirkungen auf den Binnenmarkt — Seiten 202/203

Zu den Aufgaben

Aufgabe 1: Chancen und Gefahren der Eingliederung Mittelosteuropas in den Binnenmarkt

Chancen	Gefahren
– dauerhafte Überwindung der Teilung Europas – Zunahme der Bevölkerung auf 490 Mio. Einwohner (= Konsumenten) – Zunahme der EU-Exporte in die neuen EU-Staaten – hohes Potenzial des Wirtschaftswachstums in Mittelosteuropa (MOE) – Erhöhung des Lebensstandards in MOE verstärkt Nachfrage nach Gütern und Dienstleistungen – Vorteile durch Direktinvestitionen – Abbau räumlicher und wirtschaftlicher Disparitäten in Europa – stabile Verbraucherpreise durch kostengünstige Produkte aus den MOE – Verbesserung der Umweltstandards (Einräumung von Übergangsfristen) – Verknüpfung west- und mittelosteuropäischer Industriestandorte (Bsp. Autoindustrie)	– Schwächung durch strukturschwache Beitrittsländer (besonders im Agrarbereich) – Verringerung des BIP in der gesamten EU – Gefährdung der Arbeitsplätze in der EU-15 – Befürchtung von Lohndumping – Ausnutzung der Freizügigkeit durch billige Unternehmer aus Osteuropa – Wanderung von Arbeitskräften in „reiche" EU-Länder – sich verringernde Handlungsfähigkeit der EU – Anspruchsdenken der neuen Mitglieder (Ansprüche an EU-Fördermaßnahmen) – sinkende Akzeptanz der EU wegen Preissteigerungen – zu langsame Angleichung an Wohlstandsniveau des Westens – Unterbietungswettbewerb im Dienstleistungssektor

Ergänzende Informationen: Handel mit der EU-25

Land	Ausfuhr (Mrd. €)	davon in EU (%)	Einfuhr (Mrd. €)	davon aus EU (%)
Polen	71,9	70	81,2	65
Tschechien	62,9	85	61,7	76
Malta	1,8	49	2,9	73
Slowakei	25,8	85	28,1	68
(Deutschland)	780,2	63,4	622,2	59,0

Beitrag zum Intra-EU-25-Handel 2005

Land	Anteil an Ausfuhren (%)	Anteil an Einfuhren (%)
Belgien	9,6	8,9
Dänemark	2,2	2,1
Deutschland	23,0	19,2
Estland	0,2	0,3
Finnland	1,4	1,5
Frankreich	10,8	12,9
Griechenland	0,3	1,2
Großbritannien	8,1	11,0
Irland	2,6	1,8
Italien	8,1	8,5
Lettland	0,1	0,3
Litauen	0,3	0,4
Luxemburg	0,6	0,6
Malta	0,0	0,1
Niederlande	11,9	6,9
Österreich	3,2	3,9
Polen	2,6	2,9
Portugal	1,1	1,8
Slowenien	0,5	0,6
Slowakei	1,0	1,1
Schweden	2,8	3,0
Spanien	5,0	6,8
Tschech. Republik	2,5	2,4
Ungarn	1,8	1,7
Zypern	0,0	0,2

Aufgabe 2: Standortfaktoren für Ansiedlung des Opel-Werkes in Gliwice

- Ausweisung einer Sonderwirtschaftszone durch die Stadt, Erschließung durch Straßen, Eisenbahnanschluss, Zugang zum Binnenhafen, Bereitstellung von Energie und Wasser
- keine Steuern für die ersten zehn Jahre, folgende zehn Jahre 50%
- gut ausgebildete, qualifizierte Arbeitskräfte
- geringe Lohnkosten im Vergleich zu anderen europäischen GM-Produktionsstätten: Bochum, Rüsselsheim (Deutschland), Ellesmere Port, Luton (Großbritannien), Antwerpen (Belgien), Zaragossa (Spanien), Azambuja (Portugal), Trollhättan (Schweden)

Lohnkosten pro Stunde in der Autoindustrie 2003:
Polen 7€, Spanien 17,80€, Großbritannien 22,30€, Schweden 22,80€, Belgien 26,60€, Deutschland 33,0€

- Kompensationsgeschäft 2003: Kauf von 48 US-Kampfjets durch polnische Regierung, „Belohnung" durch amerikanische Millioneninvestitionen

1998 Fertigstellung des Werkes „General Motors Poland", Bau des Astra nach Vorbild der schlanken Produktion in Eisenach für osteuropäischen Markt, ab 2005 Zafira, ab 2010 neue Generation der Kompaktklasse als Nachfolger des Astra;
Bau des Opel Astra Classic ab 2008 auch in Serbien

GM Poland derzeit mit rd. 2600 Mitarbeitern

Der europäische Wirtschaftsraum — Seiten 204–239

Strukturveränderungen und ihre räumlichen Auswirkungen — Seiten 204/205

Zu den Aufgaben

Aufgabe 1: Gründe für den sektoralen Strukturwandel

Entscheidender Grund ist der technische Fortschritt, der sich in der Entwicklung neuer Produktionsprozesse (Haupttechnologien), der Einführung neuer Produkte und Organisationsprozesse zeigt. Mithilfe der Theorie der „langen Wellen“ lassen sich langfristige und großräumige Verschiebungen der ökonomischen Wachstumsdynamik innerhalb Europas erklären.

Aufgabe 2: Produktlebenszyklushypothese und regionale Entwicklung

a) In der Einführungsphase wird ein Produkt ständig noch verbessert; dazu benötigt der Betrieb qualifiziertes Personal und eine hochwertige Infrastruktur. Entsprechend wählen Unternehmen (z. B. Hersteller von Mikrochips, Luft-/Raumfahrtindustrie) Standorte in den Zentren hoch entwickelter Länder.

b) Die Herstellung älterer Produkte ist dagegen ausgereift und standardisiert; deshalb sind keine hohen Standortqualitäten mehr nötig, sondern es geht vor allem um die Kostenreduzierung. Billige Arbeitskräfte und niedrige Standortkosten bieten Schwellen- und Entwicklungsländer; dort werden demzufolge reife Produkte hergestellt (z. B. Bekleidung, Schuhe, Montage von Elektrogeräten, Bauteile von Personenkraftwagen).

Aufgabe 3: Strukturwandel in altindustrialisierten Räumen in Europa (Beispiele für Referat-Themen)

- Der Wandel der Hafenstadt Bilbao (Spanien)
- Strukturwandel im Ruhrgebiet
- Das Beispiel Steiermark (Österreich)
- Lothringen – das Smart-Werk in Hambach
- Das Oberschlesische Industriegebiet um Gleiwitz

Altindustrialisierte Räume – Strukturen und Perspektiven — Seiten 206/207

Zu den Aufgaben

Aufgabe 1: Altindustrieregionen Europas

Im Laufe des sektoralen Strukturwandels erlebten zahlreiche frühindustrialisierte Regionen nach sehr dynamischer Phase (19. Jh., Anfang 20. Jh.) drastischen Schrumpfungsprozess.

„Altindustrieregionen“ = ehemals erfolgreiche Industrieregionen – „alt“ nicht im Sinne von Alter, sondern von fehlender oder mangelnder Kraft zur sektoralen Erneuerung

Aufgabe 2: Ursachen für den Niedergang ehemaliger Wachstumsregionen

- veränderte staatliche und private Nachfrage nach technologisch immer höherwertigen Produkten;
- nach dem Konzept der „langen Wellen“ wurden ehemalige rohstofforientierte Wachstumsbranchen wie der Steinkohlebergbau zu Schrumpfungsbranchen;
- künstliche Erhaltung unrentabler Produktionen durch staatliche Subventionspolitik der EU;
- analog zur Produktlebenszyklushypothese verschiebt sich der optimale Standort durch Produktionsstandardisierung vom Hoch- zum Niedriglohnland

Aufgabe 3: Stichworte zum „Subventionsabbau in Deutschland“

Pro Subventionsabbau	Kontra Subventionsabbau
Staatliche Subventionspolitik ist eine Ursache für den Erhalt nicht mehr wettbewerbsfähiger Branchen.	Möglichst langer Erhalt von Arbeitsplätzen in altindustrialisierten Regionen, bis der schwierige Strukturwandel mit neuen Branchen gelungen ist.
Einseitige Bevorzugung bestimmter Branchen durch staatl. Subventionen.	Erhalt von Steinkohlebergwerken usw. für Krisenzeiten bei der Energieversorgung.
Die Interessensidentität von Unternehmen, Gewerkschaften und Politik, die bestehende Strukturen erhalten wollen, hemmt unternehmerische Tätigkeit in neuen Branchen.	Die Qualifikation der Arbeitskräfte altindustrialisierter Regionen erlaubt keinen schnellen Umstieg auf neue Technologien, da in solchen Branchen kein Bergwerksarbeiter eine Anstellung finden würde.

Altindustrieregionen in Europa — Seiten 208/209

Zu den Aufgaben

Aufgabe 1: Strukturwandel im Ruhrgebiet

- Krise des Steinkohlebergbaus durch den Import billigen Erdöls und billiger Steinkohle aus Übersee;
- Krise Eisen- und Stahlindustrie (1970er-Jahre durch Import billigeren Stahls sowie seine Substitution durch Kunststoffe und Aluminium), Errichtung von Überkapazitäten in Entwicklungs-, Schwellenländern, Osteuropa;
- Auswirkungen der Krise der Montanindustrie auf weitere Wirtschaftsbereiche;
- zum Teil verfehlte Subventionspolitik und mangelnde Innovationsbereitschaft deutscher Unternehmer;
- Ausbau des Autobahnnetzes und Ansiedlung neuer Branchen der Metallverarbeitung, z. B. Opelwerk in Bochum;
- Ansiedlung neuer Dienstleistungs- und Hightech-Unternehmen als Einleitung eines Strukturwandels;
- Errichtung von Universitäten und Hochschulen;
- ökologische Umgestaltung ehemaliger Industrieflächen; ökologische Abfallwirtschaft, Altlastensanierung;
- Ausbau des Freizeitsektors (Freizeitparks usw.);
- sozialer Wandel in der Bevölkerungsstruktur

Aufgabe 2: Die Internationale Bauausstellung (IBA) Emscher Park

IBA: Auf die Jahre 1989–1999 angelegtes Zukunftsprogramm des Landes NRW, Aufgabe: mit neuen Ideen und Projekten Impulse für den strukturellen Wandel einer vom Bergbau geprägten Altindustrieregion, der Emscher-Region, zu setzen. Gesucht wurden zukunftsfähige Strukturen in der Beschäftigung und für die Stadtlandschaft. In diesem Prozess hat die IBA mit den Gemeinden, Unternehmen, Verbänden und Bürgerinitiativen kooperiert. 17 Kommunen, darunter Dortmund, Bochum, Essen usw., waren der IBA beigetreten. In 10 Jahren IBA sind für rd. 2,5 Mrd. € fast 120 Projekte realisiert worden. Bauvorhaben und „Leitprojekte“: (1) Wiederaufbau einer industriell gezeichneten Landschaft (Emscher Landschaftspark; 320 km^2), (2) ökologischer Umbau und Verbesserung des veralteten und zentralisierten Emscher-Entwässerungssystems), (3) neue Wohnungen, Wohnformen und integrierte Stadtentwicklung, (4) Arbeiten im Park (u. a. ein Netzwerk von 16 Technologie- und Gründerzentren), (5) Rhein-Herne-Kanal als Erlebnisraum, (6) Industriedenkmäler als Kulturträger – neue Nutzungen für Industriebauten, (7) neue Angebote für soziale, kulturelle und sportliche Tätigkeiten.

Aufgabe 3: Die Bedeutung des Automobilbaus für den Strukturwandel in Oberschlesien u. in der Steiermark – die Automobilcluster

Das Oberschlesische Industrierevier (poln. GOP) mit seiner ehemaligen Kohle- und Stahlindustrie durchlief nach 1989 einen Strukturwandel, dem sich das ähnlich strukturierte Ruhrgebiet schon 30 Jahre früher stellen musste. Wichtige Impulse gingen dabei von der Autoindustrie aus, die zum Beispiel in Gliwice günstige Standortbedingungen vorfand (Facharbeiter, niedrige Löhne, Gelände, gute Infrastruktur, Steuererleichterungen). Aber in den etwas östlich gelegenen Städten Katowice und Kraków gibt es 2 Universitäten und rd. 20 Hochschulen. Im Norden von Katowice liegt Polens modernste Eisen- und Stahlhütte. Im nördlichen Oberschlesien und westlichen Nordpolen haben sich weitere Automobilfirmen angesiedelt. Heute umfasst der industrielle Ballungsraum Oberschlesien eine Fläche von rd. $2700\,km^2$ mit über drei Mio. Einwohnern. Die 15 Städte gehen ähnlich wie im Ruhrgebiet an manchen Stellen ineinander über. Zwischen den Siedlungen, Bergwerken und Industrieanlagen liegen Ackerflächen, Grünland und Wälder. In jüngster Zeit werden neben der Automobilindustrie verstärkt mittelgroße und kleinere Betriebe der verarbeitenden Industrie und der Dienstleistungen angesiedelt. Anstrengungen erfordert der ökologische Umbau.

Das Beispiel Steiermark im Vergleich zu Oberschlesien
Die Automobilindustrie spielt auch beim Strukturwandel des traditionellen Industriereviers Steiermark (Österreich) eine wichtige Rolle. Denn nach der Krise der Eisen- und Stahlindustrie wie z. B. in Leoben-Donawitz und Mürzzuschlag, Judenburg, Bruck an der Mur, Kindberg, Mitterndorf und Graz hat sich heute in der Steiermark ein regelrechtes Netzwerk von Unternehmen und Forschungseinrichtungen aus der Automobilbranche, ein so genannter Automobilcluster, entwickelt. Besonders wichtig für die Entstehung des Clusters waren Unternehmen, die bereits eine lange Tradition im Bereich Fahrzeugbau bzw. -technik aufzuweisen hatten und Keimzellen für die spätere Entwicklung darstellten (z. B. Herstellung von Fahrrädern, Bau von motorfahrbetriebenen Fahrzeugen seit 1899, Fertigung von Verbrennungsmotoren seit 1948). Auf dieser Grundlage gelang es z. B., ausländische Unternehmen anzusiedeln. Chrysler z. B. konzentriert dort die Produktion des Modells „Voyager" für den europäischen Absatzmarkt. Was diese Tradition anbetrifft, unterscheidet sich der Automobilcluster deutlich von dem Oberschlesiens, wo es früher keine Automobilherstellung gab.

Eine derart intensive Verzahnung von Unternehmen der Automobilindustrie mit Ausbildungs- und Forschungseinrichtungen wie der TU Graz, der FH Graz usw. zu einem regelrechten Netzwerk, das mit der Automobilbranche zusammenarbeitet, gibt es im Raum Gliwice und seinem Automobilcluster aufgrund der fehlenden Tradition der Autoindustrie noch nicht, aber die Hochschulen in Katowice und Kraków sind auf Innovationen hin orientiert.
Gemeinsam ist beiden Auto-Regionen in Polen und Österreich, dass man Automobilzulieferer in größerer Entfernung ebenso wie in der Nähe („Just-in-Time-Produktion") besitzt, die z. T. auch andere Fahrzeugproduzenten beliefern. Nicht alles wird selbst hergestellt. Vorproduktehersteller und Automobil-Zulieferer gehören zur Autobranche.
Aber auch die Autoindustrie als Ersatz für die frühere Eisen- und Stahlindustrie in Oberschlesien oder in der Steiermark ist im Zeitalter der Globalisierung mit Risiken verbunden, wie das Beispiel des Unternehmens Chrysler im Jahre 2007 zeigt und wie man andererseits in Deutschland zu spüren bekam, als ein Teil der Opel-Zafira-Produktion nach Gliwice verlegt wurde. Nach der Produktlebenszyklustheorie ist der Ferne Osten mit zahlreichen Niedriglohnländern, vielen Arbeitskräften und noch relativ geringen Umweltauflagen zu fürchten.

Aufgabe 4: Altindustrielle Strukturen
Anzutreffen z. B. in der Region um Saarbrücken, um Pirmasens in der Pfalz, im westlichen und östlichen Ruhrgebiet, im Bayerischen Wald, in Eisenhüttenstadt, im Rheinischen Braunkohlerevier, im Mitteldeutschen und Lausitzer Revier, in der Region Braunschweig, Peine, Salzgitter und Helmstedt, in der Region Chemnitz/Plauen, im Industrieraum Halle-Leipzig, in der Region von Wuppertal, Krefeld, Solingen und Siegen, in Südbaden, im Industrieraum Stuttgart, um Augsburg, in Industriestädten des Alpenvorlandes, in strukturschwachen Städten des Rhein-Main-Gebietes, im Raum von Mannheim-Ludwigshafen, im Großraum Berlin, im südlichen Hamburg (Hamburg-Harburg), in den Regionen um Magdeburg-Dessau und im Harzvorland

Auswerten von regionalen Strukturdaten — Seiten 210/211

Zu den Aufgaben

Aufgabe 1: Auswertung von Tabelle M 210.2
Ökonomische Indikatoren entstammen der so genannten Volkswirtschaftlichen Gesamtrechnung (VGR). So stellt etwa das Bruttoinlandsprodukt (BIP) die Summe aller produzierten Güter und Dienstleistungen eines Staates in einem bestimmten Zeitraum dar. Ein Beispiel dafür ist die Tabelle M 210.2. Sie zeigt das Wirtschaftswachstum, ausgedrückt durch den Indikator Bruttoinlandsprodukt, in der EU-25 und Deutschland an:

a) In der ersten Spalte wird in absoluten Zahlen (hier in Mio. €) das BIP der EU-25 angegeben.
b) In der zweiten Spalte wird als Messzahl, die sich auf das Jahr 1995 als Ausgangsbasis (= 100) bezieht, der jährliche Anstieg des BIP in der EU-25 im Vergleich zu diesem Stichjahr erfasst.
c) In der dritten Spalte wird das Wirtschaftswachstum in Prozent für jedes Jahr zwischen 1995 und 2007 (Prognose) in der EU-25 festgehalten.

Zum Vergleich werden in einer rechts daneben stehenden Tabelle in gleicher Anordnung wie in der EU-25-Tabelle die entsprechenden BIP-Werte für Deutschland dargeboten. Dabei zeigt sich, dass das BIP in der EU-25 zwischen 1995 und 2005 insgesamt um 56,1 % angestiegen ist, während Deutschland mit 16,1 % einen deutlich niedrigeren Wert erreichte.
Das jährliche Wachstum lag in der EU-25 im Mittel um 2 bis 3 Prozentpunkte höher als in Deutschland. Erst nach 2005 ist es zu einem bedeutenden Anstieg des BIP pro Jahr gekommen, und zwar absolut wie prozentual. Gründe für das geringere Wachstum in Deutschland im Vergleich zu der EU-25 sind:

- U. a. die vielen neuen EU-Mitglieder seit den letzten beiden EU-Erweiterungen (1995, 2004), worunter sich etliche ehemalige Ostblockländer befanden, die z. T. ein niedrigeres Ausgangsniveau als Deutschland besaßen, nach 1989 aber von der marktwirtschaftlichen Ausrichtung und Öffnung ihrer nationalen Märkte für den globalen Handel profitierten
- Deutschland verzeichnete (wie Japan) Anfang der 1990er-Jahre ein geringeres Wirtschaftswachstum aufgrund einer gewissen Marktsättigung und einer leichten Weltwirtschaftsdepression
- Mehrere der heutigen EU-25-Staaten (wie Estland, Litauen, Polen, Ungarn, Tschechien, Slowakei usw.) waren als Niedriglohnländer für Direktinvestitionen westeuropäischer Unternehmen attraktiv und erzielten so schnell hohe Wachstumsraten beim BIP.
- Umgekehrt musste das Hochlohnland Deutschland unter dem Druck der Globalisierung Unternehmen inspirieren, durch neue Produkte oder Produktinnovationen Wachstum (Gewinne) und Arbeit zu schaffen.
- Die PISA-Studie hatte gezeigt, dass Deutschland noch mehr in Bildung und Qualifikation investieren müsste, um der Globalisierung gewachsen zu sein.
- Es mussten wieder mehr Investitionen durch einheimische und ausländische Unternehmen getätigt werden, um das Wirtschaftswachstum anzukurbeln.
- Wegen der bis 2005 schwächelnden Binnennachfrage musste Deutschland weiterhin auf den Export hochwertiger Waren und Dienstleistungen setzen.

Aufgabe 2: Der sektorale Strukturwandel zwischen 1995 und 2004
Geeignete Indikatoren, um den sektoralen Strukturwandel zwischen 1994 und 2004 (Stichdatum für die EU-25-Erweiterung) darzustellen, sind so genannte Gliederungszahlen, die üblicherweise den prozentualen Anteil der Erwerbstätigen in den Wirtschaftssektoren Landwirtschaft, Industrie und Dienstleistung auf die Gesamtzahl der Beschäftigten beziehen. Solche Daten findet man zum Beispiel in dem jährlich erscheinenden Fischer Weltalmanach, im Internet oder im SB mit aktuellen Daten.
Diese Gliederungszahlen lassen sich in Tabellenform (vgl. Tabelle 211.2 im SB) oder in Grafiken darstellen, z. B. als:

a) *Säulendiagramm* mit je drei verschieden farbigen Säulenpaaren (1995 und 2004) ausgewählter EU-Staaten und deren Erwerbstätigen (in Prozent) in den drei Wirtschaftssektoren Landwirtschaft, Industrie und Dienstleistungen

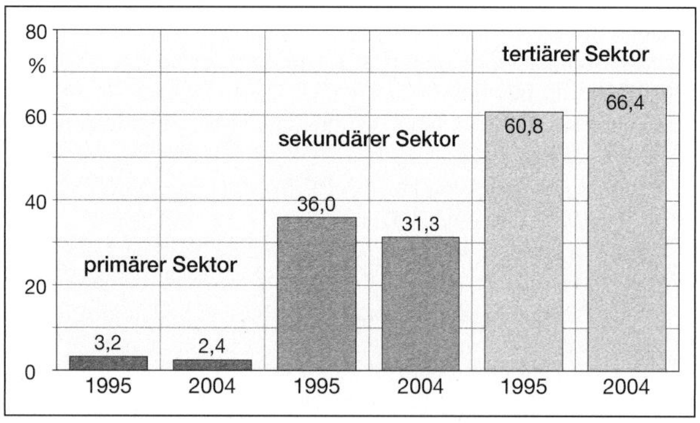

Beispiel: Deutschland: Erwerbstätige nach Sektoren

b) *Kreissektorendiagramm* (je ein Diagramm für die Vergleichsjahre 1995 und 2004) mit drei Farben

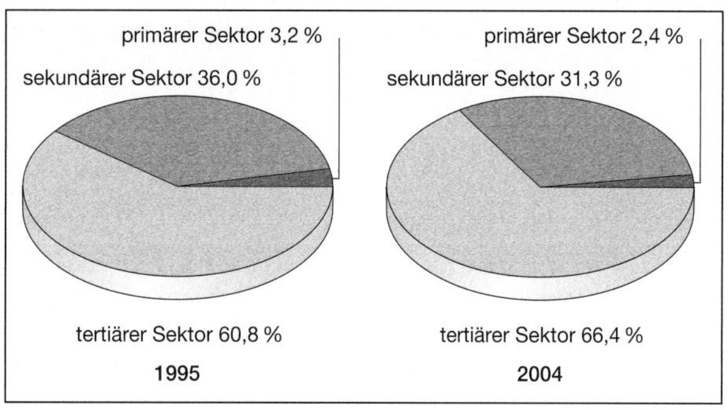

Deutschland: Erwerbstätige nach Sektoren

c) *Dreiecksdiagramm*, das den prozentualen Anteil der Erwerbstätigen in den drei Wirtschaftssektoren *optimal* darstellt. Die Skala der unteren Seite (c) bezieht sich dabei auf den primären Sektor, der rechten Seite (a) auf den sekundären und der linken (b) auf den tertiären Sektor. An der Position eines Länderpunktes im Dreieck kann man seinen Entwicklungsstand in der EU ablesen. Für den Strukturwandel zwischen 1995–2004 wären zweifarbige Dreiecksdiagramme zu entwerfen, da sie die Veränderungen europäischer Staaten optimal anzeigen können.

d) *Streckendiagramm.* Eine derartige Graphik ließe sich leicht über die Daten einer „Excel"-Tabelle erzeugen.

Aufgabe 3: Der Anteil der Erwerbstätigen in der Landwirtschaft
Ein Säulendiagramm (generiert z. B. über das Excel-Programm) könnte die Erwerbstätigenanteile (in Prozent) im primären Sektor in repräsentativen europäischen Staaten (z. B. Frankreich, Deutschland, Schweden, Griechenland, Spanien, Portugal) als anschauliche farbige Rangreihe darstellen.

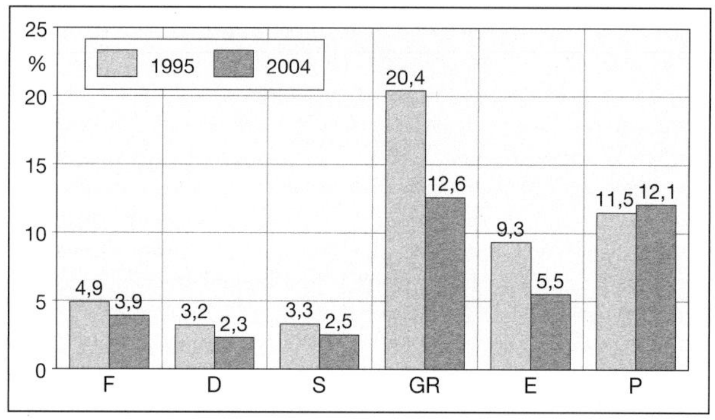

Erwerbstätige im primären Sektor

Neuindustrialisierte Räume Seiten 212/213

Zu den Aufgaben

Aufgabe 1: Wachstumsregionen
Karte M 213.1: Wachstumsregionen in Frankreich, Großbritannien, Schweden und Spanien:

- in Frankreich Ouest (Bretagne), Sud-Ouest, Centre-Est (Rhônetal), Méditerranée (Nizza)
- in Großbritannien die Region South East, insbesondere Greater London und Cambridge
- in Spanien die Regionen Centro, Noreste (um Bilbao), Este (um Valencia) und die Hauptstadt Madrid
- in Schweden Stockholm.

Aufgabe 2: Indikatoren für Wettbewerbsfähigkeit
Indikatoren der in Aufgabe 1 genannten Wachstumsregionen sind u. a. das hohe BIP in Mrd. €, Einkommen aus unselbstständiger Tätigkeit nach Produktionsbereichen in Mio. €, hohe Bevölkerungsdichte in E/km^2, Altersgruppen in 1000, Erwerbs- und Arbeitslosenquote (in %), FuE-Personal an Gesamt-Erwerbspersonen in %, hohe Anzahl der Patentanmeldungen, Erwerbstätigkeit nach Produktionsbereichen in 1000, Zahl der Schüler und Studenten, Zahl der Krankenhausbetten pro 1000 Einwohner, Energieerzeugung und -verbrauch in Mio. kWh, Eisenbahnnetz in km, Autobahnen in km.

Aufgabe 3: Vergleich der Heimatregion mit Wachstumsregionen in Deutschland
Ein Vergleich der Heimatregion mit den Wachstumsregionen in Deutschland könnte sich im Sinne der RegioDatenbank der EU auf folgende Indikatoren stützen: BIP pro Kopf (in €), Erwerbstätigenstruktur in %, Bevölkerungsdichte, Bevölkerungssaldo pro Jahr, Umfang an Siedlungs- und Firmenballungen, Anzahl an zugewanderter Bevölkerung, Anteil der FuE-Ausgaben in % des BIP (Ebene NUTS 2), an Universitäten, Hochschulen und Forschungseinrichtungen, an Wachstumsindustrien, an Spinn-off-Betrieben und Start Ups, der Touristen, der Patentanmeldungen usw.

Aufgabe 4: Rahmenbedingungen für große Innovationsfreundlichkeit
Zu den Rahmenbedingungen für ein innovationsfreundliches Umfeld gehören u. a.: staatliche u. private Investitionen in Forschung und Entwicklung, Ausbau des Bildungssystems, eine positive Unternehmenskultur, innovationsunterstützende Einrichtungen des privaten und öffentlichen Sektors, Marktimpulse als Anreiz für Produkt-, Prozess- u. organisatorische Innovationen, Förderung der Wechselbeziehungen zwischen Hochschulen und Unternehmen, Ansiedlung von Unternehmen des verarbeitenden Gewerbes und von innovationsorientierten Dienstleistungsunternehmen, Förderung der Einbindung in internationale Kommunikations- und Infrastrukturnetze.

Zwei Wachstumsregionen: München und Medicon Valley — Seiten 214/215

Zu den Aufgaben

Aufgabe 1: Merkmale einer Wachstumsregion

- überdurchschnittlich hohes Wachstum des BIP oder der Beschäftigung;
- stetig steigende Investitionen von einheimischen und ausländischen Unternehmen;
- Synergieeffekte, Fühlungs- und Agglomerationsvorteile durch Siedlungs-, Bevölkerungs- u. Firmenballungen;
- Zuwanderung hoch qualifizierter Arbeitskräfte;
- Exportüberschuss der ansässigen Wirtschaft;
- hoher Anteil an FuE-Ausgaben in % des BIP;
- hoher Wohn- und Freizeitwert;
- Einbindung der Region in internationale Kommunikations- und Infrastrukturnetze;
- Ansiedlung von Wachstumsindustrien;
- eine hohe Zahl von *Spinn-off-Betrieben*, also Betrieben, deren Gründer ehem. Mitarbeiter von Forschungs- und Entwicklungseinrichtungen sind;
- eine beachtliche Zahl von *Start-ups*, also neu gegründeten, schnell wachsenden Kleinunternehmen

Diese räumliche Zusammenballung (viele Betriebe befinden sich häufig in einem sog. *Cluster wie Medicon Valley*) von Know-how, Ressourcen, Agglomerationsvorteilen in bestimmten Wachstumsbereichen der Wirtschaft begünstigen Entwicklungen und Herstellung innovativer Produkte sowie das Entstehen von Wachstumsregionen (regionale Cluster).

Aufgabe 2: Die rote, grüne und weiße Biotechnologie

Die *rote* Biotechnologie zielt darauf ab, Krankheiten zu erkennen und zu heilen.
Die *grüne* Biotechnologie will mehr und bessere landwirtschaftliche Erzeugnisse gewinnen und die Nahrungsmittelversorgung weltweit sichern können.
Die *weiße* Biotechnologie entwickelt preiswerte, energiesparsame und umweltfreundliche Produkte und Verfahren.

Aufgabe 3: Vor- und Nachteile der Biotechnologie

Vorteile	Nachteile
Rote Biotechnologie: kümmert sich um die Erkennung von Krankheiten und um deren Heilung	Unübersichtlichkeit der Zusammenarbeit zwischen biotechnologischen u. pharmazeutischen Einrichtungen
Grüne Biotechnologie: geht der Frage nach, wie wir mehr und bessere landwirtschaftliche Erzeugnisse gewinnen und die Nahrungsmittelversorgung weltweit sichern können	Unklare Folgen bei Einsatz von z. B. gentechnisch veränderten Pflanzen für Böden und natürliche Artenvielfalt; Gefahr, dass natürliche Lebensräume verändert werden; unklare Rechtsverhältnisse
Weiße Biotechnologie: neue Produkte/Verfahren, die Geld und Energie sparen und die Umwelt schonen	Vorleistungen für neue Produkte oft durch staatliche Subventionen und Infrastrukturinvestitionen
Die Biotechnologie schafft Wettbewerbsvorteile für den Standort Deutschland.	Einlassung auf den Globalisierungsprozess trotz ethischer Bedenken
Die Ansiedlung von Biotechnologiebetrieben kann altindustrialisierten Räumen dazu verhelfen, den regionalen Strukturwandel erfolgreich zu gestalten.	Gefahr der Abhängigkeit kleiner Biotechnologieunternehmen von weltweit operierenden Konzernen, z. B. der Pharmaindustrie, oder Kapitalgebern (Banken, AGs)

Aufgabe 4: Referat-Tipp: Wachstumsregionen

Europäische Wachstumsregionen (regionale Cluster):
München, Jena oder Dresden in Deutschland, Medicon Valley (Kopenhagen, Malmö, Lund, DK/S), Stockholm/Uppsala in Schweden, Cambridge in England, Livingston oder Glasgow/Edinburg in Schottland, Paris, Nizza, Sophia-Antipolis, Poitiers, Grenoble oder Toulouse in Frankreich, Madrid, Barcelona oder Valencia in Spaniel, Ypres oder Brüssel in Belgien, Helsinki oder Oulo in Finnland, Graz in Österreich

Wirtschaftsbündnisse — Seiten 216/217

Zu den Aufgaben

Aufgabe 1: Unterschiede zwischen EU und NAFTA

- Ein deutlicher Unterschied der NAFTA (dem Wirtschaftsbündnis zwischen den hoch entwickelten Staaten USA und Kanada und dem Schwellenland Mexiko) zur EU besteht darin, dass die Gründerstaaten der EWG (1957) zu Beginn ihrer Kooperation ein relativ homogenes Entwicklungsniveau untereinander aufwiesen, unter ihnen befand sich kein Schwellenland.
- Auffällig ist gegenüber den EU-Staaten der asymmetrische Zollabbau zwischen Mexiko und den nordamerikanischen NAFTA-Staaten wegen des starken Wirtschaftsgefälles zwischen den beiden Regionen.
- Der intraregionale Exportanteil von den USA, Kanada und Mexiko innerhalb der NAFTA ist höchst ungleich, wie die Tabelle 217.1 bezeugt. Für Mexiko liegt der Wert bei 89,4%, für die USA dagegen nur bei 36,9%.
- Während in der EU der Zusammenarbeit zwischen den Staaten seit 1992 sehr weit entwickelt ist, soll im NAFTA-Raum die Freihandelszone für gewerbliche Güter, Dienstleistungen sowie Kapitalverkehr erst in den nächsten 15 Jahren verwirklicht werden.

Aufgabe 2: Intraregionale Exportanteile in der ASEAN – Vergleich zur EU

Der Handel zwischen den Mitgliedsstaaten ist noch schwach ausgeprägt. Wegen der sehr ähnlichen Außenhandelsstruktur gingen 2003 nur 23% des Handels der ASEAN-Staaten in die ASEAN-Zone.
Dagegen ist in der EU die wirtschaftliche Verflechtung zwischen den Mitgliedsstaaten auffällig. Die großen Volkswirtschaften D, F und GB wickeln z. B. ~70% ihres Handels innerhalb der EU ab.

Wirtschaftsbündnis	Gesamtexport (Mrd. US-$)	Intra-Export (%)	Gesamtimport (Mrd. US-$)	Intra-Import (%)
EU-25	4001	66,8	4135	64,6
NAFTA	1477	55,8	2268	34,5
ASEAN	653	24,9	594	24,3

Warenhandel 2005

Aufgabe 3: Ausländische Direktinvestitionen (FDI) in der ASEAN

Ausländische Direktinvestitionen (ADI/FDI) aus Mitgliedsstaaten des ASEAN-Bündnisses in der ASEAN-Zone spielen eine zunehmende Rolle, wie die *„Trade Indicators"* (darunter die FDI) des „Asia Regional Integration Centers" ausweisen, liegen aber noch rd. 18% hinter der Situation in der EU zurück.

Aufgabe 4: Präsentation eines selbstgewählten Wirtschaftsbündnisses

individuelle Bearbeitung

Aufgabe 5: Referat: die panamerikanische Freihandelszone FTAA
FTTA = Free Trade Area of the Americas; Plan von 1991 auf Initiative des ehemaligen US-Präsidenten George Bush für amerikanische Freihandelszone aller 34 Staaten in Nord-, Mittel- und Südamerika (außer Kuba), Verhandlungen sollten bis 2005 abgeschlossen sein, mittlerweile ins Stocken geraten, Vorbehalte von Globalisierungsgegnern und dem Präsidenten von Venezuela; ungeklärte Fragen: Agrarsubventionen der USA, Patente und geistiges Eigentum;
Alternativvorschlag des venezolanischen Präsidenten Chávez 2005: „Alternativa Bolivariana para las Americas“ (Vorbild EU, schrittweise Ausweitung des Energie- und Infrastrukturmarktes, Ziel: wirtschaftliche, politische und militärische Integration aller Mitgliedsstaaten)
Quelle: *www.ftaa-alca.org*

Europäische Unternehmen als Global Players Seiten 218/219

Zu den Aufgaben

Aufgabe 1: Gründe für weltweite Standorte der Volkswagen AG
- Sicherung neuer Absatzmärkte wie z. B. China, Spanien, neue EU-Staaten, Osteuropa (Russland, Ukraine);
- Erhöhung bzw. Stabilisierung des Umsatzes durch die direkte Belieferung der umliegenden Märkte und damit das Umgehen von Handelsbeschränkungen durch Zölle (z. B. die Belieferung des US-Marktes über Mexiko);
- kosten- und ertragsorientierte Gründe sind z. B. niedrigere Löhne, Subventionen u. Vorleistungen (z. B. in neuen EU-Staaten) oder die verbesserte Auslastung vorhandener Produktionskapazitäten – längere Arbeitszeiten, weniger Urlaub – in den Produktionsländern;
- beschaffungsorientierte Gründe sind z. B. auch die Verfügbarkeit qualifizierter und hoch motivierter Arbeitskräfte als Inputfaktor

Aufgabe 2: Die Vorstellung eines europäischen Global Players
Über das Internet lassen sich Informationen über rd. 25 bedeutende europäische Global Players ermitteln, und zwar über ihre global verteilten Standorte, über ihre Produktionsausrichtung (z. B. Autos, Energieerzeugung, Telekommunikation, Einzelhandel), über die Zahl der Mitarbeiter; über Firmenphilosophie und -leitbild, u. a. die Einstellung zur Nachhaltigkeit, zur firmeninternen Erwerbsstruktur, Aktienstreuung, zur Fertigungsstruktur (Vor- und Zwischenprodukte, Forschungs- und Entwicklungsstätten, Endproduktion, Komplettproduktion).
Unternehmensbeispiele könnten sein: BP, Royal Dutch Shell, Total, Daimler, VW, Siemens, IKEA, EON, BMW, Metro AG, Axa, Carrefour, Generali, BASF, ThyssenKrupp. Interessant wäre auch Gazprom (RUS)

Aufgabe 3: Warum ausländische Investoren in Deutschland investieren
- Absatzmarktpotenzial (Kaufkraft u. a.);
- Verfügbarkeit qualifizierter Arbeitskräfte;
- Sicherheit – Stabilität der wirtschaftlichen Situation;
- Telekommunikations- und Infrastrukturnetze;
- Wirtschaftsklima und Unternehmenskultur;
- Fühlungs- und Agglomerationsvorteile;
- Image als Wirtschaftsstandort;
- Wohn- und Freizeitwert;
- unternehmensbezogene Dienstleistungen;
- Qualität der FuE-Einrichtungen;
- Kulturangebot;
- Angebot an Schulen, Hochschulen und Universitäten;
- soziales Klima (wenige Streiks);
- Mentalität der Bevölkerung

Landwirtschaft in Europa: Konzentration und Intensivierung Seiten 220/221

Zu den Aufgaben

Aufgabe 1: Die Bedeutung der Landwirtschaft in den EU-Staaten
- In der EU-15 hatte die Landwirtschaft nur noch einen Anteil von 1,6% am BIP aller Mitgliedsstaaten, in der EU-27 ist dieser Anteil auf 1,8% gestiegen.
- In der EU-15 hatte die Landwirtschaft nur noch ein Anteil von 3,7% an den Erwerbstätigen, in der EU-27 ist dieser Anteil auf 4,9% angestiegen.
- Die Unterschiede in der Bedeutung der Landwirtschaft in der EU-15 hielten sich relativ gesehen in Grenzen: In D trug die Landwirtschaft z. B. nur noch zu 1,1% zum BIP bei, in Griechenland dagegen noch zu 6,4%; der Anteil der Beschäftigten in der Landwirtschaft lag in Deutschland 2004 nur noch bei 2,4%, in Griechenland bei 12,6%.
- In der EU-27 sind die Unterschiede in der Bedeutung der Landwirtschaft wieder größer geworden, weil z. B. in Ländern wie Rumänien und Bulgarien der Anteil am BIP noch über 10% beträgt und der Anteil der Erwerbstätigen in der Landwirtschaft z. T. über 10% oder sogar noch über 30% beträgt.
- Die LF pro Betriebe lag in der EU-15 bei 22,1 ha, in der EU-25 ist die durchschnittliche LF auf 15,8 ha gesunken, weil eine große Zahl an Betrieben mit geringer LF durch die Erweiterung hinzugekommen ist. Die absolute Zahl an landwirtschaftlichen Betrieben ist in der EU-27 gegenüber der EU-25 sogar um 58% angestiegen.

Aufgabe 2: Regionale Disparitäten in den Betriebsgrößen in der EU
Es gibt noch große regionale Unterschiede in Betriebsgrößen innerhalb der EU-27, wenn man die LF der Betriebe in West-, Mittel- und Nordeuropa (UK 57,4 ha; DK 54,7 ha; CZ 79,3 ha) mit der LF in den baltischen Staaten, Polen (PL 6,6 ha) oder der LF in SO-Europa (H 5,6 ha) und Südeuropa (M 1,0 ha) vergleicht. Dieses differenzierte Erscheinungsbild ist Ausdruck historischer und politischer Entwicklungen, räumlich verschiedener Betriebsstrukturen sowie des mit hoher Dynamik, aber regional unterschiedlich ablaufenden Strukturwandels in der EU-27.
Ursachen der großen regionalen Disparitäten der Betriebsgrößen u. a.:
a) In den hoch entwickelten Ländern Mittel-, West- und Nordeuropas vollzog sich schon seit Jahrzehnten ein Wandel in der Erwerbsstruktur, der mit einem Rückgang der Anzahl der Betriebe einherging, während die LF der verbliebenen Betriebe zunahm.
b) In sieben neuen EU-Staaten, die früher dem Ostblock angehörten (darunter die baltischen Staaten, PL, H, RO, BG) gibt es immer noch Betriebe mit geringer LF und manchmal noch Subsistenzcharakter, auch wenn deren Zahl deutlich absinkt.
c) Dagegen fallen die hohen LF-Werte in Tschechien und der Slowakei aus dem Rahmen.
d) In den Staaten Südeuropas (CY, GR, SLO, I, M, E, P) haben arbeitsintensive Sonderkulturen (Wein; Früchte, Gemüse) auf kleiner Fläche seit jeher eine lange Tradition.

Aufgabe 3: Umsetzung in Karten
individuelle Bearbeitung

Aufgabe 4: Ordnungsmuster der landwirtschaftliche Produktion
a) *Obst, Früchte und Gemüse:* In weiten Teilen der Mittelmeerküste der EU-27 gibt es Regionen mit einem sehr hohen Anteil an Dauerkulturen (Wein, Zitrusfrüchte, Oliven, Obst) an der Produktion (bis zu 60%), aber auch in Mittelitalien, im Inneren von Griechenland, den Niederlanden und an der englischen Ostküste.
b) *Schweinefleischproduktion* ist dort stark vertreten, wo die Grünlandproduktion aufgrund natürlicher Gegebenheiten ungünstig ist (<25%). Solche regionalen Produktionscluster findet man in Götaland, in den baltischen Staaten, in Jütland, in den Nieder-

landen und Belgien, zwischen Bug und Weichsel, in Böhmen (CZ) und Slowenien, in den niedrigen Regionen Österreichs, im Donauraum um Budapest, auf Malta, beiderseits von Weser- und Elbemittellauf, in der Bretagne, in der Walachei (RO und BG), in Katalonien und der Toskana.

c) *Rindfleischproduktion* findet sich in der EU dort, wo der Grünlandanteil hoch ist, z. B. in Irland und Nordirland, im nordwestlichen Frankreich, im deutschen Alpenvorland, im westlichen Österreich, im westlichen Ungarn.

d) *Milch*: Auf die EU-27 entfallen rd. 28 % der Weltkuhmilchproduktion. Sie ist damit der wichtigste Zweig der Agrarwirtschaft in der EU. Die EU ist auch der größte Exporteur von Milchprodukten auf der Erde. Es ist von daher klar, dass der Milchsektor zu den wichtigsten Agenden der GAP der EU gehört.

Aufgabe 5: Unterschiedlicher Versorgungsgrad einzelner Länder
In den 1950er-Jahren bestand das Ziel der gemeinsamen Agrarpolitik noch darin, die Bevölkerung im vom Krieg zerstörten Europa ausreichend mit Lebensmitteln zu versorgen. Tatsächlich gelang durch Produktivitätserhöhungen, durch Konzentration landwirtschaftlicher Betriebe sowie staatliche Anreize (Preis- und Abnahmegarantien usw.) in den 1960er-Jahren eine erhebliche Steigerung der Nahrungsmittelerzeugung. In den 1970er-Jahren kam es bereits zu Überproduktionen im Bereich der Milch- sowie der Wein-, Gemüse- und Obstproduktion. Heute kann man nicht nur den EU-Markt ausreichend mit Nahrungsmitteln versorgen, sondern ist auch noch der zweitgrößte Lebensmittelexporteur auf dem Weltagrarmarkt. Gleichzeitig ist die EU aber der weltgrößte Importeur von Agrarerzeugnissen und das einzige große Wirtschaftsbündnis, das Agrarprodukten aus Entwicklungsländern bevorzugten Zugang zu seinen Märkten gewährt, da man nicht alles selbst produziert, sondern sich regional auf bestimmte Produkte in der Erzeugung und Verarbeitung spezialisiert hat.
Wegen der starken regionalen Konzentration ist der Selbstversorgungsgrad bei den verschiedenen Agrarprodukten unterschiedlich (vgl. Tab. 221.1 im SB). So dominiert in Italien die Produktion von Gemüse, Früchten und Milch, in Deutschland die Produktion von Milch, Schweinen und Weizen, in Frankreich dagegen die Produktion von Rindern, Milch, Wein und Weizen. Dementsprechend liegt der Selbstversorgungsgrad in diesen Ländern bei den genannten Produkten z. T. bei über 120 %–140 % (vgl. die Veröffentlichungen der EU-Kommission in Brüssel zur GAP), sodass man geradezu auf Exporte angewiesen ist, während andere Produkte, für die die natürlichen oder ökonomischen Bedingungen nicht so günstig sind, aus anderen EU-Staaten und aus aller Welt importiert werden. So importiert Deutschland zum Beispiel Ölfrüchte, Reis, Mais, Obst und Gemüse, während Milchprodukte, Schweine und Zucker exportiert werden. Typisch für die Orientierung an gestiegenen Konsumentenbedürfnissen ist, dass hoch entwickelte Länder wie Deutschland spezielle Milchprodukte, Wein- und Getreidesorten oder Frühkartoffeln importieren, obwohl man auch selbst Milchprodukte, Getreide und Wein oder Kartoffeln exportiert, nur etwas anderer Art.

Getreide: Ein Schlüsselprodukt der EU-Agrarwirtschaft — Seiten 222/223

Zu den Aufgaben

Aufgabe 1: Rahmenbedingungen und Besonderheiten der Getreideproduktion in der EU

- Der Getreideanbau hat in Europa einen sehr hohen Stellenwert in der Agrarproduktion.
- Die Landwirte bauen auf einem Drittel der LNF Getreide an, denn Getreide ist für das Einkommen der Landwirte sehr bedeutsam. Der Produktionswert von Getreide liegt hinter Milch an 2. Stelle.
- Getreide wird in der EU in unterschiedlichen Betrieben angebaut und es weist eine hohe Angebotselastizität auf, d. h., zwischen den verschiedenen Getreidearten bestehen gute Substitutionsmöglichkeiten.
- Es besteht andererseits eine hohe Abhängigkeit von Witterungseinflüssen beim Getreideanbau, und zwar regional und global, da sich witterungsbedingte Ernteeinbußen in der EU ebenso wie in China und Indien auf den Weltmarktpreis auswirken.
- Auch die Entwicklung der globalen Viehbestände wirkt sich auf die Getreidenachfrage in der EU aus.
- Wachsende Bedeutung haben Mais und Roggen für die Erzeugung von Bioenergie in Biogasanlagen.
- Innerhalb des Getreideanbaus nimmt die Weizenproduktion die führende Position hinsichtlich Anbauflächen, Erntemengen und Produktionswert ein.
- Auffällig ist die große Produktionssteigerung innerhalb der letzten 45 Jahre. So verdreifachte sich beispielsweise die Weizenproduktion innerhalb dieses Zeitraums. Die Produktionssteigerung hatte ihre Ursachen in der Intensivierung des Anbaus und in den bis 1992 hohen Erzeugerpreisen.
- Durch die Überproduktion aufgrund geringerer Nachfrage kam es zeitweilig zur Lagerung riesiger Getreidemengen in der EU, was große Kosten verursachte.
- Durch die 1992 durchgeführte Agrarreform (mit Flächenstilllegungen, Verringerung der Preise u. Ä.) und durch die „Agenda 2000“ wurde die Produktionsmenge beeinflusst, also spielt die GAP eine wichtige Rolle.
- Von zunehmender Bedeutung sind internationale Handelsabkommen, die die Agrarwirtschaft mit einbeziehen (GATT, IWF, WTO, AKP, OECD, UNCTAD).

Aufgabe 2: Entwurf einer Karte zu den Betrieben mit Getreideanbau
Diese Karte könnte von den Schülern auf der Basis einer EU-27-Karte über ein kostenfreies GIS-System entworfen werden.

Aufgabe 3: Vgl. der Karte 223.2 mit einer selbst entworfenen Karte
Dieser Vergleich wird deutlich machen,

- wo Getreidebaubetriebe mit über 71 % aller Betriebe große Bedeutung besitzen, z. B. in FIN, DK, PL und LT;
- wo Getreidebaubetriebe weniger als 41 % aller Betriebe ausmachen, wie in IRL, I, NL, E, GB, GR, CY oder M;
- wo der Anteil der Getreideanbaubetriebe an der Gesamtzahl aller Betriebe bei 41 % bis 60 % liegt; zu diesem Mittelfeld gehören B, F, A, CZ, SK, P;
- und wo der Anteil der Getreideanbaubetriebe an der Zahl aller Betriebe bei 61 % bis 70 % liegt wie in Deutschland, Luxemburg, Schweden und Slowenien.

Die räumliche Verteilung des Getreideanbaus
Bezüglich der Größen der Getreideanbauflächen je Betrieb mit Getreideanbau (vgl. Karte 223.2) zeigt sich eine deutliche Gruppierung innerhalb der EU-27:

- In GB und Tschechien beträgt die Größe der Getreideanbauflächen je Betrieb mit Getreideanbau über 50 ha.
- In Spanien, Frankreich, Irland, Deutschland, Dänemark, Schweden und der Slowakei beträgt die Größe der Getreideanbauflächen pro Anbaubetrieb zwischen 20–50 ha.
- In den Beneluxstaaten, Ungarn, Estland und Finnland beträgt die Größe der Getreideanbauflächen pro Betrieb nur 10 bis 20 ha.
- In Staaten wie Portugal, Italien, Österreich, Lettland und Zypern beträgt die Größe der Getreideanbauflächen 5–10 ha.
- In Staaten wie Griechenland, Polen und Litauen beträgt die Größe der Getreideanbauflächen je Betrieb sogar weniger als 5 ha.

Aufgabe 4: Getreideanbau und die EU-Agrarpolitik
Nachdem die Versorgung der westeuropäischen Bevölkerung mit hochwertigen Nahrungsmitteln in den 1970er-Jahren durch enorme Produktionssteigerungen erreicht worden war, sah sich die Agrarpolitik der damaligen EG mit dem Phänomen der Überproduktion

und der Einlagerung von Getreide konfrontiert. Ein kritischer Punkt wurde 1984 erreicht, als der so genannte „Getreideberg“ auf 9 Mio. t angewachsen war.
Abbau der Überschüsse und Lagerung waren mit hohen Kosten und lautstarker Kritik von Seiten der Steuerzahler, Landwirte und außereuropäischen Märkte verbunden, auf denen es als Folge von Interventionen, Subventionen, Preis- und Abnahmegarantien usw. zu Wettbewerbsverzerrungen kam.
Um die schwere Krise der gemeinsamen Agrarpolitik (GAP), die noch bis zur Gründung der EU (1992) anhielt, zu bewältigen, mussten grundlegende Reformen vorgenommen werden. Dazu zählen die 1992 durchgeführte Agrarreform, die „Agenda 2000“ und die 2003 verabschiedete Reform der Gemeinsamen Agrarpolitik, die natürlich auch die Getreideerzeugung in Spezifikationen einbezieht:

- Abkehr von der produktionsorientierten Subventionspolitik des Getreideanbaus, stattdessen marktorientierte Getreideerzeugung;
- Verringerung der Preise (1992/93) für Getreide, dafür direkte Ausgleichszahlungen an die Landwirte;
- Flächenstilllegungen, dafür Senkung der Einlagerungsmengen und Einlagerungskosten;
- Schwellen- und Richtpreise werden durch den veränderbaren Interventionspreis ersetzt; durch die „Agenda 2000“ wurden aber auch die Interventionspreise noch weiter abgesenkt, für Einnahmeverluste erhielten die Landwirte Ausgleichszahlungen;
- der Getreideanbau soll verbraucher- und steuerzahlerorientiert sein und den Schutz der Umwelt berücksichtigen;
- andererseits soll der Getreideanbau den Landwirten ermöglichen, die Mengen zu produzieren, die der Welt- bzw. der EU-Markt verlangen.

Aufgabe 5: Verwendung von Getreide in der EU
Tabelle 223.4 zeigt, dass die Produktionsmengen (in Mio. t) der verschiedenen Getreideprodukte in der EU sehr stark differieren, wie die so genannte Versorgungsbilanz ausweist:
Die Getreideproduktion für die menschliche Ernährung macht z. B. 46% der gesamten Inlandsverwendung aus. Dagegen beträgt die EU-Getreideproduktion für die industrielle Verwendung nur 4% und für die von Saatgut nur 4,5% der Menge der gesamten Inlandsverwertung.

Der Ölbaum: Strukturwandel einer mediterranen Kultur — Seiten 224/225

Zu den Aufgaben

Aufgabe 1: Besonderheiten des Ölbaums
Die knorrigen, langsam wachsenden Olivenbäume haben im Mittelmeerraum ihr typisches Verbreitungsgebiet.
In der subtropischen Klimazone sind die Sommer zu trocken für das Pflanzenwachstum. Die Pflanzen haben dann Ruhezeit. Die Winter sind dagegen nicht sehr kalt, aber feucht. Diesen Vegetationsbedingungen sind Ölbäume gut angepasst. Sie können lange, trockene Sommer vertragen, in denen die Oliven reifen. Die Olivenernte beginnt im November und zog sich traditionell bis zum März hin. Dazu legt man Netze unter die Bäume. In jüngster Zeit ist aus Kostengründen eine starke Konzentration der Erntearbeiten zu verzeichnen.
Ölbäume sind immergrün, sie werfen im Herbst keine Blätter ab. Im Mai und Juni blühen die Bäume.
Als wenig anspruchsvolle, arbeitsintensive und sehr langlebige Dauerkultur ist der Ölbaum für den Trockenfeldbau gut geeignet, aber es gibt auch Trockenfeldbau mit Wechselkulturen und Bewässerungsfeldbau.
Bereits bei begrenzter Zusatzbewässerung lässt sich die Olivenproduktion erheblich steigern, bei Bewässerungsfeldbau kann die Pflanzdichte sogar verdoppelt werden
Ölbäume sorgen dafür, dass genug Feuchtigkeit im Boden bleibt und der Boden im Winter nicht vom Regen fortgespült wird. Ölbäume sind daher ökologisch bedeutsam.
Durch intensive Züchtung konnte der Ertragsbeginn der Ölbäume verbessert werden, sie bringen heute mit 3 bis 6 Jahren Ertrag, früher erst nach einem Jahrzehnt. Die Oliven eines Baumes reichen für die Herstellung von etwa zwei bis drei Litern Olivenöl. Noch werden 86% des Olivenöls in den Erzeugerländern selbst konsumiert.

Aufgabe 2: Konzentration des Olivenanbaus im Mittelmeerraum
Tabelle M 225.1 zeigt, dass im Mittelmeerraum 86,6% der Weltproduktion an Tafeloliven erzeugt werden und 99,1% der Weltproduktion an Olivenöl. Insofern ist die These von der Konzentration des Olivenanbaus im Mittelmeerraum absolut zutreffend.

Aufgabe 3: Diagramme zur Größenstruktur der Olivenanbaubetriebe

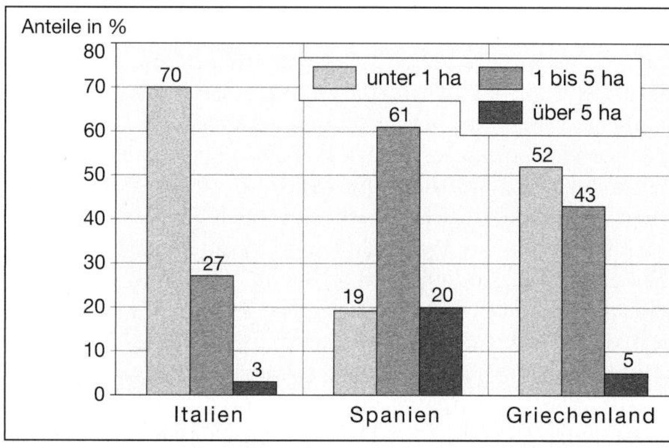

Anteile der Betriebsgrößen

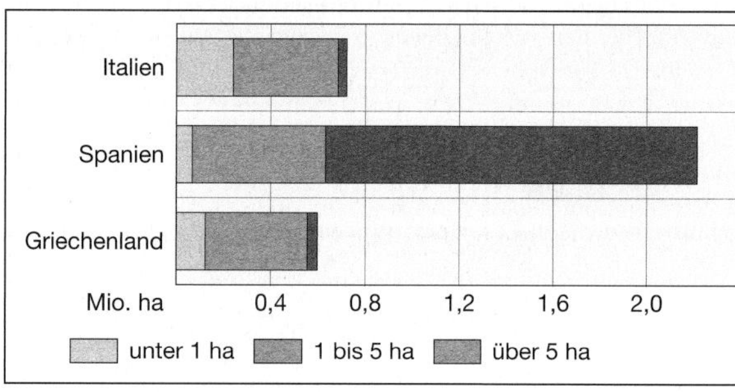

Anteile der Betriebe nach Größenklassen an der Anbaufläche

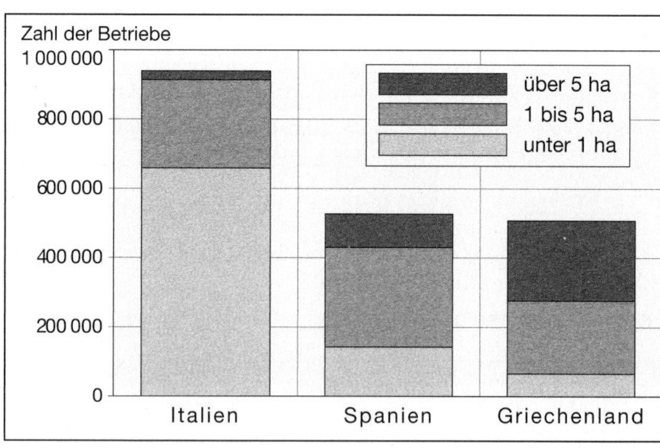

Zahl der Betriebe und Betriebsgrößen

Die Diagramme von 2003 zeigen, dass die Betriebsgrößenstrukturen in den Ländern Spanien, Italien und Griechenland Gemeinsamkeiten, aber auch Unterschiede aufweisen. Während in Griechenland Kleinbetriebe mit < 1 ha bis 5 ha noch 75% aller Anbauflächen und noch 95% aller Betriebe ausmachen, bewirtschaften in Spanien 20% der Betriebe mit > 5 ha 72% aller Anbauflächen, darunter sind auch schon richtige Ölbaumplantagen. Andererseits sind auch in

Spanien noch 80% aller Betriebe Kleinbetriebe (< 1 ha bis 5 ha), auf die 28% der gesamten Anbaufläche entfallen.
In Italien bewirtschaften zwar 3% aller größeren Betriebe (> 5 ha) 30% aller Betriebsflächen (Faktor 10); andererseits sind auch hier noch 97% (!) aller Anbaubetriebe für Oliven Kleinbetriebe mit < 1 ha bis maximal 5 ha Betriebsfläche. Generell ist in den genannten Ländern aber eine Zunahme größerer und modernerer Betriebe mit intensivem, bewässertem Olivenanbau zu beobachten.

Aufgabe 4: Mögliche Stichwörter für die Kurzvorträge der Gruppen: größere Anbaubetriebe, mechanisierte Ölbaumpflanzung, größere Pflanzdichte, verbessertes Pflanzgut, agrochemische Produktionsmittel, künstliche Bewässerung, Verkürzung der Erntesaison, Einsatz von ausländischen Erntearbeitern usw.;

Gemeinsame Agrarpolitik im Wandel Seiten 226/227

Zu den Aufgaben

Aufgabe 1: Phasen der Agrarpolitik

1. Phase: hohes Preisniveau, nicht an den Markt angepasst; Expansion des Agrarsektors => Produktionsüberschüsse => finanzielle Belastung;
2. Phase: Zuspitzung der finanziellen Belastung;
3. Phase: Quotensystem für Milch; restriktive Preispolitik insbesondere für Getreide;
4. Phase: Produktionsschwellen: bei Überschreitung wurden die festgelegten Preise gesenkt; stärker am Markt orientiert, Flächenstilllegung; Vorruhestandsprogramm;
5. Phase: Reform: stärkere Anpassung an den Markt durch Senkung der Erzeugerpreise (Getreide in 3 Phasen), Einkommensverluste durch Transferzahlungen ausgeglichen;
6. Phase: Agenda 2000: Wettbewerbsfähigkeit der Landwirtschaft verbessern; niedrigere Preise; stärkere Ausrichtung auf den Markt; Ergebnis: weniger Marktstützungen, mehr Direktzahlungen (M 226.1)

Aufgabe 2: Probleme der Marktordnungen

Marktordnungen nicht am Weltmarktpreis orientiert, Subventionen von Exporten und Importzölle führen zu Einschränkungen in der Wettbewerbsfähigkeit im Welthandel (WTO-Verhandlungen)

Aufgabe 3: Vorteile einer Umschichtung der EU-Agrarausgaben

- gezielte Unterstützung der Landwirtschaft;
- geringerer Eingriff auf die Preisbildung – Anpassung der Landwirtschaft an den Weltmarkt

Zentrale Elemente:

- Entkopplung der Subvention von der Produktion (mindestens 75% beim Ackerbau, ohne Viehhaltung);
- Ausgleich durch Direktbeihilfen, stufenweiser Abbau (bis 2013 für Großbetriebe Kürzung um 19%, für mittlere Betriebe um 12,5%);
- Preissenkung für Butter und Milchpulver;
- keine Preissenkung für Getreide (Widerstand Frankreichs), dafür Halbierung der Lagerzuschüsse für Getreide;
- Verlängerung der Milchquoten bis 2015.

Zunächst keine Ausgabensenkung, Anstieg der Direktzahlungen bis 2013: 48,5 Mrd. €; für die neuen Mitgliedsstaaten statt direkter Einkommenshilfen für die Bauern Transfers für die Entwicklung des ländlichen Raumes möglich.

Die Slowakische Republik – Land im Auf- und Umbruch Seiten 228/229

Zu den Aufgaben

Aufgabe 1: Wirtschaftliche Ausgangssituation

Auflösung der Tschechoslowakei; bis zur Gründung der Slowakei am 1. Januar 1993 Schwerpunkt Energie und Rohstoffe (Metallurgie, Rüstungsindustrie, chemische Industrie, Energiewirtschaft); nach 1989 nahezu vollständiges Erliegen der Schwerindustrie (Anteil der Industrieproduktion am BIP 1991: 61%, 2002: 24,2%), seitdem starkes Wirtschaftswachstum: 2003: 4,2%, 2004: 5,4%, 2005: 6,0%, 2006: 8,3%, 2007: 8,3%

Aufgabe 2: Rahmenbedingungen für große Innovationsfreundlichkeit

Zu den Rahmenbedingungen für ein innovationsfreundliches Umfeld gehören u. a.: staatliche u. private Investitionen in Forschung und Entwicklung, Ausbau des Bildungssystems, eine positive Unternehmenskultur, innovationsunterstützende Einrichtungen des privaten und öffentlichen Sektors, Marktimpulse als Anreiz für Produkt-, Prozess- und organisatorische Innovationen, Förderung der Wechselbeziehungen zwischen Hochschulen und Unternehmen, Ansiedlung von Unternehmen des verarbeitenden Gewerbes und von innovationsorientierten Dienstleistungsunternehmen, Förderung der Einbindung in internationale Kommunikations- und Infrastrukturnetze, Einführung (2004) eines einheitlichen Steuersatzes von 19%.

Aufgabe 3: Entwicklung der Autoindustrie

seit 1990er-Jahren Autoindustrie als Beschäftigungsmotor (2006: 67 000 Beschäftige, Prognose für 2010: 100 000);
VW als erster ausländischer Investor, Slowakei heute „Detroit Europas"
Standorte:
VW: Bratislava, Martin
PSA (Peugeot-Citroën-Automobiles): Trnava
Kia Motors: Zilina

Produzierte Einheiten:

Werk	Hersteller	Modelle	2005	2007
VW Bratislava	Audi	Audi Q 7	945	68 398
VW Bratislava	VW	Golf, Polo, Touareg	161 145	133 965
PSA-Trnava	Citroën	Citroën C3 MPV	0	2295
PSA-Trnava	Peugeot	Peugeot 207, 207 Van	0	255 214
Hyundai-Zilina	Hyundai	Hyundai Tuscon	0	17 987
Hyundai-Zilina	Kia	Kia ED, Sportage	0	160 898

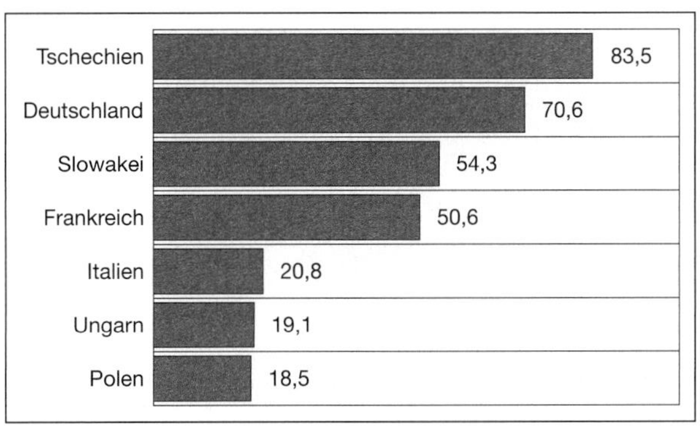

Produzierte Kfz pro 1000 Einwohner (2006)

Probleme: Logistikkosten sehr hoch, bei VW-Bratislava z. B. 300% höher als in westeuropäischen Standorten; steigende Arbeitskosten, Mangel an qualifizierten Fachkräften, Abhängigkeit der Slowakei von der Autoindustrie, daher Bestrebungen in Richtung stärkerer Diversifizierung, Entwicklung moderner Technologien, z. B. Elektrotechnik

Struktur und Entwicklung des Verkehrs — Seiten 230/231

Zu den Aufgaben

Aufgabe 1: Entwicklung des Güter- und Personenverkehrs

starker Anstieg insbesondere des Pkw- und Flugverkehrs, Verlust der Transportanteile im Eisenbahnverkehr, Rückgang der Eisenbahnkilometer von 230 650 km (1970) auf 197 937 km (2005)
Pkw-Bestand in der EU 1970: 64,4 Mio., 2005: 219,8 Mio.
Lkw-Bestand 1995: 22,5 Mio., 2005: 31,8 Mio.
Autobahnen 1995: 47 579 km, 2005: 58 998 km
Binnenwasserstraßen 1995: 36 379 km, 2005: 37 142 km
Prognose für das Verkehrsaufkommen: Verdopplung bis 2020, bedingt durch Osterweiterung der EU starke Zunahme des Lkw-Verkehrs in Ost-West-Richtung, davon besonders betroffen Transitländer in Mitteleuropa wie z. B. Deutschland

Aufgabe 2: Transeuropäische Netze

Idee: schneller Personen- und Güterverkehr zwischen den europäischen Regionen bis 2020
Vorhaben: Ausbau der Straßen, Eisenbahnhochgeschwindigkeitsstrecken, Binnenwasserstraßen, Häfen, Flughäfen, kombinierter Verkehr Schiene/Straße, Meeresautobahnen (= Seeverbindungen zwischen mindestens zwei Mitgliedsstaaten, um periphere Räume besser anzubinden und Überlastung der Verkehrskorridore auf dem Land zu reduzieren; mögliche Seeverbindungen zwischen Spanien, Frankreich und Italien zur Verringerung des Frachtverkehrs über die Alpen und die Pyrenäen)
Vorrangige TEN-Projekte: Eisenbahnachsen Berlin–Palermo, Lyon–Budapest, Paris–Bratislava, Danzig–Wien, Warschau–Helsinki; Eisenbahn-/Straßenachse nordisches Dreieck, Achse Portugal–Spanien–übrige EU, Straßenachse Irland–Großbritannien–Benelux
In der Planung: 10 paneuropäische Verkehrskorridore nach Osteuropa
Kosten für TEN: 600 Mrd. €

Aufgabe 3: Vorstellung der EU bezüglich einer nachhaltigen Verkehrspolitik (Internetrecherche)

Quellen: Europäische Kommission: Weißbuch Verkehrspolitik 2001, Für ein mobiles Europa – Halbzeitbilanz zum Verkehrsweißbuch von 2001, Brüssel 2006

	Autobahndichte (km/100 km²)		Pkw (je 1000 Einwohner)		Pkw-Verkehr (Mrd. Personen-km)		Buspersonenverkehr (Mrd. Personen-km)		Eisenbahnpersonenverkehr (Mrd. Personen-km)		Straßengüterverkehr (Mrd. tkm)	
	1995	2003	1995	2004	1995	2003	1995	2003	1995	2002	2002	2005
EU (25 Länder)	1,2	:	394	463	3819	4444	466	483	319	356	:	:
EU (15 Länder)	1,4	:	430	495	3553	4072	382	408	268	317	1115	:
Belgien	5,5	5,7	422	467	97	110	13	14	7	9	53	44
Tschechische Republik	0,5	0,7	295	373	55	69	12	9	8	7	44	43
Dänemark	1,8	2,4	321	354	54	61	11	9	5	6	23	23
Deutschland	3,1	3,4	495	546	820	854	69	68	71	73	285	310
Estland	0,1	0,2	267	350	7	10	2	2	0	0	:	6
Griechenland	0,3	:	207	348	37	64	20	23	2	2	15	:
Spanien	1,4	2,0	362	454	250	346	40	49	15	20	185	233
Frankreich	1,5	1,9	434	491	640	739	42	43	56	74	204	205
Irland	0,1	0,3	274	385	16	24	5	7	1	2	14	18
Italien	2,1	2,2	529	581	615	711	87	98	44	49	193	:
Zypern	1,8	2,9	338	448	2	3	1	1	–	–	1	1
Lettland	–	–	134	297	5	10	2	3	1	1	6	8
Litauen	0,6	0,6	198	384	10	19	3	3	1	0	:	16
Luxemburg	4,4	5,7	568	659	5	6	1	1	0	0	9	:
Ungarn	0,4	0,6	217	280	45	46	17	19	8	10	18	25
Malta	–	–	488	525	1	2	0	0	–	–	:	:
Niederlande	5,3	6,1	366	429	131	146	8	7	13	14	77	91
Österreich	1,9	2,0	452	501	71	81	15	15	10	9	38	37
Polen	0,1	0,1	195	314	111	172	34	30	27	18	:	112
Portugal	0,7	2,2	374	572	61	97	11	11	5	4	30	43
Slowenien	1,4	2,3	357	456	12	16	3	1	1	1	7	11
Slowakei	0,4	0,6	189	222	18	25	11	8	4	2	:	23
Finnland	0,1	0,2	372	448	50	60	8	8	3	3	32	32
Schweden	0,3	0,4	411	456	87	96	9	11	7	9	37	39
Vereinigtes Königreich	1,4	1,5	374	463	618	677	44	47	30	43	164	:
Bulgarien	0,3	0,3	196	314	:	:	12	13	5	3	:	:
Kroatien	0,5	1,0	155	301	:	:	4	4	1	1	:	:
Rumänien	0,0	0,0	97	149	:	:	12	9	19	9	:	:
Türkei	0,2	0,2	51	75	53	:	86	0	6	5	:	:
Island	–	–	445	599	:	:	0	1	–	–	:	:
Liechtenstein	–	–	612	692	3	4	:	:	:	:	:	:
Norwegen	0,0	0,1	387	429	44	50	4	4	2	3	10	18
Schweiz	2,9	3,2	459	514	76	85	3	3	12	:	:	:

(:) Nicht verfügbar

Verkehrsindikatoren (Quelle: Europa in Zahlen. Eurostat Jahrbuch 2006–07)

Struktur und Entwicklung des Tourismus in Europa Seiten 232/233

Zu den Aufgaben

Aufgabe 1: Räumliche Ausbreitung des Tourismus
bis zum Ersten Weltkrieg Kuraufenthalte und Pilgerfahrten aus klimatischen Gründen nach Südeuropa (Privileg des Adels und des gehobenen Bürgertums), bereits Entdeckungsreisen; nach dem Zweiten Weltkrieg ab ca. 1960 starke Zunahme des Auslandstourismus, zunächst von westlichen Industrieländern ausgehend, Gründe: Einkommenssteigerungen, Motorisierung, kürzere Arbeitszeiten, mehr Urlaubstage;
Ziele: Mittelmeerländer, zunehmend Fernreisen;
Bsp. Deutschland 2006: 43,8 Mio. Auslandsreisen, nach: Nordeuropa 2,1 Mio., West- u. Mitteleuropa 7,9 Mio., Ostmittel- u. Osteuropa 4,7 Mio., europäisches Mittelmeer 17,3 Mio., außereuropäisches Mittelmeer 5,7 Mio., Fernreisen 4,3 Mio.;
Reiseziele in Ost- und Südosteuropa mit hohen Zuwachsraten nach Auflösung des Ostblocks, obwohl Städtetourismus z. B. nach Prag, Budapest, Gdánsk, Kraków, Moskau vor 1990 nicht unerheblich; Zunahme der Touristenzahlen in Gegenrichtung seit Erhöhung der Einkommen in den Transformationsländern

Aufgabe 2: Weitere Tourismusformen
Tagesausflugsverkehr: keine Übernachtungen;
Naherholungsverkehr: mehrstündig bis Wochenendausflug;
Massentourismus: organisierte Form des Reiseverkehrs mit größeren Touristengruppen;
Individualtourismus: von Einzelperson, Kleingruppe bzw. Familie durchgeführte Urlaubsreise;
Sanfter Tourismus (nachhaltiger Tourismus): umwelt- und sozialverträgliches Reisen

Aufgabe 3: Bedeutung des Tourismus für Urlaubsregionen
wirtschaftlich: Einnahmen in allen Wirtschaftsbereichen, z. T. einzige Einnahmequelle, positive Auswirkung auf den Arbeitsmarkt, z. T. jedoch finanzieller Rückfluss in Herkunftsländer (Reise-, Transport-, Bauunternehmen, Kapitalgeber);
ökologisch: Veränderung der Erholungslandschaft durch Überbauung, „Modernisierung"

Aufgabe 4: Aspekte bei Tourismusbedarfsprognosen
Nachfrageseite: Zahl möglicher Touristen, deren Präferenzen (Zielorte, Freizeit-/Unterhaltungsbedürfnis) und finanzielle Flexibilität;
Angebotsseite: Beratung und Planung von Reisen, Pauschal-, Individual-, Sonder-, Saisonangebote, Übernachtungsmöglichkeiten, Verpflegung, Beförderung, Unterhaltung, sonstige Dienstleistungen, Einkaufsmöglichkeiten

Aufgabe 5: Informationen über Tourismusangebote und Tourismusförderung im eigenen Bundesland
individuelle Bearbeitung: Reisebüro, Infozentrum, Internet

Tourismus und Nachhaltigkeit Seiten 234/235

Zu den Aufgaben

Aufgabe 1: Aktuelle Zahlen im europäischen Tourismus

	Touristenankünfte			Einnahmen
	1990 (Mio.)	2005 (Mio.)	Weltanteil 2005 (%)	2005 (Mrd. €)
Nordeuropa	31,6	52,9	6,6	43,3
Westeuropa	108,6	142,7	17,7	98,0
Mittel- u. Osteuropa	31,5	87,9	10,9	26,0
Südeuropa	93,9	158,0	19,6	112,7
Europa gesamt	256,6	441,5	54,8	279,9

Touristenankünfte (Quelle: UNWTO 2006)

Prognose für Europa – 2010: 527 Mio., 2020: 717 Mio.

Land	Touristenankünfte 2005 (Mio.)	Einnahmen 2005 (Mrd. US-$)
1. Frankreich	76,0	42,3
2. Spanien	55,6	47,9
3. Italien	36,5	35,4
4. Großbritannien	30,0	30,7
5. Deutschland	21,5	29,2
6. Österreich	20,0	15,5
7. Russland	19,9	5,5
8. Polen	15,2	6,3
9. Griechenland	14,3	13,7
10. Portugal*	11,6	7,9

Die 10 größten Zielländer in Europa (* 2004)
(Quelle: UNWTO 2006)

Aufgabe 2: Wechselwirkungen zwischen Tourismus, Wirtschaft und Umwelt
wirtschaftliche Auswirkungen: Touristenzentren = Wachstumspole einer Region, aber Umlenkung von Touristenströmen durch Naturkatastrophen oder terroristische Anschläge; Arbeitsplätze im primären Sektor (Versorgung), im sekundären Sektor (Handwerk, Baugewerbe), im tertiären Sektor (Dienstleistungen, Handel), wegen Fehlens anderer Arbeitsmöglichkeiten (keine Industrie) in der Regel einzige Einnahmequelle; Nachteil: Saisonarbeit, hoher Anteil von Nicht-Qualifizierten;
Auswirkungen auf die Umwelt: Umgestaltung von Naturlandschaften, Zurückdrängung von heimischer Fauna und Flora, Luftverschmutzung, Boden- und Wasserbelastung

Aufgabe 3: Auftreten alternativer Tourismusformen
Sanfter Tourismus (Naturtourismus, Ökotourismus, nachhaltiger Tourismus) = Kennzeichen einer neuen Reisekultur als Gegenmodell zum Massentourismus;
Ziele: Umweltverträglichkeit: Einklang mit der Umgebung, Schonung von Umwelt und Natur, angepasste Infrastruktur, Stärkung des Individualtourismus, Reisen mit öffentlichen Verkehrsmitteln, Verzicht auf touristische Einrichtungen;
Sozialverträglichkeit: Anpassung an soziale und kulturelle Bedingungen, Einklang mit gesellschaftlicher Ordnung und Entwicklung, Rücksicht auf Sitten und Gebräuche, Unterstützung der vor Ort befindlichen Wirtschaft

Aufgabe 4: Modell der Nachhaltigkeit
ökologische Dimension: Begrenzung durch das Gesamtökosystem, intakte Umwelt = Existenzgrundlage für Tourismus, Naturraum auch Lebensraum für Menschen, Strategien: Schonung der Ressourcen, Verringerung der Emissionen;

ökonomische Dimension: Grundbedürfnisbefriedigung, Einbettung in sektorenübergreifende und regionsspezifisch vernetzte Wirtschaft;
soziale Dimension: (intra- und intergenerative Gerechtigkeit), Einbeziehung der Bevölkerung durch Beteiligungs- und Kooperationskonzepte, einheitlich motiviertes Auftreten der Tourismusregion (Corporate Identity);
Indikatoren müssen Zustände und Prozesse abbilden, Nachhaltigkeit an sich kein statischer Zustand

Tourismus am Mittelmeer — Seiten 236/237

Zu den Aufgaben

Aufgabe 1: Raumwirksame Veränderungen im Mittelmeerraum
jährlich hohe Zuwachsraten an Touristen, Prognose für 2020: 655 Mio. Touristen jährlich;
wirtschaftliche Auswirkungen: Touristenzentren = Wachstumspole einer Region, aber Umlenkung von Touristenströmen durch Naturkatastrophen oder terroristische Anschläge; Arbeitsplätze im primären Sektor (Versorgung), im sekundären Sektor (Handwerk, Baugewerbe), im tertiären Sektor (Dienstleistungen, Handel), wegen Fehlens anderer Arbeitsmöglichkeiten (keine Industrie) in der Regel einzige Einnahmequelle; Nachteil: Saisonarbeit, hoher Anteil von Nicht-Qualifizierten;
Auswirkungen auf die Umwelt: teilweise Zerstörung historisch gewachsener Dörfer und Städte, monostrukturierte Fremdenverkehrslandschaften mit Betonbauten, Touristengettos, teils fehlende Infrastruktur, Wasserknappheit – Verbrauch von durchschnittlich 250 Liter Wasser pro Tourist am Tag (Abpumpen des Grundwassers, Verödung von Feuchtgebieten, Bewässerungsanlagen für die Landwirtschaft erforderlich)

	2001	2006
Touristenankünfte (Mio.)	48,565	58,541
Einnahmen (Mrd. €)	34,2	40,7
Beschäftigte im Tourismussektor (Mio.)	1,522	1,829
– Hotelgewerbe	222 186	261 207
– Restaurants	744 226	699 526
– Reiseunternehmen, Reisebüros	44 979	57 908

Katalonien	15 003 317
Balearen	10 107 291
Kanarische Inseln	9 608 180
Andalusien	8 547 466
Valencia	5 484 966
Madrid	3 920 703
Galizien	1 255 148
Kastilien – Leon	1 246 269
Pais Vasco	1 055 055
Murcia	576 880
Aragon	401 137
Kantabrien	392 615
Kastilien – La Mancha	226 486
Estremadura	216 443
Asturien	206 264
Navarra	150 680
La Rioja	52 240

Zielregionen und Anzahl der Touristen 2006
(Quelle: IET: Balance del turismo en España en 2006)

Aufgabe 2: Veränderungen in Benidorm
1920: Fischerdorf mit 2000 Einwohnern, erste Ferienvillen von Engländern außerhalb des alten Ortskerns
1952: Haupterwerbszweige Fischfang und Landwirtschaft, dichteres Straßennetz nur in Hafen- und Ortskernnähe
ab 1960: Beginn der Tourismusindustrie
heute: Hochhaushotels (ursprünglich Gran Hotel Bali mit 186 m höchstes Gebäude Spaniens), Apartments, „Manhattan an der Mittelmeerküste“

Aufgabe 3: Aktuelle ökologische Probleme
individuelle Bearbeitung

Tourismus in den Alpen – Beispiel Zermatt — Seiten 238/239

Zu den Aufgaben

Aufgabe 1: Poster zur Bewertung für eine Tourismusart in Zermatt
individuelle Bearbeitung; mögliche Themen:
Wanderurlaub: im Sommer 400 km markierte Spazier- und Wanderwege, im Winter (November bis April) 45 km präparierte Winterwanderwege, Nordic Walking auch im Winter;
geführte Wanderungen, Bergwanderungen mit Übernachtung (Höhenwege, Europaweg Zermatt-Grächen)
Skiurlaub: Sommerski auf Firn unter dem Matterhorn zwischen 2900 und 3900 m ü. M., 4 Skilifte, 1 Sesselbahn
Winter: Skifahren, Snowboarden, Langlauf, Schlittenfahren, Husky-Erlebnisse, Schneeschuhlaufen, Skitouren
Bergbahnen, Skilifte, unterirdische Standseilbahn
(Informationen: *www.zermatt.ch*)

Aufgabe 2: Bedeutung klimatischer Faktoren für den Wintertourismus, mögliche zunehmende Probleme
Voraussetzung: geschlossene Schneedecke, Beginn des Einschneiens in Zermatt (Höhe 1638 m) im langfristigen Mittel nach dem 1. November, schneefrei in der Regel Ende April,
„Schneeerlebnis Zermatt – Das Skiparadies mit Schneegarantie“ (Selbstdarstellung von Zermatt)

Klimadaten Zermatt

	J	F	M	A	M	J	J	A	S	O	N	D
°C	–5,3	–4,4	–1,1	2,5	7,2	10,2	12,7	12,2	8,9	4,4	–1,0	–4,2
mm	46	42	47	56	65	65	58	69	60	74	55	55

Jahresmittel: 3,5 °C, 690 mm Niederschlag

Durch Klimawandel bereits Rückgang der Tage mit Schneebedeckung, Abschmelzen der Gletscher, Ansteigen der Schneegrenze; Wintertourismus in bisheriger Form bald nicht mehr durchführbar

Aufgabe 3: Dienstleistungskette im Tourismus vor dem Hintergrund raumwirksamer Veränderungen
Alpen: Einwohnerzahl rd. 45 Mio., 120 Mio. Feriengäste jährlich = eine der am stärksten besuchten Urlaubsregionen
Alpentourismus aus ökonomischer Sicht erforderlich, da besonders Dienstleistungssektor wichtige Existenzgrundlage
An-, Abreise: zunehmende Verkehrsbelastung, Erschließung auch entlegener Täler durch Straßen, um Langzeit- und Tagestouristen die Zu-, Abfahrt zu erleichtern
Touristeninfo: wenig Platzbedarf im Zentrum
Verpflegung: starker Lkw-Verkehr
Unterkunft: starke Bautätigkeit, hoher Flächenverbrauch, Zersiedlung der Landschaft
Transport: hohes Verkehrsaufkommen mit entsprechender Umweltbelastung, Pkw, Lkw, Parkplatzprobleme; zahlreiche Seilbahnen; positives Beispiel Zermatt: „Das Dorf ohne Autos“ (keine Motorfahrzeuge, nur Pferdeschlitten, Kutschen, Elektromobile, Fahrräder)
Outdoor-Aktivitäten: nicht mehr auf Skifahren oder Bergwandern beschränkt, auch Motorschlittenfahrten und Rafting auf Alpenflüssen
Durch Inanspruchnahme mehrerer Angebote in der touristischen Leistungskette verstärkter Wandel der Natur- und Kulturlandschaft

Verkehrsentwicklung in der EU

M1 Verkehrsträger

Straßenverkehr

direkte Beschäftigung: ca 1,7 Mio. im Personenverkehr (Linien- und Reisebusse, Taxibetriebe); 2,6 Mio. im Güterverkehr

- *Anteil am gesamten Güterverkehr:* 44% leicht ansteigend;
- *Anteil am gesamten Personenverkehr:* ca. 84% (76% Pkw, 8% Busse);
- *Zuwachs zwischen 1995 und 2004:*
  + 35% im Güterverkehr,
  + 19% bei Pkw,
  + 5% Busse im Personenverkehr
- besondere *starker Zuwachs in der EU-10:*

Wachstum des Straßengüterverkehrs 2000–2004 (%)			
	national	international	gesamt
EU-15	8,3	16,9	10,5
EU-20	16,6	47,7	31,8
EU-25	9,0	23,0	12,9

- *Anteil am gesamten Energieverbrauch:* 25%
- *Fahrzeugeffizienz* in toe/Mtkm oder toe/Mpkm: Lkw 72,4; Pkw 37,8; öff. Straßenverkehr 14,5

Schienenverkehr

- *direkte Beschäftigung:* ca. 1,2 Mio.;
- *Anteil am gesamten Güterverkehr:* 10% (leicht abnehmend);
- *Anteil am gesamten Personenverkehr:* ca. 7% (6% regionaler Zugverkehr, 1% Straßenbahn und U-Bahn);
- *Zuwachs zwischen 1995 und 2004:*
  + 6% beim Güterverkehr (+ 15% für EU-15, –9% für EU-10);
  + 9% im Passagierverkehr (+ 8% im regionalen Zugverkehr, +14% bei Stadtbahnen (Straßenbahn und U-Bahn);
- der *Anteil neuer Unternehmen* im *Schienengüterverkehrsmarkt* hat ca. 10% *erreicht* (gemessen in tkm);
- auf *Hochgeschwindigkeitszüge* entfallen im Jahr 21,5% der gesamten pkm im regionalen Schienenverkehr;
- *Anteil am gesamten Energieverbrauch:* 0,8%;
- *Fahrzeugeffizienz* in toe/Mtkm oder toe/Mpkm: Personenverkehr 16,0; Güterverkehr 5,5;

Verkehr auf Wasserwegen

- *direkte Beschäftigung:* ca. 200000, etwa 80% davon im Seeverkehr und 20% in der Binnenschifffahrt;
- *Anteil am gesamten Güterverkehr:* 42% (Seeverkehr innerhalb der EU 39%, Binnenschifffahrt 3%; beide mehr oder weniger stabil);
- *Anteil am gesamten Personenverkehr:* unter 1% beim Personenverkehr innerhalb der EU, leicht abnehmend;
- *Zuwachs zwischen 1995 und 2004:*
  + 29 im Güterverkehr (+ 31% im Seeverkehr innerhalb der EU, + 9% in der Binnenschifffahrt);
- durchschnittlicher jährlicher Zuwachs im weltweiten *Containerverkehr* zwischen 2001 und 2004: 13,5%
- *Anteil der Binnenschifffahrt am gesamten Energieverbrauch:* 0,5%;
- *Fahrzeugeffizienz* (Binnenschifffahrt) in toe/Mtkm: 17,5

Luftverkehr

- *direkte Beschäftigung:* ca. 400000;
- *Anteil am gesamten Güterverkehr:* 0,1% in tkm beim Verkehr innerhalb der EU;
- *Anteil am Personenverkehr:* 8% (nur Flüge innerhalb der EU; starke Zunahme);
- *Zuwachs zwischen 1995 und 2004:*
  + 55% beim Personenverkehr innerhalb der EU;
- *Marktanteil der Billigfluganbieter:* beim Linienverkehr innerhalb der EU (Sitzkapazität): 25% im Jahr 2005;
- Zuwachs bei der Zahl der *Strecken innerhalb der EU:*
  + 100% zwischen 1992 und 2004;
- *Anteil am gesamten Energieverbrauch:* 4,0%;

Quelle: Europäische Kommission: Für ein mobiles Europa. Brüssel 2006, S. 30

M2 Wichtigste Trends (Grundannahme)

Wahrscheinlichste Zunahme des Verkehrs in der EU-25 im Zeitraum 2000–2020	
BIP	25%
Güterverkehr insgesamt	50%
Personenverkehr insgesamt	35%
Straßengüterverkehr	55%
Schienengüterverkehr	13%
Kurzstreckenseeverkehr	59%
Binnenschifffahrt	28%
Pkw	36%
Schienenpersonenverkehr	19%
Luftverkehr	108%

Quelle: Europäische Kommission: Für ein mobiles Europa. Brüssel 2006, S. 31

M3 Erwartete Zunahme im Güterverkehr nach Verkehrsträgern (2000 = 100)

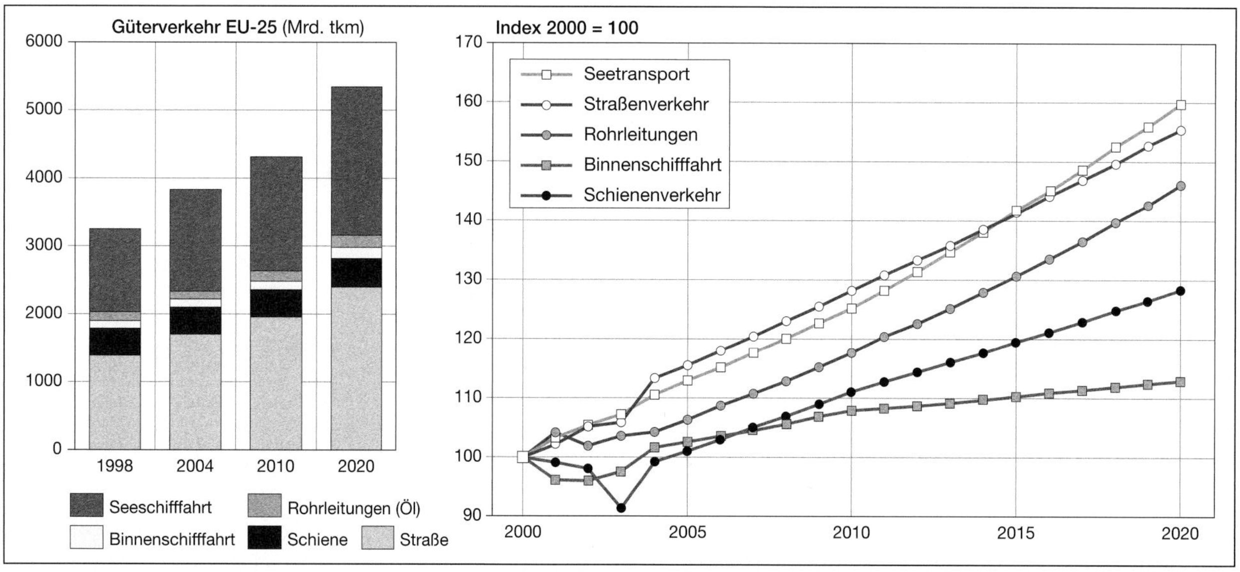

Quelle: Europäische Kommission: Für ein mobiles Europa. Brüssel 2006, S. 31

M4 Erwarteter Zuwachs im Personenverkehr nach Verkehrsträger (2000 = 100):

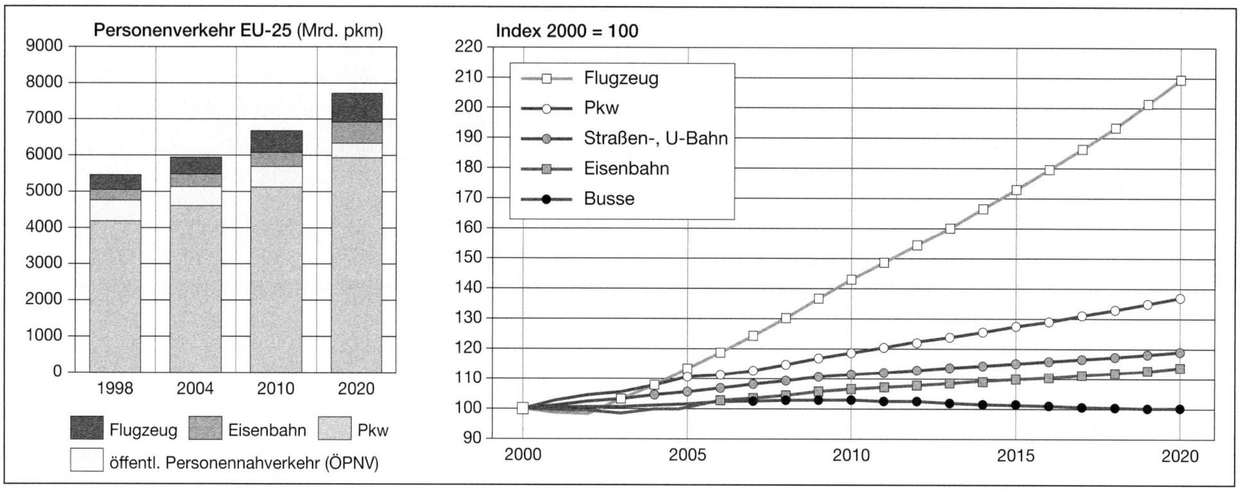

Quelle: Europäische Kommission: Für ein mobiles Europa. Brüssel 2006, S. 31

M5 Die Auswirkungen des Verkehrs

Der Verkehr leistet zwar einen beträchtlichen Beitrag zum Wachstum, verursacht aber auch Kosten für die Gesellschaft. Seine Umweltkosten werden mit 1,1 % des BIP veranschlagt. Zwischen dem Ziel der Bewältigung des zunehmenden Mobilitätsbedarfs und der Einhaltung strenger Umweltnormen zeichnen sich Konflikte ab. So werden zum Beispiel die Normen für Luftqualität in vielen Städten nicht eingehalten, und bei der Infrastrukturentwicklung müssen Belange des Naturschutzes sowie Planungsauflagen gebührend berücksichtigt werden. Die Überlastung der Verkehrswege hat zugenommen und kostet die EU etwa 1 % ihres BIP. Die schädlichen Emissionen aus dem Straßenverkehr haben wesentlich abgenommen, und die Einführung von Katalysatoren, Partikelfiltern und anderen Fahrzeugtechnologien hat dazu beigetragen, dass die NO_x- und Partikelemissionen in den letzten 15 Jahren trotz Zunahme des Verkehrsvolumens gesenkt werden konnten. Die [...] Strategie zur Luftverschmutzung hat jedoch deutlich gemacht, dass im Hinblick auf Straßenfahrzeuge weitere Maßnahmen erforderlich sind, insbesondere durch die Einführung der Norm Euro 5 für Pkw (und danach Euro 6 sowie Euro VI für Lkw).
Modellierungen zeigen, dass dieser Trend anhalten wird, während bei CO_2-Emissionen und bei Lärm Verschlechterungen zu erwarten sind. Der Luftverkehr verursacht große Mengen an Luftschadstoffen. Die Luftfahrtunternehmen konnten zwar ihren Treibstoffverbrauch in den letzten zehn Jahren um 1–2 % je Fluggastkilometer verringern und auch die Lärmemissionen der Flugzeuge erheblich reduzieren, aber insgesamt haben sich die Belastungen durch die Zivilluftfahrt aufgrund der enormen Zunahme des Verkehrs erhöht. So stiegen zum Beispiel die Treibhausgasemissionen aus dem Luftverkehr in den letzten zehn Jahren um über 4 % pro Jahr. Insgesamt verursacht der Verkehr innerhalb der EU 21 % der Treibhausgasemissionen; diese Emissionen sind seit 1990 um etwa 23 % gestiegen und bedrohen die Fortschritte im Hinblick auf die Kyoto-Ziele.

Quelle: Europäische Kommission: Für ein mobiles Europa. Brüssel 2006, S. 9

M6 Erwartete Entwicklung der CO_2-Emissionen im Verkehr nach Verkehrsträgern (1990 = 100)

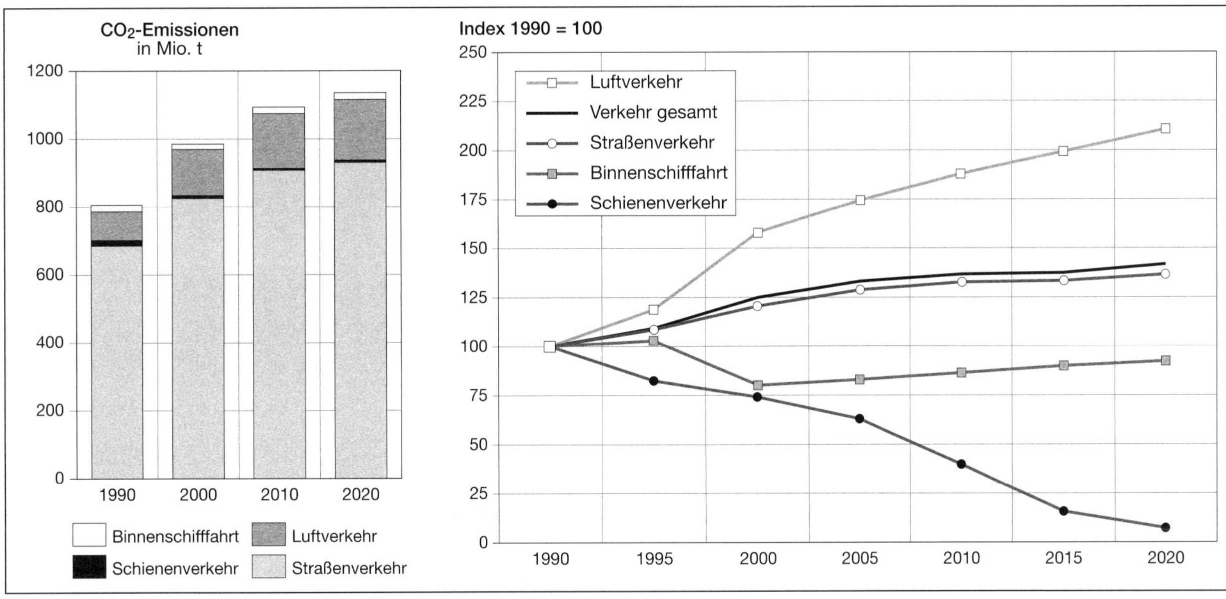

Quelle: Europäische Kommission: Für ein mobiles Europa. Brüssel 2006, S. 33

M7 Verkehr und Umwelt

Es ist möglich, (nach dem Verursacherprinzip) auf die Nutzer bestimmte Umweltkosten umzulegen, die sich ihrer Nutzung der Verkehrswege und insbesondere der Verkehrsinfrastrukturen ergeben.
Straßenverkehr. In Bezug auf CO_2 hat sich die Gemeinschaft das Ziel gesetzt, bei Neufahrzeugen einen Ausstoß von durchschnittlich 120 g CO_2/km nicht zu überschreiten. Das europäische Konzept stützt sich dabei auf folgende Eckpfeiler:

- Die Selbstverpflichtung der Automobilindustrie, der zufolge sich die Dachverbände der Automobilhersteller in Europa (ACEA), Japan (JAMA) und Korea (KAMA) verpflichtet haben, die durchschnittlichen Emissionen von Neufahrzeugen zwischen 1995 und 2008/2009 um 25 % zu senken (von 186 CO_2/km auf 140 g CO_2/km 2008/2009).
- Die Einführung von Steuervergünstigungen, um den Kauf umweltfreundlicher Fahrzeuge zu fördern.

Die Kommission hat vorgeschlagen, insbesondere den Schadstoffausstoß von Dieselfahrzeugen um 80 % zu senken.

Schiffsverkehr. Die SO_2- und NO_x-Emissionen von Schiffen sollen vermindert werden (diese Emissionen werden bis 2020 voraussichtlich über den an Land verursachten liegen).
Quelle: EU: Verkehr und Umwelt; http://europa.eu/cgi-bin/etal.pl

① Untersuchen Sie den Anteil der Verkehrsträger innerhalb der EU (M 1).
② Erläutern Sie die wichtigsten Trends in der Verkehrsentwicklung bis 2020 (M 2).
③ Bewerten Sie den erwarteten Zuwachs im Güterverkehr. Differenzieren Sie nach Verkehrsträgern (M 3).
④ Analysieren Sie den erwarteten Zuwachs im Personenverkehr. Heben Sie die Transportleistungen der einzelnen Verkehrsträger besonders hervor (M 4).
⑤ Stellen Sie einen Zusammenhang her zwischen der Zunahme des Verkehrs (M 1) und Auswirkungen auf die Umwelt (M 5).
⑥ Nehmen Sie Stellung zu den Zielvorgaben der EU zur Reduzierung des CO_2-Ausstoßes (M 5, M 6, M 7).

Tourismus in Europa

M1 Anteil der Bevölkerung, die Urlaub machen, 2005 (in %)

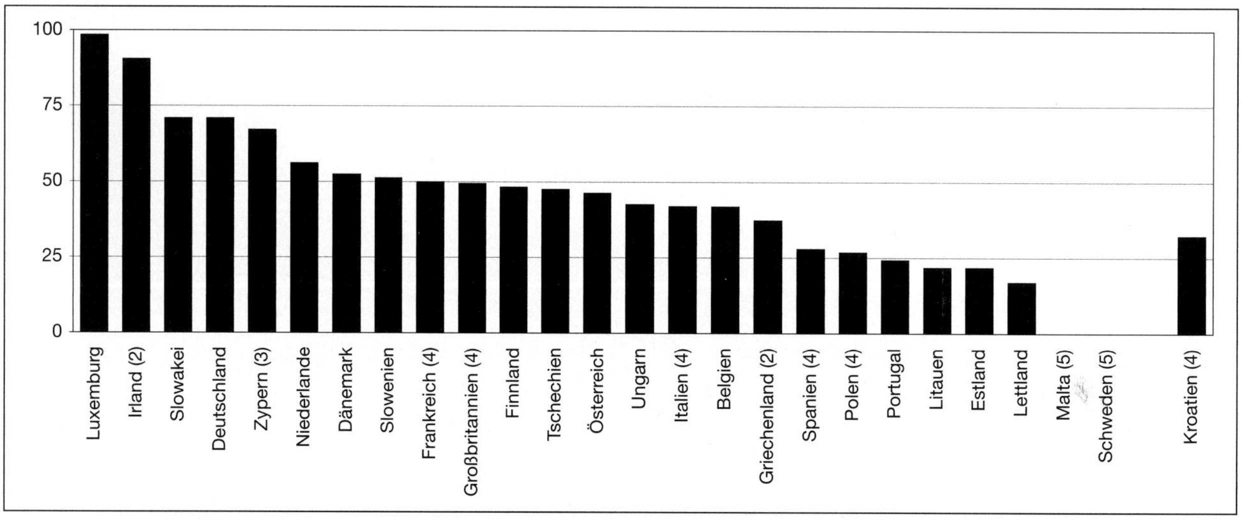

(1) Touristen aus dem Meldeland, die ins Ausland reisen und vier Nächte oder länger in einem Beherbergungsbetrieb oder einer privaten Unterkunft verbringen; (2) 2003; (3) nur Auslandsreisen; (4) 2004); (5) nicht verfügbar

Quelle: Europa in Zahlen. Eurostat Jahrbuch 2006–07, S. 238

M2 Einflüsse auf die Tourismusnachfrage

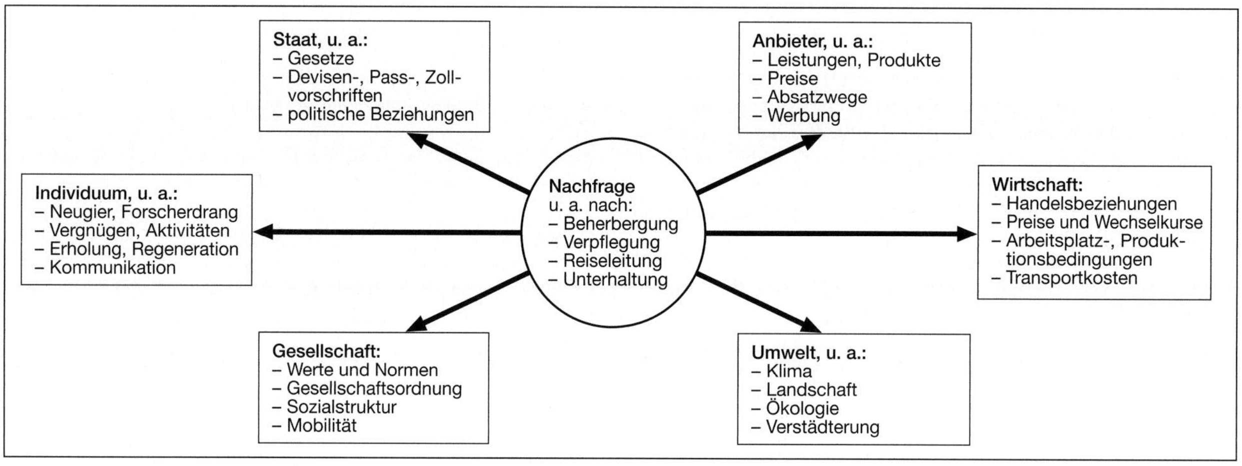

Quelle: Cornelsen Oberstufe Geographie, S. 233

M3 Wechselbeziehungen zwischen Touristen, Einheimischen, Wirtschaft und Umwelt

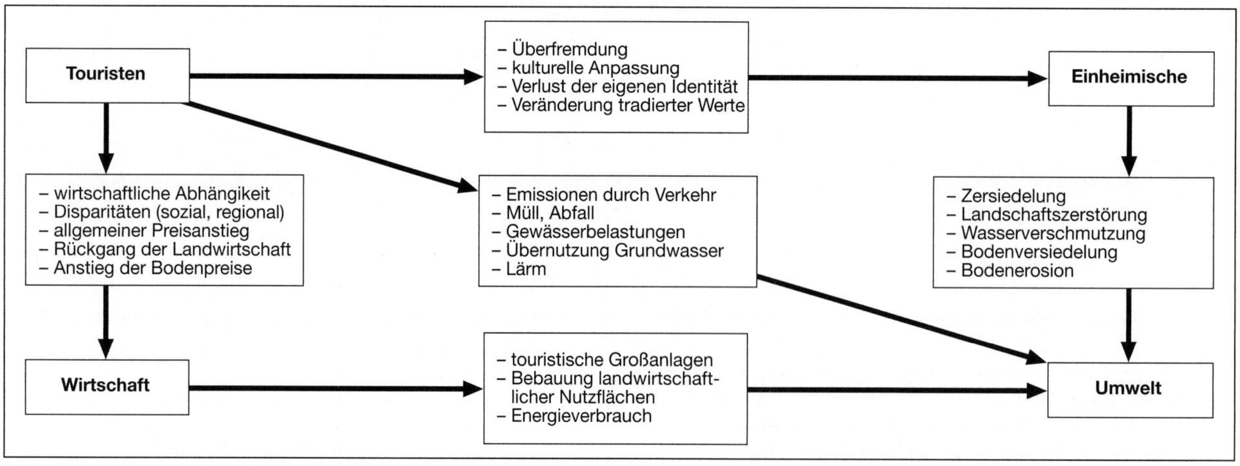

Quelle: Cornelsen Oberstufe Geographie, S. 234

M4 Wichtige Tourismusindikatoren

	Hotels und ähnliche Betriebe		Sonstige Beherbergungs-betriebe		Betten in Hotels und ähnlichen Betrieben (Tsd.)		Übernachtungen in Hotels und ähnlichen Betrieben (Tsd.) (1)		Zahl der Touristen (Tsd.) (2)	
	2000	2005 (3)	2000	2005 (3)	2000	2005 (3)	2000	2005	2000	2005 (4)
EU (25 Länder)	202 806	218 342	:	202 814	10 356	11 371	:	1 398 946	:	:
EU (15 Länder)	192 867	206 703	162 614	191 582	9635	10 532	1 321 511	1 295 770	:	:
Eurozone	136 425	159 741	129 611	143 752	7666	9041	1 038 065	1 102 456	:	:
Belgien	1998	1899	1635	1550	119	121	14 229	14 610	:	4308
Tschechische Republik	3960	4279	3509	3329	218	232	25 169	25 209	:	4843
Dänemark	466	480	622	608	62	70	9210	10 115	3307	2814
Deutschland	38 551	52 877	17 032	18 694	1590	1621	198 070	200 767	53 490	57 955
Estland	350	317	:	467	16	25	1712	3542	:	280
Griechenland	8342	9036	350	341	608	682	60 840	54 017	4416	4026
Spanien	16 287	17 607	5459	17 151	1316	1580	227 144	245 637	27 988	11 823
Frankreich	19 315	19 811	8900	9244	1532	1740	191 073	198 039	28 556	29 829
Irland	5449	4407	2482	4458	139	149	24 160		:	3695
Italien	33 361	33 518	83 858	81 009	1854	2000	233 613	234 020	22 834	24 316
Zypern	583	785	35	134	84	91	17 387	14 939	:	499
Lettland	166	337	66	81	12	19	1360	2303	:	381
Litauen	227	331	267	193	11	20	882	2062	:	728
Luxemburg	315	292	291	255	14	14	1263	1358	217	234
Ungarn	1928	1983	1037	1010	144	157	13 541	15 505	:	4238
Malta	246	178	3	6	41	38	:	7475	:	:
Niederlande	2835	3135	3609	4025	173	192	29 722	29 519	8768	9104
Österreich	15 517	14 267	5565	6281	588	571	71 648	76 073	3605	3743
Polen	1449	2200	6369	4523	120	170	14 298	20 333	:	10 075
Portugal	1786	1954	263	285	223	254	33 795	34 141	2626	2512
Slowenien	448	334	398	358	31	30	4618	4975	.	1014
Slowakei	582	885	977	1131	44	57	5604	6833	:	3809
Finnland	1011	938	517	459	117	118	13 348	14 275	2216	2511
Schweden	1906	1857	1585	2089	188	197	21 265	22 900	:	:
Vereinigtes Königreich	45 728	44 625	30 446	45 133	1111	1223	192 131	160 299	21 609	29 340
Bulgarien	648	1230	188	325	121	201	8140	15 428	:	:
Kroatien	:	:	:	:	199	203	18 074	21 277	:	1423
Rumänien	2533	:	588	:	199	:	15 947	:	:	:
Island	244	319	404	294	12	17	1186	1569	:	:
Liechtenstein	50	46	:	112	1	1	134	111	:	:
Norwegen	1166	1136	1213	1121	141	144	16 365	17 110	2525	2615
Schweiz	5754	:	:	:	260	:	33 927	:	:	:

(1) In- und Ausländer; (2) Zahl der Personen aus dem Meldeland, die eine oder mehrere Urlaubsreisen (im In- oder Ausland mit vier oder mehr Übernachtungen) unternehmen; (3) Italien, Portugal, Vereinigtes Königreich 2004; (4) Spanien, Frankreich, Italien, Polen, Vereinigtes Königreich, Kroatien 2004, Griechenland, Irland 2003; Zypern nur Auslandsreisen *Quelle: Eurostat in Zahlen. Eurostat Jahrbuch 2006/07, S. 237*
(:) Nicht verfügbar

① Ermitteln Sie den Anteil an der Bevölkerung, die Urlaub machen (M 1). Führen Sie Gründe für die unterschiedlichen Anteile auf.

② Entwerfen Sie nach der Tabelle M 4 ein Bild von Europa als Tourismusregion. Nennen Sie Gründe für einige Extremwerte.

③ Untersuchen Sie die Einflüsse auf die Touristennachfrage (M 2). Erstellen Sie für die Angebotsseite eine Liste mit Unternehmen aus verschiedenen Wirtschaftssektoren.

④ Erläutern Sie die Wechselbeziehungen zwischen Touristen, Einheimischen, Wirtschaft und Umwelt (M 3).

Regionale Disparitäten in der Europäischen Union Seiten 240–266

Disparitäten zwischen den Staaten der EU Seiten 240/241

Zu den Aufgaben

Aufgabe 1: Rolle des Staates in der Zentralverwaltungswirtschaft und in der sozialen Marktwirtschaft

Zentralverwaltungswirtschaft: Sollvorgaben – Festlegung, Preise und Löhne – Kontrolle der Planerfüllung – Staat Eigentümer über Produktionsmittel (Boden, Geld- und Sachkapital) – staatliches Monopol über Finanzen und Handel

Soziale Marktwirtschaft: Recht auf privates Eigentum an Produktionsmitteln (Boden, Geld- und Sachkapital) – Finanzen und Handel marktgesteuert – keine Planvorgaben, sondern Schaffung von Rahmenbedingungen (Steuerpolitik, Wirtschaftsförderung, Wettbewerbsordnung) – Unternehmer/-innen planen und berechnen Kosten selbst

Zentralverwaltungswirtschaft	Soziale Marktwirtschaft
Ordnungsrahmen: Verfassung der DDR: staatliches (kollektives) Eigentum an Boden, Geld- und Sachkapital; daneben genossenschaftliches und privates Eigentum; Staat und Partei haben Monopol über Finanzen und Handel, setzen Preise und Löhne fest, betreiben eine zentrale Planung vieler Lebensbereiche	*Ordnungsrahmen:* Grundgesetz der Bundesrepublik Deutschland; Recht auf privates Eigentum an Boden, Geld- und Sachkapital, Erwerbs- und Vertragsfreiheit in den Schranken des Sozialprinzips; Regierung: Steuerpolitik, Wirtschaftsförderung, Wettbewerbsverzerrung
Plan: Bedarfs-, Produktions- und Verteilungspläne	*Markt:* Preisbildung aus Angebot u. Nachfrage, gesteuert durch staatl. Rahmenbedingungen (z. B. Steuern, Subventionen)
Produktion: Staat kontrolliert Planerfüllung der staatlichen, genossenschaftlichen und wenigen privaten Betriebe	*Produktion:* Unternehmen planen und berechnen Kosten und Gewinne

Aufgabe 2: Konvergenzthese

Wirtschaftliche Angleichung von Regionen oder Ländern – Direktinvestitionen in weniger entwickelten Ländern führen zu höherem Wirtschaftswachstum als in den höher entwickelten Ländern – Sekundäreffekte (Ausgaben der Arbeitskräfte in der Region, Ersparnisse der Arbeitskräfte, Einnahmen von Zulieferern, weitere Ausgaben für lokale Güter und Dienstleistungen) verstärken diesen Prozess.

Beispiel als Beleg für die Richtigkeit der Konvergenzthese:

In der nach 1989 nicht mehr konkurrenzfähigen Industrieregion Bitterfeld (mit Braunkohleabbau und Großchemie) haben sich nach der Wiedervereinigung durch einen erheblichen Strukturwandel und Direktinvestitionen zahlreiche neue Industrie- und Dienstleistungsbetriebe im Chemiepark Bitterfeld angesiedelt. Durch das Vorhandensein von Betriebsflächen und Facharbeitern, durch Betriebsstilllegungen, Investitionshilfen, neu geschaffene Infrastrukturen, Umweltsanierungen, durch Spezialisierungs- und Modernisierungsmaßnahmen sowie anfangs günstige Lohnkosten konnten die neuen Unternehmen gute Renditen erzielen. In der Folge löste dieser Investitionszustrom durch den Strukturwandel im gesamten Raum Halle-Dessau-Leipzig einen wirtschaftlichen Aufholprozess und Ausgleich von Disparitäten aus. An diesem Fallbeispiel kann man die Konvergenztheorie weitgehend bestätigt sehen, wenn man den massiven Abbau von 40000 auf 10000 Mitarbeiter ausblendet.

Aufgabe 3: Schematische Darstellung der Divergenztheorie

Die Divergenzthese besagt: Dynamische Wirtschaftsräume ziehen gut ausgebildete Arbeitskräfte und Kapital aus strukturschwachen Regionen an. Das Entwicklungspotenzial vergrößert sich in diesen Wirtschaftsräumen und verringert sich in den Regionen mit Entwicklungsschwächen.

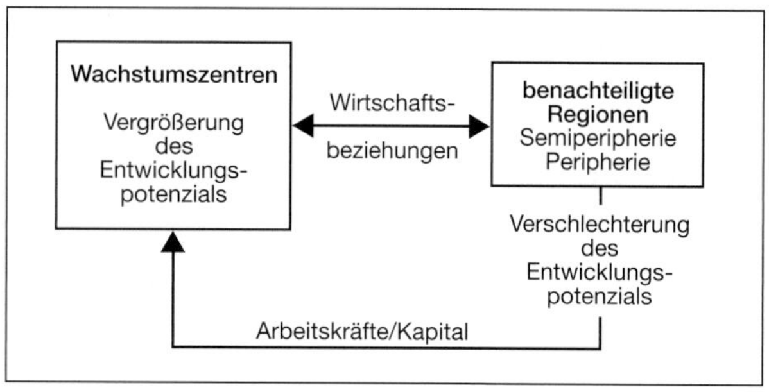

Aufgabe 4: Gründe für die Errichtung eines Reifenwerkes in Rumänien

Einkommen der Arbeitskräfte niedriger als in Hannover, geringere Umweltauflagen, geringere Steuerlasten, längere Arbeitszeiten, weniger Urlaub, geringere Energiekosten; durch niedrige Transportkosten führt dies zu niedrigeren Produktionskosten für Continental und so zu billigeren Reifen bzw. zu höheren Gewinnen für Continental

Disparitäten zwischen Zentrum und Peripherie Seiten 242/243

Zu den Aufgaben

Aufgabe 1: Regionale Entwicklungsunterschiede in der EU

- Die Disparitäten der regionalen Entwicklungsunterschiede fallen größer aus als auf Ebene der Mitgliedsstaaten.
- Die Liste der leistungsstärksten Regionen wird angeführt von Inner-London, über Brüssel, Luxemburg, Hamburg u. die franz. Hauptstadtregion Île der France; an Platz 16 folgt als erfolgreichste Region der neuen EU-Staaten Prag.
- Nur fünf weitere Regionen (Bratislava, Közép-Magyarország, Zypern, Malta und Mazowiecki in den Beitrittsländern von 2004 liegen über dem EU-Durchschnitt, während alle übrigen Regionen unter 75 % des EU-Durchschnitts bleiben.
- Die zehn am wenigsten entwickelten Regionen der EU liegen in peripheren Räumen am Rand der EU. Sie erwirtschaften nur ein Viertel des BIPs der zehn reichsten Regionen. Ein Viertel aller Regionen der EU liegt mehr als 75 % unter dem EU-Durchschnitt. Zu ihnen zählen z. B. Yuzhen Tsentralen in Bulgarien, Nord-Est in Rumänien, Východné Slovensko sowie Észak-Magyarország.
- Die Ursachen der starken disparitären Entwicklung liegen u. a. in Folgendem: Die großen Städte profitieren von der Konzentration an Unternehmen, dem Vorhandensein qualifizierter Arbeitsplätze, der guten infrastrukturellen Ausstattung, sei es im Verkehrsbereich, der Telekommunikation, im FuE-Bereich und der Ausstattung mit Schulen und Hochschulen. Auf dieser Cluster-Grundlage sind die Unternehmen in der Lage, innovative Produkte zu entwickeln und hochwertige Dienstleistungen anzubieten, zumal ein Betrieb alleine heute dazu nicht mehr fähig ist.
- Umgekehrt zeigen die hohen Arbeitslosenzahlen in den monostrukturierten Industrieregionen Osteuropas und den in den Altindustrieregionen der übrigen EU-Staaten, dass positive Wachstumsprozesse und ein Strukturwandel noch nicht ausgelöst wurden. Auch die ländlichen oder peripheren Räume der EU haben Probleme, Entwicklungsprozesse in Gang zu setzen, da es hier an Unternehmensclustern, Bevölkerungsballungen, qualifizierten Arbeitskräften, Kapital und Infrastruktur fehlt. Die schlechte Erreichbarkeit, Abwanderung und das Fehlen von Ausbildungskapazitäten erschweren wirtschaftliche Aufholprozesse.

Aufgabe 2: Geringere Disparitäten in Rumänien und Bulgarien als in den alten Mitgliedsstaaten
Ziel der zentralen Planung war es, für eine gleichwertige wirtschaftliche Entwicklung zu sorgen. So kam es zu staatlich gelenkten Industrieansiedlungen in der Peripherie, die betriebswirtschaftlich keinen Sinn machten. Wie die Zeit nach dem Zusammenbruch des planwirtschaftlichen Systems zeigte, waren diese Standorte nicht wettbewerbsfähig. Das industrielle Erbe ist häufig eine schwere Hypothek für neue wirtschaftliche Entwicklungen.

Aufgabe 3: Zukunftsbild „Europa in 20 Jahren“
Diskussionsgrundlagen z. B.:
- Konvergenz- vs. Divergenzthese
- Welche Regionen profitieren am stärksten von der EU?
- Betrachtung der Entwicklung des BIP/Kopf im Zeitverlauf, Wachstumsraten (z. B. mit Eurostat-Daten)

Raumanalyse Europa: Indikator FuE Seiten 244/245

Zu den Aufgaben

Aufgabe 1: Notwendigkeit von laufender Raumbeobachtung
Eine laufende Raumbeobachtung lässt erkennen, wie sich die regionale Entwicklung verändert. Nicht gewünschte Entwicklungen können frühzeitig identifiziert werden und der Staat kann gegebenenfalls mit geeigneten Maßnahmen (z. B. Förderprogrammen) reagieren. Die laufende Raumbeobachtung bietet auch die Möglichkeit, die Wirksamkeit von in der Vergangenheit ergriffenen staatlichen Maßnahmen zu überprüfen.
Durch die Globalisierung erhöht sich der Wettbewerbsdruck auf die Unternehmen:
- Sie müssen in immer kürzeren Zeitabständen neue, innovative Produkte auf den Markt bringen.
- Die Komplexität von Innovationsprozessen führt zu einer zunehmenden Interaktion und Arbeitsteilung zwischen verschiedenen Unternehmen, Universitäten und Forschungseinrichtungen.
- Die erfolgreiche Entwicklung neuer Produkte, Verfahren und organisatorischer Lösungen hängt nicht allein von betriebsinternen Innovationsentscheidungen ab, sondern wird auch vom betrieblichen Umfeld bestimmt.
- Eine Region profitiert von der Zusammenarbeit regionaler Akteure vor Ort.
- Die Unternehmen sind zusätzlich gefordert, international verfügbares Wissen zu nutzen.

Aufgabe 2: Regionen, FuE-Ausgaben, Patentanmeldungen
Hohe FuE-Ausgaben sind ein Inputfaktor für die technologische Leistungsfähigkeit; hohe Patentanmeldungen sind ein Throughputfaktor für die technologische Leistungsfähigkeit. Patente sind noch keine marktfähigen Produkte und müssen auch nicht zwangsläufig in solche münden. Schlussfolgerungen können sein: Die ausgewählte Region gehört zu den führenden FuE-Regionen Europas. Dadurch verfügt sie über ein hohes Wachstumspotenzial. Ihre Attraktivität führt zu einem verstärkten Zuzug von Hochqualifizierten und ausländischen Direktinvestitionen.
Daten sind bei Eurostat wie folgt zu finden:
http://epp.eurostat.ec.europa.eu – allgemeine und Regionalstatistiken

Aufgabe 3: Rangfolge der 10 „besten“ und der 10 „schlechtesten“ Regionen
Mögliche Indikatoren für die technologische Leistungsfähigkeit: FuE-Personal, FuE-Ausgaben, Hightech-Beschäftigte, Patentanmeldungen.
Die Daten sind unter dem in Frage 2 angegebenen Pfad zu finden.
a) Zu den Regionen mit sehr hohen FuE-Ausgaben und vielen Patentanmeldungen zählen: *Sydsverige* (Südschweden), die Hauptstadtregion *Stockholm*, *Etelä-Suomi* (Region um Helsinki), *Länsi-Suomi* (Südwestfinnland), *Pohjois-Suomi* (Nordfinnland), *Paris*, *Hessen* (bes. Raum Frankfurt), *Zuid-Nederland*, Bayern (bes. um München), *Westösterreich*.
b) Zu den Regionen mit ganz geringen FuE-Ausgaben zählen: die periphere Atlantikregion *Algarve* (im SW von Portgual, dafür bedeutender Tourismus), *Extremadura* (E), *Kalabrien* (I), *Masuren* (PL), die Grenzregion *Severozápád* (Sudeten, CZ), die peripheren Regionen *Lubelskie* (PL), *Podkarpackie* (PL), *Yushen Tsentralen* (BG), *Észak-Magyarország* (H) und *Nord-Est* (Rumänien).

Die Gründe für die Disparitäten liegen in gelungenen oder misslungenen Strukturwandlungsprozessen, in der Clusterbildung oder dem Fehlen von Betrieben im FuE-Bereich, im Kapitalmangel oder in Investitionsimpulsen, in ADIs oder im Ausbleiben von ausländischen Direktinvestitionen, in der Ballung oder in der Abwanderung von Menschen in diesen Regionen, in der zentralen oder peripheren Lage, im Fortbestehen von altindustriellen Strukturen oder im Wandel von ehemals monostrukturierten Regionen.

Aufgabe 4: Technologische Hochburgen in Deutschland
Regionen mit hoher technologischer Leistungsfähigkeit sind in Deutschland in der Region *Braunschweig*, in der Hauptstadt-Region *Berlin*, in der Region *Chemnitz*, im Ballungsraum *Südhessen* (Darmstadt), im Ballungsraum *München*, in der *Metropolregion Hamburg*, um *Dresden*, in der Agglomeration *Stuttgart*, im Verdichtungsraum *Leipzig* und im Verdichtungsraum *Aachen* zu finden.
Technologisch weniger weit entwickelte Regionen sind altindustrielle, periphere oder ländliche Regionen wie die Weser-Ems-Region, das Alte Land, die Sauerland-Westerwald-Region, das östliche Harzvorland, die Altmark, die Region Prenzlau, die Eifel-Region, die Niederlausitz, die Spreewald-Region, die Nordpfalz und das nördliche Franken/Südthüringen.
Während in München mehrere Sektoren hoch innovativ sind, konzentriert sich das Innovationspotenzial in Braunschweig sehr stark auf den Automobilsektor. In der wissenschaftlichen Diskussion herrscht eine heftige Debatte darüber, welche Strategie die nachhaltigere ist.

Patentanmeldungen beim Europäischen Patentamt (EPA), 2002 (Zahl der Anmeldungen je Mio. Einwohner)

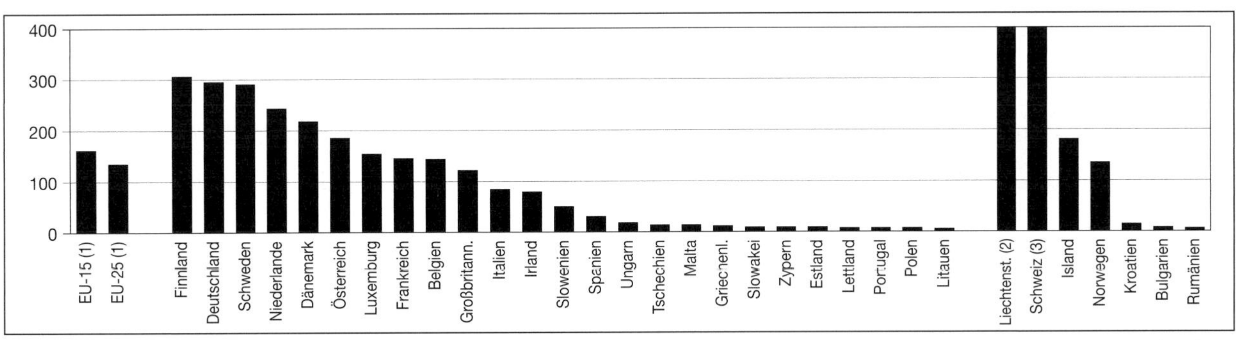

(1) 2001, (2) verkürzte Y-Achse, 849,8 Anmeldungen je Mio. Einwohner, (3) verkürzte Y-Achse, 411,7 Anmeldungen je Mio. Einwohner; *Quelle: Europa in Zahlen – Eurostat-Jahrbuch 2006/07, S. 254*

Patentanmeldungen 2003:
Deutschland: 12900 (fast 42% der Gesamtanmeldungen von EU-25); 156 Anmeldungen je Mio. Einwohner
Finnland: 143 Anmeldungen je Mio. Einwohner, Schweden 137, Schweiz 222
Finnland: Spezialisierung auf Hochtechnologie-Patente (Nachrichtenübermittlung, Computer, Büroautomation); rd. 40% aller Anmeldungen für Hochtechnologie

Patente und Lizenzen in den Zahlungsbilanzen

Land	Mio. US-$	1993	2003
Belgien u. Luxemburg	Einnahmen	995	984
	Ausgaben	1394	1217
Deutschland	Einnahmen	2060	4260
	Ausgaben	4430	5250
Finnland	Einnahmen	89	669
	Ausgaben	325	723
Frankreich	Einnahmen	1460	3940
	Ausgaben	1800	2440
Großbritannien u. Nordirl.	Einnahmen	3980	9900
	Ausgaben	3380	7380
Irland	Einnahmen	67	206
	Ausgaben	1390	16160
Italien	Einnahmen	234	530
	Ausgaben	1215	1700
Niederlande	Einnahmen	1917	1885
	Ausgaben	2668	2829
Österreich	Einnahmen	118	155
	Ausgaben	4185	1117
Schweden	Einnahmen	748	2336
	Ausgaben	590	1277
Portugal	Einnahmen	36	36
	Ausgaben	174	283

(Quelle: BMBF: Forschung und Innovation in Deutschland 2006)

Raumanalyse Deutschland: Indikator FuE

Seiten 246/247

Zu den Aufgaben

Aufgabe 1: Agglomerationsraum – ländlich geprägter Raum
Indikatoren z. B.:
Beschäftigte FuE, Ausgaben FuE in % des BIP (BIP/Kopf), sektorale Verteilung der Beschäftigung/Wertschöpfung, Einwohner je km², Patente je Mio. Einwohner

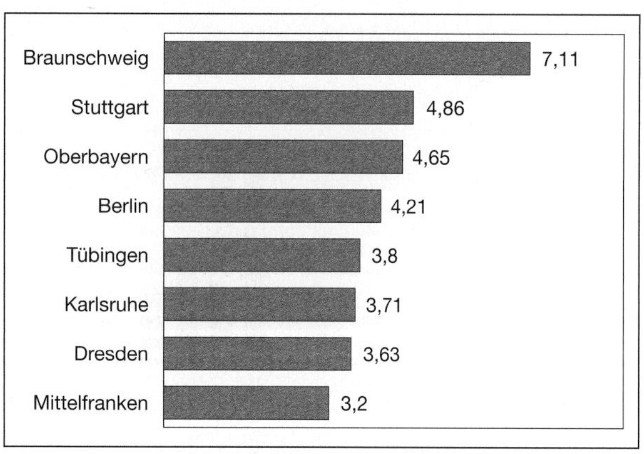

FuE-Ausgaben in % des BIP (2001)

Aufgabe 2: Spitzenstellung Braunschweigs
Die NUTS-2-Region Braunschweig umfasst auch Wolfsburg und somit die Forschungsaktivitäten von VW an seinem Hauptquartier. Im Laufe der Zeit hat sich um VW herum ein Automobilcluster entwickelt. Die wichtigsten Zulieferer sind in unmittelbarer Nachbarschaft zu VW angesiedelt. Da Forschung und Entwicklung auch in den Zulieferbetrieben erfolgt, kommt es zu den sehr hohen FuE-Ausgaben insgesamt. Zusätzlich versucht Braunschweig über das Automobil hinaus, sich als Standort für Mobilität zu positionieren. In diesem Zusammenhang ist z. B. der Forschungsflughafen in Braunschweig zu nennen, der zahlreiche Investitionen nach sich zieht.

Aufgabe 3: Region Weser-Ems
Die Region Weser-Ems wird u. a. sehr stark von der Ernährungsindustrie geprägt. Die Ernährungsindustrie zählt nicht zu den innovativsten Branchen der Industrie, obwohl die Produktion automatisiert und hochtechnisiert abläuft. Die Forschungs- und Entwicklungsleistung erbringen z. B. Maschinenbauunternehmen, die eher in Agglomerationsräumen anzutreffen sind. Die untergeordnete Rolle resultiert aus dem nicht Vorhandensein wichtiger Standortfaktoren für eine stärker wissensorientierte Wirtschaftsentwicklung. Zudem fehlen Forschungseinrichtungen (universitäre und außeruniversitäre), spezialisierte Zulieferer, Kunden, unternehmensnahe Dienstleister (sowohl im technischen als auch im kaufmännischen Bereich) usw.

Aufgabe 4: Regionen Dresden, Chemnitz und Leipzig
Die Region ist historisch eine bedeutende Industrieregion gewesen, nach der Wende gab es hier viele Investitionen im Hightechbereich. Diese Investitionen tragen nun Früchte, sodass ein dynamisches und selbsttragendes Netzwerk von Unternehmen entstanden ist.

FuE-Ausgaben der Bundesrepublik Deutschland und ihre Finanzierung

	Finanziert durch				
	Bund/ Länder Mio. €	Wirtschaft Mio. €	Private Institutionen Mio. €	Gesamt Mio. €	In % des BNE
1991	14821	23935	196	38952	2,4
1995	15735	24733	104	40572	2,2
1999	15956	32411	205	48572	2,4
2004	17015	38394	173	55582	2,5

Quelle: BMBF: Forschung und Innovation in Deutschland 2006

Regionale Aufteilung der FuE-Ausgaben der Länder

	2001		2003	
Land	Mio. €	in %	Mio. €	in %
Baden-Württemberg	1002	13,0	1046	13,0
Bayern	1219	5,8	1133	14,1
Berlin	556	7,2	603	7,5
Brandenburg	169	2,2	175	2,2
Bremen	90	1,2	96	1,2
Hamburg	216	2,8	242	3,0
Hessen	521	6,7	512	6,4
Mecklenburg-Vorp.	160	2,1	169	2,1
Niedersachsen	603	7,8	686	8,5
Nordrhein-Westfalen	1462	18,9	1675	20,8
Rheinland-Pfalz	283	3,7	286	3,5
Saarland	106	1,4	118	1,5
Sachsen	626	8,1	634	7,9
Sachsen-Anhalt	252	3,3	250	3,0
Schleswig-Holstein	187	2,4	195	2,4
Thüringen	276	3,6	244	3,0
FuE-Ausgaben gesamt	7725	100,0	8055	100,0

Quelle: BMBF: Forschung und Innovation in Deutschland 2006

Bruttoinlandsausgaben für Forschung und Entwicklung

Staat		Mio. US-$	Anteil am BIP (%)	Wirtschaft	Staat Anteil in %	sonst. inländ. Quellen u. Ausland
D	1991	38455,5	2,47	61,7	35,8	2,4
	2004	58687,6	2,49	67,1	30,4	2,6
F	1991	25322,9	2,33	42,5	48,8	8,7
	2004	39740,3	2,16	k. A.	k. A.	k. A.
Japan	1991	73167,5	2,94	72,7	18,2	9,2
	2003	112714,7	3,15	74,5	17,7	7,8
USA	1991	161387,8	2,71	57,2	38,9	3,9
	2004	312535,4	2,68	63,7	31,0	5,4

Quelle: BMBF: Forschung und Innovation in Deutschland 2006

Stifterverband für die Deutsche Wissenschaft: Daten zu Forschung und Entwicklung (FuE) in der deutschen Wirtschaft (23.2.2006)

- 2004 sinkende FuE-Gesamtaufwendungen
- große Abhängigkeit vom Kraftfahrzeugbau
- Staatsanteil an der FuE-Finanzierung sinkt seit 1995
- Anteil der FuE-Aufwendungen am BIP auf 2,48 % gesunken
- Deutschland international nur auf Platz 7
- Ausländische Unternehmen wenden 12,2 Mrd. € für FuE in Deutschland auf.
- Rd. 25 % der im Inland durchgeführten FuE wird in Töchtern ausländischer Unternehmensgruppen durchgeführt.
- Von Lissabon-Ziel (EU und Bundesregierung): Steigerung des Anteils bis 2010 auf 3 % wieder weiter entfernt.

Regionale Strukturförderung durch die EU — Seiten 248/249

Zu den Aufgaben

Aufgabe 1: Unterschiedliche Förderschwerpunkte der EU-Regionalpolitik

Ziel 1: Konvergenz (Ausgleichsziel, Wachstum fördern, Arbeitsplätze schaffen) gilt für Regionen mit BIP/Kopf < 75 % des EU-Durchschnitts

Ziel 2: Wachstumspotenziale ausschöpfen, Innovationsförderung

Ziel 3: Förderung der grenzübergreifenden Zusammenarbeit

Aufgabe 2: Unterschiedliche Zielsetzungen der EU-Regionalpolitik

Ziel 1: in beiden Förderperioden ähnlich

Ziel 2: alt: Konvergenzziel (Förderung für strukturschwache Regionen); neu: Wachstumsziel (Förderung von Regionen mit Wachstumspotenzial)

Ziel 3: alt: Angleichung der Politik der EU-Mitgliedsstaaten für den Produktionsfaktor Arbeit, neu: umfassendere Förderung territorialer Zusammenarbeit

Aufgabe 3: These: Regionen müssen sich … immer stärker von der EU-Förderung verabschieden."

Die Hoffnung, dass der Staat unterstützend in die wirtschaftliche Entwicklung von benachteiligten Regionen (z. B. ländliche Regionen) eingreifen kann, stellt angesichts der immer knapper werdenden Haushaltskassen und des zunehmenden Wettbewerbsdrucks auch im Hightechbereich eine immer seltener werdende Option dar. Die betroffenen Regionen müssen das eigene Entwicklungspotenzial fördern. Das setzt eine objektive Stärken- und Schwäche-Analyse und eine enge Kooperationsbereitschaft aller wichtigen Akteure (Wirtschaft, Politik, Verwaltung) voraus.

Auswirkungen der Strukturpolitik in ländlichen Räumen — Seiten 250/251

Zu den Aufgaben

Aufgabe 1: Entwicklungshemmnisse und -chancen für ländliche Räume

Hemmnisse: geringe Ausstattung an Wissensinfrastruktur, schlechte infrastrukturelle Anbindung, demographischer Wandel und selektive Charakter der Abwanderung, keine Verfügbarkeit von Zulieferern, Kunden und Dienstleistern

Chancen: intakte Natur (besser: Kulturlandschaft), geringere Preise für Flächen und Arbeitskräften, Wunsch nach Wohnen im Grünen, nachwachsende Rohstoffe

Aufgabe 2: Bewertung des Erfolgs regionalpolitischer Maßnahmen

Die Zahl der Projekte ist sehr groß (siehe *www.leaderplus.de*). Wichtig bei der Diskussion sollen die Fragen sein: Können die Maßnahmen einen wirtschaftsstrukturellen Wandel auslösen und die benannten Hemmnisse beheben?

Aufgabe 3: Möglichkeiten zur Verbesserung der Lebensqualität

individuelle Bearbeitung, Bsp. Südheide

Das Projekt ALICERA — Seiten 252/253

Zu den Aufgaben

Aufgabe 1: Ziele der einzelnen Interreg-Programme

- INTERREG hat das Ziel, den wirtschaftlichen Zusammenhalt in der EU zu stärken.
- Förderung der grenzübergreifenden und interregionale Zusammenarbeit bzw. Förderung der Zusammenarbeit und Erfahrungsaustausch zwischen den Regionen in der EU

Aufgabe 2: Projektskizze für das Projekt ALICERA

- ALICERA steht für ein internationales Bildungsprojekt, in dem das aktive außerschulische Lernen im Mittelpunkt steht.
- Die Lernangebote des Projektes richten sich an Kinder, Jugendliche und Erwachsene in den vielen ländlichen Regionen Europas.
- Das Lernen findet direkt vor Ort statt, z. B. in typischen ländlichen Betrieben – wie zum Beispiel auf dem Bauernhof; dort arbeiten die Teilnehmer aktiv im Betrieb mit, es gibt keine Vorträge oder Besichtigungen.
- Erreicht werden soll durch das Projekt ALICERA, dass die Menschen sich stärker an der Entwicklung der Region, in der sie leben, beteiligen.
- Kooperationspartner des Projektes sind Akteure aus dem ländlichen Raum, z. B. Landfrauen, Landwirte, Lehrer, Umweltpädagogen, ländliche Unternehmer.

Bildung: Universitäten, Landesschulbehörde, …

Netzwerk vor Ort: Betriebe, Lehrer, Landfrauen bzw. Landwirte

ALICERA = Action Learning for Identity and Competence in European Rural Areas

↓

Förderung des aktiven außerschulischen Lernens in den unterschiedlichen Regionen Europas, d. h. Lernen findet vor Ort statt.

↓

Aktive Beteiligung an der Entwicklung der eigenen Region. Dabei ist Bildung der Hauptweg, um Motivation für die Gestaltung des eigenen Raumes hervorzurufen. Lernen findet hier vor Ort in Betrieben statt, in denen sowohl Probleme als auch das Potenzial und die Perspektiven der Region kennen gelernt werden können.

Das Programm „Alpine Space“ Seiten 254/255

Zu den Aufgaben

Aufgabe 1: Projektskizze für das Programm „ALPINE SPACE“

- Hintergrund des Programms? Auf den Alpenraum wirken zunehmend divergierende Nutzungsansprüche ein.
- Folgen der Übernutzung? Überlastung des Ökosystems Alpen und Zerstörung der alpinen Natur und Kultur
- Typische Probleme? Massentourismus, Zunahme des Verkehrs über die Alpen, Verfall der Berglandschaft
- Reaktion? 2002 wurde die Alpenkonvention zum Schutze dieses sensiblen Natur- und Kulturraums beschlossen. Aber die Alpenkonvention ist nicht nur ein Instrument des Natur-, Umwelt- und Kulturschutzes, sondern ihr Ziel es auch, eine ressortübergreifende Raumordnungspolitik durchzusetzen, angefangen von der Erhaltung der Eigenständigkeit der Bevölkerung bis hin zum Schutz von Luft, Wasser, Landschaft und Bergwald und einer transnationalen Kooperation.
- Bestandteil der Alpenkonvention ist das INTERREG III B Alpenraumprogramm „Alpine Space“.
- Koop-Partner? Das Programm umfasst 58 Projekte mit 665 Partnern der Alpenstaaten Frankreich, Italien, Schweiz, Liechtenstein, Deutschland, Österreich sowie Slowenien.
- Hauptziel? Das Programm „Alpine Space“ will die nachhaltige Entwicklung des Alpenraumes fördern.
- Der Weg? Das Hauptziel soll durch folgende Teilziele erreicht werden:
  a) eine räumliche Vernetzung des Alpenraumes mit den übrigen europäischen Regionen
  b) Unterstützung einer nachhaltigen Entwicklung unter Berücksichtigung der Verflechtungen zw. den alpinen Kerngebieten und den dicht besiedelten Randgebieten
  c) Verbesserung d. Transportsysteme und Erreichbarkeit
  d) Erhaltung, Schutz und Entwicklung des Natur- und Kulturerbes
  Diese Teilziele sollen durch die Umsetzung von transnationalen Projekten (d. h. mindestens drei Partner aus drei verschiedenen Partnerstaaten) erreicht werden.

ALPINE SPACE = Förderung nachhaltiger Entwicklung des Alpenraumes

↓ ↓ ↓ ↓

Alpenraum als starke naturräumliche Einheit in der EU	nachhaltige Entwicklung unter Berücksichtigung der alpinen Kerngebiete und der besiedelten Randgebiete	Verbesserung der Verkehrssituation	Erhalt und Schutz des Natur- und Kulturerbes

EU-Länder: Italien, Frankreich, Deutschland, Österreich, Slowenien
Länder außerhalb der EU: Schweiz, Liechtenstein

Aufgabe 2: Vergleich Alpine Space und Alicera

Das Projekt ALICERA	Das Projekt „Alpine Space“
Internationales Bildungsprojekt; mit Schwerpunkt aktives außerschulisches Lernen	Hauptziel ist die Förderung der nachhaltigen Entwicklung des Alpenraumes.
Die Lernangebote richten sich an Kinder, Jugendliche u. Erwachsene; Fokus sind die ländl. Regionen Europas.	1. Teilziel: Positionierung d. Alpenraumes als eine starke räuml. Einheit im Netzwerk d. europ. Regionen
Hauptziel ist die Beteiligung der Menschen an der Entwicklung der Region, in der sie leben.	2. Teilziel: Unterstützung einer nachhaltigen Entwicklung in den alpinen Kern- und Randgebieten
Die Identifikation mit ihrer Region soll die Teilnehmer zur Mitgestaltung ihres Lebensumfelds motivieren.	3. Teilziel: Verbesserung der Transportsysteme und der Erreichbarkeit
Die Teilnehmer/-rinnen sollen Handlungskompetenzen durch Mitarbeit in Projekten erwerben.	4. Teilziel: Erhaltung, Schutz und Entwicklung des Natur- und Kulturerbes

Aufgabe 3: Teilprojekt ALPSHEALTHCOMP

ALPSHEALTH will einen nachhaltigen, qualitativ hochwertigen Gesundheitstourismus in den Alpen fördern, als Alternative zu so genannten „harten“ Formen des Tourismus wie z. B. Skifahren.
Zum Projekt gehört ein Drei-Jahres-Plan, mit den Zielen:

- Erforschung der medizinischen Wirksamkeit alpenspezifischer Produkte u. Dienstleistungen (Wellnesskuren usw.)
- Marktförderung für neue alpenspezifische Produkte
- Schaffung neuer Beschäftigungsmöglichkeiten
- Personalentwicklung und -weiterbildung
- Aufbau einer transnationalen Jobbörse
- Verknüpfungen zwischen touristischen Dienstleistern, der Landwirtschaft, Handwerksbetrieben, Pflegediensten und Nichtregierungsorganisationen
- Herstellung von transnationalen Kooperationen
- Organisation von Medienarbeit und Marktforschung
- Entwicklung des Dienstleistungssektors

Eigene Projektideen könnten folgende Ziele intendieren:

- Beendigung der Erschließungstätigkeit, was den Bau von Skipisten und Seilbahnen anbetrifft
- die Ausübung *motorisierter Sportarten* in den Alpen so weitgehend wie möglich zu begrenzen oder zu beenden
- Durchsetzung einer *freiwilligen Selbstbegrenzung der Bettenkapazität* der Urlaubsorte
- Durchsetzung umweltverträglicher Urlaubsformen
- Verwendung *regionaler bzw. heimischer Produkte* aus der Landwirtschaft in den Hotels, Pensionen usw.
- *Verzicht auf Kunstschnee* bei wenig Schneefall usw.
- *Benutzung umweltfreundlicher Verkehrsmittel*, also Verzicht auf das Auto, stattdessen Bahn, Busse, Fahrrad
- *Konsens zwischen Naturschutz u. Erholung*: Die wachsende Nachfrage nach Erholung und Sport in freier Natur muss in Einklang gebracht werden mit dem Erhalt gefährdeter Biotope und Lebensräume der Alpenlandschaften.

Aufgabe 4: Vergleich mit weiteren Teilprojekten

individuelle Bearbeitung

Grenzregionen verbinden: Die Euregio Egrensis — Seiten 256/257

Zu den Aufgaben

Aufgabe 1: Aussage: Euroregionen = Experimentierfelder europäischer Regionalentwicklung?

Diskussion

Die politische Landschaft hat sich seit 1990 in Europa wie auf keinem anderen Kontinent der Erde verändert. Grenzen sind verschwunden oder neu entstanden. Viele Grenzregionen haben einen Bedeutungswandel durchlebt. Durch die Fortschritte im Prozess der europäischen Integration verlieren viele Binnengrenzen der EU zunehmend an Bedeutung. Etwa jeder 10. Europäer lebt heute in einer Grenzregion.

Grenzregionen waren und sind zum Teil auch heute noch periphere, strukturschwache Räume. Ihre Chance besteht darin, dass die europäische Einigung diese Grenzregionen jetzt interessant macht und sich frühere Lagenachteile in Standvorteile verwandeln können. Grenzregionen sind Bestandteil eines Modells geworden, dass zeigen kann, wie die Regionen und Gemeinden Europas zusammenwachsen. In den Grenzregionen, die als Abkürzung für „Europäische Regionen“ den Namen „Euregio“ tragen, kann man besonders gut die Raumwirksamkeit politischer Entscheidungen ablesen und den temporeichen Wandel räumlicher Strukturen verfolgen. Für die einen sind die Euregionen Innovationsgebiete, für die anderen Problemregionen europäischer Zusammenarbeit u. Regionalentwicklung.

Aufgabe 2: Poster der Euroregionen an deutschen Grenzen

Anregungen für die Gestaltung eines solchen Posters können die Websiten mit den Logos der Euroregionen Sønderjylland, Egrensis, Rhein-Maas, TriRhena, Pro Europa Viadrina, SaarLorLuxRhein, Rhein-Waal, Via Salina usw. geben.

Ebenso können die Webseiten exemplarischer Euroregionen genutzt werden, um mit ihrer Hilfe „Steckbriefe“ mit den Schwerpunkten Lage, Größe und Geschichte, Ziele und Aufgaben, Organisationsstruktur, aktuelle Projekte zu erstellen. Die im SB behandelte „Euregio Egrensis“ wird bereits in der Art eines Steckbriefes bzw. einer Visitenkarte vorgestellt.

Ausgewählte Beispiele für Euroregionen:

EUREGIO: Deutschland und Niederlande
- die sozial-kulturelle Integration fördern (Bürger sollen sich kennen lernen)
- die sozialwirtschaftliche Entwicklung stärken (Tourismus, räumliche Struktur, Landwirtschaft, Natur, Wirtschaft und Technologie, ...)
- Bürger, Unternehmen, Organisationen und Mitgliedskommunen zu alltäglichen Grenzproblemen beraten
- die grenzüberschreitende interkommunale Zusammenarbeit unterstützen (Personennahverkehr, Katastrophenschutz und Gesundheitswesen)
- an der interregionalen Zusammenarbeit mitwirken (deutsch-niederländischer und belgischer Grenzraum)

Euroregio Inntal: Chiemsee, Kaisergebirge und Mangfalltal (Landkreise Rosenheim und Traunstein, die kreisfreie Stadt Rosenheim und die Tiroler Bezirke Kufstein und Kitzbühel)
- Raumordnung
- Agrarentwicklung
- wirtschaftliche Entwicklung
- Innovation und Technologietransfer
- Verkehr
- Schule und Bildung
- Umwelt- und Naturschutz
- soziale Kooperation
- Kultur und Sport
- Rettungswesen und Katastrophenschutz
- Gesundheitswesen
- Kommunikation
- Energie
- Zusammenarbeit in der öff. Sicherheit
- Tourismus
- Kooperation der Träger öff. Belange
- nachhaltige Projekte und Aktivitäten

Aufgabe 3: Vergleich der Steckbriefe

individuelle Bearbeitung

Bilder aus der Euregio Egrensis — Seiten 258/259

Zu den Aufgaben

Aufgabe 1: Überblick über die Projekte

Die zentrale Aufgabe einer Euregio besteht in der Planung, Umsetzung und Begleitung von Projekten und Maßnahmen zur Förderung grenzüberschreitender Entwicklungen in den Gemeinden, Städten, Bezirken und Gebieten der Euregio.

Die Euregio Egrensis führt als Organisation die unten aufgeführten Projekte durch und wirkt bei zahlreichen Groß- und Kleinprojekten als Partner mit. Gefördert werden die Projekte durch EFRE im Rahmen der Gemeinschaftsinitiative Interreg III der EU. Die Euregio Egrensis setzt außerdem Eigenmittel, Sponsoren- und andere Fördermittel für die Projekte ein.

Projektthema	Schwerpunkt
Kooperationszentrum zur regionalen Fach- und Arbeitskräfteentwicklung	– Vorbereitung auf Ausbildungsberufe in der Region – Berufsorientierungsmessen und Berufsorientierungskonferenzen sollen angeboten werden – deutsch-tschechische Expertenworkshops zum Thema Nachwuchsentwicklung sollen organisiert werden – 41 Unternehmen der Region nehmen daran teil
Perlmuschelprojekt	Erhalt der vom Aussterben bedrohten Muschelart Flussperlmuschel im bayerischen und sächsischen Vogtland sowie in Sachsen – Nachzucht von Jungmuscheln und Auswilderungen – Langzeitbeobachtung in den Wohn- und Auswilderungsgewässern
Gastschuljahr	– Schüleraustausch zwischen bayerischen und tschechischen Gymnasien – Stipendium pro Jahr ca. 30 Teilnehmer – vertiefende Sprachkenntnisse – Kennenlernen der Kultur und Tradition – Unterkunft bei Gastfamilien
Stipendienprogramm	– tschechische Studenten können 2 Semester an einer Universität oder Fachhochschule in grenznahen Gebieten studieren: Universität Bayreuth, Bamberg, Regensburg und Passau, Fachhochschule Coburg, Hof, Amberg, Weiden und Deggendorf – Stipendium – pro Jahr ca. 20 Stipendienplätze – Erhöhung der Studierendenzahl von tschechischen Studenten in Deutschland – Kooperation der 7 Hochschulen – Eigenmittel der Hochschulen
Radfernwanderweg	– Förderung des aktiven Tourismus im Dreiländereck Bayern-Böhmen-Sachsen/Thüringen – touristische Route für Radwanderer – Distanz von rund 1000 Kilometern – Routensymbol ist das Logo der Euroregion – Zwei Radführer beschreiben neben der detaillierten Routenführung die Sehenswürdigkeiten in der Region

Aufgabe 2: Aussage: „Diese Region wird ein europäischer Schnellkochtopf sein."
Diskussion
Ob die Euregio Egrensis ein „europäischer Schnellkochtopf" sein wird, wie es EU-Kommissar G. Verheugen 2003 vorhergesagt hat, muss noch abgewartet werden. Aber es scheint so, als ob die Euregio Egrensis eine Art Modellregion in der EU ist, in der viele Projekte gut geplant, gut begleitet und erfolgreich umgesetzt worden sind, zumal die Region nicht nur Fördermittel von EFRE im Rahmen der Gemeinschaftsinitiative Interreg III eingesetzt hat, sondern auch Eigenmittel, Sponsoren- und andere Fördermittel.

Raumentwicklung in Europa Seiten 260/261

Zu den Aufgaben

Aufgabe 1: EUREK = Rahmen für gegenwärtige und zukünftige Raumentwicklung in der EU

a) Das im Mai 1999 vom Europarat in Potsdam von den für Raumentwicklung zuständigen Ministern beschlossene Europäische Raumentwicklungskonzept (EUREK) beinhaltet gemeinsame Ziele und Leitbilder für eine ausgewogene und nachhaltige Entwicklung des Territoriums der EU unter den Bedingungen des Voranschreitens der europäischen Integration.
b) Obwohl Raumordnung die Aufgabe der Nationalstaaten und EUREK deshalb auch rechtlich für die Mitgliedsstaaten der EU nicht bindend ist, erscheint ein koordiniertes und abgestimmtes Vorgehen für die Raumentwicklung in der EU sinnvoll und notwendig.
c) Ein Hauptziel von EUREK bleibt weiterhin der Abbau von wirtschaftlichen und sozialen Entwicklungsunterschieden zwischen den einzelnen Regionen der EU. Andererseits gilt es, Regionen mit Wachstumsproblemen und die Randgebiete der EU schneller zu entwickeln, um das Entwicklungsgefälle zwischen den Regionen, insbesondere zwischen dem Zentrum und der Peripherie, zu verringern.
d) Diese Hauptziele der Regional- und Raumentwicklung können nur mit großen Gemeinschaftsinitiativen wie EUREK u. deren Instrumenten wie INTERREG, LEADER und EFRE (2000–2006) bzw. ELER (2007–2013) durchgesetzt werden.
e) EUREK setzt den Rahmen für die regionalen Schwerpunkte der räumlichen Entwicklungen in den nächsten Jahren, z. B. den Ausbau der Metropolregionen, die Gestaltung leistungsfähiger ländlicher Räume, die Verbesserung der Verkehrsanbindung ländlicher Regionen, den Erhalt von Umwelt und Kultur.

Aufgabe 2: Regionale Beispiel für Raumtypen
sechs exemplarische regionale Raumtypen in der EU: siehe Tabelle unten

Raumentwicklung in Europa Seiten 262/263

Zu den Aufgaben

Aufgabe 1: Übersicht über die Raumplanungseinheiten „Sunbelt" und „Westernbelt"

Sunbelt	Westernbelt
Mittelmeerküste: Nordspanien (Barcelona) über Südfrankreich (Marseille, Nizza) bis zur norditalienischen Adriaküste	Polen, Tschechien, Slowakei, Ungarn (im Westen der Staaten) und Slowenien
Barcelona, Mailand, Madrid	St. Petersburg, Riga, Reval

Aufgabe 2: Räumliche Lage und Merkmale der europäischen Kernzone
Die Vorstellungen und Modelle zur europäischen Raumentwicklung werden wegen der rasanten Veränderungen der politischen, sozialen und wirtschaftlichen Bedingungen in der EU und in ganz Europa ständig weiterentwickelt. Eine Darstellung hat sich allerdings seit fast 20 Jahren erhalten: die *„Blaue Banane"*. Sie ist die *„Mutter"* aller modellhaften Darstellungen zur europäischen Raum- und Regionalentwicklung. Mit blauer Farbe wurden damals die wirtschaftlichen Wachstumszentren zwischen Mittelengland und Oberitalien gekennzeichnet, daher der Begriff *„Blaue Banane"*. (*Ergänzender Hinweis:* Das Geodesign *Blaue Banane*, 1989 von dem Franzosen Roger Brunet aus einer Analyse des europäischen Städtesystems entwickelt u. später um den aus dem Amerikanischen abgeleiteten Hightech-Gürtel u. dem Gürtel der Unterentwicklung ergänzt, war ursprünglich als Warnung an die französische Regierung gedacht. Brunet wollte auf eine mögliche Vernachlässigung der Achse Paris-Lyon-Marseille hinweisen. Das Raumbild *Blaue Banane* als Megalopolis zwischen London und Mailand spiegelte seiner Meinung nach nur die seit dem Mittelalter bestehende europäische Kernegion wider, hier hätten Handelswege und Kapitalakkumulation zu einem bis in die Gegenwart fortdauernden Aufstieg geführt.)
Lage und Merkmale der europäischen Kernzone:

- Die *Kernzone „Blaue Banane"* erstreckt sich von Mittelengland, über London und Brüssel, Frankfurt a. M., den Raum Stuttgart bis nach Mailand (Oberitalien).
- In der Kernzone wohnen etwa 40 % der EU-15-Bürger.
- Hier wird etwa die Hälfte des BIP der EU-15 erzeugt.
- Die Kernzone ist vor den letzten drei EU-Erweiterungen (1995, 2004, 2007) die Region mit der dynamischsten Wirtschaftsentwicklung in der EU.
- Die Metropolen und Metropolregionen in der Kernzone weisen ein schnelles Wachstum auf.
- Die Orte sind innerhalb der Kernzone von außen hervorragend erreichbar.
- Es gibt eine hohe Dichte an inneren Transport- und Kommunikationswegen, die ein engmaschiges Netz bilden.
- Die Kernzone ist stärker als andere Regionen in der EU in den Weltmarkt integriert.

Regionaler Typ	Räumliche Beispiele
Regionen im Kernraum	London, Rotterdam, Amsterdam, Brüssel, Frankfurt a. M., Stuttgart, Straßburg, Zürich, Mailand, Turin, Genua
Periphere Regionen	Sur (E); Alentejo; Galizien (P), Mezzogiorno (I), Wallachei (RO), Bulgarien, Lubelskie (PL), Podkarpackie (PL)
Regionen mit Entwicklungschancen nach der deutschen Vereinigung	Hannover-Braunschweig-Peine, Nordhessen, Sachsen-Anhalt, Brandenburg/Berlin, Halle-Leipzig-Bitterfeld, Euregio Elbe/Labe, Region Chemnitz, Euregio Egrensis
EU-Aufsteiger	Navarra (E), Valencia (E), Borders/Central Five/Lothian (GB), Ruhrgebiet, Groningen/Drenthe, Niederbayern, Côte-d'Azur/Provence-Alpes
Entwicklungskorridore	Atlantikraum (Lissabon, Porto, Bordeaux, Bretagne, Cornwall), Donauraum (Wien, Bratislava, Budapest bis Bukarest), Mittelmeerraum (Valencia, Barcelona, Montpellier, Marseille, Toulon, Genua, Rom, Athen), Baltikraum (Berlin, Kopenhagen, Malmö, Stockholm, Helsinki, St. Petersburg)
Städtenetze	Hamburg-Berlin-Prag-Wien-München-Venedig, Rom-Genua-Marseille-Toulouse-Barcelona, Madrid-Porto-Lissabon-Sevilla-Algeciras

Aufgabe 3: Notwendigkeit einer polyzentrischen Raumentwicklung

- langfristige wirtschaftliche Stabilität
- soziale Entwicklung in den europäischen Regionen
- durch Regionalförderung Anpassung weiterer Regionen an den Entwicklungsstand der Kernzone

Aufgabe 4: Aussage eines Raumentwicklungsmodells
individuelle Bearbeitung; empfehlenswert:
Bundesministerium für Verkehr, Bau und Stadtentwicklung (BMVBS): Kartensammlung zur Raumentwicklung in Europa
www.bmvbs.de/Raumentwicklung

Europäische Raumentwicklungsmodelle der letzten 20 Jahre

Merkmale des Modells	Entstehungsdatum	Bezugsraum des Modells	Darstellung der Kernzone
a) Modell in Anlehnung an das Geodesign „Blaue Banane"; außer den EU-Wirtschaftszentren und führenden Städten werden auch die EU-Aufsteiger und die wenig entwickelten Regionen dargestellt.	Ende der Neunzigerjahre des 20. Jhs. (= nach der EU-Erweiterung von 1995)	Die EU-15 mit ihren west-, mittel-, südeuropäischen und skandinavischen Mitgliedsstaaten	Die Kernzone als ‚westeuropäische' „Blaue Banane": von London über Brüssel, Frankfurt, Stuttgart bis Mailand
b) Datar-Modell: Eine dominante, aber eng begrenzte und kompakte Kernzone, umgeben von drei potenziellen Integrationszonen u. sechs Entwicklungskorridoren sowie mehreren Städtenetzen	2002	Die EU-15 vor der 1. Ost-Erweiterung von 2004: ein „Kern" inmitten von 6 Entwicklungskorridoren	Die Kernzone als Sechseck im Herzen der EU-15 (Figur wie in CHRISTALLERS ZO-Modell d. Oberzentren)
c) Erweiterung des Modells der Blauen Banane nach Osten um eine Investmentzone, d. h. eine Zone ökonom. Wachstums von der Adria bis Moskau, ergänzt um den „Sunbelt" und gefährdete Räume am Atlantik und im Süden Europas	nach 2004	Die EU-25, inklusive Norwegen, Schweiz, dazu die Balkanstaaten und Russland bis Moskau	Kernzone als „Blaue Banane", östl. davon gibt es eine „Rote Bananenstaude" als Geodesign der „Investmentzone"
d) Polyzentrisches Modell des gesamten europäischen Wirtschaftsraumes (EU-27, inklusive Nicht-EU-Staaten, dazu Russland, einschließl. des Uralgebietes, und die Ukraine)	2007, nach der letzten (2.) Ost-Erweiterung der EU zur EU-27	ganz Mittel-, West-, Nord-, Süd-, Südost- und Osteuropa (inklusive Uralgebiet und Ukraine)	Die Kernzone als Blaue Banane u. als ökonom. Rückgrat Europas, umgeben von Belts, Bändern, Zonen, peripheren Räumen

Spezifische geographische Merkmale bieten einzigartige Möglichkeiten
Europa kennt viele Regionen mit geographischen Besonderheiten, wie Inseln, Küsten- und Berggebiete, abgelegene (sowohl periphere als auch ultraperiphere und Überseegebiete) oder mit politisch-administrativen Besonderheiten, wie z. B. Grenzgebiete. Insgesamt weisen diese Regionen die gleiche Bandbreite an Entwicklungsmustern wie das übrige Europa auf, und sogar – trotz physischer, wirtschaftlicher und demographischer Einschränkungen – eine breite Vielfalt in Bezug auf den wirtschaftlichen Erfolg, mit äußerst anpassungsfähigen und weniger erfolgreichen Gebieten. Die meisten dieser Regionen haben ein klares territoriales Potenzial, das nicht voll ausgeschöpft wird. Unter anderem werden Berggebiete und Küstenzonen als natürliche Ressourcen für städtische Nutzungen verbraucht. Auch die europäischen Küsten stellen ein natürliches Umfeld dar, welches die sozioökonomische Entwicklung begünstigt. Aus diesen Gründen wachsen die Bevölkerungszahl an den europäischen Küsten sowie die Infrastruktur in Küstenräumen teilweise schneller als im Landesinneren. Der Anteil bebauter Flächen ist an der Küste etwa 25% höher als im Binnenland. Aufgrund ihrer erhöhten ökologischen Sensibilität erfordert die Nutzung dieser Räume besondere Umsicht.

Zentrum-Peripherie-Orientierung von Wirtschaft und Bevölkerung
Im Allgemeinen sind die räumlichen Muster von wirtschaftlichen Aktivitäten und Erreichbarkeiten in Europa gekennzeichnet durch ein Zentrum-Peripherie-Gefälle, wobei die besten Werte jeweils im Kernraum Europas liegen. Etwa 46,5% des BIP der 27 EU-Mitgliedsstaaten konzentrieren sich auf den so genannten Kernraum zwischen den Eckpfeilern London, Hamburg, München, Mailand und Paris. Trotz seiner wirtschaftlichen Bedeutung macht dieser Raum nur 14% des europäischen Territoriums aus und nur ein Drittel der EU-Bürger leben dort. Hinsichtlich der Wirtschaftskraft und insbesondere im Hinblick auf die Lissabon-Ziele stehen die nördlichen Teile Europas dem Kernraum jedoch in nichts nach, sondern übertreffen ihn sogar in einigen Indikatoren. Allgemein bewirken die Kräfte des Marktes eine Konzentration wirtschaftlicher Aktivitäten – auf europäischer Ebene in Richtung europäischer Kernraum oder auf nationaler Ebene in Richtung wichtiger nationaler Zentren. Gleichzeitig holen Räume außerhalb des traditionellen Kernraumes auf und entwickeln sich. Diese Tendenzen weisen auf eine anscheinende Auflösung der europäischen Zentrum-Peripherie-Muster hin.
(nach: Territoriale Agenda der EU, Leipzig 2007, Auszug)

Lehrbuchkapitel „Siedlungsentwicklung und Raumordnung“

Siedlungs- und Stadtentwicklung — Seiten 267–297

Entwicklung von Siedlungssystemen — Seiten 270/271

Zu den Aufgaben

Aufgabe 1: Städte mit topographischen oder geographischen Lagemerkmalen

Lage am Wasser (Fluss, See, Küste): z. B. Wilhelmshaven, Stralsund, Peenemünde, Wuppertal
Lage an Verkehrswegen: z. B. Saarbrücken, Osnabrück, Innsbruck, Frankfurt, Klagenfurt, Erfurt
Schutzlage auf Berg oder Felsen, ehemals befestigte Siedlung: z. B. Bamberg, Kufstein, Hamburg, Regensburg, Würzburg, Duisburg, Salzburg, Straßburg, Magdeburg
(ausführliche Auflistung in *www.wikipedia.org _ Ortsname*)

Aufgabe 2: Bevölkerungsverteilung in Europa, Beispiele für Lagebedingungen

Dichteband höchster Bevölkerungskonzentration von London bis Oberitalien, dichte Besiedlung an Küstenräumen Südeuropas, dünn besiedelt Nord- und Osteuropa, dichte Besiedlung an Flüssen und in agrarischen Gunsträumen;
Lagebedingungen: Wasser als Rohstoff für Textilindustrie: Bsp. Städteband nördlich Manchester; Steinkohle/Eisenerz: altindustrialisierte Räume Europas; Lage am Meer und in Flusslandschaften: Schifffahrt/Warentransport; Kreuzungen von Fernhandelswegen, Heerstraßen und Flussüberquerungen: Bsp. West-Ost-Handelsstraße Hellweg

Aufgabe 3: Lagetypen von Städten

Passau (Niederbayern): Schutzlage (Spornlage), Zusammenfluss von Donau, Inn und Ilz; Hafen- und Umschlagplatz
Arnsberg (Westfalen): Schutzlage auf Mäandersporn der Ruhr
Amöneburg (Hessisches Bergland): Schutzlage auf 365 m hohen Amönenberg, günstige Verkehrslage an versumpfter Ohm-Niederung

Aufgabe 4: Lage von größeren Städten im Heimatraum

individuelle Bearbeitung

Stadtentwicklung in Mitteleuropa — Seiten 272/273

Zu den Aufgaben

Aufgabe 1: Stadttypen mitteleuropäischer Städte

Römische Städte: in der Regel quadratische Anlage, Schachbrettgrundriss, zentraler Platz, Stadtmauer; Beispiele: Trier, Köln, Regensburg
Absolutistische Städte: Radial- oder Ringstraßen, Schloss im Zentrum, Befestigungsanlagen; Beispiele: Karlsruhe, Mannheim, Berlin, Wien
Mittelalterliche Städte: Stadtgrundriss regelmäßig oder verwinkelte Gassen, Stadtmauer, Burg, Kirche, Rathaus als Zentrum; Beispiele: Lübeck, Köln, Rothenburg ob der Tauber
Industriestädte: Fabriken, Bahnanlagen, Industrieviertel, Arbeiterviertel, Blockbebauung; Beispiel: Leverkusen, Ludwigshafen, Wolfsburg

Aufgabe 2: Modell der europäischen Stadt, Übertragung auf Dresden

Residenzstadt entspricht Altstadt, Villenviertel beiderseits des Elbufers, Cityausdehnung am nördlichen Königsufer bis zum Hauptbahnhof (Verlängerung Prager Straße)

Aufgabe 3: Ausschnitt (Foto) von Berlin

Gendarmenmarkt Berlin-Mitte: links Deutscher Dom, Mitte Konzerthaus (Schauspielhaus), rechts Französischer Dom; ursprünglich Wiesen- und Ackerland vor der Stadtmauer, 1688 neu angelegte Friedrichstadt mit geometrischem Straßenraster, 1700 Bau der Deutschen und Französischen Kirche, 1821 Schauspielhaus; Name nach dem Reiterregiment des Soldatenkönigs Friedrich Wilhelm I. „Gens d'armes“

Innere Gliederung von Städten — Seiten 274/275

Zu den Aufgaben

Aufgabe 1: Funktionale Gliederung der Stadt Köln

Stadtgliederung: 9 Stadtbezirke mit 85 Stadtteilen
linksrheinisch die City (Innenstadt, Altstadt), Siedlungsflächen ringförmig um die City, starke Erweiterung rechtsrheinisch, Industrie- und Gewerbeflächen beiderseits der Rheins (u. a. Fordwerke in Köln-Niehl), Dienstleistungszentrum Messegelände rechtsrheinisch (284 000 m² Messehallen + 75 000 m² Außenfläche), Waldflächen in südwestlicher und östlicher Peripherie, eingestreut landwirtschaftlich und gärtnerisch genutzte Flächen

Flächennutzung 2005 in ha, Anteile in % (Klammer)

Bebaute Fläche	Verkehr	Grünanlagen	Friedhöfe	Landwirtschaft	Wald	Wasser	Sonst.
13 886 (34,3)	6421 (15,8)	4191 (10,3)	474 (1,2)	7494 (18,5)	5763 (14,2)	2073 (5,1)	213 (0,5)

Aufgabe 2: Modell der funktionalen Gliederung von Köln

Vorlage s. SB 274.1; Flächennutzungsplan von Köln unter: *http://fnp.koelnarchitektur.info/*

Aufgabe 3: Typische Nutzungen der City Dortmunds

Oberzentrale Funktionen, Einzelhandel für Nah- und überregionalen Bedarf, zahlreiche unterschiedliche Zielpunkte für Freizeit und Erholung (Kneipen- und Kulturszene), sehr geringe Wohnnutzung;
Verminderung der Wohnqualität durch Gastronomie- und Vergnügungseinrichtungen (nächtliche Lärmbelästigung), hohe Mieten für Wohngebäude nicht akzeptabel, Verlagerung von Dienstleistungsbetrieben an den Cityrand, urbane Durchmischung nicht gegeben

Aufgabe 4: Kritik an der Trennung städtischer Nutzungen
- einseitige Ausrichtung auf Handel, Dienstleistungen und Unterhaltung
- starke Pendlerströme tagsüber an die Arbeitsplätze, geringe Wohnbevölkerung nachts
- Wohnbedürfnisse von untergeordneter Bedeutung
- zu hohe Verkehrsbelastung, Vorrang des Pkw-Individualverkehrs, kaum Fahrradwege
- hohe Schadstoffbelastung (Luft, Wasser), hoher Flächenverbrauch einschl. Versiegelung
- in der Regel kaum Durchmischung von unterschiedlichen Sozialgruppen

Aufgabe 5: Städte der Zukunft (Referat)
Stichworte: Veränderung der Rahmenbedingungen durch Bevölkerungsrückgang und möglicherweise Stagnation des privaten Einkommens, Umweltsensibilisierung
Städtebauliche Leitbilder der sog. Postmoderne:
- Stadterneuerung und Denkmalpflege
- Betonung der Stadtkultur (die „Stadt als Bühne")
- Stadt-Marketing
- Ökologisch nachhaltige Stadtentwicklung

Aufgabe 3: Modelle der Stadtstruktur

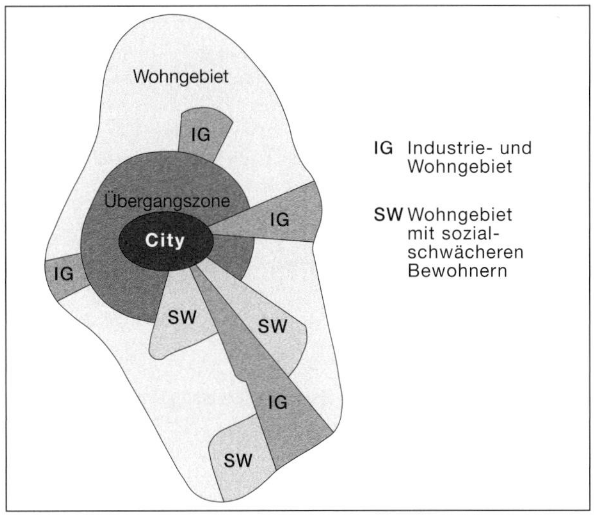

Funktionale Gliederung von Düsseldorf (mögliches Modell)

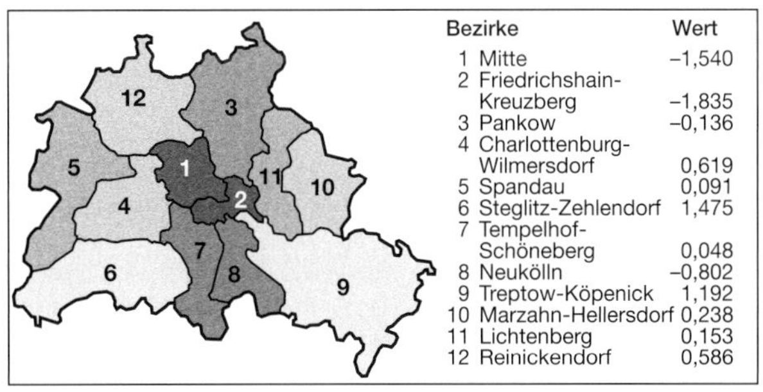

Sozialräumliche Gliederung von Berlin (Sozialindex für die Berliner Bezirke 2003; Wert 0 = Berliner Durchschnitt)

Sozialräumliche Gliederung von Städten — Seiten 276/277

Zu den Aufgaben

Aufgabe 1: Unterschiedliche Merkmale des Stadtraums von Düsseldorf und Berlin
Düsseldorf: Anteil der Ausländer: hoher Anteil (30 bis 40 %) linksrheinisch und südlich der City; Anteil der Hilfsempfänger: hoher Anteil (10 % und mehr) im Südosten; beide Stadtgebiete = Wohngebiete mit niedrigem Komfort, geringe Kaufkraft der Bewohner;
Berlin (Stadtbezirke: 1 Mitte, 2 Friedrichshain-Kreuzberg, 3 Pankow, 4 Charlottenburg-Wilmersorf, 5 Spandau, 6 Steglitz-Zehlendorf, 7 Tempelhof-Schöneberg, 8 Neukölln, 9 Treptow-Köpenick, 10 Marzahn-Hellersdorf, 11 Lichtenberg, 12 Reinickendorf);
Anteil der Arbeitslosen: besonders hoch in den Bezirken Mitte, Friedrichshain-Kreuzberg, Spandau, am geringsten in Steglitz-Zehlendorf (bevorzugtes Wohngebiet, Bevölkerung mit hohem Einkommen);
Anteil der Ausländer: besonders hoch in den Bezirken Mitte, Friedrichain-Kreuzberg, Neukölln; geringer Anteil in den östlichen Bezirken

Aufgabe 2: Vergleich Düsseldorf – Berlin: Gemeinsamkeiten und Unterschiede

Gemeinsamkeiten	Unterschiede
– hoher Ausländeranteil	– Düsseldorf max. Anteil in Stadtteilen bis unter 40 %, Berlin: geringer Anteil in Ostberlin
– hoher Anteil an Sozialhilfeempfängern bzw. Arbeitslosen	– Berlin: starke Konzentration in Stadtmitte, identisch mit Zahl der Ausländer

Analyse eines Sanierungsgebietes — Seiten 278/279

Zu den Aufgaben
individuelle Bearbeitung

Kartierung der Gebäudenutzung einer Innenstadt — Seiten 280/281

Zu den Aufgaben

Aufgabe 1: Entwicklungen innerstädtischer Nutzungen
a) Verdrängung historischer gewachsener Wohnbereiche – Umwidmung der Erdgeschosswohnungen in Geschäfte, Rückzug der ehemaligen Bewohner in obere Stockwerke
b) Umbau, Erweiterung, Abriss, Neubau: Einzelhandel, Arzt-, Rechtsanwaltspraxen, Unterhaltung, Gastronomie, Büros bis in die oberen Stockwerke
c) Weitere Abwanderung der Einwohner (Suburbanisierung), schneller Wechsel von Art und Größe der Einzelhandelsgeschäfte, geringe Investitionen am Cityrand, Funktionsentmischung, zunehmende Leerstände (Verlagerung von Einkaufsmöglichkeiten auf die „grüne Wiese"), Verödung der Innenstadt
d) Revitalisierung, neue Identitäten durch Einbindung der Bewohner, „soziale Stadt", Stadthäuser, Stadtwohnungen, Freiräume, kulturelle Vielfalt, Entkopplung des Individualverkehrs

Aufgabe 2: Kartierung einer innerstädtischen Nutzung im Heimatraum
individuelle Bearbeitung; Arbeitsplan:
1. Beschaffung der Grundkarten (1 : 5000 bzw. 1 : 1000) bei Stadtverwaltung oder Vermessungsamt, mehrere Kopien der Karten
2. Festlegung des Kartierungsgebietes
3. *Durchführung:* Beobachten der Namens- bzw. Firmenschilder, Befragung der Bewohner, Begehung der Obergeschosse, Erfassung mit einer Kamera (Notierung des Standortes)
4. *Auswertung:* Gliederung in Nutzungsformen, Zusammenfassung von einzelnen Funktionen zu Gruppen, grafische Umsetzung in Diagramme, Ergänzung durch Tabellen, Präsentation unter Zuhilfenahme der selbst gemachten Fotos, verbale oder schriftliche Schlussfolgerungen, Lösungsvorschläge für weitere/alternative/neue Nutzung

Aufgabe 3: Konzept zur Steigerung der Anziehungskraft
abhängig von der gewählten Kartierung

Stadtentwicklung in Nordamerika — Seiten 282/283

Zu den Aufgaben
Aufgabe 1: Prägende Faktoren der Gestalt nordamerikanischer Städte
Ausgangsmodell: Kreismodell von Burgess (SB. 276)
Grundriss: ursprüngliche Ringform durch rechteckige Form ersetzt (entspricht System der historischen Landvermessung), Straßenverlauf häufig Nord-Süd bzw. Ost-West
Aufriss: CBD mit Hochhäusern (Banken, Versicherungen, Handelsunternehmen; daran anschließend die Übergangszone (Transition Zone) = degradiertes Wohngebiet (Slum), bedingt durch Wegzug der meist weißen Mittelschicht in die Suburbs (Vorstädte), gettoartige Konzentrationen von Schwarzen, Puertoricanern und anderen ethnischen Minderheiten, Auflockerung durch Behörden- und Bürozentrum;
Ringstraßen in die Außenbezirke (Suburbia), dort ausgedehnte Einfamilienhaussiedlungen mit Einkaufszentren (Malls) und z. T. Gewerbe- und Industrieflächen; Edge Cities (Außenstädte) mit neuen Funktionen, die aus der Kernstadt abgezogen wurden

Aufgabe 2: Aufriss nordamerikanischer und europäischer Städte
Nordamerika: Hochhausarchitektur im CBD, teils aus Platzmangel und auf entsprechende Grundstückspreise zurückzuführen, teils aus Imagegründen; Zone einkommensschwacher Bewohner mit heruntergewirtschafteten Gebäuden an CBD angrenzend, weitflächige Einfamilienhaussiedlungen mit Gärten; Fehlen von historischen Fixpunkten (Kirche, Schloss, Burg) wie in Europa wegen relativ jungen Alters der Städte;
Europa: vereinzelt konzentrierte Hochhausbebauung, z. T. noch Individualität durch historische Bauwerke, Stadtrandbebauung mit Ein- und Mehrfamilienhäusern

Aufgabe 3: Tendenzen zur Suburbanisierung nordamerikanischer Städte
Ausbau der Verkehrsinfrastruktur, Massenmotorisierung, Drang zum „Wohnen im Grünen", hohe Mobilität, Tertiärisierung der Innenstadt, Verlagerung von Industriearbeitsplätzen in die Außenbezirke wegen geringerer Grundstückskosten;
mittlerweile z. T. umgekehrte Wanderungsbewegung, d. h. Rückkehr von einkommensstärkeren Bevölkerungsschichten in sanierte, citynahe Wohngebiete (Gentrification)

Aufgabe 4: Vorbildfunktion nordamerikanischer Städte? (Referat)
Stichworte: postmoderne Stadt (Abkehr von uniformen Massen- und Großbauten, neue, individuell gestaltete Gebäude, Wiederentdeckung von Symbolen und Ornamenten)
Problemkreise: soziale Segregation und Zunahme privater Sicherheitseinrichtungen (Gated Communities), vernachlässigte Stadtviertel (Hypergettobildung), Randwanderungen der Industrie und Steuereinbußen der Großstädte (Ausgabenkürzungen im Sozialbereich, Zahlungsunfähigkeit von Großstädten)

Die orientalische Stadt — Seiten 284/285

Zu den Aufgaben
Aufgabe 1: Wandel orientalischer Städte
Traditionelle Stadt: Sackgassengrundriss (halböffentlicher Bereich, Schutzfunktion gegen äußere und innere Feinde), wenige Durchgangsstraßen, ummauerte Wohnhöfe, unregelmäßige Parzellen, Zentrum mit Hauptmoschee und Basar (wirtschaftliches Zentrum, teils offen, teils überdachte Gassen, räumliche Gliederung nach Branchen – Verkaufsstände mit hoher Wertschätzung der Ware im Zentrum, Handwerksbetriebe mit Lärm-, Staub- und Geruchsbelästigung am Rand, Basar mit Toren verschließbar, keine Wohnbevölkerung); Gliederung der Wohnquartiere nach Religion und Ethnien, in den Quartieren eigene Gotteshäuser, kleine Märkte, Schulen, Badehäuser;
Stadtmauer oft mit integrierter Burg (Kasbah) oder Palast
Moderne Stadt: im 19. und 20. Jh. z. T. westliche Überformung durch britische und französische Kolonialmächte, heute durch Regierung und städtische Eliten
Entwicklung zur Zweipoligkeit: a) Zentrum der traditionellen Stadt (Medina) b) moderne CBD in naher Entfernung; Wachstum der Altstadt über ehemalige Stadtmauer hinaus als Wohngebiet weniger einkommensstarker Bevölkerungsschichten, z. T. noch kleine Läden, Verlagerung des früher im Basar ansässigen Großhandels in andere Stadtteile;
Industriezone zwischen Altstadt und Neustadt sowie am Stadtrand und an Ausfallstraßen und Eisenbahnlinien; westliche moderne City mit Funktionen ähnlich dem amerikanischen CBD entlang der Zone alter Geschäftsstraßen; neue Mittelstandsvororte und Wohngebiete der Oberschicht am Stadtrand; durch starkes Bevölkerungswachstum Ausweitung der Marginalsiedlungen

Aufgabe 2: Veränderungen in der Basarwirtschaft
Standorte noch von Bedeutung, jedoch meist nur geringwertige Güter für traditionelle Käuferschichten

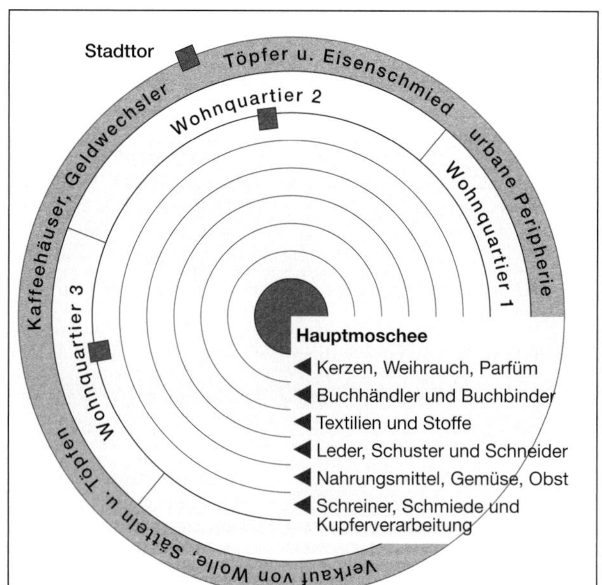

Modell der Altstadt und ihrer Basare

Aufgabe 3: Modell der orientalischen Stadt im Vergleich mit anderen Kulturräumen

Stadt	Grundriss – Aufriss – Funktionen
orientalisch	2-polig, Altstadt mit Sackgassengrundriss, Basar, Hauptmoschee; Neustadt mit City, CBD, Wohngebiete nach Einkommen gestaffelt
europäisch	vielfältiger Grundriss, historische Bauten, tertiäre Nutzung des CBD bei abnehmender Wohnfunktion, Mischgebiete und Freizeitflächen
nordamerikanisch	Straßennetz schachbrettartig, große Flächenausdehnung (urban sprawl), Schnellstraßen und Zubringer, CBD mit Hochhausbebauung
lateinamerikanisch	Schachbrettgrundriss, zentraler Platz (Plaza), Verlagerung von Cityfunktionen in Stadtrandlage, innerstädtische Slums

Stadtentwicklung in Lateinamerika Seiten 286/287

Zu den Aufgaben

Aufgabe 1: Typische Merkmale der lateinamerikanischen Stadt
Schachbrettgrundriss, zentraler Platz mit öffentlichen Einrichtungen (Rathaus, Kirche, Gericht), Entwicklung des alten Kerns zur CBD, Mischzone zwischen Kernstadt und Erweiterungsgebiet, inner- und randstädtische Slums

Aufgabe 2: Veränderungen von der Kolonialzeit bis in die Gegenwart
koloniale Neugründungen (größter Teil zwischen 1520 und 1580), Schachbrettmuster auf Anordnung des spanischen Königs 1521, quadratische Plaza mit Repräsentationsbauten, angelagert palastartige Wohngebäude der Oberschicht, zweistöckige Häuser mit Innenhof für die Mittelschicht, ärmere Bevölkerungsschicht (meist Indios) in der Peripherie;
seit den 1930er-Jahren: beginnende Industrialisierung, rasches Städtewachstum; Plaza und umgebende Stadtvierecke heute als City, aber bereits Funktionsverlagerungen von dort Richtung Subzentren der Oberschicht, Überformung ehemals bürgerlicher Stadtviertel zu Elendsvierteln, neue Wohnviertel der Oberschicht räumlich getrennt und z. T. eingezäunt wie US-amerikanische „gated communities“, neue Marginalsiedlungen am Stadtrand

Aufgabe 3: Aktuelle Probleme der Stadtentwicklung
durch starke Land-Stadt-Wanderung zellenartiges Auflösen des Stadtrandes, erhöhter Flächenbedarf, neue Wohnviertel des sozialen Wohnungsbaus, bedingte Akzeptanz illegaler und halblegaler Hüttenviertel (von Stadtregierung mit Strom und Wasser versorgt); Erosionsgefährdung in Favelas/Barrios/Barriadas, gravierende Mängel bei der Wasserversorgung und Abwasserentsorgung, Umweltprobleme durch schlechte Verkehrsinfrastruktur, Industrieanlagen, z. T. durch Kessellage der Stadt

Aufgabe 4: Wanderungsbewegungen in lateinamerikanischen Städten
Push- und Pull-Faktoren als Auslöser für die Landbevölkerung, zunächst Zuzug in die ehemaligen Wohnviertel der Oberschicht nach deren Wanderung vom Zentrum in Richtung Stadtrand und Vororte, seit 1970er-Jahren Wanderungen verstärkt in randstädtische Marginalsiedlungen

Verstädterung der Erde Seiten 288/289

Zu den Aufgaben

Aufgabe 1: Die größten Agglomerationen

Stadt	Mio.	Kontinent	Klimaregion
1 Tokio	35,5	Asien	subtropisch
2 Mumbai	21,9	Asien	trop. Wechselklima
3 Mexico-City	21,6	Nordamerika	warmgemäßigt
4 São Paulo	20,5	Südamerika	feucht. Passatklima
5 New York	19,9	Nordamerika	gemäßigt
6 Delhi	18,6	Asien	trop. Wechselklima
7 Schanghai	17,3	Asien	subtropisch
8 Kolkata	17,0	Asien	trop. Wechselklima
9 Dhaka	16,8	Asien	trop. Wechselklima
10 Jakarta	16,8	Asien	tropisch
11 Lagos	16,1	Afrika	tropisch
12 Karatchi	15,2	Asien	trop. Wechselklima
13 Buenos Aires	13,4	Südamerika	subtropisch
14 Kairo	13,2	Afrika	trock. Passatklima
15 Los Angeles	13,1	Nordamerika	subtropisch
16 Manila	12,9	Asien	trop. Wechselklima
17 Peking	12,9	Asien	subtropisch
18 Osaka-Kobe	11,3	Asien	subtropisch
19 Istanbul	11,2	Europa/Asien	subtropisch
20 Moskau	11,0	Europa	kühlgemäßigt
21 Kanton	10,4	Asien	trop. Wechselklima

Städte mit mehr als 10 Mio. Einwohnern (UN-Prognose für 2015)

Aufgabe 2: Bevölkerungswachstum in ausgewählten Städten

Stadt	1950	2000	2015
Schanghai	6,1	14,5	17,3
São Paulo	2,3	17,1	20,5
Kairo	2,5	10,4	13,2
Los Angeles	4,1	11,8	13,1
Nowosibirsk	0,7	1,4	1,4
Detroit	2,8	3,9	4,3
Dortmund	0,5	0,59	0,58

Agglomerationen *(Quelle: http://esa.un.org/unup)*

Schanghai: Zunahme nach Start der „sozialistischen Marktwirtschaft“, Boomtown Chinas, wirtschaftliches Zentrum;
São Paulo: Wanderungsbewegungen aus dem Nordosten;
Kairo: Landflucht aus ärmeren Regionen des Landes, hohe Geburtenrate;
Los Angeles: Aufwertung des Sunbelts, Zuzug von Ausländern (u. a. Hispanics);
Nowosibirsk: vom Staat forcierte Erschließung Sibiriens, Gegenwart: Stagnation;
Detroit: Zunahme durch Kfz-Produktion, Gegenwart: Bedeutungsverlust der Kfz-Produktion
(City-Bevölkerung 2000: 951 000, 2005: 886 000);
Dortmund: Stagnation, Überalterung der Bevölkerung, typische Entwicklung für Industrieländer in Europa;
Insgesamt: starke Zunahme der Stadtbevölkerung in Entwicklungsländern durch Landflucht und weiterhin hohe Geburtenrate

Aufgabe 3: Metropolisierung – Ursachen ihrer demographischen und funktionalen Vorherrschaft
demographisch: hoher Anteil der Gesamtbevölkerung eines Landes in einer Metropole durch starke Zuwanderung (Pull-Faktoren), großer Abstand zu anderen Städten des Landes;
funktional: Konzentration von wirtschaftlicher und politischer Macht sowie kulturellen und gesellschaftlichen Aktivitäten in wenigen großen Hauptstädten, Überkonzentration von zentralörtlichen Funktionen, besonders ausgeprägt in Entwicklungsländern, geringe Entwicklung von Kleinstädten, Vergrößerung entwicklungshemmender regionaler Disparitäten in der Peripherie

Aufgabe 4: „Metropolen der Zukunft verlieren ihre Individualität."
Angleichung des Erscheinungsbildes: Hochhausarchitektur im CBD, Marginalsiedlungen in den Außenbezirken, soziale Segregation

Aufgabe 5: Metropolen – anziehend und abstoßend
Diskussion: Attraktivität durch Machtfülle, (für wenige) hoher Lebensstandard, vermeintlich bessere Lebens- und Arbeitsbedingungen für Zuwanderer;
negative Aspekte: soziale Spannungen, Wohnprobleme (Marginalsiedlungen mit fehlender Grundversorgung), unzureichende Infrastruktur, Kriminalitäts- und Drogenprobleme

Die nachhaltige Stadt — Seiten 290/291

Zu den Aufgaben

Aufgabe 1: Prinzip der Nachhaltigkeit
nachhaltige Entwicklung (engl. „sustainable development"): abgeleitet aus der Forstwirtschaft (wirtschaftliche Nutzung eines Waldes dann nachhaltig, wenn Einschlag geringer als nachwachsendes Holz);
auf die Stadt bezogen: Entwicklung von neuen Produktionsfaktoren und Technologien mit den folgenden Zielen
- Minderung des Verbrauchs an Rohstoffen, Energie und Wasser; Nutzung regenerativer Energien, Wertstoffrückführung
- Verringerung von Abfällen;
- Reduzierung des Flächenverbrauches;
- Wiederherstellung von geschädigten Naturräumen;
- Vermeidung von Umweltbelastungen durch fließenden Verkehr;
- Förderung von umwelt- und sozialverträglicher Mobilität;

Künftige Siedlungspolitik: Forderungskatalog der UNO für Umwelt und Entwicklung, Rio de Janeiro 1992, „Agenda 21":
a) Bereitstellung von angemessenem Wohnraum für alle;
b) Verbesserung des Siedlungsmanagements;
c) Förderung einer nachhaltigen Flächenutzungsplanung und Flächenbewirtschaftung;
d) Förderung einer integrierten Umweltinfrastrukturversorgung: Wasser, sanitäre Einrichtungen, Entwässerung und Behandlung fester Abfälle;
e) Förderung umweltverträglicher Energieversorgungs- und Verkehrssysteme in den Siedlungen;
f) Förderung der Siedlungsplanung und Siedlungsordnungspolitik in katastrophengefährdeten Gebieten;
g) Förderung umweltverträglicher baugewerblicher Tätigkeit;
h) Förderung der Erschließung der menschlichen Ressourcen und des Kapazitätsaufbaus zu Gunsten der Siedlungsentwicklung

Ansatzpunkte für nachhaltige Entwicklung: kurzfristig z. B. Abfallvermeidung, umweltfreundliche Verkehrssysteme, Erhalt und Ausweitung von Grünflächen

Aufgabe 2: Handlungsprogramme der Lokalen Agenda
individuelle Bearbeitung; Informationen über Städte, Landkreise und Gemeinden in Deutschland, die Beschlüsse zur Lokalen Agenda 21 gefasst haben, unter:
www.learn-line.nrw.de/angebote/agenda21/lokal/stadt

Aufgabe 3: Voraussetzungen bzw. Bedingungen für aktive Teilnahme an einer Agenda-21-Arbeitsgruppe
Erörterung; Mitarbeit in einem städtischen Gremium, einer Partei, einem Verband, einem Ausschuss

Stadt-Umland-Beziehungen — Seiten 292/293

Zu den Aufgaben

Aufgabe 1: Stadt-Umland-Beziehungen am Beispiel Berlins
Abwasserrieselfelder: einzelne Flächen im nordöstlichen Stadtgebiet, Ergänzungsräume südlich von Berlin; derzeit noch genutzt ca. 1250 ha (Karolinenhöhe, Sputendorf, Großbeeren, Deutsch-Wusterhausen, Wansdorf);
Müllbeseitigungsanlagen: 2 Aufbereitungsanlagen im Stadtgebiet, 3 Deponien östlich und südlich des Stadtrandes;
Reiterhöfe: nach 1990 z. T. Umzug kompletter Vereine (aus Westberlin) in das Umland;
Golfplätze: bis zu einem Umkreis von 50 km neue Anlagen, Golfverband Berlin-Brandenburg mit 16 Clubs

Aufgabe 2: Vor- und Nachteile des Beziehungsgefüges

Aus Sicht	Vorteile	Nachteile
der Städte	– Zugriff auf Arbeitskräfte, z. B. Handwerker – Verkehrsverbund Berlin-Brandenburg – mehr Freizeit- und Erholungsmöglichkeiten	– Abwanderung junger Familien – Vernichtung innerstädtischer Arbeitsplätze – Abhängigkeit bei Projekten, die nur der Stadt dienen – hohe Transferleistungen für finanzschwächere Bevölkerungsgruppen
des Umlands	– niedrigere Grundstückspreise – Gewerbeparks und Einzelhandelsflächen – Zuwanderung einkommensstarker Bevölkerungsgruppen, die ihr Geld in den Städten verdienen	– Bebauung von Freiflächen – Bodenspekulation – stärkerer Verkehr – z. T. nur Standorte von Ver- und Entsorgungseinrichtungen – ungleiche Wirtschaftsentwicklung

Aufgabe 3: Stadt-Umland-Beziehungen vermeidbar oder wünschenswert?
Länderfusion Berlin-Brandenburg 1996 durch Volksentscheid gescheitert; Verflechtungen allein schon durch Verkehrsströme im Personen- und Güterverkehr gegeben, Städte benötigen Hinterland/Ergänzungsraum, Verflechtungsraum erforderlich, um räumliche Arbeitsteilung zwischen Stadt und Umland zu gewährleisten (negatives Beispiel: Westberlin nach dem Mauerbau);
wünschenswert: Interaktionsraum muss durch raumordnungspolitische Maßnahmen strukturiert werden, andernfalls Wildwuchs, Überschneidungen, Doppelungen, ungleichmäßiges Wachstum, Zersiedlung der Landschaft, unkontrollierbare Pendlerströme;
negatives Beispiel: „Speckgürtel" bzw. „Speckwürfel" zur Beschreibung wachstumsintensiver Bereiche um die Kernstadt zu Lasten der Primärstadt, die Infrastruktur- und Versorgungseinrichtungen vorhalten muss (Bsp. Berlin, Hamburg);
mögliche Raumordnungsmuster:
- konzentrische Kreise mit Kernstadt, verstädterter Zone, Randzone und Umland;
- System Zentraler Orte mit Oberzentrum, Mittel- und Unterzentren (Abwandlung des Systems Zentraler Orte nach Christaller);
- Bandstruktur mit bandförmiger Ausbreitung von Siedlungen, Verkehrswegen und Versorgungsleitungen;

- Stern- bzw. Speichenkonzept mit sternförmiger Anordnung entlang bereits vorhandener Verkehrslinien und kleinerer Siedlungen (Bsp. Kopenhagen „Fingerplan“);
- Axialstruktur mit festgelegten Endpunkten von der Kernstadt und unterschiedlicher Nutzung der Zwischenräume (Bsp. Hamburg)

Suburbanisierung — Seiten 294/295

Zu den Aufgaben

Aufgabe 1: Suburbanisierung

Expansion der Städte in das Umland, Verlagerung von Bevölkerung, Produktion, Handel und Dienstleistungen in das Umland, erhöhte Verkehrsbelastung durch Pendlerströme, Funktionsverlust der Kernstadt

Aufgabe 2: Zuordnung der Fotos zu Merkmalen der Suburbanisierung

Preußenpark: Gewerbe-/Industriesuburbanisierung;
Einkaufszentrum: Suburbanisierung des tertiären Sektors;
Wohnen: Bevölkerungssuburbanisierung;
Regionalexpress: Verkehrserschließung im suburbanen Raum

Aufgabe 3: Phasenmodell der Stadt-Umland-Entwicklung

Phase	Klassifikation	Bevölkerungsveränderung		
		Kernstadt	Stadt-Umland-Region	Umland
Urbanisierung	1 absolute Zentralisierung	++	–	+
	2 relative Zentralisierung	–	+	+++
Sub-urbanisierung	3 relative Dezentralisierung	+	++	+++
	4 absolute Dezentralisierung	–	++	+
Des-urbanisierung	5 absolute Dezentralisierung	––	+	–
	6 relative Dezentralisierung	––	–	–––
Re-urbanisierung	7 relative Dezentralisierung	–	––	–––
	8 absolute Dezentralisierung	+	––	–

Aufgabe 4: Entwicklung der Suburbanisierung – Edge Cities

Suburbanisierung: zyklischer Veränderungsprozess, zeitlich gestaffelt a) von Produktionsstätten (sekundärer Sektor), b) der Bevölkerung, c) von Handel und Dienstleistungen (tertiärer Sektor);
Edge Cities (Außenstädte, Außenzentren): in den USA entstandene Wachstumszentren in Großstadtregionen, häufig an großen Autobahnkreuzungen, Übernahme von Funktionen aus der Downtown, in der Regel keine eigenständigen Gemeinden

Aufgabe 5: Folgen der Suburbanisierung für die Innenstädte, die städtische Peripherie und das Umland

Innenstädte: Bevölkerungsverluste durch Abwanderung, geringere Steuereinnahmen durch Betriebsverlagerungen, Verarmung, Entmischung von „Wohnen“, „Arbeiten“, „Sich versorgen“, höhere Verkehrsbelastung durch Pendler, im ungünstigsten Fall Verödung;
städtische Peripherie: Aufwertung städtischer Randzonen, relative Zunahme des Reichtums;
Umland: Wanderungsgewinne durch Zuzug aus der Kernstadt, flächenhafte Siedlungsentwicklung, Bevölkerungsgruppen mit höherem Einkommen, trotz Ausbaus der Verkehrswege starke Pendlerströme

Aufgabe 6: Maßnahmen, die einer Suburbanisierung entgegenwirken

- Investitionen zur Verbesserung zentralörtlicher Funktionen;
- kostengünstige und familienfreundliche Wohnungen;
- Reurbanisierung: Wiederentdeckung der Attraktivität der Stadt als zentraler Wohn- und Arbeitsort („Gentrification“: stadtteilbezogener Aufwertungsprozess durch Zuzug wohlhabender Bevölkerungsgruppen, bauliche Aufwertung von erhaltenswerter Bausubstanz, Umwandlung von Miet- in Eigentumswohnungen bei gleichzeitiger Verdrängung unterer Einkommensgruppen)

Funktionswandel ländlicher Siedlungen — Seiten 296/297

Zu den Aufgaben

Aufgabe 1: Veränderung des Dorfbildes am Beispiel des Dorfes Burow

Das Dorf Burow zeigt einen für bestimmte Dörfer Nordostdeutschlands (Mecklenburg-Vorpommern bzw. Brandenburg) typischen Funktionswandel auf. Als Gutsdorf war zu Beginn des 20. Jahrhunderts die klassische Funktionsteilung in Gutskomplex und Wohnbereiche der Tagelöhner und Schnitter sowie den Hofstellen der Kleinstbauern (Häusler) gegeben. Durch Bodenreform und spätere Kollektivierung wurde das Dorf entsprechend der sozialistischen Produktionsverhältnisse umgestaltet. Durch die Landwirtschaftliche Produktionsgenossenschaft (LPG) kam es zur Neuansiedlung von Bauern und Landarbeitern (mehrgeschossige Wohnhäuser südlich des ehemaligen Gutskomplexes und Siedlungshäuser südöstlich). Zur Verbesserung der Lebensverhältnisse der stark gewachsenen Bevölkerungszahl wurden Schule, Kindergarten, Landambulatorium, Landwarenhaus und Sportplatz errichtet, für die Bewohner der Mehrgeschosser Kleingärten. Nach der Vereinigung Deutschlands erfolgte ein erneuter Strukturwandel. Die landwirtschaftliche Funktion ist heute kaum noch im Ortsbild wahrnehmbar. Einige mehrgeschossige Wohnbauten, ehemalige Gutsgebäude und Schweineställe der LPG wurden abgerissen. Neue Eigenheimviertel entstanden. Auf ehemaligem LPG-Gelände siedelte sich Gewerbe an. Auf die Tragfähigkeit der sozialen Infrastruktur in den Dörfern, verursacht durch Abwanderung und demographischen Wandel, sollte hingewiesen werden.

Aufgabe 2: Funktionspotenziale in den dargestellten Raumtypen

Gutes Material zur Situation in den ländlichen Räumen Deutschlands liefert auch der Raumordnungsbericht 2006 der Bundesregierung, zu dem ausführlich auf der Homepage des Bundesamtes für Bauwesen und Raumordnung informiert wird (*www.bbr.bund.de*), Stichwörter: Raumordnung, Raumentwicklung Deutschland, Raumordnungsberichte.

Es sollte herausgearbeitet werden, dass die Multifunktionalität der ländlichen Räume prinzipiell auch die Entwicklung der Dörfer stabilisieren kann, jedoch in unterschiedlichem Maße. Nicht alle Funktionen schaffen direkt vor Ort nennenswerte Beschäftigungsmöglichkeiten (Ökotop- und Naturschutzfunktion, Entsorgungsstandorte, Anbau nachwachsender Rohstoffe (Ressourcenbereitstellungsfunktion). Dennoch kann im Stadt-Land-Verbund erheblich zur Stabilisierung ländlicher Siedlungen beigetragen werden. Es sollte deutlich werden, dass Eigeninitiative in den Orten zur Aufdeckung der Potenziale und die regionale Zusammenarbeit wichtige Quellen für eine zukunftsorientierte Entwicklung in ländlichen Räumen sind. Andererseits sollte herausgearbeitet werden, dass je nach regionaler Lagesituation die Entwicklungsvoraussetzungen variieren.

Aufgabe 3: Räumliche Konsequenzen durch den demographischen Wandel in peripher gelegenen ländlichen Siedlungen
Der demographische Wandel mit dem anhaltenden Rückgang des Anteils der Kinder und Jugendlichen an der Bevölkerung und der Zunahme der alten Bevölkerung wirkt sich in den ländlich peripheren Regionen besonders gravierend aus, z. B. in großen Teilen Nordostdeutschlands, aber auch in Nordostbayern (Franken, Fichtelgebirge, Oberpfälzer und Bayerischer Wald). Im Nordosten verstärkte der Abwanderungseffekt in den 1990er-Jahren die Situation der Schrumpfung von Dörfern, aber auch von Städten. Ein wesentliches Problem beim Umgang mit Schrumpfungsprozessen ist die Erhaltung der Lebensqualität der verbleibenden Bevölkerung (fehlende „Tragfähigkeit" von Einrichtungen). Staat und Kommunen müssen hohe finanzielle Aufwendungen tätigen, um grundlegende Versorgungsleistungen zu sichern (Schul- und Kindergartenversorgung, Gesundheitsversorgung, Altenbetreuung). Bei marktwirtschaftlich organisierten Dienstleistungen werden neue Angebotsformen gewählt (ambulanter Handel, Bringdienste, Internetangebote). Durch Rückgang und Strukturwandel der Bevölkerung verändern sich auch die sozialen Beziehungen im Dorf (Nachwuchs bei Vereinen fehlt, fehlende Kontaktmöglichkeiten für die wenigen Jugendlichen u. a.). Wenn Schüler solche Situationen aus eigener Erfahrung kennen, sollte darüber debattiert werden, welche Strategien und Wege es gibt, um die Situation in den Dörfern zu verbessern.

Raumordnung und Stadtplanung — Seiten 298–326

Raumstruktur – Raumordnung – Raumentwicklung — Seiten 298/299

In diesem Abschnitt stehen die angewandten Aspekte der Geographie im Vordergrund, wie sie in der räumlichen Planung vorkommen, angefangen von der Stadtplanung in den Kommunen, über die Landes- und Regionalplanung bis zu raumrelevanten Planungen (z. B. der Verkehrsplanung). Die Schüler sollen zum einen Einblicke in Verfahren, Instrumentarien und „Philosophien" von räumlicher Planung erhalten, zum anderen sollen sie Grundlagen für Handlungskompetenz in bürgerschaftlichem Engagement erlangen. Letzteres spielt in vielen Fragen der räumlichen Planung eine immer wichtigere Rolle.
Im Zusammenhang mit der Orientierung des Kapitels auf die gesellschaftliche Praxis besteht für die Lehrerin/den Lehrer die Notwendigkeit einer permanenten Information zu Fortschritten und Veränderungen in den verschiedenen Planungsprozessen und -instrumentarien. Angesichts der inzwischen sehr gut funktionierenden Information über diese Vorgänge im Internet ist das keine Schwierigkeit. Als grundlegende Informationsadressen für Lehrer und Schüler gleichermaßen seien folgende Websites genannt: die Homepage des Bundesamtes für Bauwesen und Raumordnung (BBR) (*www.bbr.bund.de*), die des Bundesministeriums für Verkehr, Bau und Stadtentwicklung (BMVBS) (*www.bmvbs.de*). In beiden werden vielfältige aktuelle Dokumente, teilweise zum Herunterladen, bereit gestellt. Besonders sinnvoll für die Information des Lehrers und für Materialbeschaffung erscheint das von der BBR erst kürzlich eingerichtete eigenständige Internetportal zur Raumbeobachtung: *www.raumbeobachtung.de.*
In allen Bundesländern gibt es darüber hinaus in den entsprechenden Ministerien Websites der Landesplanung, die neben dem aktuellen Stand der Planungen (auch mit Karten), teilweise auch analytische Studien zur Raumentwicklung oder zu speziellen Raumentwicklungsfragen nutzbar machen. In den meisten größeren gibt es auch gute Websites der Stadtplanungs- bzw. der Stadtentwicklungsämter, deren Material sehr gut bei Arbeitsaufträgen für die Schüler oder bei der Durchführung von Projekten geeignet ist.

Zu den Aufgaben

Aufgabe 1: Beeinflussung der Raumstruktur durch eine neue Wohnanlage
Um eine gewisse Systematik in das Wirkungsgefüge der Komponenten der Raumstruktur zu bringen, wäre eine Tabelle hilfreich. In der Diskussion zur Übersicht können die Schüler erläutern, welche konkreten Prozesse und Handlungen zu den aufgeführten Wirkungen führen können. Den Schülern sollte dadurch auch der Unterschied zwischen Flächennutzungsstruktur und Raumstruktur deutlich werden (siehe Tabelle unten).

Aufgabe 2: Interregionale Disparitäten in Deutschland
Erläuterungen zur Karte Trends der Raumentwicklung im Raumordnungsbericht 2005 (ROB), S. 85–91. Wichtig ist, darauf hinzuweisen, dass Trendabschätzungen immer davon ausgehen, dass sich festgestellte Entwicklungen der vergangenen Jahre fortsetzen ohne Einfluss von regelnden Maßnahmen der Politik. Unvorhersehbare Veränderungen bleiben unberücksichtigt. Neben den zu erwartenden Entwicklungsunterschieden (Ost-Nordost-Gefälle, Stadt-Umland-Regionen versus ländliche Räume, altindustrialisierte Gebiete) sollten die Entwicklung der Grenzregionen, auch der ehemaligen innerdeutschen Grenze sowie die prosperierende Entwicklung in früheren strukturschwachen Regionen wie dem Emsland erklärt werden.

Bevölkerung	Infrastruktur	Flächennutzung	Regionale Wirkung
– Zunahme der Dorfbevölkerung durch Zuwanderung – Verjüngung der Bevölkerung – vorübergehende Zunahme der Geburtenrate – Zunahme der Steuerabgaben – Nachfrage nach Angeboten zur Kinderbetreuung – Nachfrage nach Angeboten im öffentlichen Nahverkehr – Nachfrage nach grundlegenden Versorgungsleistungen (Bildung, Medizin, Handel)	– Erweiterung des örtlichen Verkehrswegenetzes – Erschließung des Wohngebietes mit Strom, Wasser, evtl. Gas, Telekommunikationsleitungen – Zunahme der Verkehrsströme – Ausbau des Verkehrsliniennetzes – Erweiterung von Dienstleistungsangeboten	– Beanspruchung von Freiraum (z. B. frühere Ackerflächen) – Versiegelung von Boden mit Einfluss auf den Bodenwasserhaushalt – Veränderung von Flora und Fauna im bebauten Gebiet – Veränderung des Mesoklimas (Strahlungs- und Windverhältnisse)	– Zunahme der Pendlerbewegungen (Arbeiten, Versorgen, Freizeit) – stärkere Beanspruchung der Verkehrswege (Umweltbelastung) – Schwächung der Kernstadt durch selektive Wanderung (Alter, Einkommen, Dienstleistungsinanspruchnahme)

Räumliche Leitbilder, Nutzungsansprüche und Daseinsvorsorge — Seiten 300/301

Zu den Aufgaben

Aufgabe 1: System der Raumordnung in Deutschland
Hier bietet sich an, in Gruppenarbeit die konkreten mit räumlicher Planung befassten Institutionen für das eigene Bundesland, die eigene Planungsregion, die Kommune und die aktuellen Pläne recherchieren zu lassen. Von der Website der Landesplanungsbehörde gibt es i. d. R. Links zu den einzelnen Planungsregionen (kommunale Planungsinstanzen über die Internetportale der jeweiligen kommunalen Verwaltungen).
Hinsichtlich der Planungskompetenzen wäre die *überörtliche, gesamträumliche* Planung auf Landes- und Regionsebene herauszuarbeiten, die auf Landesplanungsgesetzen beruht und behördenverbindlich ist, während die kommunale Planung auf dem einheitlich anzuwendenden Bundesbaugesetz beruht, in ihrer ersten Stufe (Flächennutzungsplanung) behördenverbindlich und in ihrer zweiten Stufe (Bebauungsplanung) auch für den einzelnen Bürger verbindlich ist. An konkreten Beispielen recherchieren lassen, wie Bürgerbeteiligung funktioniert.

Aufgabe 2: Landesentwicklungsplan – Instrumente der Raumordnung
Die neuen Leitbilder der Raumentwicklung in Deutschland (seit 2006) bilden über einen längeren Zeitraum eine strategische Handlungsgrundlage und sind mit den Vorstellungen zur europäischen Raumentwicklung abgestimmt (Text und Abbildungen als pdf-Datei im BMVBS abrufbar). Als Anhang finden sich die Kontaktadressen der obersten Landesplanungsbehörden aller Bundesländer vom Stand 2006. Für die Instrumente zum Freiraumschutz sollten neben denen der Fachplanung (z. B. Fauna-Flora-Habitatgebiete) die Begriffe Vorrang- und Vorbehaltsgebiete geklärt werden. Sie sind zusammen mit anderen Festlegungen, die in Raumordnungsplänen getroffen werden sollen, im Raumordnungsgesetz ROG (§ 7) definiert. Das Raumordnungsgesetz kann über das Internetportal *www.gesetze-im-internet.de* eingesehen werden (beim alphabetischen Suchen die Abkürzung ROG verwenden).

Analyse der Planung einer Region: Beispiel Havelland-Fläming — Seiten 302/303

Durch den europäischen Integrationsprozess und den demographischen Wandel ergeben sich für die Landes- und regionale Planung neue Herausforderungen. Migration, Alterung, Schrumpfung und Wachstum in unterschiedlicher, teilweise widersprüchlicher Ausprägung verlangen angepasste regionale Handlungsstrategien. Insbesondere beim Planungsinstrument der zentralörtlichen Gliederung wird seit langem diskutiert, wie es als Instrument der Sicherung der Daseinsvorsorge besser den veränderten Verhältnissen angepasst werden kann. Am Beispiel der Planungsregion Havelland-Fläming könnten Für und Wider der klassischen zentralörtlichen Gliederung (M 302.3) einerseits und einer „abgespeckten“ zentralörtlichen Gliederung mit so genannten Ankerstädten (M 303.3) diskutiert werden (Aktualisierungen: *www.havelland-flaeming.de*). In einem Vortrag könnten die theoretischen Grundlagen des Zentrale-Orte-Systems von Christaller vorgestellt werden.

Veränderungen von Leitbildern in der Stadtentwicklung — Seiten 304/305

Eine gute fachliche Basis für Abschnitte zur Stadtgeographie und Stadtentwicklung bildet das Standardwerk von Heinz Heineberg: Stadtgeographie (UTB 2006, 3. erw. Auflage). Insbesondere zur Entwicklung von städtebaulichen Leitbildern im 20. Jahrhundert sind hier gute Ausführungen. Die Übersicht M 304.1 nutzt diese Quelle, erweitert allerdings die bei Heineberg für das westliche Deutschland gegebene Übersicht zu einer für das gesamte Deutschland.

Zu den Aufgaben

Aufgabe 1: Merkmale ausgewählter Leitbilder deutscher Stadtplanung
Zu Leitbildern städtebaulicher Planung in Deutschland lassen sich gut in Gruppen Vorträge mit Präsentationen (PowerPoint) erarbeiten. Dazu könnten die Schüler bei Wikipedia (*http://de.wikipedia.org/wiki/Hauptseite*) unter den Stichworten Gartenstadt, Bauhaus, Großwohnsiedlung, sozialistische Stadt, Stadtbaugeschichte recherchieren. Weiterhin wäre es möglich, dass die Schüler in der eigenen Stadt Beispiele für verschiedene Phasen der städtebaulichen Entwicklung im Bild festhalten und präsentieren. Ähnliches könnte man auch für andere deutsche Städte mithilfe des Internet (z. B. Google/Bilder) darstellen.

Aufgabe 2: Ursachen und Hintergründe für die Entstehung von Großwohnsiedlungen (Diskussion)
Es sollte herausgearbeitet werden, in welchem gesellschaftlichen Kontext diese Siedlungen entstanden. Dadurch können die unterschiedlichen Rahmenbedingungen für ihre Entwicklung in Ost- und Westdeutschland gekennzeichnet werden. Hier kann auch fächerübergreifend gearbeitet werden (Kunstgeschichte: Postmoderne; Politische Bildung: gesellschaftspolitische Zielstellungen in Ost und West in den 1960er-/1970er-Jahren). Schwerpunkt der Diskussion sollten die Probleme des Umbaus und der Anpassung dieser Stadtquartiere an die veränderten Verhältnisse seit der deutschen Vereinigung sein. Die beiden Beispiele aus Berlin Ost und West sind dafür gut geeignet. Der Bezug zur eigenen Lebensumwelt kann durch den Auftrag zu einer Fotorecherche in einer nahegelegenen Großwohnsiedlung (oder einem größeren mehrgeschossigen Wohngebiet aus den 1970er- bzw. 1980er-Jahren) erfolgen, bei der die Schüler gute oder kritikwürdige Beispiele festhalten und zur Diskussion stellen. Schüler, die in diesen Wohngebieten wohnen, können eigene Einschätzungen abgeben, wie sich die Lebensqualität in dem Quartier verändert hat.

Kommunale Planung – Grundlage der Stadtentwicklung — Seiten 306/307

Die räumliche kommunale Planung erscheint als ein wichtiges Feld, in dem die Schüler Handlungskompetenz für das Alltagsleben in ihrer Gemeinde erwerben sollten. Auswirkungen der städtebaulichen Planung sind immer wieder Auslöser von Konflikten zwischen Bürger und Verwaltung, oftmals dadurch entstanden, dass Bürger nicht rechtzeitig ihr Recht auf Mitsprache in räumlichen Planungsfragen wahrgenommen haben. Die Aufgaben berühren vor allem den zweiten Bereich der kommunalen Bauleitplanung, den Bebauungsplan. Er ist der Planungsteil, der mit seinen Festlegungen für jeden einzelnen Bürger der Gemeinde rechtsverbindlich ist. In einem Bebauungsplan werden Art und Maß der baulichen Nutzung und die überbaubare Grundstücksfläche festgelegt.
Die nachfolgende Übersicht über das Verfahren für den Bebauungsplan entspricht mit ihren drei „Säulen“ dem Schema für den Flächennutzungsplan auf S. 306 im Lehrbuch. Unterschiede im Verfahren sind vor allem folgende:
Der Vorschlag für das Aufstellen eines B-Planes erfolgt i. d. R. durch die Verwaltung, kann aber auch durch einen Investor erfolgen, der ein bestimmtes Vorhaben verwirklichen will.
Ein B-Plan wird durch Satzung und entsprechende Veröffentlichung rechtskräftig. Er bedarf nicht wie der Flächennutzungsplan (FNP) der Genehmigung einer Landesbehörde.
Während der FNP Rechtsverbindlichkeit gegenüber Verwaltung und Behörden besitzt, hat der Bebauungsplan auch gegenüber dem einzelnen Bürger Rechtskräftigkeit.

Verfahren der Bauleitplanung – der Bebauungsplan

Bürger/Behörden (Öffentlichkeit)	Stadtrat/Gemeinderat	Verwaltung: Stadtplanungsamt
Initiative eines Investors bzw. Vorhabensträgers für einen Bebauungsplan in einem bestimmten Gebiet	Festlegung von Entwicklungsabsichten für ein bestimmtes Gebiet Beschlüsse zur Aufstellung eines Bebauungsplanes und zur frühzeitigen Bürgerbeteiligung	Vorschlag zum Aufstellen eines B-Planes für ein Teilgebiet der Stadt/der Gemeinde
Frühzeitige Beteiligung der Öffentlichkeit, Information über Ziele und Zwecke, Planungsalternativen und Auswirkungen der Planung sowie Erörterungen darüber		Ausarbeitung des Planentwurfs oder Beauftragung eines Planungsbüros für diese Aufgabe
Öffentliche Auslegung des Bebauungsplans, Stellungnahmen, Anregungen und Veränderungsvorschläge der Träger öffentlicher Belange (TöB) und der Bürger	Beratung des Entwurfs und Beschluss über die Offenlegung (Fristen für Offenlegung und Stellungnahmen sind genau geregelt)	
Stellungnahme der Verwaltung zu allen Bedenken und Anregungen, die TöB und Bürger zum Planentwurf gemacht haben	Erörterung des im Abwägungsprozess veränderten Planes und Beschluss über die Abwägungen	Bearbeitung der Einwände, Anregungen und Bedenken und Stellungnahme, wie mit jedem Punkt umzugehen ist (Planung wird angepasst, wird nicht verändert oder es wird ein Punkt zur Kenntnis genommen) → Abwägungsprozess
	Verabschiedung des Bebauungsplans als Satzung	
Rechtskräftiges Dokument für jeden einzelnen Bürger	Veröffentlichung im Amtsblatt mit Hinweis darauf, wo der Plan für jedermann einzusehen ist	Rechtskräftiges Dokument für Entscheidung in Verwaltung und Behörden

Stadtsanierung – ein klassisches Feld der Stadterneuerung Seiten 308/309

Zu den Aufgaben

Aufgabe 1: Fördermittel für städtebauliche Sanierungs- und Entwicklungsmaßnahmen

- Städtebauförderung (Stärkung der Innenstädte und benachteiligten Stadtquartiere): über 100 € pro Ew. in neuen Bundesländern (außer Sachsen und Berlin Ost);
- sozialer Wohnungsbau/soziale Wohnraumförderung (Bereitstellung preiswerter Mietwohnungen für Haushalte, die sich aus eigener Kraft nicht angemessen mit Wohnraum versorgen können; Darlehen und Zuschüsse, Übernahme von Bürgschaften, verbilligtes Bauland an Wohnungsunternehmen, Genossenschaften und Einzelbauherren): in allen Bundesländern erforderlich;
- Eigenheimzulage (zur Schaffung von selbstgenutztem Eigentum; seit 1.1.2006 nicht mehr gewährt): 1999–2003 höchster Anteil an den Ausgaben;
- Gemeindefinanzierungsgesetz (Länderbeitrag an die Kommunen zur Verbesserung benachteiligter Quartiere, kommunale Projekte, z. B. Lokale Agenda 21): nahezu gleich hoher Anteil in allen Bundesländern;
- GRW – Gemeinschaftsaufgabe „Verbesserung der regionalen Wirtschaftsstruktur“ (Förderung der Infrastruktur, regionale Entwicklungskonzepte, Regionalmanagement, Kooperationsnetzwerke, Clustermanagement): hohe Ausgaben in Mecklenburg-Vorpommern, Brandenburg, Sachsen-Anhalt, Thüringen; geringere Ausgaben in Baden-Württemberg, Bremen, Schleswig-Holstein, Niedersachsen, Sachsen, Nordrhein-Westfalen

Aufgabe 2: Beispiele für städtebaulich Missstände

- mangelhafte Bausubstanz, Bauschäden;
- Ausstattungsdefizite der Wohnungen;
- leerstehende, aber erhaltenswerte Gebäude;
- Wohnumfeldmängel (Mischung unverträglicher Nutzungen, z. B. Wohn- und Gewerbeflächen);
- falsche Nutzung (z. B. Baustofflager statt Wohnungen);
- Nutzungsbrachen (z. B. aufgelassene Industriebetriebe);
- Verkehrsprobleme (fehlende Stellplätze, Lärmbelästigung);
- fehlende oder nicht intakte Grün- und Freiflächen

Aufgabe 3: Ursachen für Schrumpfung und Stadtumbau in ost- und westdeutschen Städten

Ursachen für Schrumpfung: demographischer Wandel
Stadtumbau Ost: Rückbau von Wohnungen, Rückführung der städtischen Infrastruktur, Aufwertung von Stadtquartieren, Sicherung von vor 1924 errichteten und das Stadtbild prägenden Gebäuden
Stadtumbau West: Wieder- und Zwischennutzung von Verkehrs-, Industrie- oder Militärbrachen, Erhalt von Gebäuden mit baukultureller Bedeutung, Rückbau leerstehender, dauerhaft nicht mehr genutzter Gebäude, Anpassung der städtischen Infrastruktur, Anpassung von Neubaugebieten der 1950er- bis 1970er-Jahre an die heutigen Anforderungen

	Duisburg			Halle		
Einwohner	1950 410783	2006 499111	2020 457047	1950 289119	2006 235720	2020 200064
Maßnahmen	wegen steigender Nachfrage nach Wohnflächen (viele Ein-Personenhaushalte) Flächenaktivierung (Nachverdichtungsmaßnahmen, Umnutzung von Brachflächen), für Senioren altersgerechte Wohnformen, Ziel: Verbleib im Wohnumfeld			Abriss leerstehender Wohnungen (20000 Wohnungen bis 2010, davon 14000 in Neubaugebieten am Stadtrand, Umgestaltung von Brachflächen, Anpassung der Verkehrsinfrastruktur		

„Soziale Stadt" – eine langfristige Aufgabe der Stadtentwicklung — Seiten 310/311

Zu den Aufgaben

Aufgabe 1: Unterstützung durch das Programm „Soziale Stadt" für das Alltagsleben
für Migranten: Förderung der Integration durch Beratungs- und Begegnungsmöglichkeiten;
für junge Familien: Sprachförderung von Kindern, insbesondere solchen mit Migrationshintergrund;
für Jugendliche (Berufsanfänger): Qualifizierungs- und Beschäftigungsstrategien;
für ältere Menschen: Hilfestellungen (Pflegedienste) für weiterhin selbstständiges Wohnen im Wohnumfeld

Aufgabe 2: Umsetzung von Vorhaben aus dem Programm „Soziale Stadt" in Laatzen
Projekte, kleinteilige Maßnahmen, Bürgerbeteiligung; insgesamt sechs Leitziele mit Handlungsfeldern:
1. Kommunikation, Partizipation, Vernetzung, Stadtteilmanagement (Vernetzung, Beratung, Prozess und Programmsteuerung; Öffentlichkeitsarbeit; Bürgerbeteiligung, Bürgermitwirkung);
2. Ausbau und Entwicklung eines Stadt(teil)zentrums (Infrastrukturverbesserung; Treffpunkte, Zusammenleben im Stadtteil);
3. Stärkung dezentraler Kommunikationspunkte und zielgruppenspezifischer Aktionsräume (Vernetzung, Beratung; Förderung der Integration; Sport, Freizeit; ehrenamtliches Engagement; Zusammenleben im Stadtteil);
4. Verbesserung des Wohnumfeldes (Gebäude, Wohnungen; Wohnumfeld, öffentlicher Raum; Verschönerungs- und Reinigungsmaßnahmen);
5. Stärkung von Nachbarschaften (Treffpunkte, Zusammenleben im Stadtteil; ehrenamtliches Engagement);
6. Qualifizierung und Beschäftigung (Vernetzung, Beratung; Beschäftigung; Bildung, Ausbildung, Qualifizierung; Förderung der Integration)

Weiterführende Informationen (Maßnahmen, Projekte, Projektbeschreibung, Projektbeteiligte, vorgesehene Finanzierung, Realisierungszeit) unter: Integriertes Handlungskonzept Laatzen-Mitte:
www.laatzen.de/html/einwohner/externe_seiten/laatzenwirdtop/laatzenwirdtop/pdf

Aufgabe 3: Handlungsfeld „Schule und Bildung" – Vernetzung mit anderen Handlungsfeldern
gute Beispiele unter Handlungsfeld „Schule und Bildung" – Bundestransferstelle Soziale Stadt
www.sozialestadt.de/programm/handlungsfelder/schule-bildung.phtml
→ Projekte aus der Praxisdatenbank

Planungsvorhaben: Standortfindung für eine Windkraftanlage — Seiten 312/313

Zu den Aufgaben

Aufgabe 1: Stand der Nutzung erneuerbarer Energie in Deutschland (Referat)
Quellenmaterial: BMU-Broschüre: Erneuerbare Energien in Zahlen – nationale und internationale Entwicklung
www.bmu.de

Aufgabe 2: Potenziale für Windenergie im eigenen Bundesland
individuelle Bearbeitung; Schwergewicht auf Offshore-Anlagen in Nord- und Ostsee legen; Bsp. Schleswig-Holstein: bis 2020 an Land installierte Leistung 45000 Megawatt, Offshore 10000 Megawatt;

Aufgabe 3: Vereinfachung beim Ausweisen und Festsetzen von Eignungsgebieten für Standorte von Windkraftanlagen
Eignungsgebiete bei ersten Windkraftanlagen und Prototypen nicht ausgewiesen, Einsprüche von Anliegern (Lichtblitze, Schattenwurf, Lärmbelästigung, „Verspargelung" der Landschaft, Gefahren für Vögel)
höhere Planungssicherheit bei Betreibern von Windkraftanlagen durch genau definierte Eignungsgebiete und Ausschluss von nicht geeigneten Standorten; Klimaschutzziel ohne Ausbau der Windkraft nicht zu erreichen (Zielmarke der Bundesregierung bis 2020: 30% Ökostrom)

Aufgabe 4: Regional unterschiedliche Flächenanteile von Eignungsgebieten in Brandenburg
Brandenburg insgesamt: 2302 Windenergieanlagen mit einer Leistung von 3128 Megawatt (Stand 31.12.2006);
hoher Flächenanteil: NW Landkreis Prignitz, N Landkreis Uckermark, O Landkreis Havelland, Potsdam
geeignete Windgebiete: Nördlicher und Südlicher Landrücken, Barnim, Lebus;
keine geeigneten Flächen: dicht bevölkerte Regionen, Braunkohleabbaugebiete, Großschutzgebiete (1 Nationalpark, 3 Biosphärenreservate, 11 Naturparks);
Weitere Informationen: Gemeinsamer Raumordnungsbericht Berlin-Brandenburg;
http://gl.berlin-brandenburg.de/raumordnungsbeobachtung/rob/index.html

Flächen der Eignungsgebiete in den Regionen:	
Uckermark Barnim	rd. 6790 ha
Prignitz-Oberhavel	rd. 11480 ha
Oderland-Spree	rd. 4040 ha
Lausitz-Spreewald	rd. 7170 ha
Havelland-Fläming	rd. 7760 ha

Planungsvorhaben: Ansiedlung einer Windkraftanlage — Seiten 314/315

Zu den Aufgaben

Aufgabe 1: Aushandlungsverfahren bei einem Windkraftprojekt
individuelle Bearbeitung

Städte im Wettbewerb – Stadtmarketing Seiten 316/317

Zu den Aufgaben

Aufgabe 1: Akteursgruppen für die Verwirklichung einzelner Ziele im Stadtmarketing

Ziele	Akteure
Erhöhung der Attraktivität der Stadt	Politik, Stadtverwaltung, Tourismusbüro, Einzelhandel
Stärkung ausgewählter Funktionen und Bereiche	Theater, Museen, andere kulturelle Einrichtungen
Verbesserung des Images	Stadtverwaltung
bessere Zusammenarbeit zwischen öffentlichen und privaten Unternehmen	Stadtmanager als Bindeglied, und Impuls und Ideengeber
bessere Einbeziehung wichtiger Akteure	Parteien, Verbände, Vereine, Ehrenamtliche
Erhöhung der Identifikation der Bürger	Bürgermeister, Stadtrat, Stadtverwaltung
größere Zufriedenheit bei Bürgern und Gästen der Stadt	alle Entscheidungsträger aus Wirtschaft, Politik; alle interessierten Bürger

Aufgabe 2: Slogan und Logo für das Stadtmarketing in Regensburg
Slogan: „Regensburg – Spitze an der Donau“: Bezug a) auf die geographische Lage (nördlichster Punkt der Donau), b) Spitzenqualitäten in den Bereichen Kultur, Wissenschaft, Wirtschaft und Freizeit;
Logo: geschwungenes R mit stilisiertem Flusslauf, nach oben spitz zulaufend
vom Stadtmarketing entwickelte Dachmarke, die zu einem festen Begriff für Bürger, Institutionen, Besucher und Investoren werden soll (emotionale Ansprache)

Aufgabe 3: Stärken und Schwächen der eigenen Stadt, Diskussion
individuelle Bearbeitung

Nachhaltige Stadtentwicklung Seiten 318/319

Zu den Aufgaben

Aufgabe 1: Dynamik der Veränderung der Bodennutzung
Siedlungs- und Verkehrsfläche bundesweit: 1993: 40 305 km^2, 2005: 46 050 km^2, Zuwachs weitgehend zu Lasten der Landwirtschaft;
tägliche Zunahme: 1997–2000: 129 ha, 2001–2004: 115 ha, alte Bundesländer 78 ha/Tag, neue Bundesländer 37 ha/Tag;
Zielvorstellung: bis 2020 Reduzierung des Zuwachses der Siedlungs- und Verkehrsfläche auf 30 ha/Tag;
Nachhaltigkeitsziel: Erhalt des Bodens in seinen ökologischen Funktionen als Lebensgrundlage für Menschen, Tiere, Pflanzen

Aufgabe 2: Anstieg der Siedlungs- und Verkehrsflächen pro Einwohner in Ostdeutschland
Flächenausstattung m^2 je

	1997	2005
Brandenburg	893	987
Mecklenburg-Vorpommern	793	976
Sachsen	430	500
Sachsen-Anhalt	650	842
Thüringen	548	616
Berlin (Ost und West)	172	183
Deutschland	513	553

Siedlungs- und Verkehrsflächen in ha

Bundesland	1993	2004
Brandenburg	217 846	253 564
Mecklenburg-Vorpommern	135 283	167 864
Sachsen	18246	214 816
Sachsen-Anhalt	163 620	210 108
Thüringen	127 558	144 995

Ausstattung in Ostdeutschland mit zweistelligen Veränderungsraten seit 1997, Nachholbedarf: Baumaßnahmen, Infrastrukturverbesserungen und Ausbau von Gewerbeflächen

Aufgabe 3: Nachhaltige Entwicklung in München (Referat)
individuelle Bearbeitung

Aufgabe 4: Vorstellungen beim Slogan „kompakt, urban, grün“
z. B. Verdichtung mit Stadtwohnungen, kleinräumig, fußläufig, verkehrsfrei, Parkanlagen, Ruhezonen, Fassadenbegrünung, Dachbegrünung, Grünflächennetz

Mobilität und räumliche Verflechtungen Seiten 320/321

Zu den Aufgaben

Aufgabe 1: Anteile der Wege für unterschiedliche Alltagszwecke
rd. ein Drittel für Freizeit, ebenfalls rd. ein Drittel für Einkaufen und private Erledigungen, Arbeit und Ausbildung zusammen 23 %;
zukünftige Entwicklung: durch demographischen Wandel bedingte stärkerer Anteil des privaten Verkehrsaufkommens für Freizeit;
eigenes Mobilitätsverhalten: individuelle Erfassung;

Aufgabe 2: Unterschiedliche Anteile an den Hauptverkehrsmitteln
Kernstädte: motorisierter Individualverkehr (MIV) bei 38 %, in Städten mit gut ausgebautem ÖPV-Netz 30–34 % (Berlin 30 %, Hamburg 34 %), MIV-Mitfahrer: rd. 12 %, zu Fuß: rd. 28 %, mit dem Fahrrad: bis zu 9 %, ÖPV: rd. 13 % (Bsp. Hamburg; Berlin 22 %);
verdichtete Umlandkreise: sehr hoher Anteil des MIV, einschließlich Mitfahrer rd. 68 %, entsprechend geringer Anteil ÖPV (rd. 7 %);
ländliche Kreise: ähnlich wie verdichtete Umlandkreise, jedoch höherer Anteil mit dem Fahrrad (rd. 9 %)

West-Ost-Unterschiede:

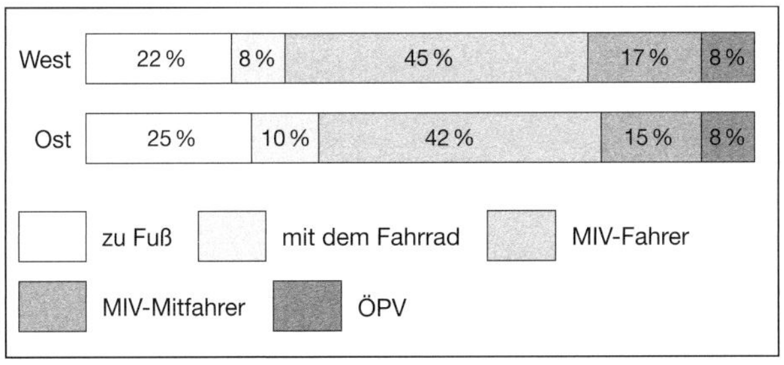

Aufgabe 3: Soziale Mobilität und räumliche Mobilität
Sozialer Aufstieg: Umzug in eine andere (bessere) Wohnregion, Kauf eines (größeren) Pkw), evtl. Zweitwagen, mehr Möglichkeiten zur Freizeitgestaltung, u. a. Nah- und Fernreisen;
Sozialer Abstieg: Reduzierung auf das Wohnumfeld, u. U. Verkauf des Pkw, stärkere Nutzung des ÖPVN

Aufgabe 4: Pendlerverflechtungen in Deutschland
intensive Pendlerverflechtungen durch polyzentrale Siedlungsstruktur und wachsende Mobilität, Kernstädte als Hauptziele; jedoch rückläufige Bedeutung der Kernstädte als Wohn- und zugleich Arbeitsort; Zunahme der Verflechtungen Kernstadt-Umland: Wohnen im Umland, Arbeiten in der Kernstadt;
Pendlerdistanzen: M 321.1 bezogen auf Sozialversicherungspflichtige (SV), Distanzen steigend, besonders ausgeprägt in ländlichen peripheren Räumen, da dort Arbeitsplatzverluste; Erwerbsmöglichkeiten nur noch in entfernteren Mittel- und Großstädten, hoher Anteil der Pendler (20 % und mehr) in Mecklenburg-Vorpommern, Brandenburg;
lange Pendeldistanzen: monozentrische Ballungsräume (Berlin, Hamburg, München), mittlere Distanzen: polyzentrale Regionen (Rhein-Main, Stuttgart)

Verträgliche Gestaltung des wachsenden Verkehrs — Seiten 322/323

Zu den Aufgaben

Aufgabe 1: Verkehrsleistungen im Personen- und Güterverkehr
Modal Split: Aufteilung des Gesamtverkehrs auf verschiedene Verkehrsträger;
Personenverkehr: Zunahme 1997–2015: 24 %, höchste Zuwachsraten: Luftverkehr; Anteil des öffentlichen Straßen- und Schienenverkehrs leicht gesunken;
Güterverkehr: höchste Zuwächse im Straßengüterverkehr (zu Lasten von Bahn und Binnenschiff)
Angestrebt: Personenverkehr: steigender Anteil der Bahn, Güterverkehr: Verdopplung des Schienentransportes bis 2015 gegenüber 1997, im gleichen Zeitraum Anstieg der Verkehrsleistung der Binnenschifffahrt um 40 %;
Maßnahmen: Förderung von Bahn, ÖPNV, Erhöhung der Kundenattraktivität, steuerliche Eingriffe und Restriktionen im Straßenverkehr

Aufgabe 2: Funktionen von Güterverkehrszentren
GVZ: Transportgewerbegebiete mit Infrastruktureinrichtungen für kombinierten Ladeverkehr; Schnittstellen: Straße/Schiene/Wasserstraße;
Ziele: Trennung von Güterfern- und Güternahverkehr in Ballungsräumen, kostengünstige Verlagerung von der Straße auf Schiene und Wasserstraße, Bündelung von Güterströmen;
GVZ Großbeeren (Berlin-Süd): Anlage für den kombinierten Ladungsverkehr/DB; Akzeptanz entspricht noch nicht den Erwartungen, Fehlen von kundenorientierten Angeboten;
GVZ Wustermark: „trimodaler" Verknüpfungspunkt der Verkehrsträger Straße, Wasser, Schiene; Ranking innerhalb der 30 deutschen GVZ: Platz 4

Aufgabe 3: Für und Wider von Autobahnnetzen
Pro: bessere und schnellere Erreichbarkeit peripherer Räume, Entlastung von überfüllten Bundesstraßen, Lenkung von Transit-Lkw-Strömen, Einbindung in das System europäischer Verkehrsnetze;
Contra: Zerschneidung von intakten Landschaftsräumen, Umweltbelastung, kontraproduktiv zu Nachhaltigkeitszielen

Aufgabe 4: Strategien für die Lösung von Verkehrsproblemen im Güter- und Personenverkehr in Ballungsräumen (Referat)
Quellen:
Bundesministerium für Verkehr, Bau- und Wohnungswesen:
www.bmvbs.de
Umweltbundesamt: Umwelt und Verkehr
www.env-it.de/umweltdaten

Modelle der Stadtentwicklung

M1 Modell von Burgess 1925/29 **M2** Modell von Hoyt 1979

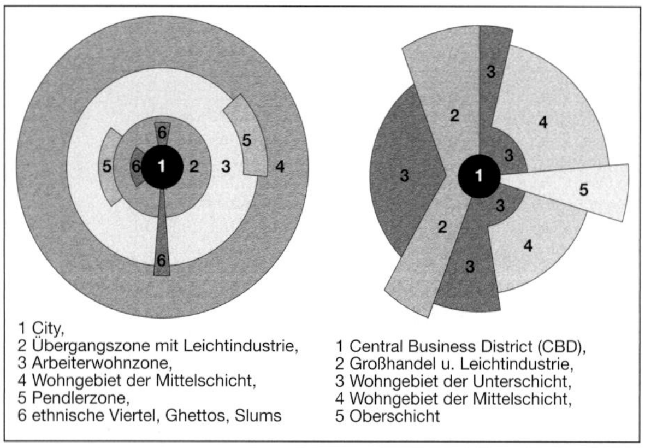

Quelle: Cornelsen Pocket Teacher Erdkunde Abi 2007, S. 195

M3 Modell von Harris/Ullmann 1945 **M4** Modell von White 1987

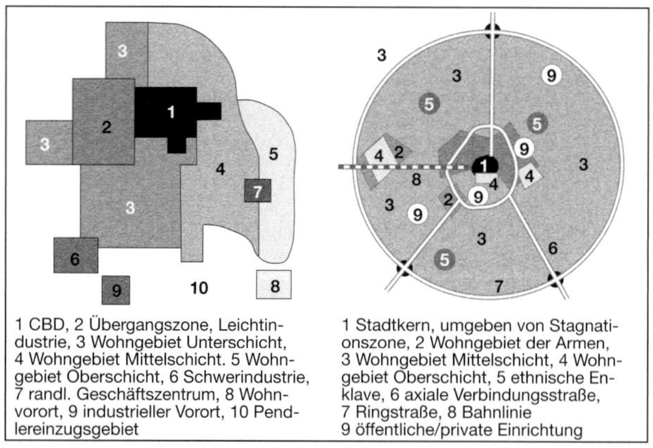

Quelle: Cornelsen Pocket Teacher Erdkunde Abi 2007, S. 195

M5 Modell europäischer Städte

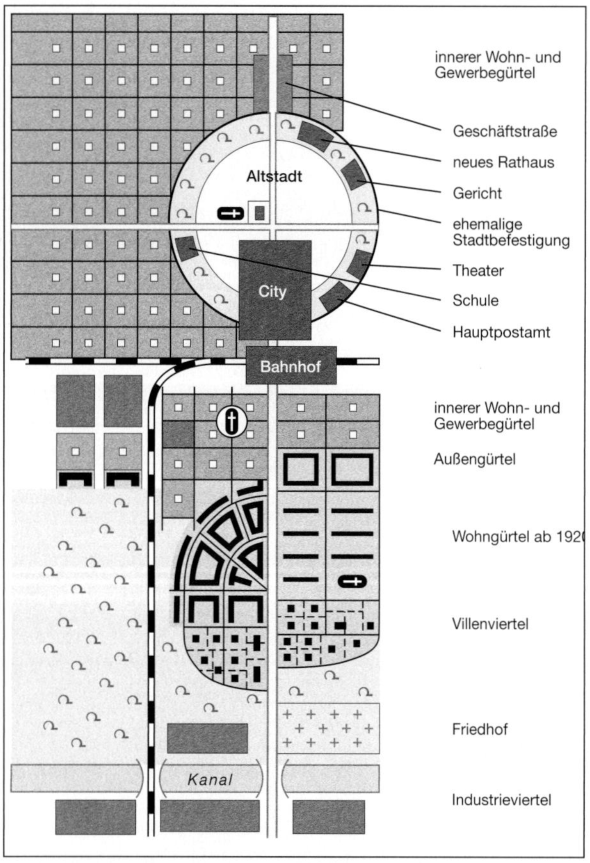

Quelle: Cornelsen Pocket Teacher Erdkunde Abi 2007, S. 202

M6 Modell der heutigen orientalischen Stadt

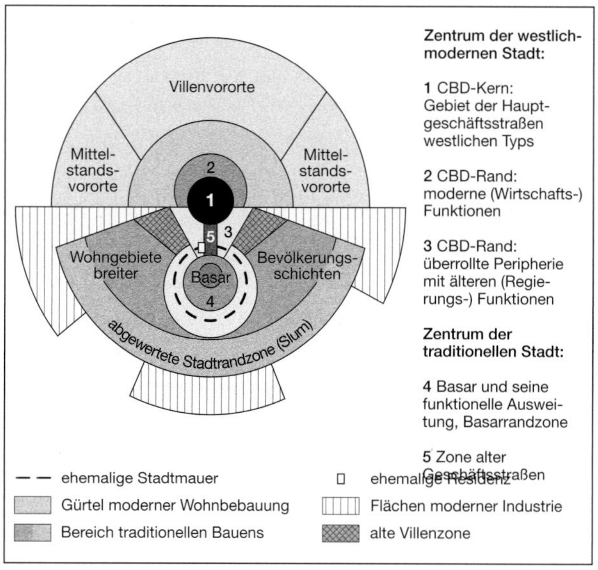

Quelle: Cornelsen Pocket Teacher Erdkunde Abi 2007, S. 208

M7 Modell der nordamerikanischen Stadt

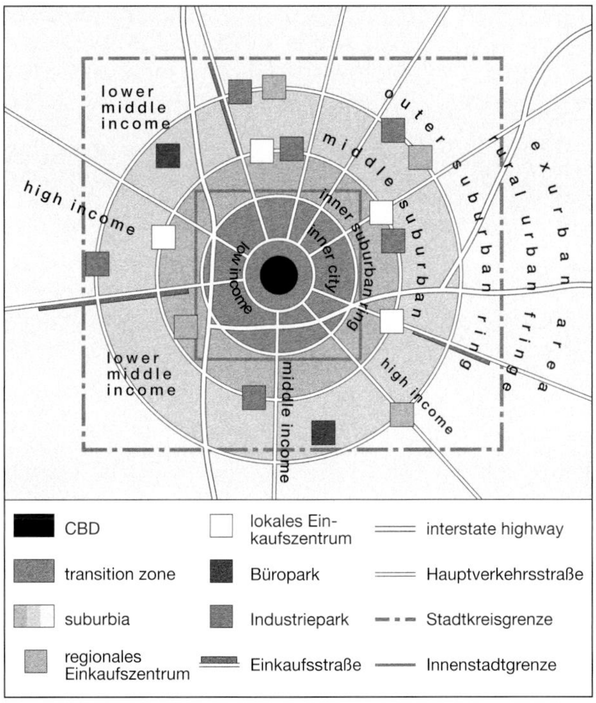

Quelle: Cornelsen Pocket Teacher Erdkunde Abi 2007, S. 204

M8 Modell der lateinamerikanischen Stadt

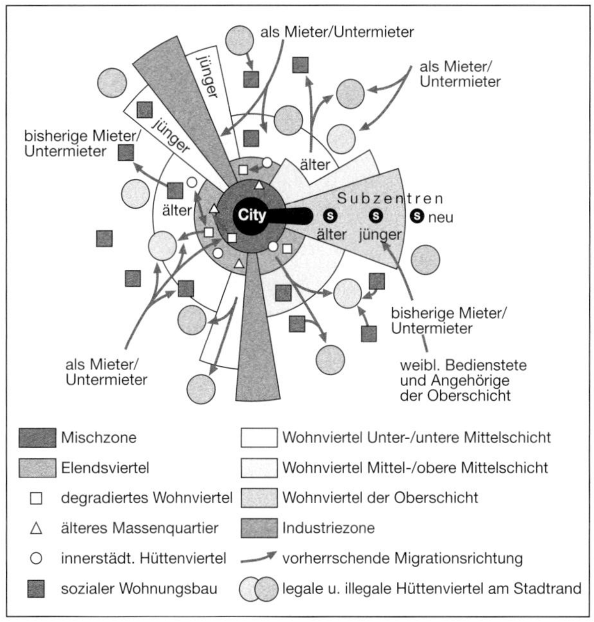

Quelle: Cornelsen Pocket Teacher Erdkunde Abi 2007, S. 202

M9 Wachsende und schrumpfende Städte in den USA

Das räumliche Muster wachsender und schrumpfender Städte in den USA ist in seinen Grundzügen einfach zu analysieren:
Alle Großstädte des Westens und Südens der USA, die aktuell mehr als 300 000 Einwohner aufweisen (mit der bemerkenswerten Ausnahme von New Orleans – selbst vor den Schäden durch den Hurrikan Katrina), verzeichnen meist deutliche Bevölkerungszuwächse. Nahezu alle diese Städte erreichen ihre höchste Einwohnerzahl in jüngster Zeit und sind in einigen Fällen durch geradezu dramatische Sprünge der Einwohnerzahlen gekennzeichnet – so vervierfachte Las Vegas seine Bevölkerung seit 1970 von 126 000 auf 535 000, und Phoenix (Arizona) blieb mit einem Wachstum von 584 000 auf 1,321 Millionen im gleichen Zeitraum kaum zurück.
Im für amerikanische Verhältnisse alt besiedelten Nordosten und Mittleren Westen des Landes stellt sich die Situation dagegen völlig anders dar. Zwar nimmt die Bevölkerung der Verdichtungsräume insgesamt zu, in vielen Großstädten wurde jedoch der höchste Einwohnerstand bereits 1950 oder 1960 erreicht. Seither sind die Einwohnerzahlen drastisch gesunken – eine Ausnahme stellt New York dar, das seit 1950 seine Bevölkerungszahl, vor allem aufgrund der starken Einwanderung von Minoritäten, halten und in jüngster Zeit sogar wieder ein leichtes Wachstum verzeichnen konnte.

So haben die alten Industriezentren Detroit, Cleveland, Pittsburgh und Buffalo im Vergleich zum Höchststand vor über fünfzig Jahren (Volkszählung 1950) über die Hälfte ihrer Einwohner verloren. Den dramatischsten Bevölkerungsverlust erlitt St. Louis, das von seinen 857 000 Bewohnern des Jahres 1950 mehr als 60% verlor und heute auf nur mehr 343 000 Einwohner geschrumpft ist. Auch die Metropolen Chicago, Philadelphia, Boston, Washington und Baltimore büßten jeweils zwischen 20 und 40 Prozent ihrer Bevölkerung ein.
Die Migrationsströme, die zu diesen massiven Schrumpfungsprozessen in den Metropolen des Nordostens und Mittleren Westens führten, waren höchst selektiv: Während zahlreiche „weiße" Personen mit höherem Einkommens- und Bildungsniveau die Kernstädte verließen, wanderten Afroamerikaner und in jüngster Zeit auch Hispanics in diese Städte oder verharrten dort als eine Art Residualbevölkerung, die häufig einen niedrigen Bildungsstand und einen hohen Anteil von Bevölkerung unter der Armutsgrenze aufwies. Überlagert und verstärkt wurden die ohnehin landesweit vorhandenen Suburbanisierungstendenzen in den städtischen Schrumpfungsregionen durch ökonomische Restrukturierungsprozesse, vor allem die tiefgreifende Krise traditioneller Zweige des sekundären Wirtschaftssektors wie der Stahl- und Automobilindustrie samt ihren Zulieferern.
Quelle: S. Föbker und G. Thieme: Schrumpfende Städte in Deutschland und in den USA. In: Geographie und Schule, H. 166, 2007, S. 14.

① Stellen Sie wesentliche Aussagen der Stadtmodelle tabellarisch zusammen (M 1–M 4).
② Beschreiben Sie die Merkmale der europäischen Stadt (M 5). Wählen Sie ein passendes Stadtmodell aus und begründen Sie Ihre Zuordnung.
③ Listen Sie die Merkmale der heutigen orientalischen Stadt auf (M 6). Ziehen Sie Vergleiche zur historischen orientalischen Stadt.
④ Benennen Sie die Faktoren, die die nordamerikanische Stadt prägen (M 7).
⑤ Analysieren Sie das räumliche Muster der US-amerikanischen Städte (M 7). Erläutern Sie die Auswirkungen am Modell der nordamerikanischen Stadt (M 9).
⑥ Ermitteln Sie typische Merkmale der lateinamerikanischen Stadt (M 8).
⑦ Stellen Sie Gemeinsamkeiten und Unterschiede zwischen der europäischen, nordamerikanischen und lateinamerikanischen Stadt zusammen (M 5, M 7, M 8).

Deutschland – Bundesländer

Deutschland – physisch

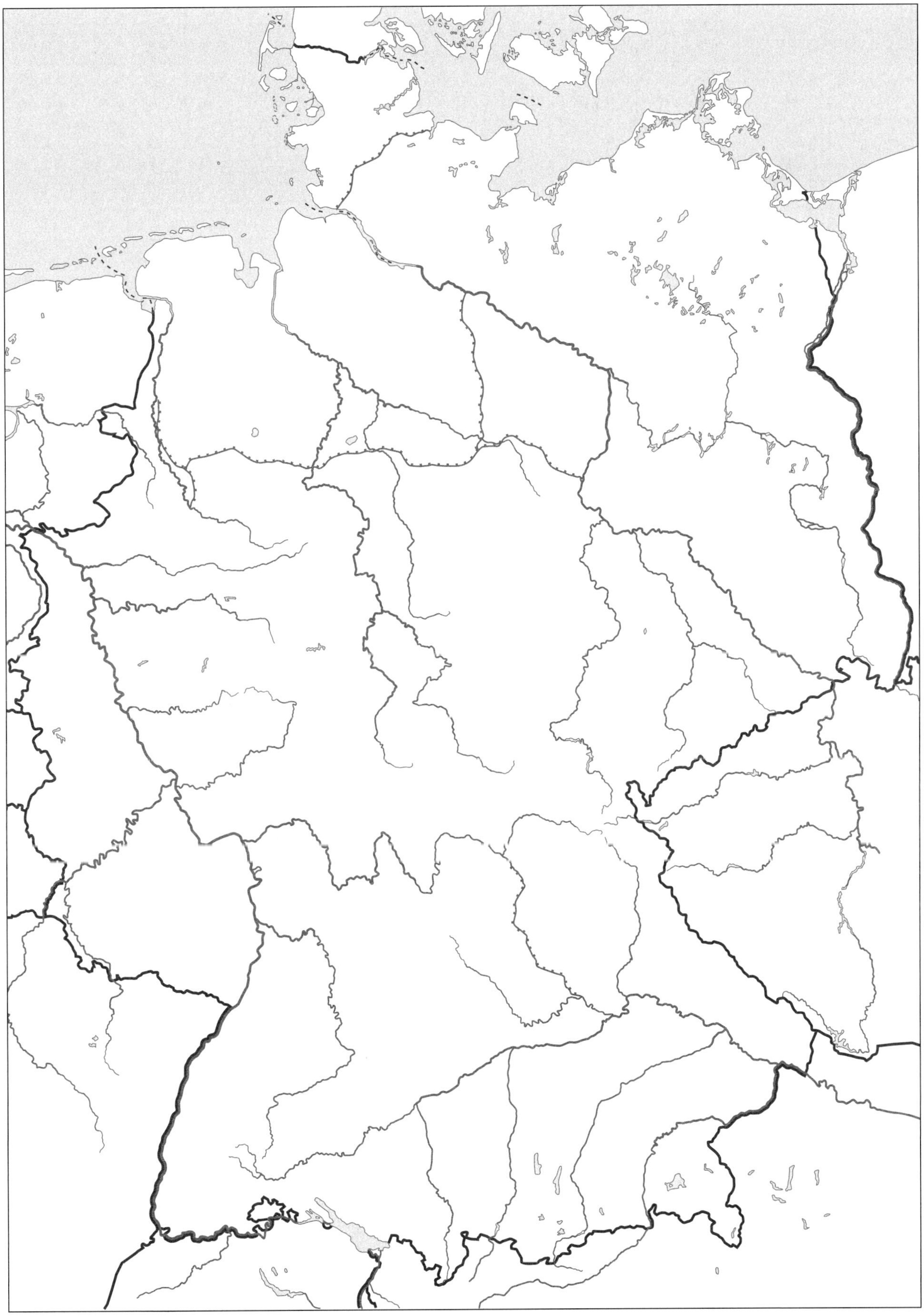

Europa – Länder

Europa – physisch

Afrika – Länder

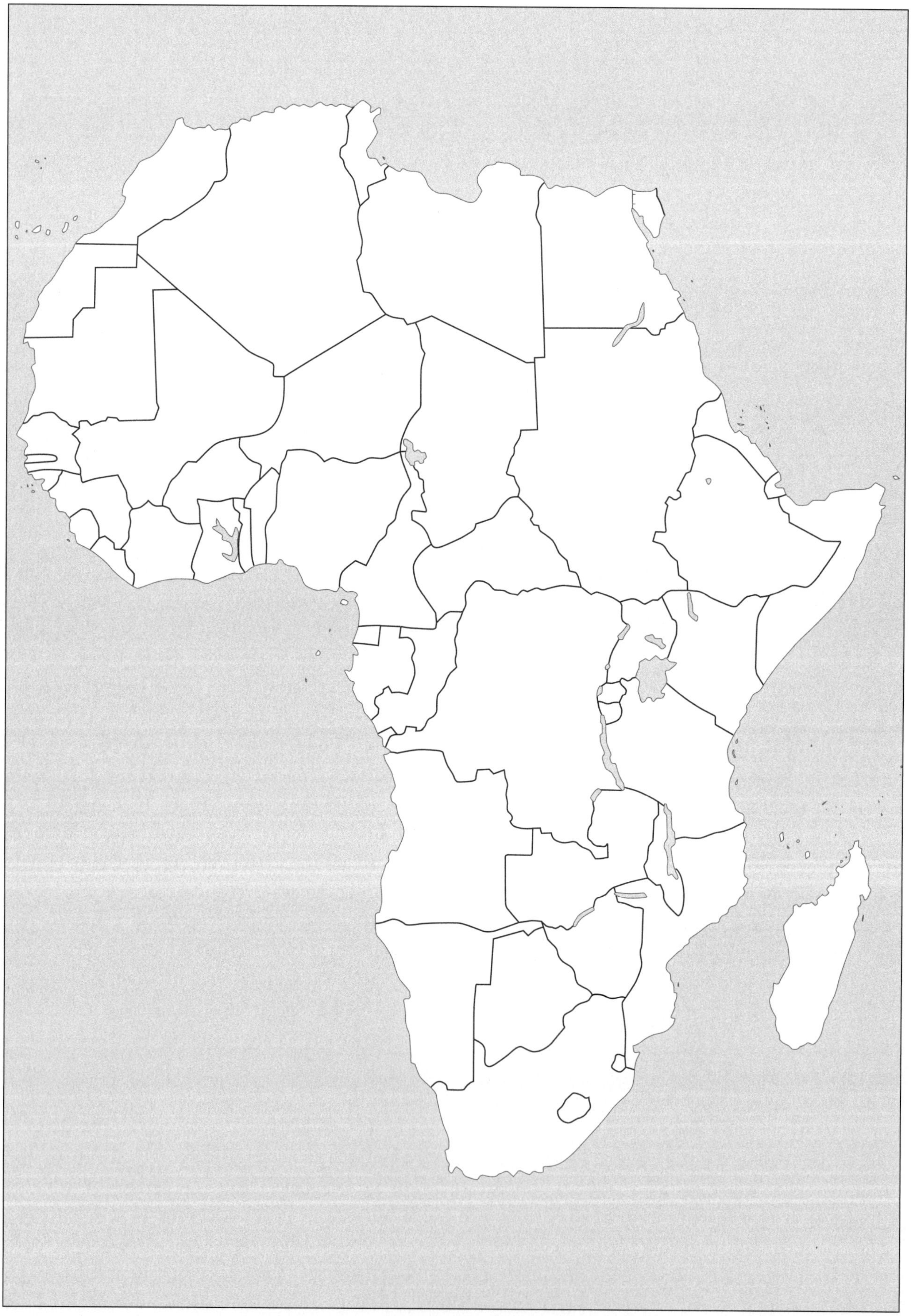

Afrika – physisch

Asien – Länder

Asien – physisch

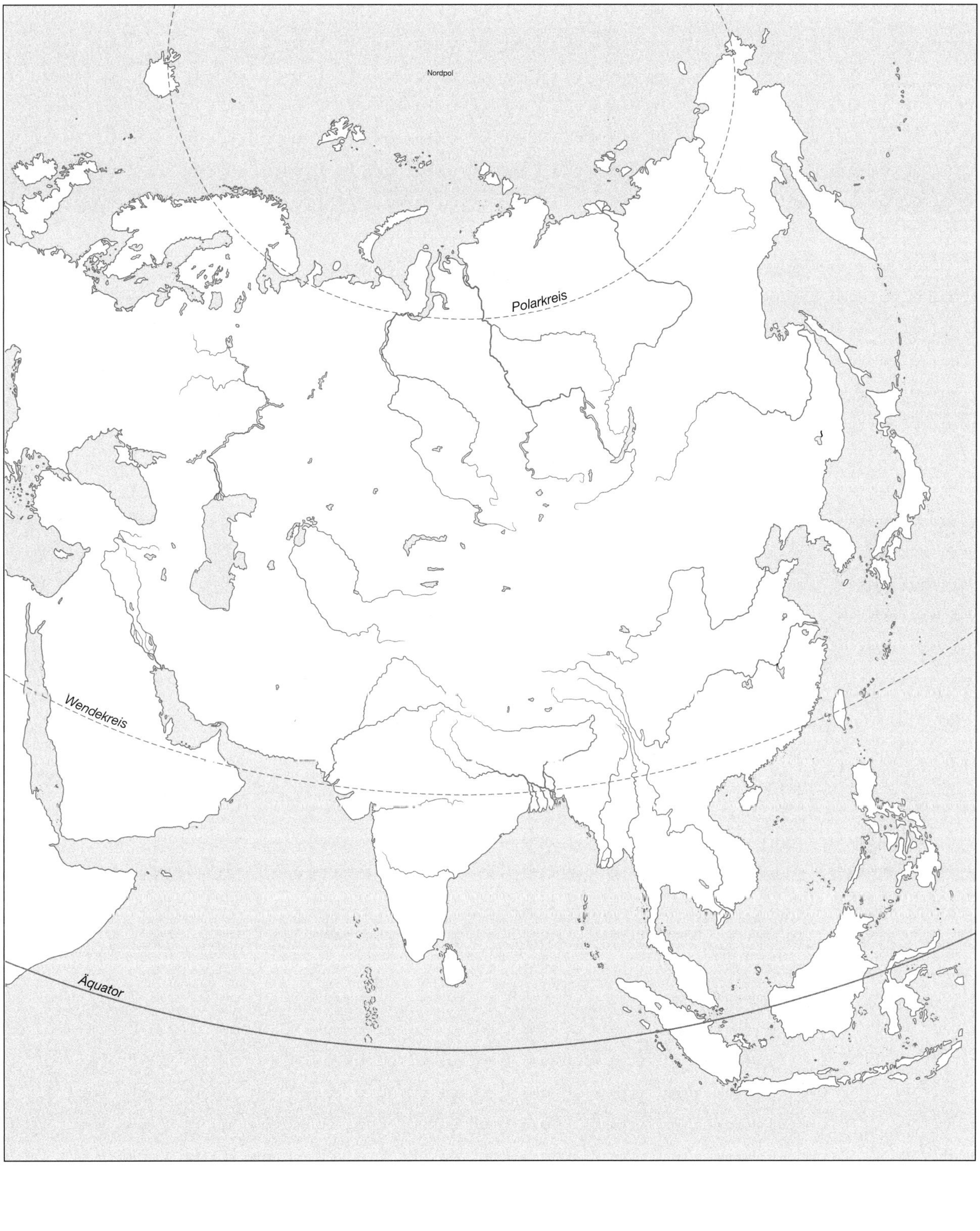

ARBEITSBLATT

Nordamerika – Länder

Nordamerika – physisch

A R B E I T S B L A T T

Südamerika – Länder

Südamerika – physisch

Die Erde – Länder

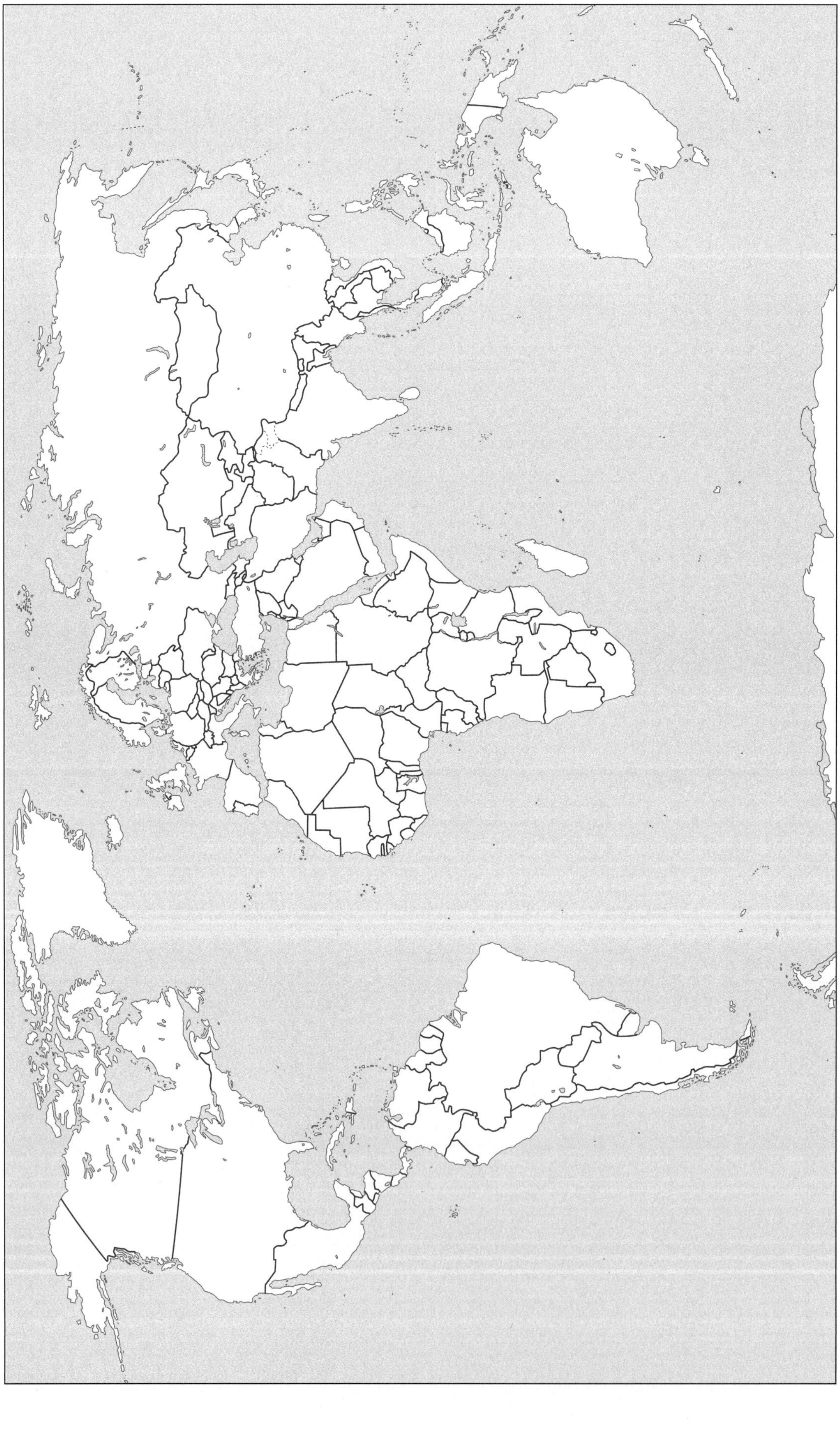

Die Erde – physisch

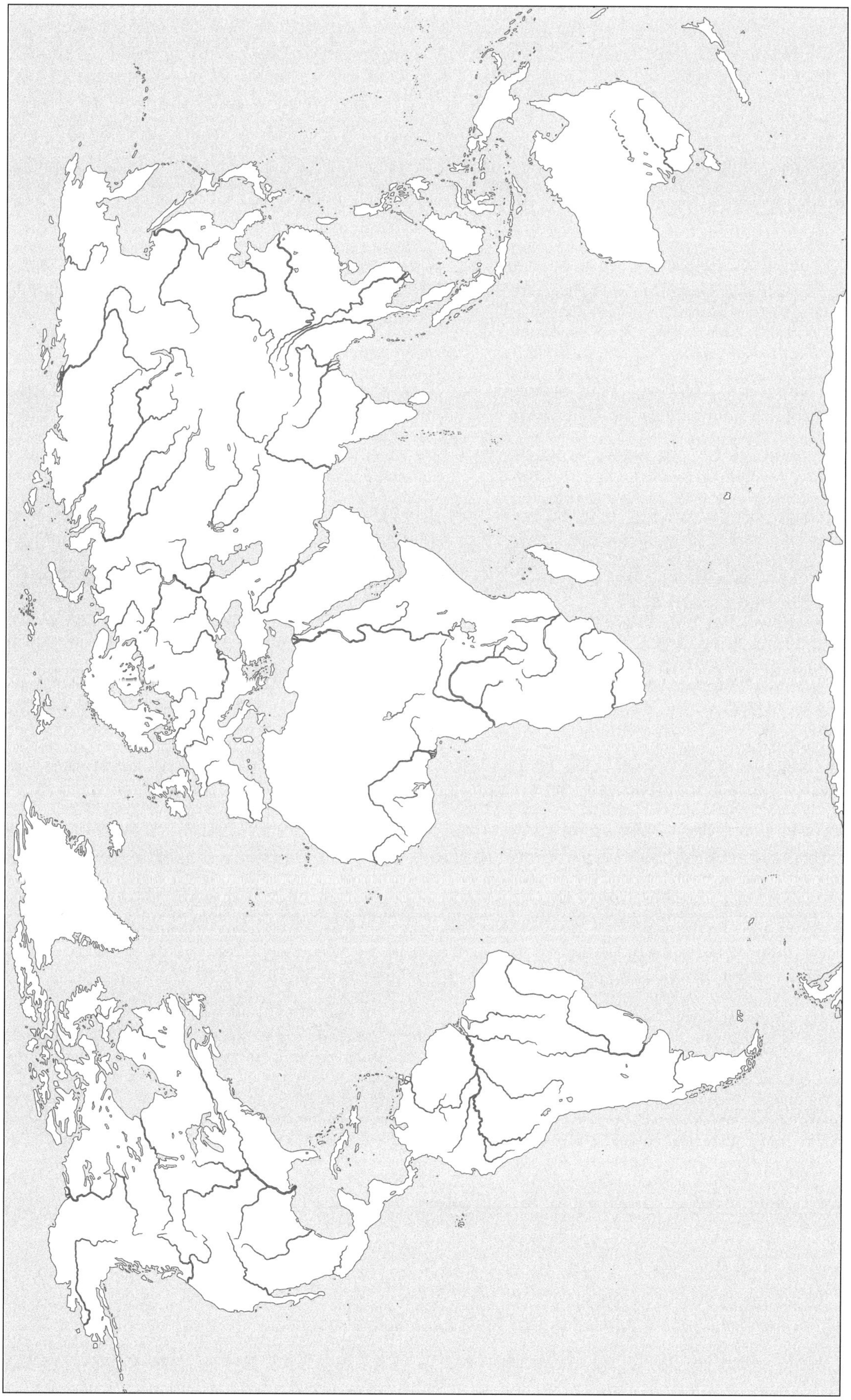

Lösungen zu den Arbeitsblättern

Arbeitsblatt „Plattentektonische Prozesse" (S. 10)

Aufgabe 1: Vorgänge bei der Kontinentalverschiebung
Die Theorie der Kontinentalverschiebung geht von einem großen Urozean (Urpazifik) und einem großen zusammenhängenden Urkontinent (*Pangäa*) aus (vor 350 Mio. Jahren), der zusammen mit dem Tethysmeer und dem *Panthalassa-Meer* bis ins Erdmittelalter (Trias, vor 200/225 Mio. Jahren) bestanden haben soll (M 1, Abb. 1), bevor er in zunächst zwei Teile (Laurasia und Gondwana), dann in drei Teile zerbrach (Grenze von Jura/Kreide, vor 135 Mio. Jahren), wie Abb. 2 von M 1 zeigt.
An der geologischen Grenze vom Mesozoikum zum Neozoikum (Kreidezeit/Tertiär, vor 65 Mio. Jahren) entstanden aus den Schollen von Laurasia und Gondwana allmählich die Kontinentalplatten von Eurasien, Nordamerika, Südamerika, Afrika, Indien, Australien und der Antarktis (M 1, Abb. 3), die seitdem in verschiedene Richtungen auseinanderdriften; dabei sollen sich z. B. die Faltengebirge an der Westküste Amerikas durch Stau gebildet und Indien sich auf die eurasische Scholle aufgeschoben haben.
Nach der Theorie von Miller (SB M 12.1) könnten die Kontinentalplatten von Nord- und Südamerika und Eurasien verschmelzen und in Äquatornähe eine neue große Scholle bilden und einen Afrikanischen Ozean einschließen. Nur Australien und die Antarktis würden noch wie einst Gondwanda eine relativ eigenständige zweite Scholle auf der Südhalbkugel bilden. Der Zustand würde dem vor 150 Mio. Jahren ein wenig ähneln.

Aufgabe 2: Größe und Bewegungsrichtungen der heutigen Platten
Die Lithosphäre besteht heute aus sechs Großplatten und einer großen Anzahl kleinerer Platten, die auf der Asthenosphäre „schwimmen". Zu den Großplatten zählen die Nord- und Südamerikanische Platte (1, 2), die Afrikanische Platte (3), die Eurasische Platte (4), die Australisch-Indische Platte (5) und die Antarktische Platte (6). Hinzu kommt die Pazifische Platte als große ozeanische Scholle.
Kleinere Platten sind die Arabische Platte, die Karibische Platte, die Philippinenplatte, die Türko-Hellenische Platte, die Iranische Platte u. die Nazca-Platte.
Dabei lassen sich unterschiedliche Bewegungsrichtungen der großen Platten (Mobilität von Krustenteilen) ausmachen, die sich drei typischen Prozessen an den Plattenrändern zuordnen lassen. Man spricht in diesem Zusammenhang von divergierenden, konvergierenden und konservierenden Plattenrändern.
Die Hauptbewegungsrichtungen und Prozesse:
- Die Pazifische Platte „schrammt" im Raum von Kalifornien die Nordamerikanische Platte; Folge dieser horizontalen Scherung bzw. Transversalverwerfung ist die San-Andreas-Verwerfung.
- Die Nazca-Platte mit der Cocos-Platte kollidiert mit der Südamerikanischen und Mittelamerikanischen Platte; Folge dieser konvergierenden Plattenränder (Ozean-Kontinent) und Subduktionsprozesse sind explosiver Vulkanismus, Erdbeben, Seebeben im gesamten Andenraum.
- Im Ostpazifischen, Mittelatlantischen, Arabisch-Indischen und Bengalischen Rücken gibt es Dehnungen, die von den ungefähr meridional verlaufenden Rücken jeweils lotrecht dazu gegen die umgebenden Kontinentalplatten im Westen oder Osten gerichtet sind.
- Die Australisch-Indische Platte kollidiert im Gebiet des Himalaya mit der Eurasischen Platte.
- Die Pazifische Platte taucht in Ostasien unter die Eurasische Platte (Subduktion); Folge dieser konvergierenden Plattenränder sind u. a. die dortigen Tiefseegräben, Seebeben und tektonisch bedingter Vulkanismus.

Aufgabe 3: Das Schema der plattentektonischen Prozesse
a) Die Lithosphäre besteht aus sechs Großplatten sowie einer größeren Anzahl kleinerer Platten, die auf der Asthenosphäre „schwimmen". Dabei sind sie nicht starr an einer Stelle verankert, sondern bewegen sich in verschiedene Richtungen.
b) Der Motor für diese Drift liegt in Unterströmungen (Konvektionsströme) innerhalb der Asthenosphäre, die in regionalen Wärmeunterschieden des Erdmantels begründet sind. In mehreren Kreisläufen wird an bestimmten Stellen heißes Mantelmaterial nach oben transportiert, während an anderen kühleres nach unten absinkt.
c) Durch die horizontale Bewegung der Platten können drei verschiedene Arten von Bewegungen auftreten:
   - Steigt Mantelmaterial auf, wölbt sich zunächst die Granitschale auf. Beim Aufbruch der Wölbung entsteht ein Rift (Grabenbruch).
   - Liegen die divergierenden Plattenränder im Bereich ozeanischer Kruste, führt dies bei anhaltender Materialzufuhr zur Ausdehnung des Ozeanbodens und zur Bildung mittelozeanischer Rücken.
   - Dieser Ausbreitung steht an konvergierenden Plattengrenzen eine Verschluckung von Ozeanboden gegenüber, die als Subduktion bezeichnet und in Form der Tiefseegräben sichtbar wird. Gleichzeitig werden die Plattenränder gestaucht und zu Gebirgen aufgefaltet.
   - Treiben Platten aneinander vorbei, so entstehen Transversalverwerfungen (Querbrüche), die sich vorwiegend an den mittelozeanischen Rücken bilden.

Arbeitsblatt „Erdbeben" (S. 11/12)

Aufgabe 1: Zusammenhang zwischen Erdbeben und Plattentektonik
Die Lithosphäre besteht aus sechs Großplatten sowie einer größeren Anzahl kleinerer Platten, die auf der Asthenosphäre „schwimmen". Dabei sind sie nicht starr an einer Stelle verankert, sondern bewegen sich in verschiedene Richtungen. Die Lage der Regionen größter Erdbebenrisiken ist vielfach an Plattenränder geknüpft, wie die Karte M 1 dokumentiert. Der Zusammenhang zwischen den Erdbebenregionen und den tektonischen Schwächezonen der Erde ist jedenfalls offensichtlich und rd. 90 % aller Erdbeben treten durch tektonische Bewegungen an Plattengrenzen, Grabenbrüchen und in Räumen junger Orogenese (Gebirgsbildung) wie dem Taurusgebirge in der Türkei auf. Vulkanische Beben, die auf einen Vulkanausbruch zurückgehen, oder Einsturzbeben, die durch den Einsturz unterirdischer Hohlräume verursacht wurden, spielen dagegen nur eine geringe Rolle.
Die meisten Erdbebencluster und auch die breiteren Erdbebengürtel befinden sich an den schräg abtauchenden Subduktionszonen der konvergierenden Plattenränder, z. B. entlang des Südpazifiks von

Lateinamerika. Dagegen ist die Erdbebentätigkeit bei konservierenden Plattenrändern auf einen kleinen Raum begrenzt, zum Beispiel entlang von Verwerfungen wie der San-Andreas-Verwerfung in Kalifornien, da die Störungslinien meist vertikal verlaufen.

Aufgabe 2: Tektonische Prozesse an den fünf Typen von Plattenrändern

Plattenrandtyp	ablaufender Prozess	Tiefe der Erdbebenherde
Divergierende Plattenränder – Dehnung	Auseinanderdriften neu gebildeter ozeanischer Kruste (z. B. Mittelatlantischer Rücken)	0–20 km
Konvergierende Plattenränder – Subduktion	Ozean. Kruste taucht unter kontinentale ab (Nazcaplatte und Anden)	0–70 km
Konvergierende Plattenränder – Kollision	Zwei kontinentale Krusten treffen aufeinander (z. B. Himalaya)	0–700 km
Konservierende Plattenränder – Transversal- bzw. Horizontalverschiebung (Scherung) im Ozeanbereich	Transversalverwerfung bzw. Horizontalverschiebung verläuft durch ozeanische Kruste (Bsp. Nord-Karibik)	0–30 km
Konservierende Plattenränder – Scherung bzw. horizontale Transversalverschiebung von ozeanischer u. kontinentaler Platte	Transversalverwerfung verläuft durch kontinentale Kruste (San-Andreas-Linie: Scherung von Pazifischer u. Amerikanischer Platte)	0–30 km

Aufgabe 3: Vorgänge entlang der San-Andreas-Linie
Kein Staat der USA ist in ähnlichem Maße von Erdbeben bedroht wie Kalifornien. Ganze Städte, Kanäle und Staudämme wurden auf bebenträchtigem Grund gebaut. Von den zahlreichen, das ganze Land durchziehenden tektonischen Schwächezonen ist die San-Andreas-Linie die bedeutendste. Entlang dieser Verschiebungslinie schrammt die nach Nordwest driftende Pazifische Platte an der nach Südost driftenden Amerikanischen Platte vorbei (Transform-Störung).
Während der letzten 140 Mio. Jahre haben sich die beiden Platten um 560 km gegeneinander verschoben. Dabei wird die Pazifische Platte von den San-Bernadino-Bergen und der Sierra Nevada nach Westen abgelenkt. Ein kompliziertes, instabiles Schollenmosiak im Hinterland von Los Angeles ist die Folge. Erdbeben in Kalifornien sind vorprogrammiert, Los Angeles und San Francisco, aber auch Santa Barbara sind nach geologischen Zeitmaßstäben akut gefährdet. Der Häuser- und Straßenbau muss diesen Umstand wie in Japan (Tokio) entsprechend berücksichtigen.

Aufgabe 4: Vergleich der Karten M 4 und M 5 (Erdbebenzonen)
Der Vergleich zeigt, wie hoch die Übereinstimmung der tektonischen Schwächezonen mit den tatsächlichen Erdbeben am 28. Mai 2007 gewesen ist. Das gilt für die registrierten Erschütterungen entlang der San-Andreas-Linie wie entlang der Garlock-Verwerfung.

Arbeitsblatt „Erzlagerstätten" (S. 13)

Aufgabe 1: Die Häufung und Anordnung von verschiedenen Erzen
1. Zu den ältesten Lagerstätten gehören die primären, vorwiegend magmatischen Ursprungs, die im Inneren der Kontinente zu finden sind. Es sind Relikte der Zeit, als die Erdkruste sich zu verfestigen begann und dabei mineraliche Einschließungen erfolgten. Magmatogene Lagerstätten im Inneren der Kontinente enthalten Vorkommen von Nickel, Titan, Chrom, Zinn, Molybdän, Zink, Gold, Lithium, Uran und Magnetit-Apatit (z. B. in Kiruna).
2. Außerdem sind magmatische Lagerstätten an konvergierende Plattengrenzen und Subduktionszonen gebunden; deshalb findet man Kupfer, Blei, Zinn und Wolfram z. B. im Bereich des zirkumpazifischen Faltengebirgsgürtels, aber auch an der Grenze zwischen der Eurasischen, Afrikanisch-Arabischen und Indischen Platte.

Aufgabe 2: Die Lagerstättenverteilung von Erzen auf der Erde
- Zu den ältesten Lagerstätten von Erzen wie Kupfer, Eisen, Blei, Zink, Zinn und Gold gehören die primären, vorwiegend magmatischen Ursprungs („magmatogene Lagerstätten"), die im Inneren der Kontinente zu finden sind.
- Außerdem sind magmatische Lagerstätten an konvergierende Plattengrenzen gebunden, z. B. die größten Kupfervorkommen der Erde im Bereich des den Südpazifik umrahmenden Faltengebirgsgürtels.
- Aber auch sedimentäre „sekundäre" Lagerstätten (Varianten: Verwitterung älterer Lagerstätten, mechanisch-sedimentäre Lagerstätten, chemisch-sedimentäre Lagerstätten auf dem Festland) können Erze enthalten, Beispiele dafür sind der Harz, der Schwarzwald, das Erzgebirge (Silber, Kupfer), Alaska und Kalifornien (Goldseifen), Südfrankreich (Bauxit) oder der Ural (Platinseifen).
- Primäre und sekundäre Lagerstätten können durch Auffaltungen in metamorphe Lagerstätten umgebildet werden, die z. B. Bauxit, Limonit enthalten können.
- Bereits seit über 100 Jahren bekannt sind Lagerstätten, die sich im Bereich der mittelozeanischen Rücken befinden. Von wachsender Bedeutung für die Rohstoffversorgung der Weltbevölkerung sind dabei insbesondere die Manganknollen und Mangankrustenlagerstätten. Der Knollendurchmesser schwankt zwischen 1 mm und 10 cm. Der Mangangehalt liegt bei 24 %. Von Interesse sind auch die anderen darin enthaltenen Mineralien.

Arbeitsblatt „Monsun" (S. 20/21)

Aufgabe 1: Ablauf der tropischen Monsunzirkulation
a) Mit der scheinbaren Wanderung des Höchststandes der Sonne verlagert sich die ITC zu den Wendekreisen der Nord- und Südhalbkugel. Im Herbst und Winter (M 3, Abb. 1) gerät Indien unter den Einfluss kalter, trockener Festlandsluft aus dem asiatischen Kontinent. Die ITC verläuft in diesen Monaten auf Höhe des Südäquatorialstromes. Das ist die Zeit des Wintermonsuns. Nur die Luftmassen, die aus NO über den Golf von Begalen strömen, bringen dem Osten Südindiens (200–300 mm) und Sri Lanka noch relativ hohe Niederschläge (300–600 mm).
b) Im Nordsommer verlagert sich die ITC polwärts bis über den indischen Subkontinent. Hier kommt es innerhalb der Tropen zur stärksten Ausprägung von Monsunen. Durch die Wanderung der ITC nach N (im indischen Himalayabereich bis 300 n. Br., über Afrika dagegen nur bis 200 n. Br.) strömen die ursprünglich aus SO wehenden Passatwinde über den Äquator hinaus, wobei der Südostpassat durch das Wirken der Corioliskraft abgelenkt wird. Er strömt als Südwestmonsun weiter. Dessen warme Luftmassen nehmen über dem Arabischen Meer viel Feuchtigkeit auf. Diese geben sie über dem indischen Festland, vor allem an den Gebirgshängen, z. B. denen des Westghats, wieder ab.

Mit der Verlagerung der ITC wandert auch die den Sommermonsun prägende Regenfront mit den typischen Zenitalregen nach Norden bis zum Himalaya.
Die Klimadiagramme von Mumbai, Poona und Cherrapunji zeigen:
- dass der Beginn der Monsunniederschläge nicht überall gleichzeitig erfolgt,
- dass die Dauer der Monsunniederschläge zwischen vier (Mumbai) und acht Monaten (Cherrapunji) variiert,

- dass die Höhe der Niederschlagsmengen zwischen 675 mm und 10 798 mm (Cherrapunji) ebenfalls große Unterschiede aufweist.

Je nach Region liegen zwischen den Monsunzeiten Übergangszeiten von zwei bis drei Monaten mit z. T. erheblicher Hitze (35 °C und mehr bei geringer Luftfeuchte).

Aufgabe 2: Die jahreszeitliche Verlagerung der ITC

Als Innertropische Konvergenzzone (ITC/ITCZ, Innertropical Convergence Zone) bezeichnet man die nur 100 bis 200 km breite, von Westen nach Osten mäandrierende Zone in der Nähe des Äquators, in der die Passate der Nord- und Südhalbkugel in der sog. äquatorialen Tiefdruckrinne zusammentreffen. Durch die Luftmassenkonvergenz der sich auflösenden Nordost- und Südostpassate entwickelt sich, strömungsphysikalisch bedingt, eine nach oben gerichtete Luftbewegung mit labiler Schichtung und starker Konvektion. In dieser aufsteigenden Luftströmung kommt es zu starker Wolkenbildung und zur Entstehung heftiger Niederschläge, dem Zenitalregen. Die ITC fällt nicht mit dem geographischen Äquator zusammen; sie wandert, dem Zenitalstand der Sonne folgend, auf den Kontinenten weit nach Norden und Süden, über Indien bis zu 30 ° n. Br., über Afrika bis rd. 20 ° n. Br., über Südamerika und Australien bis zu 20 ° südl. Breite. Häufig spaltet sich die ITC dann in einen nördlichen und südlichen Zweig auf.

Aufgabe 3: Die Klimadiagramme von M 4 bis M 7

Alle vier Klimadiagramme zeigen, dass in Indien die Jahreszeiten von den Monsunwinden bestimmt werden. Die Monsune sind beständige und großräumige Luftströmungen, die aber im jahreszeitlichen Wechsel aus entgegengesetzten Richtungen wehen.

Der Sommermonsun weht in Indien aus Südwest, der Wintermonsun aus Nordost. Wenn man nicht regionale Differenzierungen vornimmt, kann man die Monsunwinde so beschreiben, dass der Sommermonsun sehr feuchte Luft vom Arabischen Meer zum indischen Festland bringt (erste Jahreszeit), während der aus NO wehende Wintermonsun trocken ist und das indische Festland ausdörrt (zweite Jahreszeit). Dazwischen liegt in den Monaten März bis Mai eine Übergangszeit (dritte Jahreszeit), in der es trocken und heiß ist, sodass der „Regenbringer“, wie die Inder den Sommermonsun nennen, im Juni von den Menschen sehnlichst erwartet wird. Verzögert sich das Eintreffen des Sommermonsuns um mehrere Wochen, kann es im nächsten Jahr in den zahllosen Dörfern Indiens zur Hungersnot kommen.

Die Klimadiagramme vom Mumbai/ehem. Bombay (M 4), Poona (M 5) und Cherrapunji (M 6) zeigen allerdings, dass die monsunal bestimmten Jahreszeiten in den verschiedenen Regionen Indiens recht unterschiedlich verlaufen:

- In *Mumbai,* der auf einer Insel vor dem indischen Festland und den Westghats gelegenen 11-Millionen-Stadt, setzt der Sommermonsum nach einer trockenen und kurzen Vormonsunzeit (< 18 mm Nds., 24–30 °C) im Juni mit 485 mm Nds. ein und dauert bis Ende September (265 mm Nds.), Anfang Oktober. In der Zeit des Sommermonsuns sind einige Stadtteile und Straßen hochwassergefährdet. Im Oktober nehmen die Niederschläge dramatisch ab. In der Zeit des Wintermonsuns fallen minimale Niederschläge, aber die Temperaturen liegen noch immer dicht an 20 °C, wirklich kühl wird es nicht.
- In *Poona* auf der Südostseite des Subkontinents fallen im gesamten Jahr 675 mm Niederschlag, also deutlich weniger als in Mumbai. Die Monsunzeit dauert von Anfang Juli bis in den Januar hinein. Der Sommermonsun bringt in Poona sogar weniger Niederschläge als der Wintermonsun, der über den Golf von Bengalen Feuchtigkeit heranbringt. Die Temperaturen fallen in keinem Monat des Jahres unter 20 °C, die Vormonsunzeit ist heiß und trocken und die Aridität im Frühjahr extrem hoch. Dennoch ist die Region um Chennai ein Zentrum des Nassreisanbaus.
- *Cherrapunji* liegt auf 250 nördl. Breite in 1313 m Höhe im Nordosten Indiens. Hier fallen 10 798 mm Niederschlag, und zwar über 10 Monate verteilt, die meisten aber zwischen März (1280 mm) und September (1100 mm). Im Juni und Juli, wenn der Sommermonsun die meisten feuchten Luftmassen heranbringt, fallen sogar mehr als 2500 mm Niederschlag pro Monat. Nur im Januar und Dezember fallen weniger als 20 mm Nds. Von November bis März, also in der Zeit des Wintermonsuns, sinken die Temperaturen auf für Indien kühle 15 °C und darunter. Cherrapunji gilt für viele Menschen als das „Regenloch“ der Erde, obwohl der Ort in einem Bergland liegt. Die Vormonsunzeit als ‚dritte Jahreszeit‘ kann man in Cherrpunji allerdings kaum ausmachen.

Arbeitsblatt „Globaler Wasserkreislauf“ (S. 22)

Aufgabe 1: Erläuterungen zum globalen Wasserkreislauf

Definition: Der globale Wasserkreislauf stellt eine ständige Zustands- und Ortsänderung des Wassers dar.

Entstehung: Der Wasserkreislauf wird durch die Sonneneinstrahlung und die Schwerkraft angetrieben und setzt sich aus einem komplizierten System vieler Teilkreisläufe zusammen.

Vorgänge/Beteiligte: Die beteiligten Einzelprozesse sind der mittlere globale Niederschlag N, die mittlere Verdunstung V des Wassers unter dem Einfluss der solaren Strahlungsenergie, der mittlere Abfluss A (Versickerung und Oberflächenabfluss) und die mittlere Wasservorratsänderung $(R - B)$, die sich aus den Teilgrößen Wasserrücklagen R (Gletschereis u. a.) und deren Aufbrauch B ergibt.

- Die globale Wasserhaushaltsgleichung $N = V$ beschreibt den grundlegenden Zusammenhang, dass der Niederschlagswert (N) dem Verdunstungswert (V) entspricht, d. h. es existiert ein globales Gleichgewicht beider Größen.
- Nur für die Festlandsfläche betrachtet, lautet die Gleichung $N = A + V$, denn hier kann nur soviel Wasser verdunsten sowie ober- und unterirdisch abfließen (A), wie durch Niederschläge über dem Festland zugeführt wird.

Aufgabe 2: Die regionale Verteilung des Oberflächenwassers

Aus der Wasserhaushaltsgleichung für das Festland (N = A V) lässt sich u. a. eine ökologisch wichtige Unterscheidung der Hauptklimazonen ableiten:

- Wo ganzjährig Abfluss vorhanden ist, wird der Niederschlag immer größer sein als die Verdunstung. In solchen Gebieten (z. B. Norddeutschland, weite Teile Mitteleuropas) herrscht ein humides Klima mit Wasserüberschuss, ganzjährig fließenden Flüssen und abwärts gerichtetem Bodenwasserstrom.
- In ariden Klimazonen (z. B. in der Sahara, der Namib oder der Sahelzone) ist $N < V$. Es herrscht Wassermangel, die Flüsse (z. B. Wadis) führen nur periodisch oder episodisch Wasser, der Bodenwasserstrom ist aufwärts gerichtet, sodass es zur Bildung von Salzkrusten kommen kann.
- Eine Sonderform des humiden Klimas stellt das nivale Klima (z. B. auf Spitzbergen) dar, in dem es zur Gletscherbildung kommt. Oberhalb der klimatischen Schneegrenze fällt der Niederschlag in fester Form als Schnee und verfestigt sich über die Firnphase zu Gletschereis. Diese Wasserrücklage (R) ist z. B. für die Hochgebirgsökologie (Anden, Himalaja) eine wichtige Komponente.
- Die Karte M 2 zeigt, wie privilegiert Europa mit seinem Wasserhaushalt über dem Festland dasteht, während Asien mit seinen knapp 4 Mrd. Menschen in weiten Teilen unter ariden Klimaverhältnissen zu leiden hat, aber auch Latein- und Nordamerika stehen schlechter da als Europa.

Aufgabe 3: Die unterschiedliche Verweildauer der Wasserressourcen

Die sehr unterschiedliche Verweildauer der globalen Wasserressourcen in den verschiedenen Geoökosystemen und deren Subsystemen macht deutlich, dass die Art der Naturfaktoren (z. B. geographische Lage, Sonneneinstrahlung, Licht, Temperatur, geologische Struktur, Morphologie) und die beteiligten Einzelprozesse (Niederschläge, Verdunstung, Kondensation, Wolkenbildung, Strömung/Abfluss,

Wasseraufbrauch) Unterschiede zwischen einer Wochen und 10 000 Jahren Verweildauer von Wasser bewirken kann.
Für eine nachhaltige Nutzung der Ressource Wasser lässt sich daraus ableiten, dass der Erhalt von Flüssen (ca. 1% des Oberflächenwassers der Kontinente), Eiskappen und Gletschern (ca. 77,5% aller Süßwasservorräte), Seen und Sümpfen (0,46% des gesamten Oberflächenwassers der Kontinente) ebenso wie die Reinhaltung regionaler Grundwasservorräte (ca. 22% aller Süßwasservorräte), aber auch von in intakten Böden und einer sauberen Atmosphäre wichtig ist, wenn man die Voraussetzung für alles Leben auf der Erde, nämlich das Wasser, auch für die nächsten Generationen erhalten will.

Arbeitsblatt „Böden" (S. 23)

Aufgabe 1: Verwitterungsvorgänge des Gesteins

- Boden bildet sich im Laufe der Zeit aus dem jeweiligen Ausgangsgestein unter dem örtlichen Klima im Zusammenspiel mit Flora und Fauna sowie dem Bodenwasser.
- Aus dem festen oder lockeren Gestein werden durch physikalische und chemische Verwitterung primäre Minerale freigesetzt, vorwiegend Quarz, Silikate und Karbonate.
- Der jeweilige Anteil an Quarz, Silikaten und Karbonaten ist ein wichtiger Faktor für die weitere Bodenbildung.
- Bei überwiegendem Quarzanteil bilden sich nährstoffarme Sandböden.
- Hoher Silikatanteil ermöglicht durch Verlehmung die Bildung von Tonmineralen, deren Struktur allerdings stark vom Klima abhängig ist.
- Bei hohem Karbonatanteil spielt die chemische Lösungsverwitterung eine besondere Rolle, die auf reinem Kalkgestein zu typischen Oberflächenformen und Böden des Karstes führt.
- Durch chemische Verwitterung wird aus Silikaten Eisen freigesetzt, das in der Bodenluft zu braunrotem Eisenoxid oxidiert. In den kühlgemäßigten Außertropen bilden sich feine Oxidhüllen um die hellen Sandkörner, im tropischen Klima dagegen Konkretionen aus Eisenoxid, die zu Laterit verhärten können.
- Pflanzen und Tiere tragen durch Lockerung, Zersetzung und Umwandlung ebenso zur physikalischen und chemischen Verwitterung bei. Ihr wichtigster Beitrag zur Bodenbildung liegt aber in der Humusbildung und Nährstoffaufbereitung.
- Humusstoffe sorgen für die dunkle Farbe im Oberboden, eine gute Krümelstruktur sowie einen typischen erdig-frischen Geruch eines belebten Bodens. Humus ist ein wichtiger Faktor der Bodenbildung:
- Im kühlgemäßigten Klima mit geringer biologischer Aktivität und schwer zersetzbarer Biomasse, wie unter Nadelwald oder Heide, bildet sich vorwiegend sehr saurer Boden, der durch Lösung die Auswaschung fördert, also zur Podsolierung beiträgt.
- Im Steppenklima mit hoher biologischer Aktivität, geringem Humusabbau im trockenen Herbst und kaltem Winter reichert sich Humus zu mächtigen Horizonten ab (Schwarzerden und schwarzerdeartige Böden).
- Tropisch humides Klima bewirkt eine starke chemische Verwitterung und sehr geringen Restmineralgehalt, vollständige Zersetzung der Silikate sowie Auswaschung aller löslichen Verwitterungsprodukte. Als Hauptbestandteile bleiben Fe_2O_3 Al_2O_3 sowie Kaolinit. Da unter tropischem Klima die Zersetzung so schnell abläuft, kann sich meist kein Humushorizont ausbilden. Etwa die Hälfte aller tropischen Böden sind daher Oxisole und ferralitische Böden.
- Neben den vielfältigen Umwandlungsprozessen spielen Verlagerungsprozesse eine wichtige Rolle.
- Durch Lösung und Ausfällung werden Bodenbestandteile vertikal verlagert; Folge ist eine Differenzierung in meist unterschiedlich gefärbte Bodenhorizonte.

Aufgabe 2: Materialtransport im Boden – die Rolle der Tonminerale

„Boden", heißt es in der Bodenschutzkonzeption der Bundesregierung von 1985, „ist das mit Wasser, Luft und Lebewesen durchsetzte, unter dem Einfluss der Umweltfaktoren an der Erdoberfläche entstandene [...] Umwandlungsprodukt mineralischer und organischer Substanzen, das in der Lage ist, höheren Pflanzen als Standort zu dienen. Mit Atmosphäre, Hydrosphäre, Biosphäre und Lithosphäre bildet Boden ein System; das durch den Menschen beeinflusst wird [...]."
Neben vielfältigen Umwandlungsprozessen des Ausgangsgesteins spielen Verlagerungsprozesse eine wichtige Rolle. Durch Lösung und Ausfällung werden Bodenbestandteile vertikal verlagert, sodass sich eine Differenzierung in meist unterschiedlich gefärbte Bodenhorizonte herausbildet. Im Einzelnen sind folgende Prozesse zu beobachten:

- Aus dem jeweiligen Ausgangsgestein bildet sich unter dem örtlichen Klima im Zusammenspiel mit Flora, Faun sowie dem Bodenwasser im Laufe der Zeit Boden.

Aus dem festen oder gelockerten Gestein werden durch physikalische (Insolationssprengung, Frostsprengung; Hydratation) und chemische Verwitterung primäre Minerale freigesetzt, vorwiegend Quarz, Silikate und Karbonate. Der jeweilige Anteil dieser Mineralien ist ein wichtiger bei der Bodenbildung: Bei überwiegendem Quarzanteil bilden sich nährstoffarme Sandböden. Hoher Silikatanteil ermöglicht durch Verlehmung die Bildung von Tonmineralen, deren Struktur allerdings stark vom Klima abhängig ist. Bei hohem Karbonatanteil spielt die chemische Verwitterung eine besondere Rolle, die auf reinem Kalkgestein zu typischen Oberflächenformens und Böden des Karstes führen.

- Durch die chemische Verwitterung werden Nährstoffkationen, die im Ausgangsgestein gebunden waren, freigesetzt und im Kluft- bzw. Haftwasser ausgewaschen oder von einfachsten Pflanzen wie Algen, Flechten, Moosen aufgenommen, indem sie gegen Wasserstoffionen an der Wurzeloberfläche ausgetauscht werden.
  Diese Wasserstoffionen beschleunigen den chemischen Zersetzungsprozess der Gesteine, sie setzen dadurch weitere Nährstoffkationen frei. Bei der Zersetzung von Pionierpflanzen werden schließlich weiter organische Säuren freigesetzt.
- Auf diese Weise wird zuerst langsam, dann aber immer schneller mineralisches Gestein abgebaut und zu Tonmineralen umgewandelt und organischer Substanz aufgebaut, bis genügend pflanzliche Nahrung für kleinste tierische Lebewesen vorhanden ist.
- Diese Kleinstlebewesen wiederum fressen Pflanzenreste, zersetzen und wandeln sie wieder um in anorganische Bestandteile (Mineralisierung) oder in organische Abbauprodukte (Humifizierung).
- Mineralisierungsprodukte sind aber auch wieder Pflanzennährstoffe. Ein ständig sich vergrößernder Kreislauf von Wachstum, Reife, Tod und Abbau ist in Gang gekommen, der seine Energie aus der Sonne und seine Nahrung aus Steinen und Pflanzen bezieht. Auf diese Weise entstandene Böden bieten im Laufe der Zeit immer größeren und spezialisierteren Organismen Lebensraum:
- Fadenwürmer (bis 30 Mio. je m^2), Regenwürmer (bis 4 t je ha), Milben, Springschwänze, Borstenwürmer, Asseln, Käfer und weitere Insekten zerkleinern gröbere pflanzliche Reste. Bis zu 1 Billion echter Pilze je Quadratmeter bauen im Wesentlichen Kohlenstoff- und Stickstoffverbindungen ab, bis zu einer Billiarde Bakterien je Quadratmeter leisten die Mineralisierung. Unter eine Fläche von einem Quadratmeter können Bodenlebewesen mit einem Gesamtgewicht von bis zu 2,5 kg (25 t/ha) vorhanden sein.
- Die hochkomplexen Lagen der Bodenbildung erzeugen mehr oder weniger oberflächenparallele Lagen unterschiedliche physikalischer Struktur, chemischer Zusammensetzung und biologischer Aktivität, die Bodenhorizonte.

- Die Abfolge von Horizonten unter der organischen Auflage (O) bildet ein Bodenprofil (A: Mineralboden mit Humus; B: verwitterter Mineralboden mit Umlagerungen, unverwitterte Reste; C: Unterboden, Ausgangsgestein).
- Böden mit ähnlichem Profil zeigen einen vergleichbaren Entwicklungsstand an und werden zu Bodentypen zusammengefasst, die jeweils charakteristische Eigenschaften aufweisen.
- Außertropische Böden haben meist eine starke farbliche Differenzierung, während tropische Böden farblich oft sehr einheitlich ausfallen und optisch nur schwer in Horizonte gegliedert werden können.

Arbeitsblatt „Bodenerosion" (S. 24)

Aufgabe 1: Besonders von Bodenerosion betroffene Regionen der Erde

- die Sahelzone in Afrika
- das westliche Mexiko
- Teile der Great Plains der USA
- Nordwestchina
- der Nordwesten der Balkanhalbinsel
- die Westküste Indiens
- der Süden der Republik Südafrika
- die Steppen nördlich des Schwarzen Meeres
- der Nordosten Brasiliens
- das Innere Anatoliens
- der Osten des Irak
- die Ostküste Vietnams

Aufgabe 2: Gründe für die Bodendegradation und Raumbeispiele

Hauptursachen der Bodendegradation, von der abnehmenden Fruchtbarkeit bis zu seiner irreversiblen Zerstörung sind:

- Wasser- und Winderosion
- Desertifikation
- Abholzung und Entwaldung von Wäldern
- Überweidung und Überdüngung
- nicht angepasster Ackerbau (u. a. Einsatz schwerer landwirtschaftlicher Maschinen beim Pflügen)
- Verwendung von Pestiziden
- Bodenversiegelung (Bebauung und Verkehrsanlagen)
- zusätzlicher „Stress" durch die globale Erwärmung
- Nutzung von Böden, die für den Anbau nicht geeignet sind durch den Bevölkerungsdruck (Zuwachs)

Raumbeispiele sind die Sahelzone, das Mexikanische Hochland, die Provinz Shanxi in Chinas, Amazonasregion, das südliche Afrika, Teile Ostafrikas, die Steppen nördlich des Schwarzen Meers, Teile der Great Plains der USA.

Aufgabe 3: Lösungen zur Eindämmung der globalen Bodenerosion

- Drastische Verringerung der Abholzung von Wäldern (am Amazonas, in den Alpen usw.)
- Alternativen zur Überweidung und nicht angepasstem Ackerbau müssen entwickelt werden
- Reduktion der Überdüngung von Böden
- Reduktion der Verwendung von Pestiziden
- Weniger Bodenversiegelung (etwa in den weltweiten Touristenregionen wie Benidorm, Mallorca, Rio, Bali)
- Reduktion des Einsatzes von schweren landwirtschaftlichen Maschinen beim Pflügen
- Vorsichtigerer Umgang mit künstlicher Bewässerung in semiariden oder ariden Regionen wegen der Versalzungsgefahren – damit auch mehr Vorsicht vor der Errichtung von Großstaudämmen für die künstliche Bewässerung oder Energieversorgung wie in China, der Türkei usw.
- Einsatz von empfängnisverhütenden Mitteln in Regionen mit hohem Bevölkerungszuwachs, um den Anbau von Nahrungsmitteln auf landwirtschaftlich wenig geeigneten Böden (etwa in der Sahelzone) durch den Bevölkerungsdruck zu verringern
- Agro-Forst-Maßnahmen, um die Winderosion in entsprechend gefährdeten Gebieten (z. B. Sahel) zu vermindern
- Anlage von Waldstreifen wie in den Steppen nördlich des Schwarzen Meeres (Nachfolgestaaten der Sowjetunion)
- Wiederaufforstung von Wäldern, um die Bodenerosion zu verringern (Bsp. Alpen oder Mittelmeerraum)
- Kritische Überprüfung des Agrobusiness in den USA, in Kanada, Brasilien, Russland, der Ukraine oder Australien

Arbeitsblatt „Geoökosysteme" (S. 41/42)

Aufgabe 1: Zonalität/Azonalität des Raummusters der Geoökosysteme

Betrachtet man die Wirkungsgefüge der Geoökosysteme im Maßstabsbereich der geosphärischen Dimension, dann spielt der Geofaktor Klima eine bestimmende Rolle.

Wie die Klimate sich in Zonen über die Erde legen, so zeigen auch die Geoökosysteme gemäß dem Gesetz der Zonalität eine Anordnung zu Naturlandschaftszonen.

Die Geoökosysteme bilden in ihrer Gesamtheit das Kontinuum der Naturlandschaftsräume der Erde. Sie sind ranghöchste natürliche Raumeinheiten der Geosphäre. Man unterscheidet folgende drei ranghöchsten globalen Naturlandschaftszonen:

1. die Polarzonen (kalte Gürtel) mit Eiswüsten und Tundren;
2. die gemäßigten Zonen und subtropischen Zonen (Gürtel der temperierten Breiten) mit borealen Nadelwäldern, Laub- und Mischwäldern, Hartlaub- und Lorbeerwäldern, winterkalten und wintermilden Steppen und Wüsten;
3. den tropischen Gürtel mit winterwarmen Wüsten, Savannen und Regenwäldern.

Diese Naturlandschaftszonen erstrecken sich annähernd breitenparallel über das Festland. Sie bilden aber keine geschlossenen Gürtel, da sie von den Ozeanen unterbrochen werden und auf der Nord- und Südhalbkugel ungleichmäßig ausgeprägt sind, da die Kontinente ungleich verteilt sind.

Damit ist die azonale Gliederung nach Kontinenten und Ozeanen sowie des Großreliefs der Erde angesprochen. Sie ist das Ergebnis von Prozessen der Plattentektonik, woraus sich Faktoren der Azonalität ergeben:

1. ozeanisch bzw. kontinental beeinflusste Klimate;
2. klimatische Gegensätze an den West- und Ostseiten der Kontinente;
3. Höhenstufen in den Hochgebirgen.

Diese modifizieren die zonale Anordnung der Geoökosysteme.

Aufgabe 2: Ökologische Faktoren und das Pflanzenwachstum

Der prägende Geofaktor im Erscheinungsbild einer Naturlandschaftszone ist die Wuchsform der Vegetation:

- In den Polar- und Subpolargebieten ist die Vegetationsperiode mit nur 2 bis 3 Monaten und nur kurzzeitig oberflächlich auftauenden Böden zu kurz, um das Wachstum von Bäumen zuzulassen (Hekistothermen). Dafür gedeihen trotz des geringen Wärmeangebots krautige Pflanzen noch, weil sie überwiegend niedrig wachsen und ihre oberirdischen Teile während der kalten Jahreszeit absterben. Typisch ist ein artenarmer Vegetationstyp jenseits der polaren Baumgrenze: Je nach dem Vorherrschen bestimmter Tundrenpflanzen spricht man von Flechten-, Moos- oder Zwergstrauchtundra.
- Angepasst an kaltgemäßigte Klimate mit kühlen Sommern und strengen Wintern (Mikrothermen) sind immergrüne Nadelbäume in den borealen Nadelwäldern.
- Bei hinreichendem Wärme- und Wasserangebot setzen sich hoch wachsende Bäume und Sträucher gegenüber krautigen Pflanzen durch, da sie das Licht besser nutzen können. Es entwickeln sich Waldformationen wie:

sommergrüne Laub- und Mischwälder (Mesothermen) im kühl gemäßigten Klima;

immergrüne Hartlaubgehölze in den immerfeuchten und sommertrockenen Subtropen (Mesothermen);
tropische Regenwälder in den immer- und wechselfeuchten Tropen (Megathermen).
In den Gebieten mit Trockenklimaten reicht die Feuchtigkeit nicht zur Ausbildung von Wäldern. Dafür gedeihen bei abnehmender Wärme oder Feuchtigkeit Gräser, aber auch Stauden und Kräuter ungehindert. Sie verfügen über ein feinverzweigtes, dichtes und oberflächennahes Wurzelsystem. Geringe Niederschlagsmengen nehmen sie nahezu vollständig auf.
Wasser ist zwar ein wichtiger Wachstumsfaktor, aber Mangel an Niederschlägen setzt dem Pflanzenwachstum nicht so eindeutig Grenzen wie der Wärmefaktor. Bei ausreichender Wärme regelt und begrenzt der Wasserhaushalt das Wachstum. In den wechselfeuchten Tropen bestimmt die humide Jahreszeit die Dauer der Vegetationsperiode. In semiariden Gebieten überstehen Bäume mit Schirmakazienform (Xerophyten) längere Trockenzeiten.

Aufgabe 3: Vergleich des tropischen, polaren und temperierten Landschaftsgürtels der Erde

Polare Zone	Temperierte Zone	Tropenzone
minimales Strahlungssaldo	durchschnittliches Strahlungssaldo	z. T. hohe Einstrahlung bei Tag, z. T. hohe Ausstrahlung nachts, insgesamt hohes Strahlungssaldo
Eisklimate u. subpolare Kontinentalklimate; entspricht ungefähr der polaren Ostwindzone, jährliche Temperaturschwankungen von > 60 °C; spärliche Jahresniederschläge von < 200 mm	kalt- und kühlgemäßigtes Klima; sommertrockenes subtropisches Klima u. winterkaltes Steppenklima, entspricht ungefähr der Westwindzone; Temperaturschwankungen von 20° bis > 40 °C, große Differenziertheit des Klimas durch die geograph. Lage, das Relief sowie Luv und Lee in der Nähe von Gebirgen	immerfeuchte innere Tropen, wechselfeuchte Tropen, Randtropen; Tageszeitenklima mit < 15 °C, Amplitude im jährl. Temp.-gang; hohe Jahresdurchschnittstemperaturen; Niederschläge zw. < 250 mm und > 1500 mm, vorwiegend Zenitalregen, selten zyklonaler Nds., Feuchtigkeitszufuhr durch Passate bzw. Monsune
maximale Schwankung der Tageslänge zwischen 0 u. 24 Stunden (Polarnacht/Polartag)	Schwankung der Tageslänge zwischen 6 und 18 Stunden, abhängig von Jahreszeiten u. geograph. Lage	annähernd gleich lange Tage über das ganze Jahr hindurch
subpolare Tundrenvegetation mit Moosen, Flechten	boreale Nadelwälder der kühlen Klimate; Laub- und Mischwälder der kühl gemäßigten Zone; immergrüne Laubwälder der sommertrockenen und winterfeuchten Subtropen	tropische Regenwälder, Feucht-, Trocken-, Dornsavannen, Halbwüsten- u. Wüstenvegetation, große Bandbreite der Biomassenproduktion zwischen inneren Tropen und Randtropen
Permafrostböden, Gleye	Podsolböden, graue Waldböden, Braunerden, Parabraunerden, Gleye, Schwarzerdeböden, kastanienfarbene Steppenböden	tropische Roterden (Latosole), Laterite, Halbwüsten- und Wüstenböden

Arbeitsblatt „Tropischer Regenwald" (S. 43/44)

Aufgabe 1: Nährstoff- und Wasserkreislauf im tropischen Regenwald

- Hohe Sonnenenergie (mit zwei Zenitaldurchgängen, nahezu gleichlangen Tagen über das ganze Jahr und gleichmäßig starker Sonneneinstrahlung), hohe Temperaturen (alle Monate über 18 °C) und Niederschläge (Jahresniederschläge von über 2000 mm, keine ausgeprägte Trockenzeit) sowie eine ständige Feuchtigkeitszufuhr der Luft durch Evapotranspiration (gesamte Verdunstung), Passate und Monsune (25 %) bewirken im tropischen Regenwald eine üppige Vegetation.
- Die Biomassenproduktion ist im tropischen Regenwald die höchste auf der Erde (32,5 t Primärproduktion je ha/Jahr, 25,0 t absterbende Biomasse/Jahr, 7,5 t Nettozuwachs je ha/Jahr). Bäume, Sträucher und Gräser wachsen sehr schnell, sodass der Regenwald 2,5-mal mehr Biomasse je ha und Jahr produziert als beispielsweise unsere Buchenwälder.
- Die Regenwälder sind immergrün. Da die Pflanzen das ganze Jahr über wachsen können, werfen die Bäume ihre Blätter nur einzeln, nicht aber zu einer bestimmten Jahreszeit ab. Der Laubwechsel verteilt sich auf das ganze Jahr, ebenso die Blüte und die Fruchtreife.
- Die Pflanzen streben in drei bis vier verschiedenen Stockwerken dem Licht zu. Nur etwa 1 % des Sonnenlichts erreicht den Boden. Das Wachstum der Pflanzen wird wesentlich durch das Licht gesteuert, es ist primär lichtabhängig. Wärme und Feuchtigkeit sind dagegen generell vorhanden. Die schlechten Lichtverhältnisse am Boden führen zu relativ welk erscheinenden schwach grünen Blättern. Baumgräser, Sträucher und Pilze dominieren. Erst in den mittleren Stockwerken mit ausreichenden bis guten Lichtverhältnissen haben die Pflanzen große grüne Blätter. Die Bäume in den höheren Stockwerken, die viel Licht, direkte Sonneneinstrahlung und hohe Niederschläge erhalten, bilden lederartige grüne Blätter als Schutz vor den Gewitterregen aus.
- Das Holz der tropischen Bäume zeigt keine Jahresringe, da während des ganzen Jahres ein gleichmäßiges Dickenwachstum möglich ist.
- Ein für den Regenwaldes und seinen Nährstoffkreislauf typisches Element sind die vielfältigen Epiphytenarten (sog. Aufsitzerpflanzen, hart- und weichblättrige Gewächse, die ohne Kontakt mit dem Erdboden auf Bäumen wachsen) oder Kletterpflanzen, die dem Licht zustreben.
- Man sollte nun meinen, im Regenwald müsste eine hohen Bodenfruchtbarkeit vorhanden sein, wenn man an die hohe Vegetationsdichte, die große Biomassenproduktion im mehrstöckigen Waldaufbau und den permanenten Laubabfall denkt sowie an das beständig feuchte und warme Klima, in dem Gesteine und abgestorbene organische Substanz sich viel schneller zersetzen als in unseren Laubwäldern, sodass laufend organische und anorganische Nährstoffe sowie Mineralien zur Bodenbildung bereitgestellt werden. Aber der Eindruck trügt: Unter dem Einfluss des beständig heißen und feuchten Klimas haben die physikalischen und chemischen Prozesse zu einer tiefgründigen sowie vollständigen Umwandlung des ursprünglichen Mineralbestandes und auch der Mineralstruktur geführt. Sogar Silikate werden unter tropischen Verwitterungsbedingungen zersetzt und die lösliche Kieselsäure wird zusammen mit den Alkali- und Erdalkalianteilen fast vollständig ausgewaschen. Überwiegend sehr einfach gebaute Minerale bilden die Hauptbestandteile der tropischen Roterden (Latosole), vor allem Aluminium-, Silizium- und reichlich Eisenoxide sowie die am einfachsten gebauten Tonminerale wie Kaolinit. Die Eisenoxide verleihen dabei dem tropischen Boden seine typische rötliche Farbe.

- Die Vegetation ist an die gering humifizierten Böden angepasst. Die Pflanzen haben meist nur sehr flache Wurzeln, die eine Bodenabspülung verhindern. Die Hauptmasse der Nährstoffe wird in einem kurzgeschlossenen Nährstoffkreislauf über abgestorbene Biomasse den lebenden Pflanzen wieder zugeführt. Die bei der Zersetzung organischer Substanzen entstehenden Humusstoffe werden an der Bodenoberfläche von den flachgründigen Wurzeln aufgenommen. Diese Aufnahme wird durch Mykorrhiza-Pilze unterstützt, die an den Wurzeln der mehrjährigen Pflanzen leben und wie eine Nährstofffalle wirken. So wird das abgestorbene organische Material vor der eigentlichen Mineralisierung oder Humifizierung über das Mykorrhiza-Geflecht den lebenden Pflanzen in organischer Form wieder zugeführt. Der Kreislauf der Nährstoffe ist kurz und weitgehend, aber nicht vollständig geschlossen. Da Nährstoffe über absterbende Biomasse laufend nachgeliefert werden, können per Saldo ausgewaschene Bestandteile (Basen) rasch ersetzt werden.
- Noch vor wenigen Jahrzehnten glaubte man, dass der tropische Regenwald ausschließlich aus dem Boden heraus lebe oder zumindest aus seinem eigenen organischen Material, besonders der oberen Bodenabdeckung. Heute weiß man, dass Nährstoffe aus der Luft, dem Regenwasser und dem Boden für den Nährstoffhaushalt des Regenwaldes sehr wichtig sind. Dem trägt die Abb. M 1 Rechnung.
- Allein das tägliche Regenwasser ist ungemein wichtig, denn die meisten Pflanzen der Tropen benötigen sehr viel Wasser. Sie können nur eine kurze Trockenzeit überstehen. Viele Pflanzen sind total an das ständig feuchte und warme Klima angepasst und auf genau diese ökologischen Verhältnisse angewiesen.

Aufgabe 2: Wirkungsgefüge des tropischen Regenwaldes

Das Wirkungsgefüge des tropischen Regenwaldes wird durch folgende, sich wechselseitig bedingende Abläufe bestimmt:

- Hohe Sonnenenergie (zwei Zenitaldurchgänge, alle Tage nahezu gleich lang, gleichmäßig hohe Einstrahlung) bewirkt:
- ein immerfeuchtes Regenwaldklima (alle Monate über 18 °C; im Äquatorbereich liegen die Monatsmitteltemperaturen im Tiefland zwischen 25° u. 28 °C; die Temperaturdifferenz von 15 °C zwischen Tag und Nacht ist größer als die des Jahres – Tageszeitenklima) mit Jahresniederschlägen von über 2000 mm ohne ausgeprägte Trockenzeit
- Die Niederschläge sind aber auch im immerfeuchten Regenwald nicht völlig gleichmäßig über das Jahr verteilt, sondern in der Regel an Zenitalregen gebunden, die ihr Maximum etwas zeitverzögert nach dem Sonnenhöchststand erreichen.
- Durch Sonneneinstrahlung kommt es im Laufe des Vormittages eines Tropentages zu einer starken Erwärmung der feuchten und schwülen Luft; am Nachmittag folgen durch Konvektionsvorgänge im Bereich der ITC in der Regel gewittrige Schauer.
- Die klimatischen Bedingungen haben eine sehr intensive und tiefreichende physikalische und chemische Verwitterung zur Folge mit einer vollständigen Umwandlung des ursprünglichen Mineralbestandes und der Mineralstruktur des Ausgangsgesteins; sogar Silikate werden unter tropischen Verwitterungsbedingungen zersetzt und die lösliche Kieselsäure wird zusammen mit den Alkali- und Erdalkalianteilen fast vollständig ausgewaschen.
- Typisch für die tropische Roterde sind die undeutliche Horizontdifferenzierung, der geringe Humusgehalt des Oberbodens (unter 2 %), die hohe Porosität und Permeabilität, die niedrige Kationen-Austauschfähigkeit (vgl. Abb. M 1, unterer Teil).
- Starke Sonneneinstrahlung, hohe Temperaturen und hohe Niederschläge lassen im tropischen Regenwald eine üppige Vegetation entstehen, die Biomassenproduktion ist hier am höchsten auf der Erde (vgl. die Daten im großen Rechteck in der Mitte der Abb. M 2).
- Die Pflanzen streben in drei bis vier Stockwerken dem Licht zu. Nur etwa 1 % des Sonnenlichts erreicht den Boden. Das Wachstum der Pflanzen wird wesentlich durch das Licht gesteuert, es ist primär lichtabhängig. Wärme und Feuchtigkeit sind hingegen generell vorhanden.
- Die artenreiche Vegetation ist an die gering humifizierten Böden gut angepasst. Die Pflanzen haben meist nur sehr flache Wurzeln, die eine Bodenabspülung verhindern. Die Hauptmasse der Nährstoffe wird in einem kurzgeschlossenen Nährstoffkreislauf über abgestorbene Biomasse den lebenden Pflanzen wieder zugeführt, indem die bei der Zersetzung organischer Substanzen entstehenden Humusstoffe an der Bodenoberfläche von den flachgründigen Wurzeln aufgenommen werden.
- Der Kreislauf der Nährstoffe ist kurz und weitgehend geschlossen, auch wenn die Niederschläge durch Konvektion und Zufuhr durch Passate bzw. Monsune, der Eintrag von Wasserdampf über die Atmosphäre, die Evapotranspiration (Verdunstung an der Bodenoberfläche und durch Pflanzen), die Nährstoffeinträge aus der Luft, die Aufnahme von Luftstickstoff durch ein oberflächennahes Wurzelgeflecht mit Knöllchenbakterien als Luftstickstoffsammler in ihrer Wirkung auf das Gesamtgefüge des tropischen Regenwaldes nicht unterschätzt werden dürfen.

Aufgabe 3: Die ökologischen Folgen der Zerstörung des Regenwaldes

Rodungen für landwirtschaftliche Großbetriebe, Raubwirtschaft zur Holzgewinnung, Rodungen für Bergbauflächen, Gewerbeflächen, Verkehrswege oder Siedlungen, selbst Brandrodungen im Zuge einer Wald-Feld-Wechselwirtschaft haben im tropischen Regenwald meist erhebliche Folgen, von denen hier einige aufgelistet werden sollen:

- Erhöhung des Oberflächenabflusses (Denudation);
- Erhöhung der Verdunstung (Evaporationszunahme);
- Temperaturanstieg;
- Anstieg der Temperatur der Bodenoberfläche;
- intensivere Mineralisierung;
- Zerstörung der Nährstofffallen;
- Abnahme der abgestorbenen Biomasse;
- Nährstoffverluste durch Versickerung;
- ungehemmter Aufprall von Starkregen auf den Boden;
- Bodenverluste durch Rinnenbildung (Erosionsrinnen);
- Zerstörung des inneren Wasserhaushaltes;
- Abnahme des Humusgehaltes im A-Horizont;
- Abnahme der relativen Feuchte in der bodennahen Luft;
- Beschränkung des Pflanzenwachstums durch periodischen Wassermangel;
- Invasion von Xerophyten, Rückgang von Hygrophyten;
- Abnahme der Bodenfruchtbarkeit;
- Abnahme des Jahresniederschlages;
- Abnahme der Artenvielfalt/Biodiversität;
- Bodendegradation als Endergebnis.

Arbeitsblatt „Tschad – ein Entwicklungsland mit Erdölförderung“ (S. 56/57)

Aufgabe 1: Der Tschad als typisches Entwicklungsland der Sahelzone

Der „Steckbrief“ M 4 zum Tschad erklärt weitgehend, warum das Land sowohl nach dem HDI (Human Development Index) wie nach anderen Kriterien zu den LLDC (Least Developed Countries), LLC (Landlocked Countries) und HIPC (Heavily Indebted Poor Countries) Staaten zählt:

- minimales BIP/Kopf der Bevölkerung
- absolute Armut weit verbreitet (zu rd. 80 %)
- geringe Lebenserwartung (47,2 Jahre)
- sehr junges Durchschnittsalter der Bevölkerung (16,3)
- alterspyramide mit einer sehr breiten Basis
- sehr hohe Analphabetenquote (52,5 %)
- hohe Zuwachsrate der Bevölkerung (3,4 %)
- hohe Fruchtbarkeitsrate (5,56 Kinder pro Frau)
- geringes Wirtschaftswachstum seit Jahren
- sehr geringe Urbanisierung (unter 25 %)

- sehr traditionelle Struktur der Wirtschaftssektoren sowohl nach der Zahl der Beschäftigten als auch nach dem BIP je Sektor (Landwirtschaft 32,5% des BIP, 72% der Beschäftigten in der Landwirtschaft, 28% Industrie und Dienstleistungen)
- Dominanz der Subsistenzwirtschaft in der Landwirtschaft
- Die Disparitäten zwischen dem ariden und ökonomisch wenig entwickelten Norden und dem semiariden und besser entwickelten Süden (Ölfunde, Baumwolle) sind extrem und behindern die künftige Entwicklung.

Aufgabe 2: Klassifizierung des Entwicklungsstandes des Tschad

- Mit einem BIP von 250$ im Jahr pro Kopf zählt der Tschad zu den ärmsten Ländern der Erde (unterstes Fünftel der Weltrangliste). Über 80% leben unterhalb der absoluten Armutslinie. Der Tschad gehört damit laut UNO und Weltbank zu den sog. LLDC-Staaten (den Least Developed Countries) und auch zu Landlocked Countries (LLC), wegen seiner Armut, wegen seiner geringen Welthandelsbeteiligung und wegen seiner küstenfernen Lage mit völlig rückständiger Verkehrserschließung.
- Der HDI-Wert des Tschad liegt seit Jahren unter 0,5, die globale Position variiert zwischen Platz 173 und Platz 175 (unterstes Drittel der Weltrangliste).
- Nach dem Gender Development Index (GDI) nimmt der Tschad ebenfalls einen Platz im letzten Fünftel (Rang 121–146) der Entwicklungsländer ein (vgl. F. Scholz, 2006, vgl. Hillmann 2006).
- Der Tschad zählt zum Hungergürtel der Erde. Der Anteil der unterernährten Menschen an der Gesamtbevölkerung beträgt laut FAO bis 35%, seit 1950 gab es immer wieder Hungerkatastrophen in dieser Hungerregion Afrikas.
- Wegen des schlechten Bildungssystems ist die Analphabetenquote extrem hoch (52,5%).
- Die erwerbsfähige und erwerbstätige Bevölkerung ist für anspruchsvolle Berufe kaum qualifiziert, Folge davon ist u.a. die hohe Erwerbsquote (72% in 2003) in der Landwirtschaft.
- Die Zuwachsrate der Bevölkerung von 3,4% ist international sehr hoch und als „Vulnerabilitätsfaktor" des Landes zu betrachten; die Bevölkerung wird sich in gut 20 Jahren verdoppelt haben, was die Nahrungsversorgung und das Arbeitsplatzangebot vor große Probleme stellt.
- Trotz der Schuldenerlasse nach 1999 (G7-Gipfel in Köln) und trotz der Erdölförderung nach 2003 zählt der Tschad wegen seines geringen Pro-Kopf-Einkommens (<925 US-$) und seiner Schuldenquote (Verschuldung bei der WB/IMF) zu den Highly Indebted Poor Countries (HIPC) bzw. Severely Indebted Low-Income Countries (SILIC).

Aufgabe 3: Erdölförderung als Ausweg aus der Unterentwicklung?

In der Region Doba im Süden des Tschad wird seit 2003 Erdöl gefördert, das über eine 1070 km lange Pipeline zum Verladehafen Kribi in Kamerun gelangt. Das Erdöl soll dem Tschad nach den Vorstellungen seines Präsidenten eine neue wirtschaftliche Grundlage geben. Ende 2005 nahm das Land 399 Mio. US-$ durch den Erdölexport ein. Dennoch sind folgende Aspekte der Erdölproduktion zu bedenken:

- Die Beschäftigungspolitik der Ölgesellschaft, Kurzzeitverträge mit möglichst vielen Menschen zu schließen, hat die soziale Struktur der Region Doba nachhaltig zerstört.
- Für kurze Saisonarbeit verließen viele Männer ihre bisherigen Arbeitsplätze in der Landwirtschaft, der Schule und im Gesundheitswesen. Die Männer leben in Camps: Entwurzelung und westlicher Lebensstil sind Begleiterscheinungen.
- Zurück bleiben Frauen, Kinder und alte Menschen. Die Feldarbeit musste zu über 70% von den Frauen geleistet werden. Das Aufsplitten der Familien ist ein hoher Preis.
- Der Preis für das Grundnahrungsmittel Hirse ist vor allem für die arme Bevölkerung drastisch gestiegen, Reis kostet das Doppelte, Fleisch das Vierfache, Bohnen das Zehnfache, und Fisch ist kaum noch zu bezahlen.
- Die Ölförderung verschärft zusätzlich zum Baumwollanbau im Süden des Landes noch einmal die Disparitäten zum ärmeren Norden, in dem weder Bodenschätze gefördert noch Cash Crops angebaut werden.
- Die Einnahmen aus der Erdölförderung kommen nur zum Teil der Landesentwicklung zugute, da die Förderung von multinationalen Konzernen betrieben wird und der Staat mit den Erdöleinnahmen z.T. den Haushalt saniert.

Die Vorleistungen des Tschad beim Aufbau der Erdölförderung und des Pipelinebaus waren erheblich und haben Gelder absorbiert, die im Gesundheits- und im Schulwesen bei Ausbau der Infrastruktur gefehlt haben.

Arbeitsblatt „Entwicklung der Weltbevölkerung" (S. 58)

Aufgabe 1: Die Verdoppelung der Weltbevölkerung

Die Verdoppelung der Weltbevölkerung dauerte

von 1 Mrd. auf 2 Mrd. Einwohner	123 Jahre
von 2 Mrd. auf 4 Mrd. Einwohner	51 Jahre
von 4 Mrd. auf 8 Mrd. Einwohner	54 Jahre

Aufgabe 2: Der globale Bevölkerungszuwachs nach Regionen der Erde

Der für den Zeitraum von 2007 bis 2050 prognostizierte Bevölkerungszuwachs fällt je nach Region sehr verschieden aus:

in Ozeanien:	40,4% prognostizierter Zuwachs
in Nordamerika:	30,0% prognostizierter Zuwachs
in Lateinamerika:	35,8 % prognostizierter Zuwachs
in Europa:	11,3% prognostizierter Rückgang
in Afrika:	104,9% prognostizierter Zuwachs
in Asien:	130,5% prognostizierter Zuwachs

Während in Asien und Afrika sich die Bevölkerung in den nächsten 43 Jahren mehr als verdoppeln und auch in Nord- und Südamerika sowie in Ozeanien um 30 bis 40% zunehmen könnte, wird die Bevölkerungszahl Europas nach den bisherigen Prognosen um mehr als 10% zurückgehen, weil die natürliche Bevölkerungswachstumsquote in vielen Staaten Europas gering ist.
Aber sicher ist der prognostizierte Bevölkerungszuwachs in den verschiedenen Regionen der Welt nicht, weil die „Arche Europa" viele Einwanderer aus Afrika, dem Nahen Osten und Asien aus sozialen und ökonomischen Gründen anlockt oder weil dort etliche Bürgerkriege (Sudan, Afghanistan, Irak) oder Unruhen (Tschad, DR Kongo, Nigeria) herrschen.

Aufgabe 3: Schlussfolgerungen aus der Bevölkerungszunahme

- Es gibt schon jetzt große Unterschiede in der Verteilung der Weltbevölkerung auf die Kontinente der Erde. Diese Unterschiede, die natürliche, soziale und politische Ursachen haben, werden sich in Zukunft noch verstärken.
- Die größte Zunahme der Weltbevölkerung findet zurzeit in den Staaten Asiens und Afrikas statt, meistens Entwicklungsländern, während das Bevölkerungswachstum in Europa stagniert oder sogar rückläufig ist.
- Die extrem ungleiche demographische Entwicklung in der Welt ist gekennzeichnet durch niedrige Geburtenraten, Bevölkerungsrückgänge und Überalterungstendenzen in den meisten europäischen Staaten und hohe Wachstumsraten der Bevölkerung in den Entwicklungsländern.

Aufgabe 4: Das Modell des demographischen Wandels – bezogen auf die Entwicklung der Weltbevölkerung

1. Phase: hohe, nahe beieinander liegende Graphen der Geburten- (34‰) und Sterberaten (28‰–21,7‰), geringe Wachstumsraten (0,60%–1,23%)

2. Phase: Deutlich fallende Sterberaten bei weitgehend konstanten Geburtenraten, somit ansteigende Wachstumsraten (rd. 1,4 %) durch Medizin, Ernährung u. a.
3. Phase: Weiterer Rückgang der Sterberaten (fallender Graph) und einsetzender Geburtenrückgang (abfallender Graph), maximale Wachstumsraten werden erreicht (steil ansteigender Graph des Bevölkerungswachstums, Anstieg von 2,2 % auf maximal 3,3 %.
4. Phase: Rascher Abfall des Geburtenniveaus, niedrige bzw. nur noch leicht abnehmende Sterberaten; daraus resultieren zurückgehende Wachstumsraten; der Graph der Wachstumsrate verläuft asymptotisch zur Zeitleiste (X-Achse), aber doch noch bei über 3 %.
5. Phase: Niedrige Geburten- und Sterberaten, beide Graphen verlaufen auf niedrigem Niveau dicht beieinander, geringe bis stagnierende Geburten- und Sterberaten sind die Folge dieser aktuellen Entwicklung; einige äußere Umstände beeinflussen die Geburtenrate und schlagen sich in deren Oszillation nieder.

Arbeitsblatt „Urbanisierung" (S. 59/60)

Aufgabe 1: Ursachen für die Entwicklung der Stadtbevölkerung

- Die *globale* Verstädterung, d. h. die extrem rasche Zunahme der Stadt- an der Gesamtbevölkerung der Erde, setzte um 1800 in den altindustrialisierten Ländern aufgrund von Agrarreformen, Agrartechniken, Landflucht, Arbeitskräftebedarf in den neuen Industriestädten (England, Deutschland, USA) und wegen des Bevölkerungswachstums (aufgrund sinkender Sterberaten) ein.
- An die Verstädterung gekoppelt ist seit 200 Jahren die Urbanisierung, d. h. der „räumliche Ausbreitungsprozess landesspezifischer städtischer Bauweise, Funktion und Lebensformen" im Unterschied zu ländlichen Wohn- und Lebensformen (vgl. F. Scholz, Entwicklungsländer 2006).
- Am schnellsten vollzieht sich heute die Verstädterung bzw. Urbanisierung in den Entwicklungsländern und in den Kontinenten Asien und Afrika.
- Eine Besonderheit im Verstädterungs- und Urbanisierungsprozess ist die Metropolisierung und Konzentration von Menschen in Megacities mit mehr als 5,8 oder 10 Mio. Einwohnern und einer Bevölkerungsdichte von 2000 Ew./km^2 (je nach Definition und Definitionszeitpunkt), Urbanisierungsprozesse, die in den letzten Jahrzehnten vor allen Dingen in den Entwicklungsländern stattfinden.
- Im Jahre 2008 wird zum ersten Mal in der Geschichte die Hälfte der Weltbevölkerung in Städten leben – insgesamt 3,3 Mrd. Menschen.
- Eine weitere Besonderheit der Urbanisierung ist die heutige Erkenntnis, dass das städtische Wachstum der Zukunft zum größten Teil in den kleineren Städten mit nicht mehr als 500 000 Einwohnern stattfinden wird. Die Megastädte mit über 10 Mio. Einwohnern sind nicht in dem Maße gewachsen, wie das noch in den 1970er-Jahren prognostiziert wurde. Dennoch: Gab es 1950 erst fünf Megastädte, so gibt es davon heute rd. 40 und davon 35 in Entwicklungsländern.
- Als gesichert gilt, dass Verstädterung und Urbanisierung weltweit in großen räumlichen Dimensionen wirksam werden und der Transformationsprozess in den Entwicklungsländern analog dem in den hoch entwickelten Staaten verlaufen wird, nur in größerem Umfang und schneller: Die Stadtbevölkerung in den Entwicklungsländern nimmt (in Mio. Ew.) dramatisch zu, die Landbevölkerung nimmt rapide ab (in Mio.); die Stadtbevölkerung in den hoch entwickelten Staaten wächst dagegen viel langsamer (vgl. M 1), die sowie schon geringe Landbevölkerung nimmt langsamer ab als in den Entwicklungsländern.

Aufgabe 2: Das Wachstum ausgewählter Megastädte

Gab es 1950 erst zwei Megastädte mit mehr als 8 Mio. Einwohnern, davon keine in den Entwicklungsländern, so hat sich dieses Verhältnis ständig zu deren Gunsten verändert. 1970 gab es je fünf Megacities mit über 8 Mio. Einwohner in den Industriestaaten und in den Entwicklungsländern, 1990 gab es bereits 14 Megacities in den EL und nur 6 in den IL; im Jahre 2000 gab es in den EL 28 Megacities, während die Zahl in den hoch entwickelten Staaten bei sechs (wie 1990) stagnierte (vgl. F. Scholz 2006, S. 39). 2007 liegen unter den Top Ten der weltgrößten Städte nur noch Tokio, New York, Paris und London als Megacities der Industriestaaten, während die anderen sechs der Top Ten, d. h. Mumbai, Mexiko-Stadt, Delhi, Dhaka, Lagos und São Paulo sämtlich in Entwicklungs- oder Schwellenländern liegen und größer sind als die Megacities der hoch entwickelten Staaten, wenn man vom Spitzenreiter Tokio absieht

Aufgabe 3: Urbanisierung als Chance?

Argumente für die These von der „Urbanisierung als Chance":

- Statt den Zuzug in die Städte stoppen zu wollen, sollte man bezahlbaren Wohnraum schaffen, um die Entstehung von Slums zu verhindern.
- Die Menschen haben in den Städten durchaus Chancen, der Armut auf dem Lande zu entkommen, wenn innovative Firmen zukunftsträchtige Arbeitsplätze schaffen und die Arbeit im informellen Sektor drastisch abgesenkt wird.
- Städte können den Menschen Verbesserungen bringen, wenn dort Bildungseinrichtungen, Forschungs- und Entwicklungseinrichtungen geschaffen werden.
- Die Menschen haben in den Städten größere Chancen als auf dem Lande, eine bessere medizinische Versorgung und bessere sanitäre Bedingungen zu erhalten, wenn in diese Bereiche noch mehr investiert wird.
- Die Menschen haben in den Städten Chancen auf bessere Arbeitsbedingungen als auf dem Lande, wenn der Staat und kommunale Verwaltung darauf achten, dass sich Unternehmen und ausländische Investoren ansiedeln, die aus sozialer Verantwortung humane Arbeitsbedingungen anbieten und in ihrem Firmenprogramm/Leitbild festschreiben.
- Die Menschen haben in Städten die Chance auf bessere Lebens- und Arbeitsbedingungen als auf dem Lande, wenn der öffentliche Personennahverkehr noch ausgebaut wird.
- Die Menschen haben auch in kleineren Städten eine Chance auf gute Lebens- und Arbeitsbedingungen, wenn dort zentrale Einrichtungen geschaffen werden, die der Suburbanisierung und dem Pendlerwesen entgegenwirken.

Arbeitsblatt „Internationaler Warenhandel" (S. 71/72)

Aufgabe 1: Gründe für den Warenhandel

- Verfügbarkeitsunterschiede aufgrund unterschiedlicher Ausstattung mit Ressourcen (Klima, Böden, Pflanzenanbaubedingungen, Tierwelt, Bodenschätze usw.),
- Preisunterschiede bei der Herstellung von Waren infolge der Liberalisierung des Warenhandels, infolge von Lohndifferenzen, Rohstoffkosten, niedriger Transportkosten, klimatischer Bedingungen,
- individuelle Verbraucherwünsche und -bedürfnisse,
- subtile Qualitätsunterschiede bei Produkten wie Autos, Textilien, elektronischen Geräten u. a. Waren

Aufgabe 2: Zuordnung der Abbildungen M 2 in den weltweiten Handel

Das linke Foto von M 2 zeigt Säcke und Behälter unterschiedlichen Ausmaßes eines eigenständigen Gewürzhändlers in Tunesien, der leicht verderbliche landwirtschaftlichen Erzeugnisse aus der nordafrikanischen Region auf dem lokalen Markt (Basar) von Tunis oder Sfax verkaufen will, die Mengen werden noch mit der Waage ausgewogen und die Gewürze mit handlichen Gefäßen oder Schaufeln abgefüllt. Der Händler wartet nach orientalischer Manier geduldig auf seine Kundschaft. Seine Ware bekommt der Gewürzhändler von Lieferanten (Zwischenhändlern aus den Souks), die die Gewürze auf dem flachen Lande eingekauft haben. Das rechte Foto von M 2 zeigt eine moderne Bananenpackstation in Panama eines multinationalen Konzerns (Logo auf den Kartons); die Bananen sind für den Weltmarkt in Nordamerika oder Europa bestimmt; die Früchte müssen Größen- und Qualitätsstandards genügen, die Kartons sind genormt nach Größe u. Gewicht, neben simpler manueller und schlecht bezahlter Arbeit werden vor allem Transport- und Verpackungsmaschinen eingesetzt, die von den Eignern der Verpackungsfabrik gekauft wurden. Die Produktion der Bananen dürfte nicht in einem Familienbetrieb, sondern in einer Genossenschaft erfolgt sein, die in typischer Weise für einen mittelamerikanischen Staat wie Panama für einen US-Konzern Bananen für den Weltmarkt erzeugt und in Lizenz verpackt.

Aufgabe 3: Die räumliche Verteilung des globalen Warenverkehrs

a) Am internationalen Warenhandel sind keineswegs alle Länder gleichermaßen beteiligt. Über zwei Drittel der Exporte entfallen auf die hoch entwickelten Länder in Nordamerika, Europa und Japan.
b) Den intensivsten gegenseitigen Austausch verzeichnen die EU-27-Staaten; hier erlaubt die wirtschaftliche Integration eine kostenorientierte Arbeitsteilung und es kommt zu immer stärkeren Marktüberschneidungen.
c) Innerhalb der übrigen Länder besitzen die Schwellenländer in Ost- und Südostasien noch relativ hohe Anteile am Welthandel.
d) Demgegenüber liegt das Volumen der Exporte der ärmeren Entwicklungsländer in Afrika und Lateinamerika bei zusammen unter 10 %.
e) In jüngster Zeit holen China und Russland im Welthandel mächtig auf, was im Falle von Russland wegen seiner Brennstoffe und Bergbauprodukte (Öl, Gas, Metalle, Mineralien usw.) vor allem die Exporte anbetrifft, im Falle von China gilt die Aufholjagd sowohl für den Import (Energierohstoffe, Industriegüter) als auch für den Export (Industriegüter wie Textilien, elektronische Erzeugnisse, konventionelle Elektroartikel, Spielzeug, Kunststoff, usw.).

Auffällig sind auch die Unterschiede in der Struktur und der Richtung der Exporte und Importe:

- Bei den hoch entwickelten Ländern dominiert der Austausch von industriellen Fertigprodukten (z. B. Maschinen, fertigen Elektrogeräten, anspruchsvollen Konsumgütern) untereinander.
- Die Schwellenländer exportieren vor allem Güter, für deren Herstellung billige Arbeitskräfte eingesetzt werden (z. B. Bekleidung, Montage von Elektrogeräten), in die hoch entwickelten Länder und sie importieren von dort Industriegüter (z. B. Fahrzeuge, Maschinen).
- Der Handel zwischen Entwicklungsländern ist wenig ausgeprägt; sie weisen sehr ähnliche Exportstrukturen (Primärgüter; d. h. gleiche Agrarprodukte oder Rohstoffe) auf und besitzen deshalb wenig Austauschpotenzial. Ihre Primärgüter exportieren sie in die hoch entwickelten Länder und beziehen von dort Fertigwaren. (Einen Sonderfall stellen die Erdöl exportierenden Golfstaaten dar.) Generell gilt die einseitige Abhängigkeit von Primärgüterexporten, wie sie für viele Entwicklungsländer typisch ist, als problematisch. Preisschwankungen sind wesentlich stärker als bei Fertigprodukten; entsprechend bleiben die jährlichen Einnahmen unkalkulierbar und eine längerfristige Planung der Einnahmenverwendung wird erschwert.

Aufgabe 4: Das Modell des wirtschaftlichen Dualismus an einem Beispiel

Die Wirtschaft vieler Entwicklungsländer ist durch eine dualistische Struktur gekennzeichnet. Das gilt auch für den Dualismus in der Landwirtschaft wenig entwickelter Staaten:

- Auf der einen Seite gibt es z. B. in dem Sahelstaat Mali die Subsistenzwirtschaft, in der ein sehr großer Teil der Bevölkerung in Form von kleinbäuerlichen Familienbetrieben auf traditionelle Weise agrarische Erzeugnisse (z. B. Hirse) für den eigenen Verbrauch und höchstens für den lokalen oder regionalen Markt produziert.
- Auf der anderen Seite gibt es einen kleinen, modernen Sektor der Landwirtschaft, der Cash Crops für den Weltmarkt anbaut (z. B. Baumwolle in Mali). Der Dualismus zeigt sich nicht nur in der Produktionsausrichtung, sondern auch in der Betriebsgröße und im Kapitaleinsatz.
- Während der Hirseanbau kaum mechanisiert und personalintensiv erfolgt, wird der Baumwollanbau schon mit moderneren Anbau- und Erntegeräten betrieben, obwohl genügend billige Arbeitskräfte zur Verfügung stehen.
- Beim Baumwollanbau spielen bereits künstliche Bewässerung, größere Betriebseinheiten (z. B. in Form von Genossenschaftsbetrieben) und der Einsatz von Lohnarbeitern (z. B. Wanderarbeiter in der Erntezeit) eine Rolle.
- Der Anbau von Baumwolle als Cash Crop ist auch schon auf moderne Verkehrsmittel (Lkw, Binnenschiffe, Flugzeuge) und eine minimale Verkehrsinfrastruktur (Straßen, Flugplätze, Häfen) angewiesen, um überhaupt in den Weltmarkt integriert werden zu können.
- Dabei ist die Einbindung des Baumwollanbaus in Mali nicht unproblematisch, da der Anbau von Cash Crops wie Baumwolle den Anbau von dringend benötigten Nahrungsmitteln wie Hirse mindert. Außerdem entwickeln sich in den Städten, in denen Baumwolle verarbeitet wird, billige Wohnsiedlungen, Arbeitersubkulturen, Saisonarbeit und informelle Wirtschaftssektoren, die dem Wirtschafts- und Sozialsystem eines Landes wie Mali schaden.

5. Exportprofile der Wirtschaftsregionen der Erde

- Die Staaten Nordamerikas, Europas und Asiens zeichnen sich durch einen auffallend starken Export von Industriegütern aus. In Nordamerika beträgt der Exportanteil an Industriegütern am Gesamtexport z. B. 77 %, in Asien sogar 85 % und in Europa 81 %. Die hoch entwickelten Staaten leben vom Verkauf hochwertiger Industriegüter an andere Industriestaaten und vom Verkauf ihrer industriellen Fertigwaren an Schwellenländer und Entwicklungsländer. Dabei ist der Austausch von industriellen Fertigprodukten (Maschinen, Autos, Elektrogeräte) untereinander dominant.
- In Mittel- und Südamerika mit seinen Entwicklungs- und Schwellenländern verteilen sich die Exportanteile von Agrarprodukten (27 %), Brennstoffen und Bergbauprodukten (38 %) und Industriegütern (35 %) fast gleichmäßig zu je rd. einem Drittel auf die drei Produktgruppen. Schwellenländer wie Mexiko, Costa Rica und Brasilien exportieren vor allem Güter, für deren Herstellung billige Arbeitskräfte eingesetzt werden (Montage von Elektrogeräten, Ernte und Verarbeitung von landwirtschaftlichen Erzeugnissen (Kaffee, Orangen). Der Handel zwischen den Entwicklungsländern Mittel- und Südamerikas ist noch wenig ausgeprägt. Das geringe Handelsvolumen insgesamt (in Mrd. US-$) zeugt noch von einer erstaunlich geringen Integration der Staaten Mittel- und Südamerikas in den Weltmarkt.
- Die Transformationsländer der GUS, d. h. im Wesentlichen Russland, zeichnen sich durch einen sehr starken Export (62,5 %) von Brennstoffen und Bergbauprodukten aus, während Agrarprodukte (8 %) und der Export von Industriegütern (29,5 %) dagegen nur ein Drittel der Exporteinnahmen (in Mrd. US-$) ausmachen. Aber die Einnahmen aus dem Verkauf von Brennstoffen/Bergbauprodukten werden Russland in kurzer Zeit eine Modernisierung seiner Industrie erlauben, sodass sich die Exportstruktur der in M 5 aufgeführten Produktgruppen sehr bald verändern wird.
- Gemessen an seiner Fläche (dreimal größer als Europa) und Bevölkerungszahl (über 900 Mio. Menschen) sind die Exporteinnahmen, die Afrika durch den Verkauf seiner Güter auf dem Weltmarkt erzielt, sehr bescheiden. Die Exporterlöse aller in M 5 aufgeführten Produktgruppen Afrikas (in Mrd. US-$) machen nur rd. 1/15 (6,7 %) der Exporterlöse der europäischen Staaten aus. Wie in den GUS-Staaten dominieren zu mehr als 2/3 (67,1 %) Exporteinnahmen aus dem Verkauf von Brennstoffen und Bergbauprodukten. Industriegüter machen nur 21,7 % an

den Exporterlösen aus, Agrarprodukte nur 11 %. Obwohl Agrarprodukte aus Afrika auf dem Weltmarkt gehandelt werden (Kaffee, Kakao, Kokosnüsse usw.), wird sichtbar, dass die Erlöse aus dem Handel mit Primärgütern stagnieren und prozentual in der Exportbilanz der afrikanischen Staaten nicht stark zu Buche schlagen. Bereits in den 1950er-Jahren wies der argentinische Ökonom Raul Prebisch auf das Problem der sich verschlechternden „Terms of Trade" der Entwicklungsländer hin; in Afrika existiert es unbestritten.
- Eine Sonderstellung im Welthandel nehmen die Staaten des Nahen Ostens ein, die durch den Verkauf von Erdöl und Erdgas hohe Erlöse erzielen und so ein hohes BIP/pro Kopf und Jahr erwirtschaften. Rund 72% der Exporterlöse stammen aus dem Verkauf von fossilen Brennstoffen, aber auch schon 25,5% aus dem Verkauf von Industriegütern, denn mit den Einnahmen aus dem Brennstoffverkauf kann man sich den Aufbau moderner Industriebetriebe (von Raffinerien, petrochemischen Betrieben bis zu Aluminiumfabriken usw.) leisten. Dafür müssen Agrarprodukte, Maschinen, Fahrzeuge und Elektrogeräte importiert werden. Die Exporterlöse des Nahens Ostens sind aber um das 1,8-Fache höher als die Exporteinnahmen aller Staaten Afrikas mit seinen über 900 Mio. Menschen. Die Handelsbilanz vieler Staaten des Nahen Ostens ist außerordentlich positiv (z. B. der VAE), sodass man sich von den Handelsbilanzüberschüssen Investitionen im Dienstleistungssektor (Hotels, Airlines) oder Baugewerbe (Immobilien) leisten kann, um durch Diversifizierung der Wirtschaft die Abhängigkeit vom Öl schon jetzt zu relativieren.

Arbeitsblatt „Entwicklung multinationaler Unternehmen" (S. 73)

Aufgabe 1: Entstehung von trans- und multinationalen Unternehmen
- Erste Phase: Das Einbetriebsunternehmen; Konzentration aller wichtigen Produktionsschritte an einem Standort, dem Hauptbetrieb; Ziel: Kostenersparnis durch Massenproduktion (Beispiele dieser „fordistischen" Produktionsform: die großen Komplexe der Automobilproduktion in Detroit (Ford) und später Wolfsburg (VW); Import von Vorprodukten (z. B. Bleche, Schrauben, Stoffe) aus vielen Ländern u. Regionen, Anlieferung der Vorprodukte zum Hauptbetrieb, z. B. in die Region Wolfsburg, wo zeitweise über 50 000 Beschäftigte komplette VW-Käfer herstellten; Verkauf des Endproduktes (z. B. des kompletten Pkws) über Vertragshändler im eigenen Land, im hoch entwickelten Ausland und in Schwellenländern (Abb. M 1, Nr. 1).
- Zweite Phase: Der Unternehmenserfolg des Hauptbetriebes sowie abnehmende Transportkosten erlauben die Umwandlung der Produktion in ein nationales Mehrbetriebsunternehmen mit zunächst ein oder zwei Zweigbetrieben und mehreren nationalen Vertriebsagenturen (Abb. M 1; Nr. 2), Folge: nationale Expansion.
- Dritte Phase: Die internationale Expansion des nationalen Mehrbetriebsunternehmens erfolgt über die Gründung von Vertriebsagenturen im Ausland.
- Vierte Phase: Im Ausland werden neben den Vertriebsagenturen auch Zweigbetriebe errichtet; das nationale Unternehmen hat sich zu einem internationalen Mehrbetriebsunternehmen gewandelt.
- Fünfte Phase: Im Verlauf der Globalisierung entstehen „postfordistische Unternehmen; niedrige Transport- und Transaktionskosten sowie geringe Handelsbarrieren erlauben es, Unternehmensteile an jenen Standorten anzusiedeln, die jeweils spezielle Standortvorteile besitzen; zugleich expandieren Unternehmen weltweit durch Gründung von Niederlassungen, um sich zusätzliche Märkte zu erschließen; in solchen räumlich gegliederten Unternehmenssystemen bleiben oft nur die dispotiven Betriebsteile (z. B. Management, Verwaltung, Marketing, Forschung/Entwicklung) am Hauptsitz; die operativen Teilschritte (d. h. Produktion) werden entsprechend weltweit verteilt; es können aber auch relativ eigenständige Hauptbetriebe im Ausland entstehen und eigene Zweigbetriebe sowie Vertriebsagenturen im Ausland aufgebaut werden (Abb. M 1, Nr. 5).

Aufgabe 2: Das Modell M 1, angewandt auf das Standortnetz der BASF
- In der ersten Phase der Badischen Anilin- & Soda-Fabrik BASF (gegr. 1865) sind alle wichtigen Produktionsschritte in Ludwigshafen am Rhein konzentriert; Rohstoffe für synthetisch hergestellte Teerfarbstoffe und deren Hilfs- und Vorprodukte werden zunächst vor allem auf dem Wasserweg herangeschafft (→Einbetriebsunternehmen); es bestehen regionale, nationale und erste internationale Liefer- und Absatzbeziehungen für den Import der Rohstoffe, Vorprodukte und den Verkauf der chemikalischen Endprodukte.
- Zweite Phase: Mit der Erfindung neuer Farbstoffe erlangt die BASF eine führende Stellung auf dem Weltfarbenmarkt und ist um 1900 mit 6000 Mitarbeitern die größte chemische Fabrik der Welt; die BASF exportiert ausschließlich im Ludwigshafener Stammwerk hergestellte chemische Produkte in die ganze Welt. Handelsvertretungen in Übersee und den Ländern Asiens übernehmen dabei Aufgaben wie Rohstoffbeschaffung, Markterschließung, Geschäftsabschlüsse, Lagerhaltung, Transport und Logistik.
- Dritte Phase: Die BASF wird 1925–1945 der I.G. Farbenindustrie eingegliedert und verliert an Eigenständigkeit bzgl. Produktion und Vertrieb ihrer Erzeugnisse.
- Vierte Phase: Nach der Neugründung 1952 (1945–1951 unter französischer Kontrolle, Zerschlagung der IG Farben) modernisiert die BASF das Unternehmen an seinen Stammsitz und erweitert das internationale Vertriebsnetz für seine Produkte; strategische Entscheidungen des inzwischen multinationalen Konzerns fallen weiterhin in Ludwigshafen und nicht in Global Cities wie New York oder São Paulo, wo man aber bereits mit Operational Headquarters, also Koordination- und Kontrollzentralen von kontinentaler Bedeutung (d. h. z. B. für Nord- und Südamerika), vertreten ist.
- Fünfte Phase: Im Verlauf der Globalisierung gegen Ende des 20. Jhs. ist die BASF AG neben ihrem deutschen Headquarter und Verbundstandort Ludwigshafen (mit 250 verschiedenen Produktionsbetrieben, in denen rd. 8000 chemische Produkte hergestellt werden, komplexer Infrastruktur und Front Office des Weltkonzerns) praktisch auf allen Kontinenten vertreten, u. a. durch Produktionsstandorte in knapp 40 Ländern, durch rd. 400 Niederlassungen und Handelsvertretungen in fast allen größeren Ländern der Erde und durch fünf sog. „Operational Headqarters" in den Global Cities New York, São Paulo, Hongkong, Tokio und Singapur (Johannesburg ist die führende Bastion auf dem afrikanischen Kontinent); 14 Unternehmensbereiche steuern 68 globale und regionale Geschäftsbereiche in aller Welt; die oberen Führungskräfte stammen aus 36 Nationen; die Zahl der Konzernmitarbeiter in den Weltregionen liegt zwischen 5500 in Südamerika, 15 000 in Nordamerika, ca. 12 000 in Asien und rd. 60 000 in Europa; typisch für die jüngste Entwicklung von Konzernen wie der BASF ist neben dem Aufstieg der BASF zum Global Player der Zukauf, die aktienmäßige Beteiligung (z. B. Wintershall AG) oder die Kooperation mit anderen Unternehmen (z. B. GAZPROM), u. a. in Form von Joint Ventures, aus Markt- und Kostenüberlegungen (derartige Kooperationen sollen den Aufbau eines gemeinsamen Produktions- und Vetriebsnetzes erleichtern, um damit die Produktpalette zu erweitern und neue Märkte zu erschließen). So besitzt die BASF als Lieferant von Dünge- und Pflanzenschutzmitteln sowie Tierfutter selbst in den Entwicklungsländern einen großen Marktanteil.

Weitere und aktuelle Informationen über die BASF AG findet man auf der Homepage des Unternehmens – ggf. in mehreren Sprachen. Auch die Geschichte, die Unternehmensphilosophie, die Produktpalette, das Standortnetz der BASF sowie die Kooperationen des BASF-Konzerns usw. werden dort präsentiert.

Aufgabe 3: Funktion und Standorte von Head Quarter und Operational Headquarter am Beispiel der BASF

Einheit	Funktion	Standort
Headquarter	strategische Entscheidungen des Global Players BASF am Hauptsitz in Ludwigshafen (D)	*„Verbundstandort"* Ludwigshafen, im Unterschied zu anderen Konzernzentralen keine Global City
Operational Headquarter	Koordination und Kontrolle der Produktion und des Vertriebs in Großregionen von kontinentalem Ausmaß	New York (Nordamerika), Tokio (Asien), São Paulo (Südamerika), Hongkong (bes. China), Singapur (für austral.-pazif. Raum)

Arbeitsblatt „Wasserversorgung und Wasserverbrauch" (S. 81/82)

Aufgabe 1: Weltbevölkerung und Wasserverbrauch

a) In den letzten hundert Jahren hat sich die Weltbevölkerung verdreifacht, der Wasserverbrauch versiebenfacht, die Bewässerungsfläche versechsfacht (M 4).

b) Nutzbare Wasservorräte verringern sich, Konflikte um Wasser nehmen zu.

c) Weltweit steigen die Wasserentnahme und Wasserverschmutzung, insbesondere durch die industrielle, aber auch durch die landwirtschaftliche und touristische Entwicklung (Gewässerverschmutzung, künstliche Bewässerung, Grundwasserverschmutzung, Bodenversalzung, Duschen, Schwimmbäder, Pools usw.).

d) 2005 lebten rd. 745 Mio. Menschen von 6,5 Mrd. in Ländern, in denen Wassermangel (5%) oder Wasserknappheit (7%) herrscht.

e) Bis 2005 werden 2,8 Mrd. Menschen von dann rd. 7,9 Mrd. in Regionen leben, in denen die verfügbaren Wasserreserven für Landwirtschaft, Industrie, Haushalte und Energieerzeugung unter der kritischen Grenze von 1700 m³ pro Kopf und Jahr liegen.

f) Schon heute haben 20% der Weltbevölkerung (1,3 Mrd. Menschen) keinen Zugang zu sauberem Trinkwasser (u. a. UNEP; UN World Water Day 2007).

Aufgabe 2: Die erneuerbaren Wasserreserven der Welt

Die Erdoberfläche ist zu 71% von Wasser bedeckt. Die Wasserhülle der Erde umfasst die Ozeane einschließlich der Nebenmeere, die Festlandsgewässer (Flüsse, Seen, Grundwasser), das in Gletschern, Eis und Schnee gebundene sowie das in der Atmosphäre vorhandene Wasser. Wasser gibt es also vermeintlich auf der Erde im Überfluss.

Aber nur 2,5% des Wasservorrats der Erde (1,38 Mrd. km³, SB M 46.1) ist Süßwasser, von dem 68,7% in Polareis, Eis und Schnee gebunden sind. Rund 30% der Süßwasservorräte bilden die unterirdischen Grundwasserressourcen, die bedeutendste Wasserreserve der Zukunft. Nicht einmal 0,5% des Süßwassers sind auf Seen, Flüsse und Stauseen verteilt. Dennoch dominiert dieser verschwindend geringe, aber für jedermann sichtbare Anteil unser Bild der globalen Wassersituation. (Das Wasser in der Atmosphäre macht 12 900 km³ aus.)

An erneuerbarem Oberflächenwasser aus Regenfällen, die in die Gewässer fließen oder den Grundwasserhorizont auffüllen, stehen jährlich etwa 43 000 km³ zur Verfügung (zur Erinnerung: Das sind 43 Billionen Liter). Dies entspricht etwa der Hälfte des Süßwassers aller natürlichen Seen.

Rein rechnerisch betrachtet stünden also jährlich für jeden Menschen über 7000 Kubikmeter erneuerbares Wasser zur Verfügung. Dennoch herrscht in vielen Regionen Wassermangel. Aufgrund des Bevölkerungs- und Wirtschaftswachstums ist die Nachfrage nach Wasser, z. B. nach Trinkwasser oder für die landwirtschaftliche Bewässerung, gestiegen und sie steigt noch weiter an. Gleichzeitig nehmen die weltweit verfügbaren Wasserressourcen durch Übernutzung oder Verschmutzung ab. Die Schere zwischen Nachfrage (Bedarf) und Angebot (Dargebot) öffnet sich zusehends. In mehr als 30 Ländern herrscht heute bereits akute Wasserknappheit.

Ein zentrales Problem ist die ungleiche regionale Verteilung von erneuerbarem Wasser und der ungleiche Verbrauch in den verschiedenen Regionen der Erde. So wird in den Tropen nur ein Bruchteil der dort vorhandenen Wasserressourcen genutzt, während es in den semiariden und ariden Gebieten 80–90% der verfügbaren Wassermenge sind. Sobald ein bestimmtes Verhältnis von sich erneuerndem Wasser und Bevölkerung aus dem Gleichgewicht gerät, ist Wasserknappheit unausweichlich. Weniger als 500 m³/Jahr und Kopf bedeuten absoluten Wassermangel, bei nur 1000 m³ pro Kopf und pro Jahr spricht man von chronischem Wassermangel.

Die Karte M 5 zeigt, wo überall die Süßwasserversorgung gefährdet ist, weil die Niederschläge abzüglich der Verdunstung gering sind, die Bevölkerungszahl in Relation dazu aber hoch ist, sodass die Süßwassermenge in m³ pro Kopf/pro Mindestwerte von 1000 m³ pro Kopf und pro Jahr unterschreitet: Solche Regionen liegen in der Sahelzone, auf der Arabischen Halbinsel, in weiten Teilen Australiens, im Nahen Osten (Irak, Iran, Syrien, Jordanien, Israel), in Südwestasien, in Nordwestindien, im Südwesten der USA, in den Steppenregionen nördlich des Schwarzen Meeres, im Nordwesten Chinas, im südlichen Afrika, z. T. im Mittelmeerraum.

Der größte Teil der Trockengebiete mit zugleich hoher Klimavariabilität liegt in Entwicklungsländern. Hier ist die Vulnerabilität besonders hoch, zum einen wegen der extremen Klimabedingungen, zum anderen wegen der starken Abhängigkeit von der Landwirtschaft und von den natürlichen Ressourcen sowie ihrer geringen (oft weiter abnehmenden) Anpassungsfähigkeit an Veränderungen, z. B. den Klimawandel. So werden gerade die heute schon am stärksten von Wasserstress betroffenen Regionen durch den Klimawandel am intensivsten zusätzlich belastet. Hinzu kommen in diesen Regionen mit sehr begrenzten erneuerbaren Wasserreserven noch ein großer Bevölkerungsdruck, schwache Institutionen, sehr limitierte finanzielle Ressourcen und technische Kapazitäten sowie eine unzureichende Infrastruktur. So beträgt z. B. das Pro-Kopf-Speichervolumen der Stauseen in den USA oder Australien mehr als das Hundertfache derer in Äthiopien. Die fortschreitende Bevölke rungszunahme und damit die Wasserverknappung (Wasser in m³/ Kopf und Jahr) besonders in den Entwicklungsländern können zusammen mit dem prognostizierten Klimawandel schon bestehende Ungleichheiten, wie in Bezug auf Wohlstand, Gesundheit, Wasser- und Nahrungssicherheit, noch weiter verschärfen.

Aufgabe 3: Länder u. Regionen mit sehr geringer Wasserverfügbarkeit

Länder und Regionen mit absolutem Wassermangel, d. h. weniger als 500 m³ Wasser pro Kopf u. pro Jahr sind u. a.:
Afrika: Mauretanien, Algerien, Tunesien, Libyen, Djibouti, Botsuana, Malawi, Burundi, Somalia
Der Nahe Osten: Syrien, Saudi-Arabien, der Jemen, Oman, Bahrain, Jordanien, Israel, Katar, die VAE, Palästina
Sonstige: Singapur, Bahamas, Barbados, Malediven, Malta

Aufgabe 4: Faktoren, die die Wasserverfügbarkeit vermindern

- Bevölkerungswachstum
- Bevölkerungskonzentrationen in Megastädten (Gewässer- und Grundwasserverschmutzungen)
- Großräumige Landnutzungsänderungen (Abholzungen, Überweidungen)
- Landwirtschaftliche Entwicklung (Bewässerung, Grundwasserverschmutzung, Überdüngung, Einsatz von Pestiziden, Herbiziden, Mineraldünger; Bodenversalzung)
- Industrielle Entwicklung (Gewässerverschmutzung)
- Massentourismus (Bebauung, Bodenversiegelung, Infrastruktur, Abholzung)
- Eingriffe in Flusssysteme (großräumige Wasserumleitungen)
- Klimaänderungen

Aufgabe 5: Virtueller Wasserhandel als Mittel gegen Wasserknappheit?
Der Begriff „virtueller Wasserhandel" wurde Anfang der 1990er-Jahre geprägt.

- Der Begriff bezieht sich auf den Wasserverbrauch bei der Produktion von Konsumgütern (so werden z. B. für 1 kg Weizen 1000 Liter Wasser benötigt).
- Virtueller Wasserhandel, z. B. Weizenimport, soll demnach einen Beitrag leisten zum Ausgleich von Wassermangel, weil man das Wasser für die Weizenproduktion einspart (z. B. in einem ariden Land).
- In Wassermangelgebieten soll nach dieser Konzeption deshalb der Anbau von viel Wasser verbrauchenden Pflanzen durch virtuellen Wasserhandel ersetzt werden. Damit soll zugleich der Druck auf Wasservorräte durch Bevölkerungswachstum gemindert werden.
- Dabei müsste allerdings die Frage geklärt werden, wovon die Weizenimporte, d. h. der virtuelle Wasserhandel, bezahlt werden. In Frage kämen Unternehmen im Dienstleistungsbereich mit ökologischer und nachhaltiger Ausrichtung (z. B. die Verwaltungszentralen von virtuellen Unternehmen wie Banken) oder in Frage kämen Länder, die durch Rohstoffabbau hohe Einnahmen erzielen wie die VAE und sich so den virtuellen Wasserhandel leisten können.
- Kritiker des virtuellen Wasserhandels meinen, dass durch ihn wieder einmal die Abhängigkeit der Entwicklungsländer vom Welthandel erhöht werde und dass durch ihn neue Konflikte auf nationaler Ebene geschürt werden, wenn der eigenen Produktion durch virtuellen Wasserhandel Konkurrenz erwächst.
- Kritiker meinen, der virtuelle Wasserhandel stehe großen nationalen Prestige-Objekten im Wege.
- Kritiker des virtuellen Wasserhandels meinen, dass dieser wassersparende Maßnahmen nicht ersetzen könne (z. B. sparsamen Umgang, Mehrfachnutzung von Wasser, Umstellung auf regenbasierte Anbaumethoden, Anbau weniger Wasser verbrauchender Pflanzen, Einsatz neuer Technologien, Schaffung neuer Kanal- und Leitungsnetze).

Arbeitsblatt „Primärenergieverbrauch und CO_2-Emissionen" (S. 83/84)

Aufgabe 1: Veränderungen beim Primärenergieverbrauch 1980–2006
Die Karte M 1 zeigt die 1980 extrem ungleiche Verteilung des Primärenergieverbrauchs, d. h., es gibt zu diesem Zeitpunkt vier Regionen mit großem Energieverbrauch (Nordamerika, Westeuropa, Osteuropa und Südasien) und drei Regionen mit geringem Energieverbrauch (Lateinamerika, Afrika und Naher Osten).
M 1 zeigt weiterhin, dass allein die USA 1980 zu rd. 30,7 % am Weltenergieverbrauch beteiligt sind. Nordamerika, Europa, Süd- und Ostasien sind zusammen sogar mit 91 % am Weltenergieverbrauch beteiligt. Auffällig ist 1980 ebenso die Spitzenstellung der hoch entwickelten Staaten von Nordamerika (USA/Kanada) sowie West- und Osteuropas, die zu 73,5 % am Weltenergieverbrauch beteiligt sind, während die Entwicklungsländer trotz hoher Einwohnerzahlen als Energiekonsumenten noch keine Rolle spielen. Selbst die Industriestaaten und Schwellenländer in Lateinamerika, Asien, Afrika und in der Pazifikregion fallen als Energieverbraucher längst noch nicht so ins Gewicht wie 25 Jahre später. Die Energienachfrage wird 1980 sehr deutlich von der Wirtschaftskraft (BIP) bestimmter Regionen der Erde gesteuert, weniger von der Einwohnerzahl, wie Lateinamerika, Afrika oder Indien und China zu diesem Zeitpunkt dokumentieren.
Die Karte M 2 macht deutlich, dass 2006

a) der globale Primärenergieverbrauch gegenüber 1980 noch einmal um über 63 % gestiegen ist.
b) der Energieverbrauch weiterhin ungleich auf die verschiedenen Regionen der Erde verteilt ist und auf Zusammenhänge zwischen steigender Energienachfrage und wachsendem BIP sowie aufsteigendem HDI verweist. Aber auch die Anzahl und das Wachstum der Bevölkerung in Asien haben Einfluss auf den Primärenergiekonsum genommen. Umgekehrt zeigt die Situation in Afrika, wie sehr dieser Kontinent von der globalen Wirtschafts- und Sozialentwicklung abgehängt worden ist (Energiekonsum, BIP, HDI).
c) Nordamerika und Europa ihre Spitzenstellungen als größte Energieverbraucher im Jahre 1980 an Süd- und Ostasien (inklusive Australien) verloren haben und dass Süd- und Ostasien (China, Japan, Indien, Australien, Singapur) jetzt mit 33 % am Weltverbrauch an Primärenergie pro Jahr in die frühere Rolle der USA und Kanadas geschlüpft sind.

Aufgabe 2: Diagramm M 3 zum globalen Primärenergieverbrauch
Das Diagramm zeigt erstens den stetigen Anstieg des gesamten Primärenergiekonsums auf der Erde zwischen 1980 und 2006 um rd. 45 %. Das Diagramm zeigt zweitens die bis heute ungebrochene Spitzenstellung der Energieträger Erdöl und Erdgas (1980 noch rd. 65 %; heute auch noch über 61 %) vor der Wasserkraft oder der Kernenergie. Global gesehen ist die Kohle seit 1980 bis heute immer noch der zweitwichtigste Primärenergielieferant, auch wenn der prozentuale Anteil von rd. 30 % in 1980 auf rd. 25 % im Jahre 2006 abgesunken ist.
Da der Einsatz regenerativer Energien, wie Wind- und Sonnenenergie, bisher noch nicht global erfolgt und weltweit noch keine nennenswerten Anteile am Energiekonsum zu verzeichnen sind, auch wenn sie in einigen Ländern und Regionen schon eine relevante Rolle spielen, fehlen sie oft noch in Statistiken des globalen Primärenergieverbrauchs (vgl. Fischer Weltalmanach 2007, Frankfurt 2006, S. 673).

Aufgabe 3: Zusammenhang zwischen CO_2-Ausstoß und Primärenergieverbrauch
Vereinfacht ausgedrückt lässt sich sagen, Energieverbrauch erzeugt Kohlendoxid, solange man nicht regenerierbare Energien wie Wind, Wasser und Solarenergie einsetzt, sondern Erdöl, Erdgas, Stadtgas, Stein- und Braunkohle als Primärenergieträger. Tabelle M 4 zeigt, dass die großen Industrieregionen der Erde (Nordamerika, Europa, die GUS-Staaten und die Industriestaaten Süd- und Ostasiens (inklusive Australien) 2004 immer noch zu den großen CO_2-Emittenten gehören – wie schon 1980.
Ebenso bedenklich aber ist der Umstand, dass sich die Menge an CO_2-Emissionen (in Mio. t) gerade auch in den Entwicklungs- und Schwellenländern ebenso ungünstig entwickelt wie in den amerikanischen, europäischen oder russischen Regionen in den Fünfzigerjahren des 20. Jahrhunderts: So hat sich die CO_2-Emission in Lateinamerika, in Afrika und im Nahen Osten fast überall zwischen 1980 und 2004 verdoppelt. Damit ist der weltweite Anstieg der CO_2-Emissionen (vgl. M 5) seit 1980 bis heute fast ungebrochen. Der Anstieg der CO_2-Emissionen beträgt weltweit rd. 50 % zwischen 1980 u. 2004.

Aufgabe 4: Die möglichen Folgen der anthropogen verursachten globalen CO_2-Emissionen, Zusammenhang zwischen CO_2-Ausstoß und Primärenergieverbrauch

- Temperaturerhöhung auf dem Festland der Erde
- Erwärmung der Meere und großen Süßwasserseen
- Zerstörung der CO_2-Senken und der „biologischen Pumpen" der Meere (u. a. durch Verminderung der Planktonproduktion in den Schelfgebieten)
- Verstärkte Absorption langwelliger Rückstrahlung
- Anthropogener Treibhauseffekt weit über dem natürlichen Treibhauseffekt durch Wasserdampf, natürliches Kohlendioxid infolge von Stoffwechselprozessen (Photosynthese, Zersetzungsprozesse u. a.), Distickstoffoxid (N_2O_2), Methan, Lachgas, Ozon und weitere Spurengase

Erforderliche Maßnahmen werden seit einigen Jahrzehnten vorgeschlagen:

1. Verminderung der anthropogen verursachten CO_2-Quellen (Drosselung der Verbrennung fossiler Energieträger wie Kohle, Erdöl und Erdgas; Verringerung der Nutzung von Pkws im Personenverkehr und von Lkws im Güterfernverkehr, Drosselung des Spritverbrauchs von Pkws/Lkws; Minderung des Kerosinverbrauchs im Luftverkehr, Verhinderung von großflächiger Brandrodung, Drosselung der maschinellen Rodung großer Wälder etwa für die Anlage von Viehfarmen, für den Sojaanbau oder die Gewinnung von Edelhölzern in den Tropen, bessere Energienutzung in Fabriken und im Haushalt, Umsteigen auf regenerative Energien, Benutzung öffentlicher Verkehrsmittel, bessere Wärmedämmung),
2. Nutzung und Förderung von CO_2-Senken,
3. Wiederaufforstung von Wäldern,
4. Förderung biologischer Pumpen im Meer oder in großen Seen.

Arbeitsblatt „Verkehrsentwicklung in der EU" (S. 101–103)

Aufgabe 1: Anteil der Verkehrsträger innerhalb der EU (M 1)

Die Tabellen und Fakten von M 1 dokumentieren, dass der Straßenverkehr eine Spitzenstellung unter den Verkehrsträgern innehat, vor allem im Personenverkehr mit rd. 84% Anteil am gesamten Personenverkehr. Aber auch mit einem Anteil von 44% am gesamten Güterverkehr übertrifft der Straßenverkehr alle anderen Verkehrsträger. Alleine im Güterverkehr konnte der Straßenverkehr im Jahrzehnt zwischen 1995 und 2004 einen Zuwachs von 35% verzeichnen, aber auch im Personenverkehr betrug die Zuwachsrate im gleichen Zeitraum noch 19% beim Pkw-Verkehr und 5% bei den Bussen.

Alle Prognosen gehen davon aus, dass unter gleich bleibenden Bedingungen der Straßenverkehr seine Spitzenstellung als Verkehrsträger halten wird und seine Transportanteile am gesamten Güter- und Personenverkehr weiter erhöht.

Besonders ausgeprägt dürfte die Zunahme der Lkw-Transporte im Ost-West-Verkehr ausfallen. Hier wird durch die stärkere Einbeziehung Osteuropas in die internationale Arbeitsteilung der Transport von Maschinen, Halb- und Fertigwaren, Nahrungsmitteln und anderen Produkten mit Lkws steigen. Diese Entwicklung geht zu Lasten der Eisenbahn, und zwar sowohl im Güterverkehr als auch im Personenverkehr. Bis 2015 könnte der Straßengüterverkehr seinen Anteil um 20% im Personen- und um 64% im Güterverkehr erhöht haben (vgl. SB S. 230).

Zwar konnten die Eisenbahngesellschaften, die durch Modernisierung der Technik und Hochgeschwindigkeitsstrecken den Wettbewerb mit Straßen- und Luftverkehr aufgenommen haben, in den Jahren von 1995 bis 2004 wieder geringe Zuwächse verzeichnen (6% beim Gütertransport und 9% im Passagiertransport), insgesamt aber hat der Schienenverkehr seit 1970 gegenüber konkurrierenden Verkehrsträgern wie Pkw, Flugzeugen, See- und Binnenschiffen deutliche Anteile am gesamten Güter- und Personentransport eingebüßt.

Der Bahnanteil am gesamten Güterverkehr macht heute nur noch 10% aus und sein Anteil am gesamten Personenverkehr sogar nur noch 7%. Im Personentransport liegt der Schienenverkehr damit weit hinter dem Anteil des Straßenverkehrs (84%), aber selbst hinter dem Anteil des Luftverkehrs (8%) am gesamten Personentransport. Sogar im Gütertransport liegt der Bahnanteil mit heute 10% weit hinter dem Gütertransport auf der Straße (44%) und auf Wasserwegen (42%). Nur dem Gütertransport im Luftverkehr ist der Schienentransport innerhalb der EU noch weit überlegen, und zwar in der Relation von 10% (Schienenverkehr) zu 0,1% (Luftverkehr) am gesamten Gütertransportvolumen aller Verkehrsträger.

Erstaunlich ist die Zunahme des Gütertransportes auf den Wasserwegen in Europa (um 29% zwischen 1995–2004). Das gilt für die Entwicklung des Gütertransportes im Kurzstreckenseeverkehr wie für die Entwicklung der Binnenschifffahrt. Der Seeverkehrtransport nahm zwischen 1995 und 2004 um 31% innerhalb der EU zu, der Zuwachs in der Binnenschifffahrt betrug im gleichen Zeitraum 9%. Wie die Abb. M 230.1 im SB zeigt, gibt es die Aufwärtsentwicklung im Gütertransport auf den Wasserwegen bereits seit 1970. Dementsprechend hoch ist heute der Anteil des Seeverkehrs innerhalb der EU und in der Binnenschifffahrt mit zusammen 42% am gesamten Gütertransport. (M 2 prognostiziert, dass der Boom anhalten wird.) Dagegen stagniert die Küstenschifffahrt seit Jahrzehnten oder verzeichnet nur geringe Zuwachsraten im Gütertransport.

Auch der Luftverkehr verzeichnete im Jahrzehnt zwischen 1995 und 2004 beachtliche Zuwächse, zumindest im Personenverkehr (55%), wo man der Bahn den Rang ablaufen konnte und heute einen Anteil von 8% am gesamten Personenverkehr vorweisen kann. Dagegen betrug der Zuwachs im Gütertransport zwischen 1995–2004 nur 6%, sodass der Anteil am gesamten Gütertransport nur 0,1% (in tkm) beim Verkehr innerhalb der EU ausmacht.

Aufgabe 2: Trends in der Verkehrsentwicklung in der EU bis 2020

Die Zunahme des Verkehrs in Europa ist eine Folgeerscheinung der Globalisierung und der Erweiterung des europäischen Binnenmarktes insbesondere nach Osten. Gleichzeitig stellen Kostensenkungen und Beschleunigungen im Verkehr eine wichtige Bedingung für das Funktionieren der europäischen Integration und der Globalisierung dar.

Wie die Prognose der EU-Kommission zeigt, geht man für den Zeitraum von 2000 bis 2020 von einem moderat wachsenden BIP in der EU aus, und zwar um 52% in zwei Jahrzehnten. Das entspricht einem BIP-Zuwachs von 2,6%/Jahr.

Fast gleichhoch wie das BIP-Wachstum setzt die Prognose das Wachstum des gesamten Güterverkehrs an: Mit 50% wird für den Güterverkehr eine künftige Wachstumsrate von 2,5% pro Jahr prognostiziert. Die Prognose für den Personenverkehr fällt wegen stabiler bzw. sinkender Einwohnerzahlen mit 35% geringer aus (das entspricht einer durchschnittlichen jährlichen Wachstumsrate von rd. 1,75%).

Mehr als eine Verdoppelung (108%) prognostiziert die EU-Kommission für den Luftverkehr für den Zeitraum zwischen 2000–2020 (das wären im jährlichen Mittel 5,4% Zuwachs).

Aber auch beim Straßengüterverkehr (55%, d. h. 2,75%/Jahr) und Kurzstreckenseeverkehr (59%, d. h. 2,95%/Jahr) wird mit Zuwächsen von über 50% in 20 Jahren gerechnet. Die Ähnlichkeit in der Größenordnung mit dem prognostizierten BIP-Zuwachs von 52% ist dabei unübersehbar.

Nur beim Schienenverkehr rechnet die EU-Kommission sowohl beim Güterverkehr (13%) wie beim Personenverkehr (19%) mit sehr bescheidenen Zuwächsen, d. h. mit nur 0,65% pro Jahr im Güterverkehr und mit nur 0,95% Zuwachs pro Jahr beim Personenverkehr.

Aufgabe 3: Der Zuwachs im Güterverkehr – je nach Verkehrsträger

Das Säulen- und Liniendiagramm von M 3 prognostizieren beachtliche Zuwächse im Güterverkehr (ohne den Luftverkehr) in der EU für den Zeitraum zwischen 1998/2000 und 2020. Die Vorausschätzungen zeigen, dass der Trend steigender Verkehrsleistungen in Europa anhalten wird. Aber die Prognosen von M 3 zeigen auch, dass der Güterverkehr (in Mrd. tkm) der verschiedenen Verkehrsträger (vgl. Liniendiagramm) nicht gleich stark zunehmen wird und dass der prozentuale Anteil der einzelnen Verkehrsträger (vgl. Säulendiagramm) im gesamten Güterverkehr (in Mrd. tkm) nicht gleich hoch sein wird.

Der gesamte Güterverkehr (in Mrd. tkm) wird im genannten Zeitraum in der EU-27 um rd. 50% anwachsen (das entspricht einem Wachstum von rd. 2,5% pro Jahr). Dies ist jedoch nur ein Mittelwert für alle Verkehrsträger (vgl. Säulendiagramm).

Dagegen wird der Verkehr auf Wasserwegen (Seeverkehr und Binnenschifffahrt) nach der Prognose der EU-Kommission im Zeitraum von 2000 bis 2020 mit 60% (Liniendiagramm) besonders deutlich zunehmen (das entspricht einem Zuwachs von 3% pro

Jahr) und 2020 über 43% am gesamten Güterverkehr aller Verkehrsträger erreichen (vgl. Säulendiagramm).
Ähnlich hoch wie der Güterverkehr auf Wasserwegen wird der Güterverkehr auf der Straße bis 2020 um rd. 60% zulegen (vgl. Liniendiagramm) und seinen Anteil am gesamten Güterverkehr von rd. 40% im Jahre 1998 auf 55% (in Mrd. tkm) bis zum im Jahre 2020 steigern (vgl. Säulendiagramm).
Der Schienengüterverkehr wird dagegen pro Jahr nur um 0,65% zulegen, d. h. bis 2020 nur 13% Wachstum verzeichnen (vgl. Liniendiagramm): Der Anteil der Bahn am gesamten Güterverkehr wird möglicherweise trotz aller Modernisierungen nicht über 11,5% (in Mrd. tkm) hinauskommen.
Einen beachtlichen Anteil am Gütertransport werden in den nächsten Jahren Rohrleitungen (Ölpipelines) gewinnen. Sie werden laut Liniendiagramm von M 3 bis 2020 rd. 48% Zuwachs gegenüber 2000 erzielen, was einem jährlichen Zuwachs von 2,4% entspricht. Der Anteil der Pipelines am gesamten Gütertransport könnte 2020 das Niveau des Gütertransportes der Binnenschifffahrt erreicht haben (in Mrd. tkm).

Aufgabe 4: Der Zuwachs im Personenverkehr je nach Verkehrsträger

Das Säulen- und Liniendiagramm von M 4 zeigen, dass der erwartete Zuwachs im Personenverkehr zwischen 2000–2020 je nach Verkehrsträger unterschiedlich stark ausfallen wird (Liniendiagramm) und dass der prozentuale Anteil am gesamten Personenverkehr im gleichen Zeitraum je nach Verkehrsträger (Säulendiagramm) unterschiedlich hoch sein wird.
So wird der Personentransport im Luftverkehr bis 2020 um 108% gegenüber dem Jahr 2000 zunehmen (Liniendiagramm), das ist ein erwarteter Zuwachs von 5,4% pro Jahr. Durch diese hohe prognostizierte Zunahme wird der Luftverkehr den Abstand zum Personentransport auf der Schiene noch weiter vergrößern als 1998 (vgl. Säulendiagramm).
Der Pkw-Verkehr wird in dem genannten Zeitraum zwar ‚nur' um 36% (Liniendiagramm) anwachsen, aber dennoch seine 1998 schon führende Stellung im gesamten Personenverkehr (> 75%) noch absolut und relativ zu den anderen Verkehrsträgern ausbauen (vgl. Säulendiagramm von M 4).
Der Schienenpersonenverkehr wird laut Liniendiagramm nur um 19% zwischen 2000 und 2020 anwachsen. Das entspricht einer jährlichen Wachstumsrate von nur 0,95%. Damit wird der Schienenpersonenverkehr noch weiter hinter den Flugverkehr zurückfallen als etwa 2004, wo es nur um 1% ging.
Der Straßen- und U-Bahnverkehr wird sich bis 2020 linear um rd. 1% pro Jahr in der EU entwickeln und eine solide Rolle im gesamten Personenverkehr unter den Verkehrsträgern spielen.

Aufgabe 5: Die Zunahme des Verkehrs und die Auswirkungen auf die Umwelt

Der Verkehr leistet zwar einen beträchtlichen Beitrag zum BIP, verursacht aber auch Kosten für die Gesellschaft, die nur von Staaten wie denen in der EU mit einer wachsenden Wirtschaft getragen werden können. Alleine die Umweltkosten werden in der EU mit 1,1% des BIP veranschlagt. Insgesamt gibt es u. a. folgende Auswirkungen des Verkehrs:

- Planungs- und Entwicklungskosten für Verkehrsträger
- Baukosten für neue Verkehrsträger
- Mögliche Umsiedlungskostenerstattungen
- Unterhaltungskosten von Verkehrsträgern
- Emissionen (Luftverunreinigungen)
- Kostspielige Maßnahmen gegen Emissionen
- Lärmbelastungen/Lärmschutzbauten
- Entstehung von Treibhausgasen
- Eingriffe in Flussläufe, Naturlandschaften, Biotope usw.
- Brücken- und Tunnelbauten für den Straßen-, Schienen- und Luftverkehr usw.

Aufgabe 6: Diskussion der Zielvorgaben der EU zur Reduzierung des CO_2-Ausstoßes

Zielvorgaben	Gefährdung der Zielsetzung
Verringerung des CO_2-Ausstoßes bei Neufahrzeugen	Die steigende Zahl an Neufahrzeugen in der EU könnte den Gesamtausstoß an CO_2 sogar noch vergrößern.
Selbstverpflichtung der Automobilindustrie, die durchschnittliche Emission zwischen 1995 und 2008/2009 um 25% zu senken	Die Selbstverpflichtung könnte zeitlich verfehlt oder von einigen großen Automobilbauern aus Kostengründen vorerst unterlaufen werden.
Einführung von Steuervergünstigungen, um den Kauf umweltfreundlicher Fahrzeuge zu fördern	Steuervergünstigungen für umweltfreundliche Fahrzeuge könnten zum Kauf größerer und schnellerer Fahrzeuge als geplant verleiten.
Minderung des Schadstoffausstoßes von Dieselmotoren um 80%	Diese Emissionsminderung erscheint gegenwärtig als unrealistisch, weil die Automobilindustrie daran nicht mit Hochdruck gearbeitet hat.

Arbeitsblatt „Tourismus in Europa" (S. 104/105)

Aufgabe 1: Anteile der Bevölkerung, die Urlaub machen

Tabelle M 1 zeigt, dass der Anteil der Menschen, die in den EU-Staaten Urlaub machen, stark differiert, große Disparitäten in der EU und 4 verschiedene Ländergruppen erkennen lässt:

- So gehören zu den eindeutigen Spitzenreitern mit deutlich über 75% Luxemburg (fast 100%) und Irland (> 80%).
- Es folgen mit einem Anteil von rd. 50% bis 75% die Slowakei, Deutschland, Zypern, die Niederlande, Dänemark, Slowenien, Frankreich und Großbritannien.
- Dann folgen mit einem Anteil von 25% bis 50% die Länder Finnland, Tschechien, Österreich, Ungarn, Italien, Belgien, Griechenland, Spanien und Polen.
- In einer vierten Gruppe von Staaten liegt der Anteil der Bevölkerung, die Urlaub machen, unter 25%. Es sind Litauen, Estland und Kroatien.
- Bei Malta und Schweden sind die Daten nicht verfügbar.

Die Gründe für die unterschiedlichen Anteile sind sehr unterschiedlich und können hier nur tabellarisch aufgeführt werden:

- BIP/pro Kopf der Bevölkerung/HDI (z. B. Luxemburg, Irland, Niederlande, Dänemark);
- Wirtschaftliche Situation des Landes (Arbeitslosigkeit, Preise, Wechselkurse, Lohnniveau u. a.);
- Ausgabenbudget der Bevölkerung für Freizeitaktivitäten, Nettoeinkommen (z. B. Luxemburg);
- Qualität der Anbieter/Werbung für Urlaub;
- Sozialstruktur;
- Transportmittel (Qualität und Kapazität);
- Urlaubsdauer (z. B. Deutschland, Dänemark);
- Werte und Normen in der Gesellschaft;
- Gesetze, Devisen-, Pass- und Zollvorschriften;
- Politische Beziehungen eines Landes;
- Mobilitätsverhalten, Bildung, Beruf, Neugier, Erholungsbedürfnis, Forscherdrang usw.;
- Demografische Situation des Landes (u. a. Familienstruktur, Familienstand, Alter der Bev. u. a.);
- Wohnsituation der Bevölkerung (Gartenbesitz, Wohnungsqualität, Verstädterungsgrad);
- Klimaverhältnisse im eigenen Land (z. B. Italien, Griechenland, Spanien, Portugal, Malta);
- Urlaubsbedingungen im eigenen Land (z. B. Italien, Griechenland, Österreich, Spanien);

Aufgabe 2: Europa als Tourismusregion

Vorbemerkung: In den Jahren zwischen 2000 und 2005 (aber auch schon in den Jahren zuvor) hat sich im Beherbergungsgewerbe ein gravierender Strukturwandel und Verdrängungsprozess vollzogen, der durch einen Trend zu größeren Betrieben mit einer höheren Betten- und Zimmerkapazität, durch eine steigende Professionalisierung, eine wachsende Standardisierung (Qualitätsmanagements in der Hotellerie) und Internationalisierung (Markenbildung), durch Konzentrationsprozesse (Hotelketten wie Ritz, Best Western Hotels, Mercure, Steigenberger usw.), durch Computerreservierungssysteme, eine Zweiteilung des Marktes (Luxushotels vs. Low-Budget-Hotels), Pauschalangebote und kürzere Urlaube als die Drei-Wochen-Aufenthalte gekennzeichnet ist.

Aus der Tabelle M 4 kann man nun folgende Erkenntnisse ableiten:

- In der gegenüber 2000 um 10 Staaten erweiterten EU hat zwischen 2000 und 2005 eine deutliche Zunahme der Hotels und ähnlicher Betriebe um mehr als 17% stattgefunden, wobei dieser Zuwachs vor allem auf die neuen EU-Staaten zurückgeht, da in der EU-15 das Wachstum zwischen 2000 und 2005 nur halb so groß war (etwa 7,5%).
- Die sonstigen Beherbergungsbetriebe haben ebenfalls einen Zuwachs von rd. 3% pro Jahr erlebt, sodass sich die Zahl der Hotels und sonstigen Beherbergungsbetriebe mit jeweils über 200 Tds. zahlenmäßig (218 Tsd. zu 202 Tds.) zahlenmäßig angenähert haben, aber in der Bettenkapazität gibt es deutliche Differenzen, auch wenn dieser Trend nach Ländern unterschiedlich ist und noch nicht überall gleich stark durchgeschlagen ist (z. B. in Italien, Österreich oder Deutschland wird der Hotelmarkt noch durch mittelständische Hotelbetriebe geprägt, während das in Spanien mit seinen Bettenburgen ganz anders aussieht).
- Die Zahl der Übernachtungen in Hotels und sonstigen Beherbergungsbetrieben stagniert und ist z. T. sogar rückläufig, wenn man die EU-25 und EU-15-Staaten pauschal betrachtet. Das erklärt sich u. a. aus der Tatsache, dass die Dauer von Urlaubsreisen (zugunsten von Kurz- und Wochenendreisen) zurückgegangen ist und dass sich die Art von Urlaubsreisen verändert hat (Städtereisen, Konzertreisen, Rundreisen, Bildungsreisen).
- Die Zahl der Touristen in nicht in allen Ländern Europas angestiegen, sondern in einigen auch rückläufig, wenn man sich die Daten etwa von Dänemark, Griechenland, Spanien oder Slowenien für 2005 ansieht und mit 2000 vergleicht. Aber die Daten wandeln sich rasch, wenn man an die Entwicklung im Fernreiseziel Bali in Herbst 2007 denkt und sie mit 2004 vergleicht.

Aufgabe 3: Einflüsse auf die Touristennachfrage

Im sog. „Quellland" nehmen folgende Faktoren Einfluss:

- Einkommen der Bevölkerung
- Ausgabenbudget für Urlaub
- Wirtschaftliche Situation (Arbeitslosenquote u. a.)
- Urlaubstage im eigenen Land
- Mobilitätsverhalten der Bevölkerung
- Qualität der Transportmittel, Transportkapazitäten
- Sozialstruktur, demografische Situation
- Wechselkurse, Gesetze, Vorschriften
- Normen und Werte in der Gesellschaft
- Reiselust, Neugier, Reiseerfahrung
- Urlaubsbedingungen im eigenen Land (Klima)
- Marketing und Information
- Ängste vor Naturkatastrophen, Terrorismus usw.

Unternehmen auf der Angebotsseite des Tourismus:

- Hotelgewerbe und andere Beherbergungsbetriebe
- Restaurationsbetriebe; Bars, Diskotheken
- Hoch- und Tiefbau, Straßenbau
- Öffentlicher und privater Verkehr im Zielland
- Anbieter von Freizeit- und Sportaktivitäten (Bäder, Tennisplätze, Wellnesszentren, Diskotheken, Kinos)
- Touristikunternehmen, Touristinfos
- Souvenirbranche
- Textilbranche, Fotohandel, IT-Läden
- Lebensmittelgeschäfte, Wochenmarkthändler
- Landwirtschaftliche Betriebe
- Lebensmittelproduzenten
- Getränkeindustrie

Aufgabe 4: Wechselbeziehungen zwischen Touristen, Einheimischen, Wirtschaft und Umwelt

Die Touristen

- bringen Devisen ins Zielland;
- sorgen u. U. für steigende Beschäftigung in einigen Branchen der einheimischen Wirtschaft des Ziellandes;
- sorgen für höhere Steuereinnahmen, mit denen die Infrastruktur und soziale Vorhaben finanziert werden können;
- können aber auch zu Spannungen im Zielland beitragen (man denke an die Deutschen auf Mallorca);

Die Einheimischen

- können im günstigsten Fall in einigen Branchen neue Arbeitsplätze finden;
- geben u. U. aber auch ihre tradierten Berufe auf (Olivenbauern u. ä.) und finden oft nur in einfachen Dienstleistungsbreichen einen neuen Arbeitsplatz;
- werden u. U. als billige Arbeitskräfte von den Touristikunternehmen und Hotelketten ausgenutzt;
- kommen mit fremden Werten in Berührung;
- werden zur Binnenmigration in die Touristenzentren verleitet, was die eigene Familie auseinanderreißen kann;
- leben u. U. marginalisiert am Rande großer Touristenzentren (man denke an Benidorm);

Die Wirtschaft des Ziellandes

- schafft vielleicht einige Großprojekte für den Tourismus, die aber ausländischen Konzernen gehören (TUI);
- muss aber u. U. zusammen mit dem einheimischen Staat und den Kommunen große Vorleistungen an Infrastruktur erbringen;
- die Kooperation mit den Quellländern und den Touristikunternehmen kann zu einer gewissen Abhängigkeit zu ausländischen Investoren führen;
- kann positive Trickle-down-Effekte erfahren, wenn eine Tourismusregion auf die Nachbarschaft und umgebende Region ausstrahlt;
- kann von einer verbesserten Infrastruktur für die ganze Wirtschaft eine Tourismusregion profitieren;
- muss mehr Energie bereitstellen und neue Energieträger schaffen;

Die Umwelt kann

- unter der Zunahme des Verkehrs leiden;
- von Lärmproblemen betroffen sein;
- mit mehr Müll- und Abwasserproblemen rechnen;
- von Zersiedelung, Landschaftszerstörung, Grundwasserübernutzung, Flächenverbrauch, von Bodenerosion und Bodenversiegelung betroffen sein;

Arbeitsblatt „Modelle der Stadtentwicklung“ (S. 126/127)

Aufgabe 1: Wesentliche Aussagen der Stadtmodelle von M 1–M 4

Ringmodell von Burgess	Sektorenmodell von Hoyt
– das Zonen- oder Ringmodell wurde von Burgess 1925/29 am Beispiel von Chicago entwickelt.	– für das Sektorenmodell von Hoyt (1939) bilden die Mietpreise in 30 US-Städten die Grundlage.
– *um die* im Stadtzentrum gelegene *City* legen sich *drei Ringe*; der erste Ring besteht aus einer *Übergangszone* mit Leichtindustrie und Wohngebieten.	– der Stadtkern wird von ringförmigen und sektoralen Strukturelementen umgeben, die sich an Ausfallstraßen, Schnellbahntrassen u. Wohngebieten orientieren.
– auf die Übergangszone folgt der Ring mit den *Wohnvierteln der Arbeiter* und am Stadtrand folgt der *Wohngürtel der Mittelschicht* (mit Einfamilienhausbebauung u. lokalen Geschäftszentren) als viertes markantes städtisches Teilgebiet.	– es folgen Stadtsektoren unterschiedl. Funktion und Sozialstruktur (Wohnviertel der Unter-, Mittel- und der Oberschicht; Stadtteile mit Großhandel, Stadtteile mit Leichtindustrie).
– die City, die mit dem CBD identisch ist, vergrößert sich durch Flächen- u. Raumbedarf nach außen, was Strukturwandlungen in der Übergangszone bewirkt; dort wird die Wohnfunktion verdrängt, durch Büros ersetzt und die Industrie wird abgesiedelt.	– dringen statusniedrigere Bevölkerungsgruppen in statushöhere Wohngebiete ein, werden laut Hoyt diese schrittweise von den statushöheren Schichten verlassen; der Preis für Immobilien sinkt dann in diesen Vierteln, was einerseits den Zuzug weiterer statusniedriger Bevölkerung beschleunigt und andererseits den Abzug der letzten statushöheren Bevölkerungsgruppen forciert.
– weil es im Ring nahe des CBDs ein Nebeneinander von Leichtindustrie und Wohnvierteln mit Zuwanderern, ethnischen Minderheiten u. Slums von Unterschichten gibt, ist dieser Ring eine Übergangszone, eine „zone in transition“.	– Hoyts These, dass Oberschichten durch Verlagerung ihrer Wohnstandorte an den Stadtrand zur Stadtausdehnung beitragen, ist heute in dieser Pauschalität überholt.

Mehrkernemodell von Harris u. Ullmann (1945)	Stadtmodell für das 21. Jh. von M. White (1987)
– mit dem Wachstum der Stadt, z. T. durch Eingemeindungen von Vororten, nimmt die Zahl der Kerne zu, die jeweils eine spezifische Funktion innehaben.	– die Funktionen des CBDs bleiben weitgehend erhalten, nur um den Kern legt sich eine Stagnationszone, die als Wohngebiet der ärmeren Bevölkerung zu Slums absinkt.
– solche Kerne sind z. B. der CBD (1), die Übergangszone mit Leichtindustrie (2), die Wohngebiete der Unterschicht (3), der Mittel- und Oberschicht (4; 5), Schwerindustrieviertel (6), außerdem randliche Geschäftszentren, Wohnvororte, industrielle Vororte, Pendlereinzugsgebiete (7–10).	– die Wohngebiete der Mittelschicht liegen verstreut, die der Oberschicht an der Stadtgrenze, z. T. noch nahe des Kerns; eingestreut in die Wohngebiete der Mittelschicht sind Inseln mit ethnischen Minoritäten, Büro- und Geschäftszentren sowie Forschungseinrichtungen.
– die Wohngebiete weisen ein Sozialgefälle von außen nach innen auf; Arbeitsplätze gelten als bedeutende Kerne städtischer Teilentwicklungen.	– an den peripheren Schnittpunkten von Ringstraßen und axialen Stadtautobahnen entwickeln sich Dienstleistungsbetriebe in Konkurrenz zum CBD (die großen Malls).
– die Industriekerne liegen am Rand der Stadtmitte, am Stadtrand, in den Vororten.	– es gibt ringförmige und axiale Stadtautobahnen u. Bahnlinien für den Transport der Beschäftigten zur Arbeit.

Aufgabe 2: Merkmale der europäischen Stadt

- Große historische *Vielfalt* und Varianz;
- *Fixpunkte* sind immer noch Kirchen, Paläste u. Schlösser;
- der oft erhaltene Kernstadtbereich ist noch durch einen Ring markiert, der bis zur Schleifung die Stadtmauer und Befestigungsanlagen trug; die nachfolgende Nutzung reichte von Grüngürteln bis zum Bau von Mietskasernen;
- mit Beginn der Industrialisierung lagerten sich an der heutigen City linienhaft oder sektoral Industriareale entlang von Hauptverkehrslinien an;
- typisch ist die ausgeprägte *räumliche Verteilung der sozialen Schichten*, differenziert und gesteuert durch Einkommensverhältnisse, Bildungsstand und Statushöhe):
  - die Unterschicht ist im Wesentlichen ringförmig um den Innenstadtbereich konzentriert;
  - die Mittelschicht, deren Wohngebiete von größeren Subzentren des tertiären Sektors durchsetzt sind, nimmt sektoral den größten Raum ein;
  - die Oberschicht hat sich an der Peripherie angesiedelt; gleichzeitig gibt es teure Wohngebiete im Citybereich;
- Veränderungen in der Einwohnerzahl der europäischen Stadt werden heute auch hier wie in anderen Kulturerdteilen im Wesentlichen durch *Zuwanderung* bestimmt und weniger durch die meist niedrige natürliche Zuwachsrate der bereits ansässigen Stadtbevölkerung;
- die Erwerbsstruktur wird heute weniger durch Industriebetriebe des sekundären Sektors geprägt, sondern durch *Dienstleistungsbetriebe des tertiären Sektors*;
- Charakteristikum der Städte Europas ist seit Jahrzehnten ihre *zentralörtliche Funktion*; sie verfügen über einen Bedeutungsüberschuss bei Waren und Dienstleistungen (vgl. Christaller), der sich in das Umland hinein auswirkt und zu Verflechtungen mit der umgebenden Region führt;
- die stadtökologischen Bedingungen werden weitgehend durch Eingriffe des Menschen geprägt (Bebauungsdichte, Bodenversiegelung, künstliche Erholungslandschaften);
- nicht nur die *Umweltphysiognomie*, auch die *Grund- und Aufrissphysiognomie* werden durch den Menschen bestimmt (Ringsstraßen, Verkehrsachsen, Hochhäuser);
- die Verkehrserschließung hat in besonderem Maße die Stadtentwicklung in Mitteleuropa beeinflusst, sodass sich die Trennung

von Wohn- und Arbeitsplatz bereits mit dem Bau von Eisen- und Straßenbahnen nach 1850 durchsetzen konnte;

- nach dem Ende der Straßenbahnstadt um 1950 und der folgenden Massenmotorisierung entwickelten sich ab 1970 viele Städte in Mitteleuropa zur autogerechten Stadt. Heute will man diesen Trend umkehren und die Pkws wieder aus den Innenstädten verbannen.

Aufgabe 3: Die heutige und die historische orientalische Stadt

Die Stadt der Gegenwart	Die historische Stadt
Die moderne orientalische Stadt besteht aus zwei Kernen: der traditionellen Mitte mit Basar und einem westlich-modernen Zentrum mit einem CBD als Gegenpol.	Typisch ist für die historische orientalische Stadt der Sackgassengrundriss mit wenigen Durchgangsstraßen.
Die heutige orientalische Stadt ist durch eine klare Wohnsegregation der einzelnen Sozial- u. Einkommensschichten gekennzeichnet: Das traditionelle Zentrum der Stadt, die Medina, entwickelte sich über die ehemalige Stadtmauer hinaus zum Wohngebiet weniger starker Einkommensschichten, am Stadtrand zu Slums.	Die Altstadt (Medina) wird randlich begrenzt durch Stadtmauer, Burg (Zitadelle, Kasba) und Palast (Ark) als ehemaliger Sitz der stadtfremden Herrschaft sowie – außerhalb der Stadtmauer – von Friedhöfen (vgl. Heinz Heineberg, in: Geographie, hrsg. von Gebhardt u. a., 2006, S. 654/655).
Im Altstadtbereich herrschen noch kleine Läden vor, während der früher im Basar ansässige Großhandel Standorte in anderen Stadtteilen bezogen hat.	Die Große Moschee (Freitagsmoschee) als religiöses Zentrum und als öffentliche Begegnungsstätte ist neben Bazar und Burg oder Palast charakteristisches Merkmal.
Das westlich-moderne Zentrum bildet den zweiten Kern der heutigen orientalischen Stadt. Dieser Kern entspricht in seinen Funktionen dem nordamerikanischen CBD.	Wirtschaftlicher Mittelpunkt ist der zentrale, teils überdachte, teil in offenen Gassen angelegte Basar (Sūq).
Um den CBD hat sich ein Gürtel mit neuen Wohnbauten gelegt, der sich deutlich von der traditionellen Bauweise unterscheidet. Hinzugekommen sind neue Mittelstandsvororte, die Oberschicht lebt in gehobenen Wohngebieten der Neustadt an der Peripherie.	Die einzelnen Branchen des Basars liegen räumlich beieinander; je höher die Wertschätzung einer Ware, desto näher sind die Verkaufsstände am Zentrum; Handwerksbetriebe mit Lärm-, Staub- und Geruchsbelästigung befinden sich am Rand.
Zwischen Altstadt und Neustadt liegt eine Industriezone, ebenso am Stadtrand, meist an Ausfallstraßen oder Eisenbahnlinien.	Außerhalb der Stadtmauer gruppierten sich früher Karawansereien, wo der Groß- und Fernhandel abgewickelt wurde.
Die neuesten und modernsten Geschäfte befinden sich im peripheren CBD-Rand (als jüngster Cityvorstoß mit Hotel- und Managementdistrikt) verbunden mit Oberschicht-Einkaufsstraßen.	Die Wohnquartiere sind nach Religion und Ethnien getrennt.
Der zentrumsseitig gelegene CBD-Rand (altes Oberschichtviertel) ist z. T. mit älteren Regierungs- und Verwaltungsfunktionen besetzt und von jüngsten Entwicklungen überrollt worden.	Muslime, Christen u. Juden verfügen in ihrem Quartier teilweise über eigene Gotteshäuser, kleine Märkte und öffentliche Einrichtungen wie Schulen und Badehäuser.
Jüngere Wohnquartiere sind in Grundriss und Baubestand westlichen Mustern ähnlich.	Die Innenhofhäuser schirmen die Bewohner von der Öffentlichkeit ab.

Aufgabe 4: Faktoren, die die nordamerikanische Stadt prägen:

- Die industrielle amerikanische Stadt des 19. u. 20. Jahrhunderts ist im Schwinden. An ihre Stelle tritt das „urban land USA", in dem der Gegensatz zwischen ländlich und städtisch aufgehoben wird. 90 % der Bevölkerung (einschließlich der Bewohner in „rural nonfarm"-Gebieten) sind heute Städter.
- Den Kern der City (amerik. *Downtown*) bildet die Hochhausarchitektur des *Central Business District (CBD)* mit Banken, Versicherungen, Handelsunternehmen.
- An die *Übergangszone* mit z. T. degradierten Wohngebieten schließen sich die *Außenbezirke (Suburbia)* an, gekennzeichnet durch endlose Reihen von Einfamilienhäusern, aber unterbrochen durch Gewerbegebiete (Industrial Parks), Bürozentren (Office Parks) und Einkaufszentren (Mall, Shopping Center).
- Die meisten Stadtkerne haben seit langem als Wohngebiet, Einkaufs- und Arbeitszentrum an Attraktivität verloren.
- Vor allem seit den 1960er-Jahren setzte eine Suburbanisierung zu Lasten der Kernstädte ein, begünstigt durch die Massenmotorisierung und das Bedürfnis vieler Amerikaner, in „ländlicher Umgebung" zu wohnen.
- Die Suburbs wurden nicht nur die beliebtesten Wohngebiete, sondern zogen in ihren Kernen immer mehr Funktionen auf sich und entwickelten sich zu „Edge Cities" mit vielen zentralen Einrichtungen nach deutschem Maßstab.
- Im *„Stadtland USA"* mit einer Vielzahl funktionaler Kerne ist die Wohnbevölkerung nach sozialen und ökonomischen Standards auf riesige Areale verteilt.
- Eine Ausnahme bilden die *gettoartigen Konzentrationen* von Schwarzen, Puertoricanern und anderen Minoritäten nahe dem CBD der alten Zentralstädte. Mit dem schrittweisen Wegzug statushöherer Bewohner drängten statusniedrigere Bevölkerungsgruppen in verlassene Häuser. Der Wert dieser Immobilien sank, die Abwanderung der Wohlhabenden wurde ebenso beschleunigt wie das Nachrücken statusniedriger Bevölkerungsgruppen. Teilweise kam es zu Slumbildungen.
- Inzwischen hat sich die Wanderungsbewegung in den großen amerikanischen Städten teilweise umgekehrt: Alte Bausubstanz wurde für statushohe Bevölkerungsschichten, oftmals kinderlos und karrierebewusst, luxussaniert. Man wohnt in diesen Kreisen wieder nahe am Arbeitsplatz, dem CBD in der Downtown. Die Aufwertung der citynahen Wohngebiete bezeichnet man als Gentrification.

Aufgabe 5: Das räumliche Muster der US-amerikanischen Stadt

- Im Zentrum der City (Downtown) liegt der CBD mit expansivem Charakter, wenn die Stadt entsprechende ökonomische, soziale und demographische Strukturen aufweist; am Rande der Inner City gibt es Parkhäuser, Hotels, Wohnhochhäuser, z. T. Gentrification sowie den Ausbau von Freizeit und Tagungskomplexen.
- Übergangszone mit einem Mix aus Slums, Gettos von Minderheiten, z. T. Suburbanisierung von Schwarzen, sozialer Wohnungsbau, stellenweise gentrifizierte Bereichen (Cityrandwohnungen von Weißen) und Gated Communities.
- Außenbezirke (mit den inneren, mittleren und äußeren Suburbringen) mit Reihen von Einfamilienhäusern, unterbrochen von Gewerbegebieten (*Industrial Parks*), Bürozentren (*Office Parks*) und regionalen und lokalen Einkaufszentren (Mall, Shopping Center) an wichtigen Verkehrsknotenpunkten, außerdem gibt es hier Hightech-Korridore; Suburbanisierung von Weißen in den Outer Suburban Rings
- Im Outer Suburban Ring entwickelten sich einige Vororte zu richtigen Edge Cities.
- Jenseits der Stadtkreisgrenze gibt es den Rural Urban Fringe (ausgefranster Stadtrand im ländlichen Raum).
- Innerhalb des Stadtgebietes gibt es ringförmige und axiale Stadtautobahnen und Eisenbahntrassen, die die Stadtringe, Stadtsektoren und Stadtviertel durchschneiden und so sektoral oder ringförmig gliedern.

Die Auswirkungen der Stadtentwicklung in Nordamerika sind je nach Region höchst unterschiedlich:

- In den meisten Großstädten des Westens und Südens der USA mit mehr als 300000 Einwohnern gab es in den letzten Jahrzehnten beachtliche Bevölkerungszuwächse, in einigen Fällen sogar dramatische Zunahmen (Las Vegas, Phoenix).
- Im alt besiedelten Nordosten und Mittleren Westen der USA gab es dagegen dramatische Bevölkerungsverluste, z. B. in St. Louis, Cleveland, Chicago, Boston und Washington.
- Ursache für diese gegensätzlichen Entwicklungen waren höchst selektive Migrationsbewegungen der Bevölkerung in den USA.
- Während in den Metropolen des Nordostens u. Mittleren Westens zahlreiche Menschen mit höherem Einkommen u. Bildungsniveau die Kernstädte verließen und in Krisenregionen der Eisen- und Stahlindustrie auch ganz abwanderten, wanderten in die Großstädte des Westens und Südens der USA viele Menschen ein, und zwar aus dem In- u. Ausland (vor allem Hispanics, aber auch Asiaten), weil sich in Phoenix, San Diego, Los Angeles usw. Wachstumsindustrien ansiedelten.

Aufgabe 6: Typische Merkmale der lateinamerikanischen Stadt (M8):

- Viele lateinamerikanische Kolonialstädte waren Neugründungen oder entstanden auf der Fläche zerstörter Indio-Siedlungen. Der schachbrettartige Grundriss wurde übernommen.
- Um die quadratische Plaza gruppierten sich die Repräsentationsbauten, daran angelagert die palastartigen Wohnbauten der Oberschicht.
- Die Mittelschicht bewohnte ein- bis zweistöckige Häuser mit einem Innenhof.
- An der Peripherie lebte die ärmere Bevölkerungsschicht, zumeist Indios, die die außerhalb der Stadt gelegenen Felder der Grundherren bewirtschafteten.
- Seit den 1930er-Jahren setzte mit der Industrialisierung ein rasantes Städtewachstum ein; die Plaza und die sie umgebenden Stadtvierecke sind heute die City.
- An die heutige City grenzt eine ursprünglich ringförmige Mischzone mit Wohnungen sowie Handwerks- und Dienstleistungsbetrieben.
- Auf die Mischzone folgt eine weitere ringförmige Zone innerstädtischer Elendsviertel, in der vorher Angehörige der Ober- und Mittelschicht lebten. Auf illegalen Freiflächen sind illegale u. halblegale Hüttenviertel entstanden.
- Durch die weitere Zuwanderung in den letzten Jahrzehnten ist das System der konzentrischen Kreise durchbrochen worden. Entlang der Bahnlinien und Ausfallstraßen haben sich Industriezonen mit Wohnvierteln der Unter- und unteren Mittelschicht entwickelt.
- Die Oberschicht ist dagegen vom Zentrum weg in Richtung Stadtrand und Vororte gezogen und hat dadurch die Bildung neuer Subzentren befördert.
- In ältere Wohnviertel der Oberschicht wanderten weibliche Migranten als Dienstpersonal ein.
- Andere Zuwanderer lassen sich zunächst in den innerstädtischen Elendsvierteln nieder, verlassen diese aber wieder, sobald sie finanziell dazu in der Lage sind, und ziehen in weiter außerhalb gelegene Marginalsiedlungen (den sog. Barriadas) am Stadtrand ein.

Aufgabe 7: Gemeinsamkeiten und Unterschiede zwischen europäischen, nordamerikanischen u. lateinamerikanischen Städten:

Europäische Städte	Nordamerikanische Städte	Lateinamerikanische Städte
Wachstum durch Zuwanderung hat stark zugenommenen.	ähnlich	ähnlich, auch wenn die natürliche Zuwachsrate auch wichtig ist
Bedeutung des Stadtverkehrs hat stark zugenommen.	ähnlich	ähnlich
Bebauungsdichte und Bauhöhe sind wegen der Grundstückspreise sehr hoch.	ähnlich	ähnlich
Im Kernstadtbereich befindet sich heute die City mit dem CBD, ohne mit der ‚Altstadt' identisch zu sein.	In der City (amerikan. Downtown) konzentriert sich heute der CBD.	Auch hier haben sich die Plaza und die sie umgebenden Stadtvierecke zur City und CBD entwickelt.
Fixpunkte der Stadt sind immer noch Kirchen, Schlösser und Paläste.	Fixpunkte sind Wolkenkratzercluster in der Downtown, die Dienstleistungsunternehmen beherbergen.	Fixpunkt ist die Plaza mit den sie noch umgebenden Palästen (Beispiel Mexiko-Stadt).
Typisch ist die starke räumliche Verteilung der sozialen Schichten auf bestimmte Stadtviertel.	Im Stadtland USA ist die Wohnbevölkerung nach sozialen u. ökonomischen Standards verteilt.	Innerhalb der Stadt herrscht eine starke räumliche und gesellschaftliche Differenzierung
Seit ca. 1956 gibt es Suburbanisierungsprozesse wie in den USA.	Typisch sind die von Nordamerika ausgehenden Suburbanisierungsprozesse.	Wie in Nordamerika gibt es Suburbanisierungsprozesse.
Die Grenzen zwischen der Stadt und dem Umland werden fließend.	Die Bevölkerung der USA lebt heute zu 90% in einem städtisch geprägten Land.	Die Disparitäten zwischen Stadt und Land sind hoch und erklären die Migration in die Städte.

Bildquellenverzeichnis
Fotos: S. 13 G. Gerster, Zürich; S. 73 E. Grunert, Berlin (2x)